De Noormannen in Nederland. 2 Afd

Joan Hugo Van Bolhuis

Nabu Public Domain Reprints:

You are holding a reproduction of an original work published before 1923 that is in the public domain in the United States of America, and possibly other countries. You may freely copy and distribute this work as no entity (individual or corporate) has a copyright on the body of the work. This book may contain prior copyright references, and library stamps (as most of these works were scanned from library copies). These have been scanned and retained as part of the historical artifact.

This book may have occasional imperfections such as missing or blurred pages, poor pictures, errant marks, etc. that were either part of the original artifact, or were introduced by the scanning process. We believe this work is culturally important, and despite the imperfections, have elected to bring it back into print as part of our continuing commitment to the preservation of printed works worldwide. We appreciate your understanding of the imperfections in the preservation process, and hope you enjoy this valuable book.

28

23871 d 8

DE NOORMANNEN
IN
NEDERLAND.

DE NOORMANNEN

IN

NEDERLAND.

GESCHIEDENIS HUNNER INVALLEN GEDURENDE DE
NEGENDE, TIENDE EN ELFDE EEUWEN, MET
OPGAVE VAN DERZELVER GEVOLGEN,
UIT ECHTE BRONNEN GEPUT,

DOOR

J. H. VAN BOLHUIS,

PHIL. THEOR. MAG., LIT. HUM. DOCTOR, LID VAN HET PRO-
VINCIAAL UTRECHTSCH GENOOTSCHAP VAN KUNSTEN
EN WETENSCHAPPEN, PRAECEPTOR AAN DE
LATIJNSCHE SCHOOL TE UTRECHT.

Te UTRECHT,
bij VAN PADDENBURG & COMP.
1834.

« *De Deenen en Noormannen maakten zich door de woestheid van hunne plunderingstogten geducht. Vele van die ruwe oorlogslieden vestigden zich in deze landen, en daarom is het van belang wel na te gaan, wie zij waren, wat zij deden, en welken invloed zij hebben gehad; en hen niet enkel als zeeschuimers en roovers te schetsen in de beteekenis, welke wij thans aan die woorden hechten."*

Groen van Prinsterer.

VOORREDE.

De verhandeling, welke ik den beminnaren van de Geschiedenis des Vaderlands aanbied, is door mij opgesteld ter beantwoording der volgende, door het Provinciaal Utrechtsch Genootschap van Kunsten en Wetenschappen in 1831 uitgeschrevene prijsvraag:

« Daar men in andere landen, vooral in de laatste jaren, met vrucht onderzoekingen heeft aangewend nopens den invloed der Noormannen op den toestand van Europa, van de negende tot de elfde eeuw; en men gaarne behoorlijk zag ontwikkeld, welken invloed zij bijzonder op ons Vaderland hebben uitgeoefend, — zoowel op de verdeeling der landschappen, den toestand der steden en landen, de vestiging van Graafschappen en ander bestier, als op de beschaving, de volkszeden en het karakter, het Bisschoppelijke gezag, enz. zoo verlangt het Genootschap:

Eene geschiedenis van de invallen en togten der Noormannen en Deenen, in Noord-Nederland, gedurende de negende, tiende en elfde Eeuwen; met aanwijzing van derzelver invloed op den burgerlijken, maatschappelijken, letterkundigen, staatkundigen en kerkelijk-godsdienstigen toestand; alles uit echte bronnen geput, en in vergelijking gebragt met derzelver werking op de overige landen van Europa.

Men bedoelt met de onderzoekingen in andere landen

gedaan vooral die van Gibbon, van Depping (Histoire des expéditions maritimes des Normands et de leur établissement en France au X siecle, *Paris 1826. II. vol.*), van Thierrij, (Histoire de la conquête de l'Angleterre par les Normands, *Paris 1825.*) en anderen."

Ik heb het geluk niet gehad den uitgeloofden Eerprijs te behalen. Intusschen hebben de gunstige oordeelvellingen van verscheidene geleerde en in de Geschiedenis van Nederland zeer bedrevene mannen mij doen besluiten, de verhandeling uit te geven, en aan het oordeel van alle deskundigen te onderwerpen. Ik heb mij daarbij verpligt gerekend, het stuk zonder eenige veranderingen hoegenaamd te doen drukken zoo als ik het ingezonden had. Het tusschen [ ] geplaatste had ik gesteld, nadat de overschrijving reeds zoo ver was gevorderd, dat het niet meer in den tekst kon worden ingelascht. Het werd dus als bijvoegsel te gelijk met het stuk ingezonden, en is thans ten gemakke des lezers ter behoorlijker plaatse ingevoegd.

Utrecht,
October 1834.

INHOUD.

Inleiding . . . . Bladz. 1.

EERSTE AFDEELING.

Geschiedenis van de invallen en togten der Noormannen en Deenen, in Noord-Nederland, gedurende de 9de, 10de en 11de Eeuwen.

I. Hoofdstuk. *Vroegste berigten tot Karel den Grooten* . . . . » 10.

II. Hoofdstuk. *Sedert de komst van Karel den Grooten aan de regering, tot de vestiging van noordsche Vorsten in deze gewesten. 768-826.* . . . . » 22.

III. Hoofdstuk. *Sedert de vestiging van noordsche Vorsten in deze gewesten, tot het ombrengen van Godfrid den Noorman. 826-885.* . . . . » 59.

IV. Hoofdstuk. *Van den dood van Godfrid tot aan het ophouden van de invallen der Noormannen in deze gewesten. 885-1010.* » 165.

TWEEDE AFDEELING.

Aanwijzing van derzelver invloed op den burgerlijken, maatschappelijken, letterkundigen, staatkundigen en kerkelijk-godsdienstigen toestand.

INHOUD.

I. Hoofdstuk. *Onmiddelijke werking op den maatschappelijken toestand.* . Bladz. 203.
II. Hoofdstuk. *Het Bisdom.* . . . . . » 217.
III. Hoofdstuk. *Leenstelsel. Toenemende magt van Adel en Graven. Oorsprong van het Graafschap Holland.* . . . » 230.
IV. Hoofdstuk. *Steden.* . . . . . . » 246.
V. Hoofdstuk. *Koophandel.* . . . . » 252.
VI. Hoofdstuk. *Taal en Letteren.* . . » 260.
VII. Hoofdstuk. *Volksgeest en vrijheidszucht, vooral bij de Friesen. Dapperheid. Riddergeest.* . . . . . » 281.
VIII. Hoofdstuk. *Besluit. Algemeene vergelijking met den invloed van de togten der Noormannen in andere landen van Europa.* . . . . » 291.

INLEIDING.

Het Frankische rijk was bij het begin der negende eeuw tot eenen nog nimmer bereikten trap van magt en aanzien gestegen. Bijna vijftig jaren lang had een der uitmuntendste vorsten, die ooit in Europa den troon beklommen, alle zijne zorgen en bemoeijingen, alle zijne buitengewone vermogens van ziel en ligchaam aan de bevordering van deszelfs welvaart en bloei te koste gelegd. (a) Hij had Aquitanie en Wasconie, zoowel als Bretagne onderworpen, het Longobardische rijk vernietigd, Spanje tot aan den Ebro op de Saracenen veroverd, de Beyeren en Wilzen ten onder gebragt, de Avaren genoegzaam verdelgd, de Saksen na eenen hardnekkigen en langdurigen kamp getemd, en de Slaven in Bohemen voor de beleediging zijner bondgenooten met het verlies hunner onafhankelijkheid doen boeten. (b) Zijne oppermagt werd erkend van de monden der Elbe tot aan den Ebro, van de Oostzee, Theiss en Donau tot aan de Adriatische golf en de Middellandsche zee.

(a) Zie onder anderen het Oude Friesche volkslied bij Wiarda Asegabuch S. 7 en 11. Note ee.
(b) Einhardi, vita Karoli Imp. Cap. 15. 6. 10, 13. 7. bij Pertz, Monumenta German. Historica T. II. p. 426 seqq.

Maar Karel de Groote was niet alleen een voortreffelijk veldheer, een gelukkig veroveraar; de wijze waarop hij zijne uitgebreide Staten bestierde, verdient even zeer onze bewondering. Hij zorgde voor de verbetering van regtspleging en kerkelijk bestier; hij bevorderde de beschaving van geestelijken en leeken; hij poogde door hechte banden de overwonnene volken met de overwinnaars te vereenigen, en hen, door vlijtigere bebouwing des lands, door goede wetten en inrigtingen tot eenen hoogeren trap van geluk te verheffen; het christendom werd onder hen gevestigd; doorgaans in voorregten met de Franken gelijk gesteld, behielden zij grootendeels hunne bijzondere wetten en instellingen, en waren, onder de bescherming van den magtigen Karel, veilig tegen elken inval der vijanden, terwijl zij, op hunne beurt, het rijk als met eene levende muur omringden. De langdurigheid zijner regering gaf hem gelegenheid zijne plannen met volharding door te zetten, en van vele zijner instellingen aanvankelijk gewenschte vruchten te zien. Door het opperhoofd der Kerk plegtig tot Keizer en beschermer der Christenen gekroond, en zelfs door het Grieksche hof eindelijk als zoodanig erkend, zag hij zijne stoutste verwachtingen nog overtroffen.

Wie zou bij deze beschouwing van het door hem gestichte rijk niet meenen eene wereld-monarchie te zien, die in magt en duurzaamheid voor die der Romeinen niet wijkt? En echter, zelfs de tijdige voorzieningen van den grooten vorst (*a*) konden den val zijner schepping geenszins verhoeden. Lodewijk,

---

(*a*) Einhardi, vita Kar. C. 19 et 30.

de eenigste zijner zonen, die niet voor hem ten grave daalde, bezat wel goedwilligheid genoeg om van de geestelijken de Vrome te worden geheeten, maar niet de vereischte kracht om het ontwerp zijns vaders, die zijne eeuw zoo ver vooruit was, te volvoeren, of weldadig op het volgende geslacht te werken. De onderscheidene volken, welker regering hem was opgelegd, niet langer door Karels krachtige hand en wijs beleid bedwongen, vatteden de wapenen op tegen elkander of tegen de Franken, waarmede zij nog niet tot één geheel, tot ééne natie waren zamen gesmolten. Lodewijks zonen, door kortzigtige heerschzucht en onderling wantrouwen vervoerd, namen deel in dezen twist der volkeren, die daardoor het aanzien kreeg van eenen burgerkrijg, en het rijk van Karel in den eigenlijken zin vernietigde. (*a*) De bij de Franken gebruikelijke rijksverdeelingen onder de zonen van overleden vorsten, en de twisten en oorlogen, die doorgaans hieruit ontstonden, gaven aan de aanzienlijke leenmannen en aan de geestelijken eene schoone gelegenheid, om hunne magt, ten koste van het Koninklijke gezag en het geluk des Staats uit te breiden; eene gelegenheid, waarvan beide standen zich maar al te zeer wisten te bedienen. (*b*)

Niet alleen verstikte dus de pas ontluikende beschaving, door Karel met zoo veel zorg gekoesterd; maar het verval des leenstelsels veroorzaakte spoedig eene verderfelijke verzwakking der krijgsmagt;

(*a*) Vergelijk vooral Thierry, Hist. de la conquête de l'Angleterre I. 160. 161. en Lettres sur l'hist. de France. Lettre XIII.

(*b*) Nithardi Hist. bij Pertz T. II. p. 672. Fragm. Hist. Franc. bij Duchesne, Histor. Franc. Scriptores T. II, pag. 401.

die in die dagen geheel uit leentroepen bestond. (*a*) De leenmannen toch, indien zij al trouw voor hunnen vorst ten strijde togen, lieten zich de gedane diensten ten duurste betalen; dikwijls ook verkozen zij liever zich geheel onafhankelijk te maken, en keerden de wapenen tegen hunnen leenheer. Bij de uiteenloopende belangen en den onderlingen naijver der vorsten, die over de deelen, waarin het rijk der Franken was vervallen, regeerden, en zich door bloedverwantschap noch menschelijkheid lieten terug houden, om elkander op allerlei wijze te benadeelen, werden hunne ongelukkige onderdanen door onderdrukking, geweld en onwetendheid van alle zedelijke kracht beroofd, zoodat zij aan buitenlandsche veroveraars slechts flaauwen wederstand konden bieden. Eindelijk sla men het karakter van de meesten dier vorsten gade; krachtelooze zonen van den grooten Karel, dragen zij niets dan den naam van hunnen voorvader; terwijl hunne grenzen door woeste barbaren worden bestookt, houden zij zich of met nuttelooze veroveringen op hunne bloedverwanten, of alleen met de jagt, soms ook met godgeleerde geschilpunten en haarkloverijen bezig; en wanneer zij zich al somtijds aan het hoofd hunner, dikwijls onwillige, leenmannen stellen, geven zij, zoodra de vijand « niet zonder gevaar" (*b*) kan worden aangevallen, bevel tot den aftogt, en keeren naar hun paleis terug.

(*a*) Over het verbazend drukkende van den krijgsdienst in een uitgebreid rijk, zoo als dezelve ten tijde van Karel den Grooten was ingerigt, en over de gevolgen hiervan voor de Frankische monarchie, wordt voortreffelijk gehandeld bij Hegewisch, Geschichte der Regierung Kaiser Karls des Grossen. S. 290-293.

(*b*) Eigene woorden der gelijktijdige schrijvers.

Men kan zich na dit alles niet verwonderen, dat Karels schepping binnen weinige jaren verdween; dat niet alleen zijn rijk in vele deelen verviel, welke onderscheidene vorsten huldigden, maar dat ook deze, niet in staat zich behoorlijk te verdedigen, ten prooi werden aan den moedwil van woeste en veroverende volkstammen, schandelijk hunnen aftogt door zwaar drukkende opbrengsten zochten te koopen, en eindelijk aan sommigen hunner blijvende woonplaatsen moesten inruimen.

Onder de volkeren door welker invallen het Frankische rijk dus werd geteisterd, zijn vooral de *Noormannen* merkwaardig, zoo door de koenheid en langdurigheid hunner ondernemingen, die eindelijk in volksverhuizingen ontaardden, als wegens de blijvende gevolgen, die hunne vestiging in het westen en zuiden van ons werelddeel gehad heeft. Groote geschiedschrijvers hebben dezelve reeds met betrekking tot andere landen, het zij opzettelijk, het zij in het voorbijgaan, nagegaan en ontwikkeld (*a*). Te onderzoeken hoedanig hun invloed in het bijzonder geweest zij op die streken, welke thans ons Vaderland uitmaken, is het doel dezer verhan-

---

(*a*) A. Thierrij, hist. de la conquête de l'Angleterre par les Normands, Paris 1830. Depping, Histoire des expéditions maritimes des Normands et de leur établissement en France au dixième siècle. Paris 1826. Heeren, über den Einfluss der Normannen auf Französische Sprache und Litteratur. in vermischte hist. Schrift. 11e. Theil. S. 349. Hegewisch, Geschichte der Regierung Kaiser Karls des Grossen. en Gesch. der Frankischen Monarchie von dem Tode Karls d. Gr. bis zu dem Abgange der Karolinger. Gibbon, Miscell. works en Decline and fall of the R. E. Hume, History of England. Fr. von Schiller, sämmtliche Werke. 16 B. (Stuttgart und Tübingen 1825.) p. 196 seqq. (Heeren und Ukert) Pfister, Geschichte der Teutschen. Hamburg 1829.

deling. Het is aan de geleerde uitschrijvers der vraag, welke tot het ondernemen van deze poging aanleiding gaf, niet ontgaan, dat eene oordeelkundige verzameling der verstrooide berigten, die ons, omtrent de invallen der Noormannen in ons land, toen een gedeelte der Frankische monarchie of der uit dezelve ontstane rijken, zijn overgebleven, tot dit onderzoek noodig is. Ik heb gemeend het best aan hun doel te beantwoorden, door de geschiedenis van die invallen zoo in te rigten, dat zij mij den weg bane, om vervolgens hunnen invloed op te sporen en in eenige bijzonderheden aan te wijzen, voor zoo verre de karige en dikwijls gebrekkige berigten, uit dat verwijderde tijdperk tot ons gekomen, dit zullen toelaten.

Het kan toch aan niemand, die de geschiedenis der zoogenaamde middeleeuwen *uit de bronnen zelve* heeft trachten te putten, onbekend zijn, met hoe groote en gedeeltelijk onoverkomelijke zwarigheden hare beoefening verbonden is. De regeringsvorm, de maatschappelijke toestand, de godsdienst, de zeden, de denkwijze der menschen, die toen Europa bewoonden, waren in zoo vele opzigten geheel verschillend van die van onzen leeftijd, dat wij, ook met den besten wil, ons van dezelve eene niet dan onvolkomene voorstelling kunnen maken, en telkens gevaar loopen ze naar onze wijze van zien af te meten en te beoordeelen. De geschiedschrijvers dier tijden, bijna zonder uitzondering monniken of geestelijken, dikwijls partijdig of vreesachtig, veelal onwetend of kortzigtig, schreven ten overvloede in eene taal, die hun zoo onvolledig bekend was, dat, onder hunne hand, de woorden dikwijls geheel nieuwe en oneigenlijke beteekenissen kregen, en men meermalen hunne bedoeling door gissing en onderlinge vergelijking moet opmaken. Bij het afgezonderde leven der kloosterlingen konden zij de zaken zelden in het ware licht beschouwen of voorstellen; bij het geringe onderlinge verkeer kregen zij van de gebeurtenissen, die op eenigen afstand van hun klooster of hunne woonplaats waren voorgevallen, meestal onvolkomene berigten, waardoor zij in de opgave van plaats en tijd moesten falen. De verwarring, hieruit, vooral in de tijdrekening, ontstaan, werd door hen, die uit verschillende gelijktijdige schrijvers een geheel en doorloopend verhaal zochten te vormen, en deze zonder oordeel naschreven of uittrokken, nog vermeerderd, zoodat men niet zelden één voorval op twee of meer verschillende jaren opgegeven, ja zelfs als twee of meer onderscheidene gebeurtenissen geboekt vindt. Het is aan de nasporingen der nieuwere geschiedkundigen wel gelukt, den tijd der groote hoofdgebeurtenissen genoegzaam vast te stellen; maar zoodra men in bijzonderheden wil treden, gevoelt men het moeijelijke, en maar al te dikwijls het vruchtelooze, van deze poging. Hadden wij altijd zulke voortreffelijke leidslieden als Einhard en eenige andere tijdgenooten of kweekelingen van Karel den Grooten, wij zouden onze navorschingen gewisselijk met beter gevolg bekroond zien. (a)

Bij het zamenstellen eener geschiedenis van de

[(a) Over de veelvuldige misslagen van de geschiedschrijvers der middeleeuwen, zie ook Suhm bij Depping, Expedit. maritimes des Normands II. 331. 332.]

invallen der Noormannen in deze gewesten, doen zich de genoemde moeijelijkheden in dubbele mate gevoelen. Ons land maakte eerst een betrekkelijk klein gedeelte uit van het rijk der Franken, en bij de latere rijksverdeelingen behoorde het gedeeltelijk tot Duitschland, Frankrijk of Lotharingen. Wij bezitten geene gelijktijdige schrijvers, die in hetzelve gewoond en deszelfs geschiedenis meer opzettelijk behandeld hebben, en bij de overige vindt men er slechts in het voorbijgaan melding van gemaakt; wij moeten ons derhalve dikwijls alleen met gevolgtrekkingen, uit hetgeen elders gebeurde, te vrede houden. Daar de invallen der Skandinavische volkeren spoedig de naburige landen met meerdere hevigheid troffen, hielden deze ook meer uitsluitend de aandacht en belangstelling der kronykschrijvers bezig. De latere inlandsche schrijvers spreken van de vroegere lotgevallen dezer streken meest in algemeene bewoordingen, of hebben hunne verhalen, het zij uit onwetendheid, het zij uit volkshoogmoed zoo blijkbaar vervalscht, dat wij er niet dan met de grootste behoedzaamheid eenig gebruik van kunnen maken. De overgeblevene en bekend gewordene oorkonden, charters en giftbrieven van die dagen zijn weinig in getal, en vele geven, aangaande hetgene wij hier zoeken te weten, weinig uitsluitsel; van sommige is daarenboven de echtheid verdacht, en aangaande de jaarteekening van andere doen zich merkelijke zwarigheden op. Volksoverleveringen, romancen, en balladen, welke somtijds belangrijke schetsen van de zeden en den maatschappelijken toestand der vorige eeuwen opleveren, en, in verband met de geschiedschrijvers, tot onverwachte en gewigtige uitkomsten kunnen leiden, zijn niet dan in gering aantal en gebrekkig tot onzen tijd bewaard.

Staat dus dit werk in belangrijkheid en naauwkeurigheid verre beneden hetgeen men van andere landen, uit eenen overvloed van gelijktijdige en geloofwaardige bronnen, heeft kunnen leveren, men wijte dit niet alleen aan den schrijver, maar denke ook aan de onvolledigheid zijner hulpmiddelen. Vindt men geene groote, treffende uitkomsten, men stelle zich met minder belangrijke, of met de zekerheid, dat er tot nog toe (*a*) niets meer te vinden is, te vrede. Eindelijk, men wrake het niet, wanneer het verhaal ons nu en dan buiten de grenzen van het gebied der voormalige republiek zal voeren; daar dit, zoo als reeds gezegd is, toen niet op zich zelve stond, is zulks, tot regt verstand van den gang der gebeurtenissen, somtijds onvermijdelijk noodig.

(*a*) Welligt vindt men iets nieuws in de HSS. betrekkelijk de Utrechtsche Kerk, door Pertz in het Museum Britannicum ontdekt, en waarvan hij de uitgave heeft beloofd. Zie Monum. Germ. Hist. II. 217 seqq.

EERSTE AFDEELING.

Geschiedenis van de invallen en togten der Noormannen en Deenen, in Noord Nederland, gedurende de 9de, 10de en 11de Eeuwen.

I. HOOFDSTUK.

Vroegste berigten tot Karel den Grooten.

De geschiedenis der volkeren, die zich in het tegenwoordige Noorwegen, Zweden en Deenemarken hadden nedergezet, verkrijgt eerst op het einde van de achtste eeuw onzer jaartelling volkomene zekerheid. Voor dien tijd vindt men het ware met zoo veel verdichting gemengd, en door de veelvuldige kleine heerschappijen, waarin de Skandinavische stammen toen verdeeld waren, zoo zeer verward, dat latere geschiedkundigen bij hunne onderzoekingen zich of met het waarschijnlijke hebben moeten te vrede stellen, of ook dit naauwelijks hebben kunnen bereiken.

Ongeveer vijftig jaren voor Christus verliet, naar veler meening, de derde of laatste Othin, Friedleifs zoon, de boorden van den Don, en toog door Lijfland naar Zweden, waar hij te Upsal den beroemden houten tempel bouwde. Hij gaf zich voor den ouden Krijgsgod Othin uit, en verkreeg dus een onbepaald gezag over de zijnen. Hij en zijne opvolgers breidden hunne heerschappij uit over het grootste gedeelte van het Skandinavische Schiereiland, Jutland, en de talrijke naburige eilanden. Deze landen evenwel bleven niet altijd onder één opperhoofd, maar vervielen in verscheidene kleinere heerschappijën, die zich eindelijk weder tot drie hoofddeelen, Zweden, Noorwegen, en Deenemarken vereenigden. (a) De Frankische schrijvers geven aan deze drie volkeren, maar vooral aan de beide laatstgenoemde, die zich door hunne strooptogten in de westelijke landen het meest bekend maakten, gewoonlijk zonder onderscheid den naam van *Noormannen*, bewoners van het Noorden. (b) Hunne ruwe luchtstreek, hunne boschrijke en weinig bebouwde landen, door vele bergen en wateren doorsneden, gaven geene aanleiding tot verzachting hunner woeste, krijgshaftige geaardheid en zeden. Integendeel ontstond hieruit als van zelve de verdeeling in vele kleine rijken, welker bewo-

(a) Zie over dit en het volgende betrekkelijk de vroegste geschiedenis der Noormannen P. F. Suhm, Geschichte Dänemarks, aus dem Dänischen übertragen von H. Amberg. Hamburg 1816. Ook van denzelfden schrijver Gesch. der Dänen, ins Teutsche übertragen von F. D. Gräter. Leipzig 1804, welke ik, ter voorkoming van verwarring, zal aanhalen: *Suhm übers. Gräter*. Met Suhms werken moet evenwel noodzakelijk vergeleken worden Dahlmann, Einl. in die Kritik der Geschichte von Alt-Dänemark, in zijne Forschungen auf dem Gebiete der Geschichte. I. B. s. 151 seqq. Zie ook König Aelfreds Germania ib. 405 seqq.

(b) Zie de bewijzen bijeen gezameld door G. Lauteschläger, die Einfälle der Normänner in Teutschland, S. 6. Darmstad 1827. Verg. Heeren. verm. hist. Schr. II. s. 554. 355. [Bij Depping II. pag. 256—367 kan men een zeer uitvoerig onderzoek lezen over den naam en het vaderland der Noormannen. De roovers, die in het rijk der Franken vielen, waren meestal Deenen en Noorwegers; de Zweden namen aan deze togten weinig deel; daarentegen kwamen de Waragers, die zich in Rusland vestigden, grootendeels uit Zweden.]

ners, in eeuwigen krijg met elkander levende, zich
reeds vroeg door zucht voor zeevaart en daarmede
verbondene zeerooverij onderscheidden (*a*). Hunne
opperhoofden of koningen waren aanvoerders in den
strijd, regters en raadgevers in vrede; de meerdere
of mindere uitgebreidheid hunner magt hing, even
als bij alle ruwe volken, van hun persoonlijk karakter en hoedanigheden af. Schoon zij met hunne
Jarlen en Hersen (stadhouders en krijgsbevelheb-
bers) gemeenzaam zich met zwemmen, worstelspe-
len, jagen, bierdrinken of skaldenzangen ver-
lustigden, en dikwijls met hen aan denzelfden feestdisch aanzaten, ontbreken er echter geene voorbeelden van Koningen, die om geringe kleinigheden
of vermeende beleedigingen zich bloedige en wreede wraak verschaften. De mishandelde partij zocht
gewoonlijk hulp bij eenen naburigen vijandelijken
vorst, leefde van den zeeroof, of verliet voor immer het vaderland, en vestigde zich elders. (*b*)
Vele vorsten beheerschten geen land, maar zwor-
ven met hunne volgelingen, die hen met den naam
van Zeekoningen (Siá-Konungar) vereerden, op de
zeeën rond, en stroopten in de landen hunner naburen. Hun gevaarlijk en woest bedrijf bragt veel
toe om hunnen wreeden aard nog meer te verwil-
deren. « De Zeekoningen hadden wel het gebied
over talrijke benden, doch regeerden geen land.
Hem alleen achtte men dezen eernaam waardig,

(*a*) Over hunne zucht en aanleg voor zeevaart, zie vooral Lauteschläger S. 1 seqq. Zij waren gewoon reeds vroeg in den krijg
te gaan, somtijds 10, 12, of 15 jaren oud. Suhm übers. Gräter I. 244.
(*b*) Snorra Sturlusynj, Heimskringla odr Noregs Konunga-Sögor.
Hauniae 1777-1826. 6 voll. fol. T. I. p. 96 et passim. Thierry, conq.
de l'Angl'et. I. 174.

die nimmer onder een berookt dak sliep, en nimmer bij den haard den drinkhoorn ledigde." (*a*)

In zijnen Oppergod Othin vereerde de Skandinavier den schrikkelijken vader der verwoesting, en zocht hem, zoowel als de twaalf groote Goden en Godinnen, door het slagten van dieren, ja zelfs door menschenoffers te behagen. (*b*) Thor, de God der sterkte en dapperheid, heerschte in de lucht, en verwekte stormen en onweder; van Freir smeekte men vruchtbare jaargetijden af, en Freia was de Godin der liefde, welker onweêrstaanbaar vermogen ook de ruwe zoon des Noordens huldigde. Na den dood gingen de goede, dat is, dappere mannen, die in den strijd gevallen, of ten minste eenen geweldigen dood gestorven waren, naar Valhalla, de ruime woning van Othin, waar zij zich met strijden, bierdrinken en spek eten vermaakten, telkens gedood werden en telkens herleefden. Des nachts stond het hun vrij hunne grafheuvelen te bezoeken, en daar van de later gestorvenen te vernemen, wat er sedert hunnen dood op aarde was voorgevallen. Vreedzame lieden kwamen tot Hela, de Godin des doods, en de boozen waren veroordeeld tot het verblijf in Niflheim (de Nevelwereld) waar honger en dorst hen onophoudelijk kwelde. In het laatste der dagen zoude de wereld met Othin en de hem ondergeschikte Goden in Ragnarockur (de Godenschemering of wereld-ondergang) verbranden, de braven eeuwig in Gimle bij Alfader leven, de boozen eindeloos in Nastrond gepijnigd worden.

(*a*) Heimskringla I. 45. II. 3. Vergel. Suhm übers. Gräter II. 70, waar echter eene vergissing is ingeslopen.
(*b*) Dudo bij Duchesne H. N. S. p. 62. 63. Ibid. p. 218. 219.

Welken invloed zulk eene Godenleer op de Noordsche krijgslieden moest uitoefenen, is gemakkelijk nategaan. Hun ongetemde moed werd daarenboven aangevuurd door de vaste overtuiging, dat niemand een oogenblik eerder stierf, dan dit door het onvermijdelijk besluit der Nornen (Schikgodinnen) was bepaald. Zoowel de zangen hunner Skalden, als eene menigte trekken uit hunne geschiedenis of overlevering getuigen luide, hoe diep deze denkbeelden in de ziel van elken Noorman waren gegrift.

Toen Hako, de zoon van Harald Haarfager, (den Schoonharigen) Koning der Noorwegers, door eene talrijke overmagt der Deenen onverwachts besprongen, met het gering aantal zijner vrienden raadpleegde, wat hem te doen stond, sprak Egill Ullserkr, een oud krijgsman, aldus den Koning aan: « Uw vader streed altijd, het zij hij door vele, of weinige krijgslieden verzeld was, en altijd behaalde hij de overwinning; nooit raadpleegde hij met zijne vrienden, om van hen de vlugt te leeren." Onwederstaanbaar waren deze woorden; Hako besloot terstond den ongelijken strijd te wagen. Toen riep Egill in verrukking uit: « Sedert eenigen tijd vreesde ik, bij dezen langdurigen vrede, dat de dood mij oud en afgeleefd op mijn bed zoude vinden; ik verlangde liever in den slag, onder het geleide van mijnen aanvoerder te sterven. Nu heb ik mijnen wensch verkregen; dit zal de uitkomst leeren." (a)

Toen Aslauge den dood van haren jongsten zoon vernam, zong zij naar de gewoonte haars volks:

(a) Heimskringla I. p. 149.

« Veel moeite kostten mij mijne zonen eer ik hen ten strijde deed trekken; maar ik heb over dezelve geen berouw. Rognwald verwde zijn schild in het bloed der helden, en onverschrokken voer de jongste mijner zonen tot Othin. Geenen grooteren roem had hij zich, door langer te leven, kunnen verwerven." (*a*)

« Wij hebben," zoo laat een Noordsch dichter den zeekoning Raghenar Lodbrog (*b*) in zijn doodlied zingen, « wij hebben onze zwaarden met bloed geverwd; honderde krijgslieden lagen uitgestrekt op het strand; de pijlen sisten en zochten de helmen: geen grooter genot is het mij, wanneer eene schoone maagd nevens mij op dezelfde bank is gezeten. Wat is het lot van den dapperen, dan onder de eersten te vallen? Vervelend is het leven voor hem, die nimmer is gewond; de mensch moet den mensch aanvallen, of wederstand bieden in het spel der gevechten. — Nu ondervind ik, dat de mensch een slaaf is van het lot, en onderworpen aan het besluit der Schikgodinnen, die zijne geboorte beheerschen. Nimmer had ik gedacht dat de dood mij zou worden gegeven door dien Aella (*c*), wanneer ik met mijne kiel de golven kliefde en feestmalen aan de roofdieren verschafte. — Maar blijdschap vervult mij bij de gedachte, dat eene plaats in Othins hal mij wacht, waar ik, aan den feestdisch gezeten, uit ruime

---

(*a*) Suhm übers. Gräter. II. 529.
(*b*) Deze Raghenar heeft ook op de kusten van Friesland gestroopt, volg. Thierry conq. de l'Anglet. I. 109.
(*c*) Een' Koning van Northumberland, door welken Lodbrog was gevangen en met wreede pijnigingen werd omgebragt, 865.

bekkeneelen het bier zal drinken. Ik geloof niet, dat er eenig beroemder Koning bestaat, dan ik; van mijne jeugd af heb ik bloed vergoten, en zulk een einde verlangd. De laatste stonden mijnes levens vliegen daar henen, maar lagchend zal ik sterven." (a)

« Ik zag mij," dus roept een ander dichter in geestvervoering uit, « vroeg in den morgen in Valhalla; ik maakte alles gereed om de dapperen te ontvangen, die in den strijd waren gedood. Ik wekte de helden uit hunnen slaap; ik spoorde hen aan, om de banken te schikken, om de bekers te plaatsen, als voor de aankomst van eenen Koning. « Van waar dit gerucht," riep Bragg, « als of eene groote menigte, als of duizenden zich bewegen? Waarom worden alle de banken geplaatst?" « Het is," antwoordde Othin, « wijl Erik zal komen; ik verwacht hem; men sta op, en ga hem te gemoet." — « Waarom verheugt u dan zijne komst meer dan die van andere Koningen?" « Omdat hij dikwijls zijn zwaard met het bloed der verslagenen heeft geverwd, overal waar hij met zijn moordend zwaard doordrong." — « Zijt gegroet, Erik, brave krijgsman, treed binnen: wees welkom in deze woning. Zeg ons welke Koningen U verzellen; hoe vele komen met U uit den strijd?" « Vijf Koningen," antwoordt Erik, « en ik ben de zesde." (b)

Geen wonder dat zulke volkstammen, even zeer door eigen' aanleg als door de gesteldheid hunner

---

(a) Thierrij, Conq. de l'Angl. I. 112-114.
(b) Torfaei Hist. rer. Norveg. P. II. p. 197, 198. Thierrij l. l. I. 141. 142.

landen en godsdienstige begrippen tot wilde dap=
perheid en dweepzieke ondernéemzucht aangespoord;
hunne strooptogten niet lang binnen enge gren=
zen bepaalden. Een der meest geachte noordsche
geschiedschrijvers, die in het begin der dertiende
eeuw bloeide en zijne berigten uit de zangen der
Skalden heeft verzameld, spreekt reeds bij den
aanvang der vierde eeuw van twee zeekoningen,
Haki en Hagbard, die zich door verre togten aan=
zien, schatten en eindelijk een koningrijk verwier=
ven. (*a*) Op het laatst der vijfde eeuw werd Zwe=
den zeer gekweld door de strooperijen van Deenen
en Noormannen, die toen buitengewoon vele zee=
koningen hadden. (*b*) Terwijl Theoderik I. over
Austrasie regeerde, (511 - 534) vielen de Deenen (*c*)
onder hunnen Koning Chochilaich (Kong Hillac) in
het land der Attuariers (*d*), waar zij hunne schepen
met gevangenen en roof vulden. Theodebert, Theo=
deriks zoon, hen voor hun vertrek overvallende,
doodde hunnen Koning, sloeg hen daarop in eenen
scheepstrijd, bemagtigde al het geroofde, en gaf het
aan de inwoners terug. (*e*) Het schijnt dat zij zich
hierop, benevens eenen Saksischen stam, aan Theo=
debert hebben onderworpen; (*f*) eene onderwerping,

(*a*) Heimskringla I. 50, 51.
(*b*) Heimskringla I. 43.
(*c*) Dit is de eerste maal dat zij bij de Frankische schrijvers als
zeeroovers voorkomen. Lauteschläger l. l. S. 5.
(*d*) Volgens de Romeinsche schrijvers woonden de Attuarii tusschen
den Rhijn en de Elbe. Hier schijnt men aan een gedeelte van Gel=
derland te moeten denken. Vergel. Dahlmann, Forschungen I. 410.
(*e*) Gregor. Turon. III. 5. bij Duchesne H. F. S. I. 294. Cf. Gesta
regum Franc. C. 19. ibid. 706.
(*f*) Epp. reg. Franc. no. 20. bij Duchesne H. F. S. I. 862. g. Bil=
derdyk, Gesch. des vaderlands I. 61, 62.

zonder twijfel even spoedig vergeten als gedaan. Men brengt deze gebeurtenis tot het jaar 520, en meent dat de vloot der Deenen aan den mond van de Maas landde. (*a*)

Dit is dus de eerste strooptogt der Noormannen in deze gewesten, waarvan de geschiedenis gewag maakt; want hunne invallen in Friesland op het einde der eerste eeuw, door sommige Friesche schrijvers vermeld, kunnen wij niet als historisch zeker aannemen. (*b*) Was er staat te maken op het verhaal van Eggeric Beninga (*c*) dan zouden de Noormannen, Deenen en Zweden, in 585 met eene menigte schepen in Friesland geland, de inwoners, die zich dapper tegen de overmagt verzetteden, eindelijk hebben overwonnen, en eene jammerlijke slagting onder hen aangerigt. Bij hun vertrek zouden zij eenige versterkte plaatsen hebben bezet gelaten, die echter door de Friesen spoedig werden veroverd. Dezelfde schrijver verhaalt (*d*) dat in 690 de Noren weder met een groot leger te land en 600 schepen in Friesland kwamen, de Franken er uit sloegen, en er eenen landvoogd over stelden met name Ribbolt. (*e*) Deze deed zich koning van Friesland noemen, en bragt de inwoners in zulk eene slavernij, dat zij, als teeken hunner dienstbaarheid, stroppen om den hals droegen. Wel-

---
(*a*) Encyclop. Britann. v. France. p. 55. Wagenaar I. 511. Sahm übers. Grüter. II. 27-30. In Tilii Chron. achter Paulus Aemylius Veron. Basil. fol. wordt het jaar 516 opgegeven.

(*b*) De Wind, Biblioth. der Nederl. Geschiedschrijvers, D. I. St. I. p. 11.

(*c*) Chronijk van Oost-Friesland, in Matthaei Anal. T. IV. p. 4a. edit. in 4º.

(*d*) Ibid. p. 46-54.

(*e*) Ribbolt, Rigebolt, Rabbod, Radbout.

dra (692) verscheen Pepin van Heristel met een magtig leger, en bevrijdde de Friesen van hunnen onderdrukker, die evenwel, op belofte van christen te zullen worden, de regering behield. Intusschen bleven de landzaten over hem te onvrede, en zochten (696!) hulp bij Karel Martel. (a) Deze trok met een leger tegen hem op, overwon hem, nog eer het tot den strijd kwam, in een tweegevecht of eenig ander gods-oordeel, en dwong hem naar Deenemarken terug te keeren. (b) Na twee en twintig jaren vinden wij bij Beninga weder eenen Frieschen koning Radboud, die, volgens het bekende verhaal, op het punt stond om zich te laten doopen, toen hij, op het oogenblik van de voltrekking der plegtigheid, van voornemen veranderde. (c)

Maar, hoezeer ik de gelijktijdige berigten van Beninga in volle waarde laat, zijn zijne verhalen aangaande die vroegere dagen zoo strijdig met hetgeen wij uit goede bronnen kunnen weten, en dragen zoo vele blijken van verwarring en ligtgeloovigheid, dat wij aan dezelve weinig gezag kunnen toekennen. Het komt mij des niet te min ontwijfelbaar voor, dat Friesland (d) ook in de 6de, 7de en 8ste eeuwen

---

(a) Karel Martel was voor 715 geen Maior domus.

(b) Vergelijk Wiarda, Ostfries. Gesch. I. S. 75-80.

(c) Deze Radboud hield, volgens de overlevering, zijn verblijf te Stavoren. Eene zijner drie dochters, Odbilda, was aan eenen Deenschen Koning uitgehuwelijkt. Wiarda I. S. 67.

(d) Het is bekend, dat deze naam toen veel ruimer beteekenis had dan later. Friesland bevatte het kustenland tusschen de Schelde en de Wezer. In Koning Aelfreds Germania leest men zelfs: « Ten westen der Oud-Saksen is de Elbe-mond en Friesland." Dahlmann, Forschungen I. 418. De Friesen namelijk hadden zich tot aan de Elbe uitgebreid, doch hun eigenlijk gebied wordt gewoonlijk slechts tot aan de Weser gerekend. Wiarda, Ostfr. Gesch. I. S. 47-51,

meermalen de invallen der Skandinaviers heeft moeten verduren, en dat dus de vertellingen van Beninga in het geheel niet van historischen grond ontbloot zijn. « In het begin der zevende eeuw," zegt Snorra, (*a*) « bemagtigde Ivar Vidfadmi geheel (*b*) Zweden, Deenemarken, en een aanmerkelijk deel van Saksen en Engeland." De berigten aangaande zulke uitgebreide veroveringen, hoezeer ook door de overlevering vergroot, bewijzen genoegzaam, hoe volkrijk en krachtig toen reeds het Noorden is geweest. In de Friesche keuren en landregten, welker oorsprong gewisselijk van den tijd der Karolingische vorsten dagteekent (*c*), vindt men uitdrukkelijk van eenen noordschen koning Radboud melding gemaakt. « Voormaals waren wij onderworpen aan het Noorden, aan Radboud (Redbate) dien onvreedzamen man, alles wat Fries was. Maar wij neigden ons naar het zuiden, en bragten Clipskelde (schatting in geld) op, en werden den zuidkoning getrouw en gehoorzaam in alle billijke zaken." (*d*) « Daar wij Friesen christenen werden, en den zuidkoning getrouw en gehoorzaam werden, Clipskelde opbragten..... en daarmede onzen adel en vrijen hals (*e*) kochten. Want alle Friesen waren voormaals onderworpen aan Radboud, dien on-

---

93, 130. Asegabuch, Vorrede S. xx. Vergelijk vooral Ypey, beknopte gesch. der Nederl. taal. 2de deel p. 106 seqq. Van Wijn, Hist. Avondst. p. 174, 175.

(*a*) Heimskringla I. 54.
(*b*) Cf. Suhm l. l. p. 7.
(*c*) Wiarda, Asegabuch Vorrede S. xxiii.
(*d*) Asegabuch S. 15 en Wiarda aldaar S. 46-48.
(*e*) *Btheldom and fria halsa*; dit ziet waarschijnlijk op het fabelachtige verhaal van den adel, door Karel den Grooten aan de Friesen geschonken. Wiarda S. 66.

vreedzamen man, alles wat Fries was." (*a*) Eindelijk verhaalt Beninga, (*b*) dat in 774 Godfrid, koning der Noorwegers en Deenen, een kleinzoon van bovengemelden Radboud, (*c*) met vele schepen, ruiters en voetknechten in Friesland viel, plunderde en blaakte. De Friesen namen den toevlugt tot hunnen Koning Pepin de Kleine (!) in Frankrijk, die hen met troepen en schepen bijstond, en daarenboven hulp verschafte van den Aartsbisschop van Bremen en den Bisschop van Munster (!). (*d*) Na eenen scherpen strijd behalen de Friesen de overwinning, terwijl vele duizende vijanden gedood worden of verdrinken. «Volgens sommigen," zegt Beninga, « sneuvelde ook hun koning Godfrid;" doch tevens verhaalt hij, dat deze zelfde aanvoerder in 809 op nieuw en met grooter geweld Friesland overviel. — Ik heb opzettelijk dit verwarde verhaal wat uitvoeriger overgenomen, opdat men zich van de onbruikbaarheid van deze en vele soortgelijke berigten te beter moge overtuigen. En evenwel is er veel waars in het gezegde van Suhm: (*e*) « de oudste Friesche schrijvers staan wel in slechten naam, hebben in de tijdrekening vele fouten begaan, en zich dikwijls door voorliefde jegens hun vaderland laten wegslepen;

(*a*) Asegabuch S. 17 en aldaar Wierda S. 55, 56. Schoon deze glossen niet even oud zijn als de keuren en landregten zelve, (Zie Wierda Vorrede XXI.) zijn zij echter van veel belang, en toonen niet alleen den hoogen ouderdom dezer overleveringen, maar ook hoe het gansche volk haar voor waarheid heeft erkend.

(*b*) l. l. p. 58, 59.

(*c*) Vergelijk hierover Wagenaar II. 39.

(*d*) Pepin de kleine stierf reeds in 768. De Bisdommen te Bremen en Munster werden door Karel den Gr. eerst na 787 gesticht. Zie Hegewisch Gesch. d. Reg. K. K. d. G. S. 179. Pfister l. l. S. 452.

(*e*) übers. Gräter Vorbericht S. XXXXVIII.

maar zonder twijfel hadden zij toch oudere berigten voor zich, die zij volgden."

Men kan dus, uit vergelijking met hetgeen ik uit geloofwaardiger bronnen heb bijgebragt, veilig besluiten, dat deze landen reeds lang voor Karel den Grooten door noordsche zeeschuimers verontrust geworden, ja zelfs bij tusschenpoozen aan noordsche vorsten onderworpen zijn geweest (a).

II. HOOFDSTUK.

Sedert de komst van Karel den Grooten aan de regering tot de vestiging van noordsche Vorsten in deze gewesten.

768 - 826.

De veroveringen, waardoor Karel zijn rijk in het Noorden uitbreidde, bragten het eerst de Franken met de vorsten der Deenen in aanraking. De

---

(a) Het ligt buiten het bestek dezer verhandeling, alle de sporen op te geven, die ons aangaande vroegere invallen, en welligt nederzettingen van Skandinaviers in ons land, in de noordsche overleveringen voorkomen. Men zie dezelve bij Suhm, übers. Grüter T. I. 165, 166, 172, 175, (waar hij door Walland ons Zeeland wil verstaan hebben. [In de Saga's wordt het soms in zeer ruimen zin, doch gewoonlijk van Frankrijk, waarschijnlijk ook van de Nederlanden gebruikt. Depping, I. 92. II. 338.]) 230, 231, 590, 591. II. 128, 161, 228, 265, 505, 506. M. van Vaernewijck, de historie van Belgis Lib. IV. Cap. 27. Mijns inziens is het overigens onmogelijk, uit eene menigte overleveringen, door dichters bewaard en opgesierd, eene geschiedenis zamen te stellen, hoewel ik gaarne geloof, dat eene overlevering nimmer zonder eenigen geschiedkundigen grond is. Vergelijk Heyne ad Virgil. Aeneid. Disquis. II. p. m. LII. en Bilderdyk, Gesch. des vaderlands Deel I. pag. 91. Wiarda, Asegabuch

Saksen droegen de Frankische heerschappij, het hun opgedrongene Christendom en de zware belasting der tienden, welke zij genoodzaakt waren aan de priesters op te brengen, met al dien tegenzin, welke aan vrije en onbedorvene volkeren natuurlijk eigen is. Bij herhaling poogden zij het knellende juk af te schudden; maar door den onvermoeiden Karel en zijne dappere scharen telkens in hunne ondernemingen verijdeld, zochten zij hulp bij hunne naburen, de Deenen. Hun aanvoerder Witikind, de voorname en gewoonlijk hoog geroemde aanstoker hunner gedurige opstanden, gehuwd met Gewa, de zuster (*a*) van Sivard of Sigifrid, eenen Deenschen Koning in het tegenwoordige Sleeswijk, vond daar met de zijnen eene veilige schuilplaats, zoo dikwijls zijne landslieden voor de overmagt moesten zwichten, en den toorn des overwinnaars door geveinsde onderwerping zochten te ontwapenen. (*b*) Schoon het mij niet is gebleken (*c*) dat

---

S. 64. [Een Friesche zeeroover, Ubbo, nam deel aan den slag van Bravalla in 735. Depping I. 78. Friesen en Noren kwelden elkander reeds vroeg door zeeschuimerij. Depping I. 92 93.]

(*a*) Wagen. I. 422 en 426 zegt *dochter*. Zie over dit en het volgende ook Suhm übers. Grűter II. 529 seqq. waar men vele invallen van Noormannen of Deenen in Friesland vermeld vind, waarvan de echte bronnen, die ik geraadpleegd heb, geheel zwijgen. Daar ik Suhms Critisk Historie af Danmark niet kan nazien, ben ik aangaande de geloofwaardigheid dezer berigten in het onzekere; en durf dus hier niets uit hem over te nemen.

(*b*) Ann. Lauriss. et Einhardi bij Perts I. 156-159, 165. Ann. Tilian. ibid. 220, 221. Sigeb. Gembl. bij Pistorius Rer. Germ. 86. ed. Struvio I. 781.

(*c*) » Terwijl de Saksen van de afwezendheid van Karel den Grooten, die in Spanje tegen de Arabieren streed," (dus in 778) » gebruik maakten, en in zijn rijk tot aan de Moezel doordrongen, leed-

men hem hier eenige hulp van aanbelang verleende, kon het niet missen of zij werden door Witikind opmerkzaam gemaakt op de steeds aangroeijende magt der Franken, en op de harde, ja wreede wijze, waarop deze de invoering van het christendom en de belangen der geestelijkheid zochten te bevorderen. Hieruit alleen laat zich de buitengewoon hevige haat, dien de Noormannen bij hunne invallen tegen den christelijken godsdienst, en vooral tegen priesters en monniken aan den dag leiden, genoegzaam verklaren. (*a*) Geen wonder dat de Deenen, zoo door het voortdringen der Franken tot over de Elbe, als door de inrigtingen, die Karel ter uitbreiding des christendoms in het noorden begon daartestellen, (*b*) verontrust, door de vrees voor hetzelfde lot, dat de Saksen had getrof-

---

den de Noormannen in Friesland, en doodden den aanvoerder der Friesen; doch zij moesten, door het volk terug gedrongen, het land wederom ruimen." Zoo zegt Lauteschläger l. l. p. 13, 14. en beroept zich op Depping, I. p. 100. welk werk ik, niettegenstaande alle aangewende moeite, niet heb kunnen bekomen. In de bronnen, die ik heb kunnen raadplegen, heb ik er niets van gevonden.

(*a*) Zij noemden de Christenen *papen*. Are, Islendingabok bij Dahlmann, Forschungen I. 462. Zie ook Thierrij, Conq. de l'Angleterre I. p. 104, 105, 116. [De plundering der kloosters en de mishandeling der monniken schrijft Mannert, Gesch. der alten Deutschen II. 47. alleen toe aan roofzucht, niet aan haat tegen het christendom. Ik kan dit niet toestemmen.]

(*b*) Vita S. Anskarii bij Pertz II. 698. Vita S. Rimberti ibid. 765. Adamus Bremensis Lib. I. C. 12. Ook S. Liudger, eerste bisschop van Munster, had sterk bij Karel den Grooten aangedrongen om bij de Noormannen het christendom te mogen verkondigen. Doch deze wilde hem dit volstrekt niet toestaan. denkelijk om hem niet aan het gevaar dezer onderneming bloot te stellen. Vita S. Liudgeri ib. 414. [Depping I. 103. besluit hieruit te regt tot den hevigen afkeer van den godsdienst der Franken, dien de noordsche volkeren toen reeds betoonden.]

fen, bekropen, en door wantrouwen tot eene vijandelijke gezindheid gestemd werden. (*a*) Dat zij op hunne beurt eenmaal dit geduchte rijk zouden doen beven, dit kon hunne stoutste verbeelding zich toen nog niet voorstellen; de naam van Karel, dien zij gewoonlijk den Hamer noemden, had hen zoowel als andere volken met eerbied en vreeze vervuld.

Intusschen gaf deze spanning aanleiding tot een gezantschap van Sigifrid aan den Koning der Franken. De gezanten, van welke ons Halfdan, een Konings zoon, (*b*) en Asmund worden genoemd, kregen in 782 op de algemeene vergadering of rijksdag te Lipspring gehoor. Denkelijk kwamen zij om gunstige voorwaarden voor de Saksen te bedingen, die zich hier op nieuw onderwierpen. Zoo zij ook ten voordeele van Witikind werkzaam waren, zijn hunne pogingen niet naar wensch geslaagd; want wij vinden hem nog later als vlugteling bij de Noormannen. (*c*) Of dit gezantschap eenige gevolgen gehad hebbe, wordt ons niet gemeld; maar

---

(*a*) Reeds in de laatste helft der zesde eeuw hadden de Frankische Koningen veel verkeer met de Saksen, en poogden hen te onderwerpen. Reeds toen mengden zich de Deenen in de hieruit ontstaande oneenigheden, wijl zij de groote magt der Franken vreesden, volgens Suhm, übers. Gräter II. 129.

(*b*) V. Suhm übers. Gräter II. 558. » deze Halfdan was een zoon van Borkar, eenen onderkoning in Schonen, en gehuwd met Gyrithe, eene dochter van Harald, den zoon van Sigurd Ring, bij welke hij den wereld-bekenden Harald Klak," (Heriold) » den eersten christelijken koning in Deenemarken, verwekte." Wagenaar I. 458 houdt dezen Halfdan voor eenen zoon van Sigifrid.

(*c*) Ann. Lauriss. et Einhardi bij Pertz I. 162, 164. Tiliani ibid. 221. Fuldenses ibid. 349. Regino ibid. 559. waar dit gezantschap ten onregte aan Koning Godfrid wordt toegeschreven.

weinige jaren later (omtrent 787) stroopten reeds noordsche roovers ook op de Frankische kusten, zoodat Karel aanstalten maakte, om dezelve tegen hunnen overval te beveiligen. Het was bij deze gelegenheid, dat Angilbert, bevelhebber over een gedeelte der zeekust, de overwinning over hen behaalde. (*a*) — Niet lang daarna trok Karel tegen de Wilzen, (*b*) eenen magtigen Slavischen volkstam langs de Oostzee, op den linker oever van de Oder; hij wilde hen straffen voor de aanhoudende invallen in het land der Abotriten, mede eenen Slavischen stam, die tusschen de Wilzen en de Elbe, in het tegenwoordige Mecklenburg, woonden, en sedert lang bondgenooten der Franken waren. In éénen togt fnuikte hij hunne krachten zoo volkomen, dat zij zich ter onderwerping gedwongen zagen. (*c*) Het zij dat deze overwinning de achterdocht der Deenen sterker gaande maakte, of dat zij hunne strooperijen hadden herhaald, (*d*) wij vinden blijken dat de onderhandelingen met Karel, zelfs na dat Witikind zich (785) had laten doopen,

---

(*a*) Vita S. Angilberti in Bouquet, Rer. Gall. et Francic. SS. T. V. p. 477. Pertz II. p. 391. Joann. a Leydis IV. 5. in Sweertii Ann. Rer. Belg. p. 53. Hume, history of Engl. I. 66-68. Vergel. vooral Hegewisch, G. K. K. d. Gr. S. 296.

(*b*) Winden, Wilten of Welataben.

(*c*) Annal. Colon. bij Pertz I. 97. L. d'Achery, Spicileg. II. 572.

(*d*) « In 795 vielen de Deenen weder in Friesland en plunderden de kust; maar hun hoofdtogt ging toen naar Ierland, waar zij zich op verscheidene plaatsen vestigden." Lauteschläger S. 14. Ik weet niet uit welke bron; ik heb er niets van kunnen vinden. [Waarschijnlijk uit Depping I. 101. doch het blijkt mij niet, van waar deze dit verhaal heeft ontleend; even min als aangaande den inval in Friesland in 778. p. 99 en 100. (Zie boven p. 23. noot *c*.) Depping citeert zijne bronnen zeer oppervlakkig, meest zonder aanhaling van boek, hoofdstuk of bladzijde.]

bleven voortduren. In 798 werd Godescalk, door hem als gezant naar Sigifrid gezonden, op zijne terugreis door de Saksen vermoord, waarvoor zij met de verwoesting van het land tusschen Weser en Elbe werden gestraft. (*a*) Eerlang namen de noordsche zeeschuimers in stoutheid en aantal zoo zeer toe, dat ernstiger maatregelen noodig werden geacht. Gewoon op alles in eigen persoon orde te stellen, verliet Karel in Maart 800 zijne hofstad Aken, om de bedreigde kusten van Gallie en Germanie te bezoeken. Aan alle havens en monden van bevaarbare rivieren stelde hij posten en wachten, opdat de vijand nergens zou kunnen landen. Ook gaf hij last tot het bouwen van eene aanzienlijke vloot, ten einde de vermetele Noren op hun eigen element te bestrijden. Met goed gevolg had hij deze doelmatige middelen in zijne zuidelijke staten tegen de Mooren in het werk gesteld. (*b*) Ook schijnt hij sedert gevreesd te hebben, dat de bewoners van Noordalbingie en Wihmodi (de omstreken van Bremen) zich op nieuw van Deenschen bijstand, ter herkrijging der onafhankelijkheid, zouden bedienen; hij liet derhalve in het voorjaar van 804 ongeveer 10,000 Saksen uit die streken met vrouwen en kinderen naar andere gedeelten zijnes rijks verplaatsen, en gaf hun land aan de Abotriten, op welker trouw hij staat kon maken; een geschenk,

---

(*a*) Ann. Einhardi bij Pertz L p. 185. Hegewisch, Gesch. K. K. d. Gr. S. 238.

(*b*) Ann. Einhardi bij Pertz I. 187. Poeta Saxo ibid. 274. Einhardi vita Karoli ibid. II. p. 452. Gotfrid. Viterb. bij Pistorius II. 310, verhaalt, dat Karel zich de Noormannen en Deenen en vele andere gewesten had onderworpen! Zoo weinig kan men de latere schrijvers vertrouwen.

dat hun eerlang duur genoeg te staan kwam. (*a*) In hetzelfde jaar kwam Godfrid, (*b*) koning van een groot gedeelte (*c*) van Deenemarken, met eene vloot en zijne gansche ruiterij op de Saksische grenzen te Sliesthorp, hetgeen men voor het tegenwoordige Schleswig houdt; (*d*) hij had beloofd eene persoonlijke bijeenkomst te zullen houden met den Keizer, die zich te Holdunsteti (Hollenstedt), niet ver van de Elbe bevond; maar daar hem dit, naar het heet, door de zijnen werd ontraden, verkoos hij niet verder voort te trekken, en liet de zaken door gezanten afdoen. Er werd onder anderen gehandeld over de uitlevering der overloopers of vlugtelingen (Saksen?) aan den Keizer, die half September naar Keulen terug keerde. (*e*) Uit de omstandigheden van deze mislukte bijeenkomst blijkt genoegzaam, dat de Noorman reden had om Karels ongenoegen te vreezen; wij gelooven dus gaarne het berigt van Sigebertus Gemblacensis, (*f*) dat Godfrid zijne naburen veel kwaad gedaan had, en nu om vrede verzocht. De Keizer evenwel, hem niet vertrouwende, zond in 805 zijnen zoon Karel met een leger naar Wenedonie (het land der Wilzen) om op hem een wakend oog te houden. (*g*) Het volgende jaar bepaalde hij op den rijksdag te

---

(*a*) Hegewisch, Gesch. K. K. d. Gr. S. 279, 280.
(*b*) « Godefrid, of naar onze spraak beter Gudrod." Suhm übers. Gräter II. 548. ook Godefred, Guthred en Godfrode. ib. 572.
(*c*) Lauteschläger, l. L p. 15. zegt: » van gansch Deenemarken." doch vergel. Dahlmann, Forschungen I. 452 [en Depping I. 105.]
(*d*) Suhm übers. Gräter I. 76.
(*e*) Ann. Einhardi bij Pertz I. 191, 192. Ann. Tilian. ib. p. 223.
(*f*) Bij Pistorius I. 786.
(*g*) Ann. S. Amandi bij Pertz I. 14.

Thionville hoe het rijk, na zijnen dood, onder zijne drie zonen moest worden verdeeld. (*b*) De groote vorst wilde op deze wijze de rampen voorkomen, welke onder de zonen van Lodewijk den Vromen de Franken hebben getroffen; ik ben niet vreemd van de gedachte, dat het gevaar, hetwelk hem uit het Noorden dreigde, hem genoopt hebbe, deze zoo noodzakelijke verordening niet langer uittestellen. En voorzeker, hadden zijne nakomelingen de wijze voorschriften, door hem bij deze gelegenheid gegeven, naauwkeurig opgevolgd, nimmer waren zijne uitgebreide Staten zoo schandelijk aan een handvol woeste buitenlanders ten prooi geworden.

In 807 kwam zich een opperhoofd der Noormannen, Halfdan geheeten, met zijn talrijk gevolg aan Karel onderwerpen, en zwoer hem den eed der trouw. (*b*) Al is dit berigt niet vergroot, (van welk gebrek ik den Poeta Saxo niet vrij kan spreken,) wij kunnen echter Halfdan voor niet meer houden dan eenen aanvoerder, die, voor zijne mededingers onderdoende, met zijne volgelingen bij buitenlanders hulp zocht. Men kan, met vrij wat schijns, gissen, dat hij dezelfde is, die in 782 als gezant tot Karel was gekomen, en die in 792, met Ubbo, eenen Frieschen bevelhebber of Hertog, verbonden, eenen inval in Engeland had gedaan. (*c*) Hoe dit zij, van meer belang acht ik de waarschijnlijkheid, dat Karel hem en de zijnen gebruikt heeft, om de aanvallen zijner landslieden aftekeeren, en een gedeelte van ons land aan zijne zorg heeft toe-

---

(*a*) Hegewisch, G. K. K. d. Gr. S. 299 seqq.
(*b*) Poeta Saxo bij Pertz I. 263.
(*c*) Wagenaar I. 439. Bilderdijk I. 87.

vertrouwd. Bij den inval der Noormannen op Walcheren in 837, vindt men onder de aanzienlijken, die van de zijde der Franken gesneuveld waren, melding van Hemming, den zoon van Halfdan, eenen Noorman van afkomst. (*a*) Van dezen Halfdan wordt daar als van eenen aanzienlijken en hier te lande wel bekenden Noorman gesproken, hetgeen mijn vermoeden zeer aannemelijk doet voorkomen. Hadden wij hiervan volkomene zekerheid, wij zouden er uit leeren, hoe Karel zich reeds bediende van eene handelwijze, waarover men zijne nakomelingen zoo streng heeft berispt; doch ik houde dan tevens voor zeker, dat hij niet verzuimd zal hebben de noodige voorzorgen te nemen, dat het hulpmiddel niet erger werd dan de kwaal.

Eerlang (807, 808) gaf Godfrid duidelijker blijken van zijne vijandelijke gezindheid en ondernemenden aard. Hij viel in Wenedonie, (*b*) bemagtigde, door de Wilzen geholpen, het land der Abotriten, dwong hen schatting te beloven en vernielde hunne koopstad Rerich aan de Oostzee. (*c*) Karel gevoelde van hoe veel belang het was zich spoedig tegen hem te verzetten; in Friesland kregen de Graven, keizerlijke leenmannen, en allen die te paard krijgsdienst deden, last om zich gereed te maken, ten einde, wel gewapend, ten strijde te kunnen trekken. (*d*) 's Keizers oudste zoon toog

---

(*a*) Zie beneden. Hieruit verklaart het zich, hoe Lodewijk de Vrome er zoo spoedig toe overging, om Hemming en Heriold, Halfdans zonen, met leenen te begunstigen.

(*b*) Ann. S. Amandi bij Pertz I. 14. Einhardi ann. ibid. 195. Chron. Moiss. ibid. 308 et II. 258. Ann. Fuld. ibid. L. 354.

(*c*) Bij Wismar. Pfister l. l. S. 432.

(*d*) De Fresonibus volumus, ut comites et vasalli nostri et caballi-

zoodra mogelijk met een leger van Franken, Saksen, en Friesen (*a*) om Saksen te dekken, of volgens anderen, om de bondgenooten te helpen. Hij zag zich weldra genoodzaakt, over de Elbe terug te trekken; doch ook Godfrid, hoezeer hij de Abotriten grootendeels had ten onder gebragt, had door hunne dappere tegenweer zoo veel geleden, dat hij het raadzaam vond in zijn land terug te keeren, en het tegen de invallen der Franken, waarvoor hij nu reden had te vreezen, met eene verschansing te versterken. Hij liet dus langs den Eyder van de Oostzee tot aan de Noordzee eenen wal aanleggen, sedert onder den naam van Danavirk (Deenenwerk) bekend, en om zijne geschikte ligging dikwijls door latere koningen hersteld en gebruikt. (*b*) Danavirk wordt ons in lateren tijd beschreven als eene landengte, tusschen twee zich diep landwaarts uitstrekkende zeeboezems, versterkt met eenen wal van steenen, boomen en zoden, en van eene diepe gracht en torens aan de poorten voorzien (*c*). Nog heden meent men er op sommige plaatsen de overblijfselen van te ontdekken.

Na Godfrids aftogt werden de volkeren, die zich met hem hadden vereenigd, door Karel (den zoon) met verwoesting hunner landen gestraft; en de

---

larii qui beneficia habere videntur, (eene gebruikelijke omschrijving voor *kabent*) omnes generaliter ad placitum nostrum veniant bene praeparati. Reliqui vero pauperiores sex septimum praeparare faciant, et sic ad condictum placitum bene praeparati hostiliter (d. i. cum hoste sive exercitu) veniant. Baluzii Capit. Reg. Franc. ad a. 807. T. I. p. 460. ed. 1780.

(*a*) Lauteschläger p. 15.
(*b*) Reeds in de derde eeuw was hier eene soort van versterking aangelegd volgens Suhm übers. Gräter I. 163.
(*c*) Heimskringla I. 216-218.

Noorman, na deze genomene proef, zich nog niet sterk genoeg gevoelende, om den oorlog tegen de Franken openlijk te beginnen, vond het best uitstel te zoeken. Hij liet door eenige kooplieden den bevelhebber of Hertog in Friesland (*a*) om eene bijeenkomst verzoeken tusschen zijne en des Keizers gemagtigden; hij wilde zich wegens den aanval tegen de Abotriten zuiveren; (*b*) zoo er iets misdaan mogt zijn, was hij genegen dit in het vriendelijke te schikken; men had hem ten onregte beschuldigd het beloofde verbond (*c*) te hebben geschonden, daar hij alleenlijk de Abotriten voor de hem aangedane beleedigingen had gestraft. De Keizer nam den voorslag aan, en zijne gezanten onderhandelden met eenige voorname Deenen over de Elbe. Er werd veel over en weder gesproken, zonder dat de zaak haar beslag kreeg. Intusschen werd Thrasco, de vorst (Dux) der Abotriten, nadat hij met hulp der Saksen de Wilzen en Smeldingiers getemd, en de afgevallenen weder ten onder gebragt had, in de koopstad Rerich door Godfrids lieden verraderlijk gedood. (*d*) De Keizer, van alle kanten klagten ontvangende over 's Noormans overmoed en trots, besloot over de Elbe eene vesting te stichten, en met eene Frankische volkplanting te voorzien, om hem dus in bedwang te houden. In Gallie en Germanie werden geschikte menschen hiertoe uitgekozen, met wapenen en verdere be-

---

(*a*) Dux, qui Fresiam providebat.
(*b*) Einhardi Ann. bij Pertz I. 196. Regino ibid. 565.
(*c*) Foedus promissum.
(*d*) Ann. Fuld. bij Pertz I. 554. Chron. Moiss. ibid. 509 en H. 258, waar hij Drosocus, Koning der Abotriten heet.

noodigdheden uitgerust; en door Friesland naar de bestemde plaats gevoerd. De vesting werd, onder opzigt van Graaf Egbert, gebouwd aan de Sturia (de Stör in Holstein) en kreeg den naam van Esesfelth of Esseveldoburg; waardoor men het tegenwoordige Itzehoe wil verstaan hebben. (a) Reeds vroeger had Karel met hetzelfde doel aan de Elbe de vesting Hochbuchi aangelegd, (b) welke plaats, volgens het gewoonlijk aangenomen gevoelen, later Hamburg werd genoemd; doch liever volg ik de meening van Pfister, die aan Büchen, niet ver van Lauenburg, denkt. (c)

De Deensche koning, aldus in zijne veroveringsplannen gestuit, beproefde nu zijn geluk ter zee, en zond (810) eene vloot van 200 Schepen naar Friesland. (d) Het was niet een gewone strooptogt, uit hoop op buit of uit wraakzucht in haast ondernomen; maar eene doordachte poging om in het Frankische rijk te dringen, en van hetzelve zoo veel hem mogelijk was te overweldigen. Dit blijkt zoowel uit het groote aantal schepen, tot dezen inval gebruikt; (e) en uit de snorkende taal

---

(a) Einh. Ann. bij Pertz I. 197. Ann. Fuld. ibid. 354. Chron. Moiss. ibid. p. 309. [Volg. Mannert, Gesch. der alten Deutschen; I. 486. is Esesfelth Glückstadt aan den mond van de Stör.]

(b) Hegewisch, G. K. R. d. Gr. S. 311.

(c) [Alberti Abb. stad. Chron. p. m. 86. a. e Castellum Hochburt, quod nunc Hamburg dicitur, Albiae appositum."] Pfister l. 1. I. 432.

(d) Anderen melden dat hij zelf het bevel over deze onderneming voerde.

(e) Het is niet wel mogelijk, de bemanning der noordsche vaartuigen toen en later naauwkeurig te bepalen. Hegewisch rekent ten hoogste 160 man, hetgeen mij, door elkander, eer te veel dan te weinig voorkomt. In de Heimskringla vinde ik eens melding van een groot schip, van 32 roeijers; hetgeen bij strooptogten gebruikt

waarbij hij pochte den keizer zelven te willen opzoeken en bestrijden, als uit den ijver en spoed, waarmede Karel zich tot tegenweer gereed maakte. Niet alleen was de ligging van Friesland bij uitstek geschikt, om door hetzelve spoedig in het hart van Karels staten door te dringen, maar het

---

werd, en ruim 200 man voerde. Verder leest men er van schepen met 20 roeijers en 100 of 90 man; van 80, 60, 55, 50, 20, 12 en 10 zelfs, die met geringe bemanning waren snelvarende schepen. Heimskringla I. 307. II. 22, 50, 70, 163, 238, 241, 246, 256, 294. Vergel. beneden I. Afd. Hoofdst. 5. Suhm übers. Gräter S. 357. II. 135, 153, 154. — Men stelle zich hunne schepen vooral niet te groot voor. Doorgaans voeren zij met dezelve langs ondiepe kusten, drongen er mede door tot hoog op middelmatige rivieren, roeiden ze voort, wanneer de wind niet gunstig was, ja droegen ze somtijds van de eene rivier in de andere, hoewel dit altijd als een zeer moeijelijk werk wordt voorgesteld, dat alleen des noods werd ondernomen. [Dat de Noren het evenwel lang zoo moeijelijk niet vonden als de Frankische kronijk-schrijvers, wordt te regt aangemerkt door Depping I. 70. II. 19.] Verder komt het mij voor, dat, zoo al het getal hunner schepen bij de meeste landingen door de Frankische schrijvers niet merkelijk is vergroot, toch buiten kijf het aantal hunner troepen bij de meeste invallen veel te hoog is opgegeven. Verg. Heeren, Hist. Werke. II. S. 82. De verschrikte landzaten stelden zich de menigte hunner vijanden veel grooter voor dan zij werkelijk was; en de monniken, die zich niet konden begrijpen, hoe toch de voormaals overwinnende Franken nu meestal het onderspit moesten delven, zochten de reden in de gewaande overmagt der Noren, zonder op de ware oorzaken te letten. Indien men dit niet in het oog houdt, is het onverklaarbaar, hoe Skandinavie zulk eene verbazende menigte inboorlingen, in kort achtereenvolgende zwermen, naar Engeland, Duitschland, Frankrijk, Rusland en nog verder verwijderde streken konde uitzenden, zonder geheel en al ontvolkt te worden. Het land werd toen veel minder bebouwd dan tegenwoordig, en het toenemen der bevolking, door de aanhoudende inlandsche oorlogen, niet zelden aanmerkelijk gestuit. Neemt men de opgaven der Frankische schrijvers als waarheid aan, dan moet men eene bevolking onderstellen, die de tegenwoordige evenaart, zoo niet overtreft. Dit is dan ook de meening van Arndt, aangehaald bij Lauteschläger S. 7 en 8, met wiens beschouwing van de togten der Noormannen als volksverhuizingen ik mij anders volkomen vereenige.

beloofde ook terstond eenen rijken buit; dit land toch bloeide reeds toen door handel en fabrieken, die voor die tijden beduidend kunnen heeten, en waardoor de ondernemende bewoners zich aanzienlijken rijkdom hadden verschaft. (*a*)

Karel, die juist eenen krijgstogt tegen Godfrid in den zin had, was nog te Aken, toen hij de tijding ontving dat de eilanden op de Friesche kust (*b*) geheel waren verwoest; ja dat de Deenen zich reeds op het vaste land bevonden. De Friesen waren hun, daar zij van drie kanten in het land vielen, ook in drie hoopen tegengetrokken, (*c*) doch overal

---

(*a*) Vergelijk Wagenaar II. 7 en 8. Hegewisch G. K. K. d. Gr. S. 26. N. 24. Hüllman, Städtewesen I. S. 220-223. In een gedicht van Ermoldus Nigellus, tusschen 826-834 geschreven, (Pertz II. 518. Elegia I. vs. 90-126) vindt men vermeld, hoe de wijnen en granen uit den Elsas den Rhijn afgevoerd, en aan de Friesen, die aan zee woonden, verkocht werden, waarvoor men geverwde kleederen en andere zaken, die daar niet te krijgen waren, terug bregt. Schoon deze handel in wijn en graan de prijzen dezer voorwerpen wel eens wat hoog deed stijgen, verschafte hij echter groote rijkdommen. Vergel. Mon. Sangall. bij Pertz II. 737, 747, 752, 762. van Wijn, Hist. Avondst. II. 101. van Pabst, verh. over den invloed der kruisvaarten in ons vaderland p. 46. seq. Karel zond aan Harun al Raschid onder andere geschenken ook « pallia Fresonica alba, cana, vermiculata vel saphirina, quae in illis partibus rara et multum cara comperit." Verg. van Wijn, Hist. Avondst. II. 122. De Friesen legden zich ook reeds vroeg op veeteelt toe. Tacitus Annal. IV. 72. Toen de beroemde Ansgarius († 865) in Oostergo predikte, vond hij de Friesen aldaar bezig met hooi te verzamelen, en bij schoon weder en heldere lucht op hoopen te zetten; hij vermaande hen om op de feestdagen niet te werken; zonder zich hieraan veel te storen maakten zij van het gunstige weder gebruik, hoewel het Zondag was; waarom zij door den schrijver voor « contumaces et stolidi" worden uitgemaakt Vita Anskarii bij Pertz II. 721.

(*b*) Men zou hier welligt aan Walcheren en de Zeeuwsche eilanden kunnen denken; ik meen evenwel dat die eilanden worden bedoeld, die voor de Zuiderzee en op de Oostfriesche kust liggen.

(*c*) Joann. a Leyd. V. 25. l. l. p. 85, 86.

geslagen en tot het beloven van schatting genoodzaakt; zelfs hadden zij reeds terstond 100 ponden zilvers moeten opbrengen. Sommigen voegen hierbij dat de Friesche Hertog Rorik door Godfrid met eigen hand is omgebragt, (*a*) en dat de vijanden, na het plegen van vele wreedheden, Groningen bemagtigden, de St. Maartenskerk in brand staken, en zekeren Walfrid en andere christenen wreedelijk vermoordden. Het graf van den H. Walfrid werd naderhand beroemd door wonderdadige genezingen, zoodat eene menigte pelgrims, niet alleen uit Friesland, maar ook van elders hetzelve bezochten. Ook werd aldaar later ter zijner eere eene Kerk gesticht. (*b*)

(*a*) Lauteschl. S. 17 en 18, waar ook, uit Wiarda, vele wreedheden en kwellingen worden verhaald, die Godfrid den Friesen zou hebben aangedaan. Doch wijl hij slechts zeer kort eenig gezag in Friesland heeft uitgeoefend, acht ik dat deze overleveringen tot den lateren Godfrid moeten gebragt worden. Wiarda l. l. p. 87 haalt aangaande het ombrengen van Rorik de Heimskringla aan, in Koning Oläf Saga p. 220; doch ik heb het er niet in kunnen vinden. « Giötrek slog ihal Rorek, som war Höfding öfwer Friesland." « Gotricus Rotecum interficit Frislandiae ducem." Lauteschl. beroept zich met veel vertrouwen op Wiarda, schoon hij, mijns oordeels, in zijne Ostfr. Gesch. in het gebruik der bronnen niet zeer kiesch is. Klaas Kolijn is bij hem nog echt, en Wagenaar wordt op vele plaatsen woordelijk vertaald of verkort, zonder zelfs zijne vergissingen te verbeteren, b. 7. S. 116.

(*b*) Joann. a Leydis l. l. p. 86. Vergel. Wagenaar II. 59. die er bijvoegt: « doch de waarheid dezer dingen is, met geene schriften van tijdgenooten, te bevestigen." Het is zelfs zeer onwaarschijnlijk, dat Groningen toen reeds bestond. Zie beneden I. 3. Er moet evenwel eenige overlevering aangaande eene verwoesting of belegering van Groningen door Noormannen bestaan hebben. Want toen de Groningers in de twaalfde eeuw de St. Walburgskerk versterkten, gebruikten zij als reden of voorwendsel, dat deze kerk tegen de aanvallen der Noormannen in vroegere tijden gebouwd en versterkt was. Wiarda I. 168.

De Keizer, door dit berigt ten sterkste getroffen, zond naar alle kanten zijnes rijks om het leger op te bieden. Schoon 68 jaren oud, en afgemat door een buitengewoon werkzaam leven en talrijke krijgstogten, verliet hij terstond zijn geliefkoosd verblijf, om den vijand tegen te trekken. Eerst maakte hij plan om zijne vloot aan te vallen; doch weldra beter van Godfrids oogmerken onderrigt, zette hij over den Rhijn, en wachtte de bijeenkomst der troepen af te Lippeham (Ham aan de Lippe. Volgens Lauteschl. Lippenheim). Toen deze eindelijk (*a*) waren zamengekomen, trok hij met den grootst mogelijken spoed naar de zamenvloeijing van de Wezer en de Aller, waar hij zijne legerplaats opsloeg, en den uitslag van 's Noormans bedreigingen afwachtte. Uit dezen togt van Karel moet men opmaken, (*b*) of dat de Deenen in het oostelijkst gedeelte van Friesland waren gevallen, (welligt de Wezer opvarende,) en dat dus ons vaderland toen nog, ten minste grootendeels, vrij liep, of dat Karel den hoofdaanval te land uit Deenemarken te gemoet zag. Voor dit laatste gevoelen pleiten zoowel de woorden van Einhard, die uitdrukkelijk als ééne belangrijke bijzonderheid vermeldt dat Godfrid zelf te huis, d. i. in Deenemar-

---

[(*a*) Mannert, G. d. a. D. I. 526 bemerkt, hoe het in Karels laatste jaren door de veelvuldig gevoerde oorlogen en andere misbruiken aan manschappen begon te ontbreken om den Heerban voltallig te maken. « Dit toonde zich," zegt hij, « het duidelijkst bij den Heerban tegen Godfrid, die slechts zeer langzaam en onvoltallig opkwam." Van de onvoltalligheid herinner ik mij niet iets te hebben gelezen, en de langzaamheid kan men even goed aan het ongeduld van Karel toeschrijven.]

(*b*) Hegewisch G. K. K. d. Gr. S. 512. wijkt in het verhaal van dezen togt aanmerkelijk van Einhard af. Ik weet niet op welken grond.

ken gebleven was, als de gelijktijdige verwoesting van de vesting Hochbuchi door Godfrids bondgenooten, de Wilzen. — Hoe dit zij, men vernam weldra dat de vijandelijke vloot Friesland had verlaten, daar Godfrid door eenen zijner eigene krijgsoversten (satelles, vasallus) gedood was. (*a*) Nadat de Keizer derhalve de zaken in Saksen geordend had, keerde hij met zijn leger terug.

De spoed waarmede Karel den Deenschen koning tegentrok, het talrijke leger, dat hij opriep, de drift, waarmede hij, zonder de komst der leenmannen aftewachten, zelf vooruitsnelde, dit alles toont ons, hoe wel hij zijne gevaarlijke vijanden kende. « Godfrid," zegt Einhard, « vleide zich met de ijdele hoop, geheel Germanie aan zich te zullen onderwerpen; Friesland en Saksen beschouwde hij reeds als zijne wingewesten; hij beroemde zich, spoedig met een talrijk leger te Aken te zullen zijn. En waarlijk, men was niet zonder vrees, dat hij zijne snorkende bedreigingen zoude trachten te vervullen." (*b*) De veldtogt werd den Keizer moeijelijk gemaakt door eene hevige veepest, die toen door alle zijne landen woedde, zoodat er bijna geen vleesch voor een zoo talrijk leger te krijgen was. Hieraan schrijft de monnik van St. Gallen

---

(*a*) Einhardi Annal. bij Pertz I. 197. ejusdem vita Karoli ibid. II. 450, 452. Annal. Fuld. ibid. I. 354. Het verhaal van E. Beninga l. l. is blijkbaar met voorvallen van lateren tijd vermengd. Vergel. ook Germaniae Chron. bij Pistorius II. 673. [« Godfrid," zegt van Kampen l. l. I. 46. « had reeds onder Karel den Grooten overwinningen in Friesland, ja tot aan den Moezel gedaan." Van deze overwinningen tot aan de Moezel heb ik geen spoor kunnen vinden.]

(*b*) Einhardi vita Karoli l. l. Cf. Chron. S. Benigni Divion. bij L. d'Achery Spicil. II. 373.

het toe, (a) dat Karel zijn plan om de Deenen in hun land aantevallen niet kon volvoeren. Tevens verhaalt hij, dat Godfrid op de jagt door zijnen eenigen zoon was omgebragt, wiens moeder hij, ter liefde van eene andere vrouw had verstooten.

De Poeta Saxo (b) van dezen inval sprekende, zegt dat slechts een klein eilandje der Friesen zware schade geleden heeft. Vergelijken wij hiermede het verhaal van Einhard, dan blijkt ons dat wij boven over de geloofwaardigheid van dezen dichter niet te ongunstig hebben geoordeeld. De Keizer zelf hield de zaak voor vrij wat belangrijker; hij beval zijnen zoon Lodewijk, die juist gereed was eenen krijgstogt naar Spanje te ondernemen, in Aquitanie te blijven, om te zorgen voor het bouwen der schepen ter bescherming van de Rhône, Garonne en Silida. (c) De groote vorst was gewoon de gevaren, die hem bedreigden, vooruit te zien, en bij tijds zijne voorzorgen te nemen.

Godfrid werd opgevolgd door zijns broeders zoon (d) Hemming, die terstond vrede met den Keizer maakte; maar wijl de wegen gedurende den winter niet bruikbaar waren, werd de nadere bekrachtiging tot het voorjaar uitgesteld. Toen (811) kwamen de gezanten der Deenen en Franken, we-

---

(a) Mon. Sangall. de gestis Caroli M. bij Pertz II. 757. Hoewel men dikwijls niet op zijne verhalen aan kan, heeft hij ons echter sommige belangrijke bijzonderheden bewaard, die den stempel der waarheid dragen. Hij schreef omstreeks 885.

(b) Pertz I. 274.

(c) Vita Ludovici Pii bij Pertz II. p. 614. De Silida schijnt onbekend.

(d) Volg. Sigeb. Gembl. bij Pertz I. p. 787. zijnen zoon. Ten onregte.

derzijds twaalf in getal, aan de Eyder, die tot
vaste grensscheiding gesteld werd, te zamen, en bezwoeren het verbond, elk volk naar zijne wijze. (*a*)
De Frankische gevolmagtigden waren alle graven,
en onder hen eenige, waarvan wij weten dat zij
Karel bij belangrijke gelegenheden gediend hadden, b. v. Egbert de stichter van Esesfelth, en
Theoderik, die dikwijls tegen de Saksen het bevel
had gevoerd. Onder de Deenen bevonden zich twee
broeders van Hemming, Hancwin en Agandeo. Met
regt kan men hieruit opmaken, dat beide partijen
groot belang stelden in het sluiten van den vrede.
Welligt vreesde Hemming moeite te zullen hebben,
om zich tegen de nagelaten zonen of kleinzoon van
Godfrid staande te houden; Karel zal op zijnen ouden dag naar rust verlangd, of ook wel gevoeld
hebben, dat er nog eenige tijd vereischt werd, eer
zijne toebereidselen tegen de Noormannen behoorlijk in orde waren. Een later schrijver verhaalt
wel, dat Hemming om vrede *verzocht* heeft; (*b*)
maar in gelijktijdige berigten vindt men hiervan
geene melding.

Karel vond het noodig, nog hetzelfde jaar de
westelijke kusten zijner staten te bezoeken, en zelf
na te gaan hoe zijne bevelen waren uitgevoerd.
Hij kwam te Boulogne, waar de schepen grootendeels verzameld waren, en gaf last een vervallen
zeebaken aldaar te herstellen en tot eenen vuurtoren
in te rigten; vervolgens begaf hij zich naar Gent,

(*a*) Ann. Einh. bij Pertz I, 198. Ann. Fuld. ib. 555. Lanteschl.
S. 19. Chron. Sclavor. in Leibnitii Script. Brunsvic. II. p. 544.
Adam. Brem. I. 13.

(*b*) Sigeb. Gembl. bij Pistorius I. 787.

nam de schepen, die men daar gebouwd had, in oogenschouw, en keerde half November naar Aken terug; hier vond hij twee gezanten van Hemming, Aowin en Hebbi, die hem geschenken van hunnen koning, en de verzekering zijner vreedzame gezindheid bragten. (a)

Het leed niet lang of men ontving (812) de tijding van Hemmings dood. Sigifrid, een kleinzoon (b) van Godfrid, en Anulo, een kleinzoon van koning Heriold (Harald) maakten beide aanspraak op de opvolging, en betrouwden aan het zwaard de beslissing hunner geschillen. Beide sneuvelden in eenen strijd, die volgens onze kronijken aan bijna 11,000 Noormannen het leven kostte; de partij van Anulo behield de overhand, en verhief zijne broeders Heriold en Reginfrid tot de koninklijke waardigheid. Deze zonden eerlang een gezantschap tot den Keizer, begeerden vrede, en verzochten dat hun broeder Hemming hun mogt worden terug gegeven. (c) Er wordt niet gemeld op welke wijze deze Hemming in Karels handen was gekomen. Wagenaar gist, dat hij als gijzelaar naar de Franken gezonden was; doch ik acht het waarschijnlijker, dat hij met zijnen vader Halfdan, waarvan boven melding is gemaakt, (d) was medegekomen. De Keizer vond goed hun verzoek toetestaan; zestien aanzienlijke Franken werden

---
(a) Einh. Ann. bij Pertz I. 199.
(b) *Nepos*. Door dit woord wordt bij de schrijvers der middeleeuwen gewoonlijk een *broeders of zusters zoon* of nog verder bloedverwant bedoeld. Kluit, Hist. Com. Holl. et Zeel. I. 1. p. 25. Nota 72.
(c) Einh. Ann. bij Pertz I. 199, 200. Ann. Fuld. ib. 355. Chron. Moiss. ib. 309 et II. 259. Sigeb. Gembl. bij Pist. II. 787.
(d) Pag. 25, 29, 30.

(813) over de Elbe naar de grenzen gezonden, waar een gelijk aantal voorname Deenen hen wachtte. De vrede werd bezworen, en Hemming teruggegeven, die waarschijnlijk door zijne broeders tot deelgenoot der regering werd aangenomen. (*a*)

De zonen van Godfrid, die reeds vroeger, welligt wegens het ombrengen van hunnen vader, met vele Deensche grooten het land geruimd, en in Zweden eene menigte krijgslieden uit onderscheidene streken aan zich verbonden hadden, vielen kort daarop de thans regerende broeders aan. Deze, hoezeer door een groot aantal Deenen, die tot den vijand overgingen, verlaten, waagden echter eenen slag; zij kregen de nederlaag en namen de vlugt naar de Abotriten. (*b*) Hier wisten zij, indien ik eene bedorvene plaats uit eene oude kronijk wel versta, de bevelhebbers van Karels troepen door geschenken overtehalen om hun hulp te verleenen ter herovering van het verloren gebied. Hetzelfde jaar landden er Noormannen in Friesland, waar zij groote schade en brandstichting aanrigtten, vele mannen en vrouwen als gevangenen wegsleepten, en rijken buit medevoerden. (*c*) Denkelijk moet deze inval aan de zonen van Godfrid worden toegeschreven, die verstoord waren over de hulp, aan hunne tegenstanders bewezen. Deze, sedert hunne krachten hersteld hebbende, beproefden op nieuw de kans des oorlogs (814), waarin Reginfrid en de oudste van Godfrids zonen sneuvelden. De-

---

(*a*) Vergel. Adam. Brem. I. 14.
(*b*) Einh. Ann. bij Pertz I. 200. Chron. Moiss. ibid. I. 311. II. 259.
(*c*) Chron. Moiss. bij Pertz. I. 310. Bij Duchesne, Hist. Norm. Script. p. 1. wordt dit ten onregte tot Lodewijks tijd gebragt.

ze laatste echter behielden de overhand, zoodat Heriold, op nieuw verdreven, bij het Frankische hof
onderstand kwam zoeken. (a)

Ziedaar het weinige, dat ons aangaande den gang
der zaken in het noorden en haren invloed op de
Frankische monarchie met zekerheid is bekend geworden. De vermetelheid van Godfrid, en de wan-
kele staat der regering na zijnen dood verbitter-
den des Keizers laatste jaren, beroofden hem in zijnen ouderdom van die rust, welke hij, na zijn
buitengewoon werkzaam leven, zoo gaarne nog
ten nutte zijner onderhoorigen zou hebben genoten, en vervulden hem met een bang voorgevoel
en somber uitzigt in de toekomst. Hij bevond zich
eens, zoo verhaalt de monnik van St. Gallen, (b)
in eene zeestad van Zuid-Frankrijk. Terwijl hij
met zijn gevolg het middagmaal nam in eene ka-
mer, die op de zee uitzag, raakten er eenige vaartuigen in het gezigt, en trokken de aandacht der
dischgenooten. Sommige hielden ze voor schepen
van Joodsche, andere van Afrikaansche of Britsche
kooplieden; Karel alleen herkende aan den bouw
der schepen en de snelheid hunner bewegingen
spoedig zijne ondernemende vijanden. (c) Terstond gaf hij aan zijne zeelieden bevel jagt op hen
te maken, waarop de Noormannen met grooten
spoed de vlugt namen, en weldra uit het gezigt
raakten. De Keizer, diep getroffen dat zij nog
bij zijn leven dit strand hadden durven naderen,

(a) Einh. Ann. bij Pertz. I. 201.
(b) Bij Pertz II. p. 757, 758.
(c) Zij schijnen ook reeds bij Karels leven in Aquitanie geland te
zijn. Lauteschl. S. 14. Note 3a.

kon zijne tranen niet bedwingen, en voorspelde met weemoed, hoe groote rampen zij zijnen nakomelingen en derzelver onderdanen zouden berokkenen. En voorzeker, de uitkomst heeft maar al te zeer de vrees des grooten mans geregtvaardigd!

Men moet, indien men jegens zijne opvolgers niet onbillijk wil zijn, erkennen, dat het volkomen afweren van deze vermetele zeeschuimers ten uiterste moeijelijk was, zoodat men zelfs twijfelen mag of Karel zelf, bij langeren leeftijd, hierin naar wensch zou zijn geslaagd. Hun getal nam aanhoudend toe, daar hunne hebzucht door den rijkdom der Frankische landen meer en meer werd aangelokt. In hun geboorteland, door tallooze zeeboezems en meren doorsneden, in eene menigte eilanden verdeeld, en door de Oost- en Noordzee bespoeld, hadden zij, van jongs af, zich met scheepvaart bezig gehouden, en waren met de gevaren der zee vertrouwd geworden; geene stormen joegen hun schrik aan; integendeel zij waren hun welkom, « wijl zij de moeite van het roeijen onnoodig maakten." (a) Terwijl de Frankische schepen zich, bij onweders of orkanen, niet buiten de haven dorsten wagen, kruiste de ervarene en onversaagde Noorman rustig met zijne ligte vaartuigen langs de kust, en bespiedde de gelegenheid om te landen. Vergingen er somtijds eenige schepen, of wel eene gansche vloot, anderen werden hierdoor niet afgeschrikt, daar een dweepziek verlangen naar Valhalla hunne opgewekte gierigheid te hulp kwam. Hunne plotselinge verschijning was nimmer te voor-

---

(a) Thierrij, Conq. de l'Angl. I. 107, 108.

zien; geenen enkelen dag kon men zich veilig achten. En eer de leenmannen, op het gerucht van eenen vijandelijken overval, bijeen waren gekomen, hadden zij zich reeds met den behaalden buit op den veiligen Oceaan in zekerheid gesteld. Gemaakte verdragen, hoe heilig ook bezworen, waren niet in staat hen tegen te houden; ten hoogste achtten zij zich aan den vorst, met wien de overeenkomst was gesloten, nimmer aan de natie zelve verbonden; het verdrag was dus krachteloos, zoodra de vorst, met wien het was aangegaan, niet meer regeerde. (a) Deze meening vloeide natuurlijk voort uit den maatschappelijken toestand van het noorden, waar verschillende opperhoofden elkander aanhoudend beoorloogden. Karel had reeds aangevangen eene soort van vaste militie, als kustbewaarders, ter hunner afwering te vormen; ware dit voortgezet, en ware er tevens voor een genoegzaam aantal schepen en geoefende zeelieden gezorgd, men had gewis de ergste rampen kunnen voorkomen. Maar hoe moeijelijk was het niet, in eenen tijd, toen bijna alleen de edellieden en hunne vasallen het zwaard voerden, en slechts voor eenen bepaalden tijd tot krijgsdiensten verpligt waren, aan zulke inrigtingen de noodige kracht en duurzaamheid te geven? Reeds bij de eerste invallen had hij, zoo als ons boven bleek, niet alles kunnen voorkomen.

Hoewel er in het boven verhaalde meermalen van Friesland gewaagd wordt, geloof ik echter dat dat gedeelte, hetwelk thans tot ons vaderland behoort,

---

(a) Zie beneden I. 5.

toen nog weinig of niet van de Noormannen te lijden heeft gehad. Wij zien bij hen vrij duidelijk
het plan doorstralen, om zich naar den kant van
Saksen uittebreiden; zij hadden het dus meest op
het oostelijk gedeelte van Friesland, dat zich tot
aan de Wezer uitstrekte, gemunt. Evenwel heb
ik het van belang gerekend deze eerste invallen
hier optegeven, ten einde des te beter het ware
oogpunt te vinden, waaruit men deze ondernemingen moet beschouwen. Een beroemd onderzoeker
der geschiedenis (a) heeft opzettelijk willen bewijzen, dat men zich eene zeer verkeerde voorstelling maakt, door aan zeerooverijen, in den ons
gewonen zin des woords, te denken. Hij heeft hiertoe de meening geopperd, dat de Frankische geschiedschrijvers, door godsdiensthaat en gefnuikten
volkshoogmoed tot grove partijdigheid vervoerd,
ons de Noormannen veel hatelijker en zwarter hebben afgeschilderd, dan zij verdienden. Om van het
tegendeel overtuigd te worden, behoeven wij slechts
hunne eigene geschiedschrijvers te lezen. De Heimskringla leert ons op elke bladzijde, dat zij in diepe
ruwheid en barbaarschheid verkeerden, dat woeste
dapperheid, ontrouw, roofzucht, en wreedheid de
heerschende trekken in hun volkskarakter uitmaakten. Schoon wij dus dit gevoelen niet tot het onze kunnen maken, blijkt het evenwel, zelfs uit
Frankische schrijvers, ten overvloede, dat de meeste hunner togten niet voor enkele zeerooverijen,
voor bijzondere ondernemingen van ambtelooze personen kunnen gehouden worden. Het was een wa-

---

(a) Hegewisch, im Deutsch. gemeinnütz. Magaz. 1. 1. S. 178.

zenlijke oorlog, dien zij tegen de Frankische natie voerden; maar zij voerden dien overeenkomstig hunnen maatschappelijken toestand, volgens hunne begrippen van regt en onregt. Zij beschouwden het zeeschuimen als een dapper en roemvol bedrijf; zij ondernamen hetzelve zoodra de hoop op buit hen lokte; al wat hun zwaard kon bereiken, was hun wettig eigendom. (*a*) Het was in hunne oogen geen schande, om bij ernstigen tegenstand terstond de vlugt te nemen, indien zij slechts den verzamelden buit niet behoefden achter te laten. De onvolkomen toestand hunner maatschappelijke inrigtingen, en de kleine rijken, waarin zij verdeeld waren, deden het hun nimmer aan inlandsche partijschappen en oorlogen ontbreken; de overwonnenen namen doorgaans de wijk naar vreemde streken, waar zij zich door het berooven der inwoners zochten te verrijken, of een nieuw vaderland poogden te verwerven. (*b*) De Frankische kustenlanden, die toen, met Skandinavie vergeleken, rijk mogten heeten, boden hunner roofzucht de volkomenste bevrediging aan. Zoo vermeerderde het aantal der stroopende gelukzoekers aanhoudend, waaruit in vervolg van tijd wezentlijke volksverhuizingen ontstonden.

De aanleiding tot dit alles is dus wel te zoeken in het wantrouwen, dat natuurlijk door de veroveringen der Franken in het noordelijke Duitschland en de gewelddadige uitbreiding van het christendom

---

(*a*) Zoo kon Rollo zich volstrekt niet begrijpen, waarom de Franken hem beoorloogden, daar hij hun toch geenerlei kwaad had gedaan! Dado bij Duchesne H. S. p. 77.

(*b*) Rollo. Thierrij, Conq. de l'Angl. I. 176.

aldaar, (*a*) bij de Noormannen moest worden verwekt; in den haat, die door de pogingen om dien godsdienst ook bij hen in te voeren, en door de zeker niet belangelooze deelneming in hunne binnenlandsche oneenigheden gaande werd gemaakt; maar de oorzaak lag veel dieper. Het was dezelfde magtige, onwederstaanbare drift, die alle woeste volkeren uit hunne vroegere woonplaatsen dreef, welke voor hunne verdere ontwikkeling niet voldoende waren. Zij waren rijp voor hunne volksverhuizing. (*b*) Reeds vroeger hadden eenige hunner scharen zich op andere kusten nedergezet; maar thans was hunne ontwikkeling zoo ver gevorderd, en hunne volksmenigte zoo zeer toegenomen, (*c*) dat zij, met het ruwe en schaars bebouwde land hunner geboorte niet langer tevreden, het waagden de magtigste monarchie van Europa te bestoken. (*d*) Uit dit oogpunt beschouwd zijn hunne ondernemingen zoo hoogst belangrijk; van daar die blijvende gevolgen, welke dezelve voor een groot deel van Europa hebben gehad, en die even min door zeerooverijen als door oorlogen alleen hadden kunnen worden veroorzaakt. Of in dit opzigt hunne bedrijven in ons vaderland even merkwaardig moeten worden geacht, zal nader de stof van ons onderzoek uitmaken; wij keeren thans tot het vervolgen der geschiedenis terug.

(*a*) Cf. Gibbon's Miscell. Works. III. p. 5.
(*b*) Vergel. vooral Heeren, Hist. Werke. II. 56-61.
(*c*) Dudo bij Duchesne H. N. S. p. 62-64. Willelm. Gemmet. ib. p. 218. D'Acherij, Spicil. III. 240. Cf. Henry, History of England T. 1. p. 66-68.
(*d*) Verg. Lauteschl. S. 9-15. waar men breeder ontwikkeld vindt, hetgeen ik hier reeds gesteld had, vóór mij dit geschrift in handen kwam.

Toen Heriold bij de Franken hulp zocht tegen Godfrids zonen, had Karel zijn moeitevol en roemrijk leven reeds geëindigd. Zijne beide oudste zonen waren voor hem gestorven, en, met uitzondering van Italie, waarover hij de regering aan Bernard, zijnen kleinzoon uit Pepin, had geschonken, liet hij de geheele Frankische monarchie na aan zijnen zoon Lodewijk den Vromen, (a) eenen vorst, die bij vele deugden en beminnelijke hoedanigheden, echter weinig geschikt was om zijnen vader in het bestier zijner uitgestrekte staten optevolgen. Even als deze trachtte hij welmeenend het geluk en de beschaving zijner onderdanen te bevorderen; doch te vergeefs zoekt men bij hem die onvermoeide, vurige werkzaamheid, waarmede Karel zich ten allen tijde aan het hoofd zijner troepen vertoonde, of alles tot in de kleinste bijzonderheden zelf naging. Lodewijk geeft doorgaans aan anderen last de zaken te onderzoeken, de grenzen te verdedigen, de vijanden afteslaan, de misdadigen te straffen; het natuurlijk gevolg is, dat zijne bevelen of niet, of verkeerd worden volvoerd. Hoe groot ook Karels achting was voor godsdienst, kerk en geestelijkheid, hij wist evenwel met volkomene waardigheid zijn vorstelijk gezag ook tegen geestelijken te handhaven; Lodewijk werd weldra de speelbal hunner heerschzucht en kunstgrepen. Karel werd door zijne Franken ontzien, en tevens om zijne groote hoedanigheden geacht en bemind; Lodewijk zocht hunne liefde door voorkomende toegeef-

---

(a) Bilderdyk I. 100. vreezende dat men tegenwoordig dit woord *vroom* in de oude beteekenis van *dapper* zal opnemen, wil hem liever den *Godvruchtigen* of *Zachtmoedigen* genoemd hebben.

4

lijkheid te winnen, en verachting en ontrouw waren het gevolg zijner pogingen. (*a*) In Lodewijks meeste handelingen zien wij eene wankelmoedigheid en onzekerheid, die ons den ongunstigen uitslag reeds vooraf doen vermoeden. (*b*) Hetzelfde geldt ook aangaande zijne handelwijze jegens de Noormannen. Hij was niet onbewust van het gevaar, dat hem van hunnen kant dreigde; reeds kort na zijne komst tot den troon gaf hij last al de grenzen in staat van tegenweer te brengen, en de stranden, waar het noodig was, met bezettingen te voorzien. (*c*) Waarschijnlijk had hij het beste gedaan, zich met de inlandsche geschillen der Deenen in het geheel niet te bemoeijen, en alleen op de verdediging zijner eigene grenzen te denken. Doch de hoop, gelegenheid te zullen vinden het christendom bij hen te doen aannemen, en welligt ook door het voeden hunner oneenigheden zelf des te veiliger te zijn, haalde hem hiertoe over. Had hij nu met behoorlijke kracht en volharding doorgezet, misschien waren de invallen der Noren nog eenigen tijd weêrhouden of beteugeld, terwijl zij nu, door zijne krachtelooze bemoeijingen ver-

---

(*a*) Cf. Lauteschl. S. 20.

(*b*) Door deze schets wil ik evenwel niet geacht worden te deelen in het al te ongunstige oordeel, dat door sommige schrijvers, even redeloos als onmeêdoogend, over Lodewijk den Vromen en zijne nakomelingen wordt gestreken. Vergelijk vooral Thierrij, Lettres sur l'histoire de France p. 148-151.

(*c*) Chron. Moissiac. bij Pertz I. 311. De lofuitingen aan Lodewijk gegeven in het Chronic. S. Benigni Divion. (geschreven omstreeks 1052) bij d'Acherij Spicileg. II. 374. zijn blijkbaar overdreven, en in vergelijking gebragt met de nog ongelukkigere dagen, die na hem kwamen.

bitterd, hunner woede vrijen teugel vierden. (a).

Nadat Heriold dan den Keizer leenhulde gedaan had, nam deze zich zijner aan, en beval hem in Saksen te wachten, tot men in staat zou zijn om hem hulp te verleenen. (b) Men merkte hem nu als den wettigen vorst der Deenen aan, en maakte ten spoedigste toebereidselen tot zijne herstelling. De Saksen en Abotriten kregen last dezelve met de wapenen te bevorderen; nog denzelfden winter trachtten zij tweemaal de Elbe over te trekken, maar werden door opkomenden dooi belet. Het duurde dus tot half Mei des volgenden jaars (815) eer al de Saksische Graven en al de troepen der Abotriten over de Eyder in het zuidelijk gedeelte van Jutland (c) vielen; zij werden verzeld door den keizerlijken legaat Baldrik, die opzettelijk hiertoe was gezonden. Na eenen marsch van zeven dagen legerden zij zich aan het strand, waar zij drie dagen stil hielden; Godfrids zonen hadden een groot leger en 200 schepen bijeengebragt, en zich op een eiland drie mijlen van het vaste land gelegerd. Daar zij den slag ontweken, werden de omstreken door

---

(a) Ik moet hier al weder doen opmerken, dat het voor den nakomeling, die bij zijne beoordeeling de gevolgen der genomene maatregelen kan gadeslaan, wel gemakkelijk valt te zeggen hoe men *niet* had moeten handelen, maar dat hij ook daardoor zich dikwijls aan de grootste onbillijkheid jegens het voorgeslacht schuldig maakt. Slechts zelden zijn wij onpartijdig genoeg om de handelwijze op zich zelve, zonder den uitslag in aanmerking te nemen, te beoordeelen, en wij mogen ons zelven wel dagelijks toeroepen:

— — carent successibus, opto,
Quisquis ab eventu facta notanda putet.

(b) Einhardi Annal. bij Pertz I. 201. Thegani vita Ludov. Pii. ibid. II. 619.

(c) Toen Sinlendi geheeten. Verg. Dahlmann, Forschungen. I. 459.

4*

de keizerlijken geplunderd en verwoest, waarna zij veertig inwoners als gijzelaars medenamen, en tot Lodewijk terugkeerden. Deze hield te Paderborn rijksdag, en beval Heriold op nieuw in Saksen te blijven. (*a*) Op eenen anderen rijksdag, nog hetzelfde jaar ook in Saksen gehouden, kwamen Deensche gezanten en verzochten om vrede: zij schijnen een weigerend antwoord ontvangen te hebben; men vindt ten minste dat de Keizer, eer hij naar Aken vertrok, de noordelijke grenzen in staat van tegenweer deed brengen. (*b*) Sedert kwelde Heriold zijne tegenpartij door gedurige invallen en strooperijen, zoodat zij in 817 nogmaals bij den Keizer op vrede aandrongen, en dien heilig beloofden te bewaren; maar Heriold wist te bewerken dat men hunne aanbiedingen voor geveinsd hield, en voortging hem hulp te verleenen. (*c*) Spoedig vonden zij gelegenheid zich te wreken. Sklaomir, het opperhoofd der Abotriten, door Lodewijk genoodzaakt de regering met Ceadragus, den zoon van den vorigen koning Thrasko, te deelen, wendde zich tot hen (817) en vroeg om hulp. Gaarne vervulden zij zijne begeerte; hunne vloot voer de Elbe en Stör op tot Esesfelth; de oevers werden verwoest; Gluomi, een grensbevelhebber der Noormannen, vereenigde zich met de Abotriten, en viel de vesting van de landzijde aan. Daar evenwel de bezetting, zoowel als de troepen, die Lodewijk afzond, zich dapper

---

(*a*) Ann, Einh. bij Pertz I. 202. Fuld. ib. 556. Vita Ludov. Imp. ibid. II. 620. Sigeb. Gembl. bij Pistorius I. 788.

(*b*) Thegani vita Ludov. Pii bij Pertz II. 593. Na den afloop van het vorige placitum was Lodewijk naar Frankfort vertrokken. Einh. Ann. bij Pertz I. p. 202.

(*c*) Einh. Ann. bij Pertz I. 203. Vita Ludov. Imp. ibid. II. 621.

weerde, trokken zij onverrigter zake af, en de opstand der Abotriten werd gedempt. (*a*) Sklaomir schijnt gevangen genomen en gebannen te zijn. (*b*) Lodewijk voer nog immer voort Heriold bijstand te bieden. Toen hij, door de Abotriten geholpen (819) te scheep in zijn vaderland viel, voegden twee van Godfrids zonen zich bij hem, en gaven hem deel aan de regering, terwijl zij hunne twee overige broeders uit het land verdreven (*c*). Echter meende men dat hier eene list achter stak; het volgende jaar toch verschenen de Noormannen met 13 schepen op de Vlaamsche kust; zij hadden nog slechts geringe schade gedaan, toen de kustbewaarders hen noodzaakten zee te kiezen. Nadat zij even vruchteloos beproefd hadden aan den mond der Seine te landen, wendden zij den steven naar Aquitanie, waar zij zeker thans onbekend vlek vernielden, en grooten buit wegvoerden. (*d*) Waarschijnlijk werd deze strooptogt op naam der verdrevene broeders gesteld, en meenden sommige Franken, dat alles volgens een beraamd plan was geschied. Heriold bleef intusschen deel hebben aan de regering, zoodat van dien kant alles rustig bleef. Men beschuldigde evenwel (821) Ceadragus, den vorst der Abotriten, van ontrouw en verstandhouding met Godfrids zonen; Sklaomir, zijn mededinger, werd derhalve in zijn land terug gezonden, maar stierf onder weg in Saksen. (*e*) Ook

---

(*a*) Ann. Einb. bij Pertz I. 204. Ann. Fuld. ibid. 356. Vita Ludov. Imp. ibid. II. 622.
(*b*) Sigeb. Gembl. bij Pistorius I. 789.
(*c*) Einh. Ann. bij Pertz I. 206.
(*d*) Einb. Ann. bij Pertz I. 207. Vita Ludov. Imp. ibid. II. 625.
(*e*) Einh. Ann. bij Pertz I. 208.

moet er spoedig weder oneenigheid tusschen Heriold
en zijne mederegenten ontstaan zijn, waarin ook de
Keizer zich mengde; in 822 toch zag men op de
rijksvergadering te Frankfort gezanten van beide
partijen. (*a*) Het verschil werd door Lodewijk bij-
gelegd, en zij vertrokken met vredelievende betui-
gingen. (*b*) Maar in November des volgenden jaars
verscheen Heriold zelf op den rijksdag te Compiegne, en drong aan op ondersteuning tegen de
zonen van Godfrid, die, waarschijnlijk niet tevreden over den Frankischen invloed, waaronder hij
stond, hem van de regering dreigden te ontzetten,
en uit het land te bannen. Lodewijk zond de graven Theotar en Hruodmund voor hem uit, om zijne
zaak, en tevens den ganschen toestand dier noordelijke gewesten naauwkeurig te onderzoeken. Zij
gaven bij hunne terugkomst den Keizer van alles
omstandig verslag. Met hem kwam ook Ebo terug, de Aartsbisschop van Rheims, die met medeweten des Keizers, en volmagt van den Paus naar
de Deensche grenzen was getrokken, en den vorigen zomer, door Wilderik, Bisschop van Bremen,
geholpen, vele Deenen had gedoopt. (*c*) De zaken
bleven nog slepende, schoon men tot vrede scheen
te neigen. In Augustus 825 verleende Lodewijk te
Aken gehoor aan de gezanten van Godfrids zonen,
die om vrede verzochten, en beloofde dat dezelve

(*a*) Einh. Ann. bij Pertz I. p. 209.
(*b*) Vita Ludov. Imp. bij Pertz II. 627.
(*c*) Einh. Ann. bij Pertz I. p. 211. Ann. Fuld. ibid. 357. Duchesne H. N. S. p. 14. Ann. Xant. bij Pertz II. 225. Reeds Willebrord
schijnt getracht te hebben de Deenen tot Christenen te maken. Buche-
lius ad Hedam p. 22. Joann. a Leydis L. l. p. 24. Lib. II. Cap. 15.
Suhm übers. Gräter II. 269.

in October op hunne grenzen zoude worden bevestigd. (*a*) Ook het volgende jaar bevonden zich hunne gezanten in Junij op de vergadering te Ingelenheim bij Maintz, om vrede te maken en een verbond aantegaan. (*b*) Het blijkt echter niet dat er werkelijk eenig verdrag is gesloten, en uit het stilzwijgen van den naauwkeurigen Einhard zou ik liefst tot het tegendeel besluiten.

Hetzelfde jaar was merkwaardig door Heriolds overgang tot het christendom, (*c*) en de gevolgen, die hieruit, ook voor ons land, zich ontwikkelden. Reeds vroeger had hij aan Ebo, Aartsbisschop van Rheims, beloofd tot den Keizer te komen, en, indien de God der Franken zijne dienaars beter beloonde dan die der Deenen, zich te zullen laten doopen. (*d*) Lodewijk was ten sterkste op de uitbreiding van het christendom gesteld, zoodat Heriold zich op deze wijze van krachtdadige ondersteuning kon verzekeren. Hij kwam met verscheidene schepen (*e*) en talrijk gevolg door Friesland, d. i. langs den Rhijn, te Ingelenheim, en werd met zijne vrouw en kinderen, benevens ruim vier honderd zijner volgelingen van beide geslachten plegtig gedoopt. (*f*) Lodewijk stond als gevader

---

(*a*) Einh. Ann. l. l. p. 213. Ann. Fuld. ibid. 358. Vita Ludov. Imp. ibid. II. 629.
(*b*) Einh. Ann. l. l. p. 214.
(*c*) Marianus Scotus bij Pistorius I. 638. brengt den doop van Heriold tot 828. Sigeb. Gembl. ibid. p. 790. tot 825.
(*d*) Ermoldus Nigellus Lib. IV. vs. 147-180 bij Pertz II. 501 seqq.
(*e*) Volg. Ermoldus Nigellus kwam hij met honderd schepen.
(*f*) Einh. Ann. bij Pertz I. 214. Ann. Fuld. ib. 359. Ann. Xantens. ib. II. 225. Erm. Nig. vs. 287-632. Thegani vita Ludov. Pii ib. p. 597. Vita Ludov. Imp. ib. 629. Rimberti vita S. Anskarii, ib. 694. seqq.

over Heriold, de Keizerin Judith over zijne vrouw, en 's Keizers oudste zoon, Lotharius, over hunnen zoon of zonen. (*a*) Er werden bij deze gelegenheid schitterende feesten en prachtige jagtpartijen gegeven. Men spaarde moeite noch kosten om den Noorman van 's Keizers magt en aanzien een hoog denkbeeld te geven. Deze werd dan ook, volgens Ermoldus Nigellus, hierdoor zoo zeer getroffen, dat hij den Keizer voor zijn rijk in Deenemarken op nieuw leenhulde deed; eene plegtigheid, waarvan de slimme Deen het nietsbeduidende wel zal hebben ingezien, maar waarvan Lodewijks hovelingen en vleijers (*b*) breed opgaven. Hij en de zijnen werden met groote eerbewijzingen en rijke geschenken begiftigd; en de Keizer, vreezende dat Heriold nu nog minder in zijn vaderland zou worden opgenomen, gaf hem een vrij groot graafschap in Friesland, Rhiustri (Rüstringen) geheeten, in leen, opdat hij derwaarts met de zijnen eene veilige toevlugt mogt hebben. Dit graafschap lag bij Heriolds

---

(*a*) Volgens Wagenaar II. 47. heette zijne vrouw Thora, zijne twee zonen Godfrid en Rodulf, en zijne twee broeders Roruk en Hemming. Otgarius, Aartsbisschop van Maintz, verrigtte den Doop. Bilderdyk I, 191. « De Keizer zat met hem (Heriold), zijne vrouw en twee broederen, die hij meê bracht en boven dien vrij wat gevolgs en omslags, opgescheept. Hij kon niet minder dan ten doop over hem en zijne kinderen staan..... Het kortst en best was hem bij voorraad hier te lande te vestigen.'' Heet dit niet eene parodie op de geschiedenis maken? Op dezelfde bladzijde spreekt Bilderdyk van Heriold's zoon Roruk.

(*b*) Hiertoe behoort ook Erm. Nigellus, die, bij Lodewijk in ongenade vervallen, zijne gunst zocht te herwinnen door het schrijven van een historisch gedicht, waarin hij telkens over Lodewijks lof en dooraigt uitweidt. Het is niet onbelangrijk deze vleitaal der tijdgenooten met het oordeel der nakomelingschap en de gevolgen van Lodewijks handelingen te vergelijken.

bezittingen, en dus in het oostelijkste gedeelte van Friesland; zoodat hij door deze gift in ons land nog geen gezag kreeg. (*a*) Doch de Keizer moet hem, 'of toen, of kort daarop ook met bezittingen in ons land hebben beleend. In geloofwaardige schriften (*b*) leest men, dat Rorih (Roruk) de Noorman met zijnen broeder Heriold ten tijde van Keizer Lodewijk Duurstede (vicum Dorestadum) te leen heeft gehouden. Op eene andere plaats (*c*) vindt men melding van de graafschappen en leenen in Kinnin (Kennemerland), die dezelfde Roruk van de Frankische koningen te leen heeft gehad. Eindelijk maakt men uit dezelfde jaarboeken (*d*) op, dat aan Hemming ook eenig gebied op Walcheren is verleend.

Toen Heriold langs denzelfden weg, welken hij gekomen was, terugkeerde, bleven zijn zoon en kleinzoon, of neef, aan het Frankische hof, waar zij, onder de hovelingen opgenomen, in de zeden en gewoonten der Franken, en dus bovenal in de christelijke godsdienst, werden onderwezen. (*e*) Hunne tegenwoordigheid strekte den Keizer tot waar-

---

(*a*) Sommige schrijvers, medegesleept door, of gebruik makende van de dikwijls ruime en onbepaalde beteekenis der namen, hebben vele voorvallen tot ons land betrekkelijk gemaakt, die er nooit in zijn gebeurd. Het komt mij verkieslijker voor, der waarheid hulde te doen, en onze geschiedenis niet met den roof van andere landstreken te verrijken of liever te vervalschen. Dit is te regt gegispt door Huydecoper op Melis Stoke I. 182-187. Over Rüstringen zie Wiarda, Asegabuch, Vorrede LXXXIII-LXXXVI.

(*b*) Ann. Fuld. bij Pertz I. 366. ad a. 850. Vergel. ook Adam. Brem. I. 15.

(*c*) Ann. Fuld. pars. IV. ad a. 882. l. l. p. 596.

(*d*) Ad a. 837. l. l. p. 561.

(*e*) Erm. Nig. l. l. lib. IV. vs. 629, 630. « Regis in aula, Excubiis vigilant, Francica jura coluant."

borg voor Heriolds goede trouw, en daar hij aan zijne dapperheid niet twijfelde, meende hij zekerlijk nu regt goed voor de veiligheid zijner noordelijke kusten te hebben gezorgd.

Men gaf Heriold, bij zijn vertrek, ook den toestel mede tot de heilige dienst, en twee monniken, Ansgarius en Autbertus, om hem verder in het christendom te onderwijzen en te versterken. (*a*) Men had te vergeefs getracht meerdere tot het ondernemen van dit zoo verdienstelijk werk te bewegen; zelfs wilde niemand hen als bediende verzellen: zoo veel gevaar zag men thans in eene onderneming, waartoe men bij Karels tijd zich vrijwillig had aangeboden. (*b*) En waarlijk, hunne taak was niet zonder bezwaar; Heriold en de zijnen, nog ruw en pas bekeerd, en in gansch andere zeden opgevoed, « wisten niet hoe Gods dienaren moesten behandeld worden,"¹ en droegen voor hen weinig zorg. Zoo kwamen zij met vele moeijelijkheden te Keulen, waar de Aartsbisschop Hadebald medelijden kreeg met hunnen nood; hij gaf hun een beter schip, waarop zij hunne zaken behoorlijk konden bergen; daar hier twee geschikte vertrekjes op waren, verkoos Heriold ook op dit schip zijn verblijf te houden, zoodat zij hunne woning met hem moesten deelen. Dit gaf evenwel gelegenheid tot meerdere onderlinge kennismaking en welwillendheid, waardoor ook de overige Deenen den monniken spoedig meerdere oplettendheid bewezen. Zij zetteden getroost hunnen togt voort, en

---

(*a*) Vergel. Lauteschl. S. 22, 23.
(*b*) Boven p. 24. Aenm. *b*.

kwamen, door Duurstede en het land der Friesen, eerlang aan de Deensche grenzen. (*a*)

III. HOOFDSTUK.

Sedert de vestiging van noordsche Vorsten in deze gewesten, tot het ombrengen van Godfrid den Noorman.

826 – 885.

Op deze wijze geraakte een gedeelte onzes lands onder het bestuur van den Deenschen koning Heriold en zijne broederen. Het is niet mogelijk den juisten omvang der door hen ontvangene leenen naauwkeurig te bepalen; de berigten der ouden zijn ook hier zeer onvolledig; niet dan bij toeval noemen zij ons enkele namen, zoodat wij ons al weder met de waarschijnlijkheid moeten vergenoegen. De handelplaats Duurstede had in die dagen eene merkelijke welvaart en bloei bereikt; dit kunnen wij veilig uit het overdrevene verhaal van lateren besluiten. (*b*) Deze stad, de aanzienlijkste van het gansche gewest, zal dan het middelpunt en de zetel hunner regering zijn geweest, waar Roruk, bij afwezigheid zijnes broeders bevel voerde. (*c*) Ver-

---

(*a*) Vita Anskarii l. l. p. 694-696.
(*b*) Chron. Tiel. ed. v. Leeuwen p. 41, 42. de Beka in Hungero p. m 28. Reeds sedert het begin der zevende eeuw verschijnen kooplieden uit Wijk bij Duurstede op het handelsverkeer bij de Abdij van Dionysius, niet ver van Parijs. Hüllman, Städtewesen des Mittelalters I. 290.
(*c*) Ann. Fuld. l. l. p. 366. Wiarda I. 111. wil Heriold in Rüstringen laten wonen. Het waarschijnlijkste is, dat hij zich zelden lang op dezelfde plaats bevond.

der komt het mij aannemelijk voor, dat een vrij aanmerkelijk gedeelte van ons vaderland hun te leen is gegeven. Roruk, die hier geenszins de hoofdpersoon is, bezat graafschappen en leenen in Kinnin, d. i. tegenwoordig Noord-holland (a) en denkelijk ook een gedeelte van Friesland, daar de Zuiderzee zich toen nog niet zoo ver had uitgebreid. Uit het verhaal aangaande den moord van Godfrid in 885, aan wien de voormalige leenen van Roruk waren afgestaan, blijkt dat dezelve zich ook tot aan de scheiding van Rhijn en Waal uitstrekten. Aan Hemming had men eenig bestier op Walcheren, en welligt ook op andere Zeeuwsche eilanden gegeven. Eindelijk spreekt het van zelf, dat Heriold's deel het grootste is geweest. Zou ik te ver gaan, door uit dit alles afteleiden, dat bijna de gansche kust, van Walcheren tot aan de Wezer, aan de bescherming, zoo niet aan het bestier dezer Deensche vorsten door Lodewijk is toevertrouwd? Dat er tusschen het aan Heriold geschonken graafschap Rhiustri aan de Wezer en de Jahde, en zijne of zijner broederen leenen hier te lande aanmerkelijke gapingen zouden zijn geweest, komt mij onwaarschijnlijk voor, daar zulks met het doel, waarmede Lodewijk hem beleende, de verdediging der kusten, niet kan strooken. De latere schrijvers spreken dan ook van Friesland, geheel Friesland, als aan Heriold, en later aan Godfrid afgestaan; en schoon men op latere schrijvers alleen geen behoorlijk bewijs kan bouwen, mag men hun

---

(a) Waar in den naam Kennemerland nog een spoor van Kinnin overig is.

evenmin geloof ontzeggen, wanneer zij met de wenken of kortere berigten van gelijktijdige ongezocht overeenstemmen, of tot derzelver opheldering dienen. (*a*) Men zou evenwel kunnen meenen dat de oude schrijver, van Roruks graafschappen en leenen sprekende, het oog gehad hebbe op die landstreken, die hij na Heriolds dood had in leen ontvangen. Wanneer men de bedoelde uitdrukking zoo opvat, dan zal men welligt mijn vermoeden wat stout vinden, en het niet waarschijnlijk achten, dat Lodewijk zoo veel lands aan de bescherming van weinige vreemdelingen heeft toevertrouwd. Doch hoe men hierover ook denke, dit is niet te ontkennen, dat de bezittingen der Deensche vorsten in ons vaderland zeer aanmerkelijk waren, zoodat hunne vestiging niet zonder invloed op het overige gedeelte kon blijven. (*b*)

Niet minder moeijelijk is het te bepalen, hoedanig het gezag van Heriold en zijne broeders alhier zij geweest, en hoe ver zich hunne magt hebbe uitgestrekt; zulks kan niet dan bij benadering ge-

---

(*a*) W. Rolewinck, fascic. temp. bij Pistorius II. 526. Sigeb. Gembl. ibid. I. 801. Gotfridus Viterb. ibid. II. 520. « totam terram Phrysonum in dotem." Vergel. Regino l. l. ad a. 882. Ann. Bertin. l. l. p. 514. Theganus in vita Ludov. Pii. bij Pertz II. 597. « Imperator magnam partem Fresonum dedit ei." Ann. Vedast. p. 520. « cui Imperator regnum Frisonum, quod olim Roricus Danus tenuerat, dedit."

(*b*) Uit Huydecoper op Melis Stoke I. 173, 174. blijkt mij, dat ik, zonder van Loon te hebben gelezen, met hem eenigzins in gevoelen overeenstem. De gronden die H. er tegen aanvoert, komen mij niet voldoende voor, schoon ik beken, dat de onvolledigheid der geschiedkundige narigten ons niet veroorlooft iets met volkomene zekerheid te besluiten. Vergel. ook van Spaen, Hist. van Gelderl. I. 25. en Inl. tot de Hist. van Gelderl. I. 93-96.

schieden. Het is buiten allen twijfel, dat wij hier niet moeten denken aan eene territoriaal-verovering, waardoor in die ruwe tijden de overwinnaars regt meenden te verkrijgen op de eigendommen en ligchamen der overwonnenen, hunne landen onder zich verdeelden, en door de voormalige bezitters als slaven lieten bebouwen; waardoor dus de aanzienlijksten der overwonnenen in rang en aanzien verre beneden den geringsten der veroveraars werden gesteld, en zich allerlei smaad en onderdrukking moesten getroosten. Wat zulk eene verovering beteekent, leert ons het lot der Romeinen in de vijfde, der Grieken in de vijftiende eeuw; en hoe de Noormannen, nadat zij reeds vrij wat in beschaving waren toegenomen, en het christendom anderhalve eeuw hadden beleden, de regten van zulk eene verovering hebben toegepast, dit toont ons de lange reeks van onheilen, die de Angel-Saksen onder Willem den Veroveraar en zijne opvolgers hebben moeten verduren. (a) Heriold grondde zijn regt op deze landen niet op eenige overwinning of gedwongene schenking; hij was Lodewijks leenman, en had hem niet alleen hulde gedaan voor zijne Deensche bezittingen, hetgeen eene ijdele plegtigheid was, maar ook voor het hem verleende of ter bestiering gegevene land, waarover de Keizer als leenheer de volle oppermagt behield. Ook is het klaarblijkelijk, dat hij in deze hoedanigheid hier lang niet zoo veel magt heeft uitgeoefend, als Rollo in Frankrijk, toen hij door het be-

---

(a) Zie Thierrij, Conq. de l'Anglet. I. p. VII-X. XVIII, XXV. en het gansche werk door.

bekende verdrag te St. Clair sur Epte als Hertog van Normandije was erkend. (a) De omstandigheden verschilden aanmerkelijk; in 826 waren de leenmannen ongelijk meer van den oppervorst afhankelijk, dan in 912, toen het verval des leenstelsels

---

(a) Na dit alles reeds gesteld te hebben, vind ik in Bilderdyk eenige niet onbelangrijke aanmerkingen I. 162-166. « Lodewijk gaf het land omtrent Duurstede aan Heriold niet in eigendom weg, maar hij gaf het hem, om de vruchten daarvan tot zijn onderhoud te genieten. Hij werd er geen Graaf van, maar hij vond er Graven gesteld, en die Graven-regeering bleef onder hem in stand en in wezen. Hij had er ook de oppermagt niet van, maar erkende den Keizer als overheer. Hij was gehouden tot bescherming der landen tegen buitenlandsch geweld, en had Graven onder zich. Hij was derhalve Hertog; en het heeft allen schijn, dat hij die waardigheid en de inkomsten als *beneficia* daarvan, jure feudi ontving, zonder eenige wezenlijke alienatie."

« De Graven bleven onder Heriolds en zijner kinderen of afkomelingen bestuur, Keizerlijke (niet Heriolds) Graven." (Vergel. echter de Ann. Vedast. bij Pertz l. l. p. 522, 525, waar de Friesche Graaf Gerolf Godfrids Leenman genoemd wordt. Zie beneden op het einde van dit Hoofdstuk.) « Van daar een aantal uitwerksels, die, zonder dit optemerken, duister zijn."

« Als vreemdeling kon het den Graven niet aangenaam zijn, hem over zich gesteld te zien. Als Hertog waren hem de Graven geene andere gehoorzaamheid schuldig, dan in krijgszaken, en overeenkomstig het gebruik. En als vruchttrekker waren zij hem niets schuldig dan hetgeen zij anders aan den Keizer verantwoordden. De Noor, in dit alles onkundig, en alleen zijne Deensche, nog onbeschaafde en ongeregelde wijzen van regeeren gewoon, moest noodwendig met hun in de war raken." Wanneer overigens Bilderdyk meent, « dat Heriold als bekeerling den Geestelijken lief is geweest, en dat dit bij het algemeen den indruk gematigd heeft van zijn vreemdelingschap en verkeerde aanmatigingen, die uit den aart voor de Graven voornaamlijk nadeelig waren, maar het volk vrij onverschillig konden zijn," kan ik mij met dit gevoelen geenszins vereenigen. Liever stem ik toe hetgeen hij op p. 166 zegt: « Men moet eigentlijk gezegd in de Geschiedenis onzes lands van geen Deensche regeering spreken, omdat men het Hertoglijke krijgsgezag bij ons nooit als regeering beschouwt. Nooit hebben wij in later tijd de Hertogen van *Lotharingen* als onze vorsten aangemerkt." enz.

zoo sterk was toegenomen. Heriold was uit zijn rijk verdreven, en zocht de bescherming des Keizers, van wiens magt men in het Noorden toen hooge denkbeelden koesterde, daar de zwakheid der Frankische monarchie nog niet zoo algemeen openbaar was geworden. (a) Rollo had reeds vele jaren lang het rijk van Karel den Eenvoudigen doen beven, een aanmerkelijk gedeelte van hetzelve verwoest, en door ondervinding de magteloosheid van zijnen oppervorst leeren kennen. Hij verachtte de Franschen, die hem slechts zelden eenen behoorlijken wederstand hadden geboden; Heriold zag in de Franken nog eene krijgszuchtige natie, van welker hulp hij zich, ter herkrijging zijner heerschappij, zocht te bedienen. Rollo eindelijk gebood over vele duizenden, die zich het uitgemoorde en woest liggende land even als eene ledig staande bezitting toeëigenden, zoodat hunne vestiging bijna met eene territoriaal-verovering of volksverhuizing gelijk stond; (b) het gansche gevolg van Heriold bedroeg nog geen 500 menschen, waaronder zich zoo vele vrouwen bevonden, dat de kronijkschrijvers uitdrukkelijk van beide seksen gewag maken. Deze konden zich ligtelijk in de te leen gegevene landen vestigen, zonder de oude bewoners, die hen in getal en magt verre overtroffen, uit hunne bezitting te stooten; denkelijk bebouwden zij eenige landerijen, die, behalve het leen, door Lodewijk aan Heriold in eigendom wa-

---

(a) Mon. Sangall. p. 761.

[(b) Of Normandije nog bevolkt was, toen Rollo het onder zijne volgelingen verdeelde, en of de vorige bewoners tot vassallen dan wel tot slaven werden gemaakt, zie Depping II. 126, 127.]

ren geschonken. De landzaten behielden dus hunne eigendommen, leenen en waardigheden, en bleven den Keizer als opperheer erkennen, die hen door iemand van zijne keus, door Heriold, liet bestieren en verdedigen. Van daar dat wij, nevens de noordsche vorsten, somtijds keizerlijke graven genoemd vinden. Zoo sneuvelde, in 837, op Walcheren, te gelijk met Hemming, Halfdan's zoon, ook Eggihard, graaf van die streek. (*a*) Zoo waren er omstreeks 852 « principes borealium partium" en « custodes Danici limitis," die op Heriold een wakend oog hielden, en hem, toen zijne trouw verdacht raakte, met den dood deden boeten. (*b*) Ook vinden wij onder Godfrid in 885 twee Friesche graven, Gerolf en Gardolf, die wel aan den Noormen onderworpen waren, maar echter den Keizer als opperheer erkenden. Het is evenwel natuurlijk, dat bij het toenemende verval des Frankischen rijks, en de daaruit ontstane uitblussching van dapperheid bij de voorheen zoo strijdbare bewoners, de noordsche vorsten de inlanders meer en meer begonnen te verachten, en hunne verpligtingen jegens den leenheer vergaten, zoodat zij, en tegen de inwoners, en tegen de keizerlijke graven en ambtenaren zich veel veroorloofden, waaraan Heriold onder Lodewijks regering niet zoude hebben durven denken. Ten bewijze strekke het gedrag van Godfrid omtrent Karel den Dikken, de Friesen en graaf Everard, hetwelk wij ter bekwamer plaatse zullen vermelden.

(*a*) « Ejus loci comitem." Ann. Fuld. L. l. p. 561.
(*b*) Ann. Fuld. l. l. p. 567.

Er blijft nog overig om te onderzoeken, hoe Heriold en zijne broeders hun bestier hebben waargenomen. Ook aangaande dit punt laten de schrijvers ons meest in het duister. Dat de regering van eenen vreemdeling aan de inwoners niet aangenaam is geweest, mogen wij uit het groote verschil, hetwelk er tusschen hunne zeden en die der Noormannen bestond, opmaken. Er komt bij dat de Friesen van ouds her zich niet aan het bestier van vreemden konden gewennen, een trek, die tot heden toe onzen landaard bijzonder onderscheidt. De onderwerping aan de overmagtige Franken, door nooddwang afgeperst, was hun dragelijk geworden, wijl zij belangrijke voorregten hadden bedongen: doch naar deze zal de onbeschaafde vreemdeling wel niet veel hebben gevraagd. Let men op de ware beweegredenen van zijnen overgang tot het christendom, waartoe hij, gelijk vele zijner landslieden, (a) door eigenbelang gekomen was,

(a) Lodewijk de Vrome vroeg eens aan eenige gezanten der Noormannen, of zij christenen wilden worden? Op hun antwoord, dat zij altijd gereed waren hem in alles te gehoorzamen, beval de Keizer hen te doopen. De hovelingen beijverden zich, om als doopheffers der nieuw bekeerden 's vorsten gunst te verwerven. De gedoopten ontvingen van den Keizer een wit kleed, en van hunne peten een Frankisch gewaad, d. i. eene volkomene uitrusting van kostbare kleederen en wapenen. Dit lokte van jaar tot jaar meerdere bekeerlingen, die, als gezanten, of als getrouwe vasallen, op paaschzondag tot den Keizer kwamen. Eens verzochten er wel vijftig om gedoopt te worden; daar er zoo vele doopkleederen niet in voorraad waren, liet Lodewijk in haast eenige van grover linnen gereed maken. Een der aanzienlijke Noormannen, hiermede bekleed, voer vol verontwaardiging tegen den Keizer uit: « reeds twintig maal ben ik hier gewasschen, en altijd met beste witte kleederen gekleed; maar deze zak is goed voor zwijnenhoeders, niet voor krijgslieden. Zoo ik mij niet schaamde over mijne naaktheid, ik zou U uw kleed met uwen

en op zijn ruw gedrag jegens de hem medegegevene geestelijken, dan ziet men dat zijne woeste zeden door de voorschriften van eene godsdienst, welke hij niet begreep, en waarvan hij op zijn hoogst de uitwendige plegtigheden zal hebben waargenomen, weinig of niet zijn verzacht. Maar de tegenwoordigheid van andere keizerlijke ambtenaren en de nog ongeknakte fierheid der landzaten, was buiten twijfel, ten minste zoo lang Lodewijk de Vrome leefde, genoegzaam voldoende, om hem het misbruik of de al te groote uitbreiding zijner magt te beletten. Daarenboven was de herovering der regering in Deenemarken zijn hoofddoel, waarmede hij zich het grootste gedeelte zijnes levens schijnt te hebben bezig gehouden.

Mag men dus aannemen dat Heriolds bestier op zich zelf niet zoo nadeelig op het lot van de bewoners dezer landen heeft gewerkt, als men zich oppervlakkig zou voorstellen; niet minder zeker is het, dat de gevolgen van Lodewijks gifte hun allerverderfelijkst waren, daar zij volkomen het tegendeel veroorzaakte van hetgeen hij had beoogd. De Deenen toch, steeds heftiger op Heriold en zijne broeders gebeten, naar mate deze hen met uitlandsche hulp feller bestookten, zochten hen in

---

Christus laten houden." Mon. Sangall. p. 761, 762. Zie ook beneden p. 75. en Ann. Bertin. l. l. p. 501. « Baptizati sunt quidam Nortmanni, ... propter hoc ad Imperatorem adducti, et munerati ad suos redierunt. Et ut ante, ita et postmodum, ut Nortmanni more pagano peregerunt." Verg. vita Anskarii bij Pertz II. 715-715, waar men ziet, hoe zij voordeelshalve het christendom aannamen, zonder daarom de dienst hunner vorige Goden na te laten, of de gewoonte, om die Goden door het lot over de toekomst te ondervragen, te vergeten.

hunne Frankische leenen bezig te houden, ten einde te huis rust te hebben. Indien Heriold geheel van zijne Deensche bezittingen had afgezien, dan zou niet alleen Friesland minder door de Deenen zijn aangevallen, maar hij en de zijnen zouden het, als hunne eenige bezitting, met meer inspanning en beter gevolg hebben verdedigd. Het vervolg der geschiedenis zal ons de waarheid dezer opmerking genoegzaam bevestigen.

De Keizer trok zich nu Heriold's belangen met verdubbelden ijver aan. Wagenaar verhaalt, (a) dat hij hem eene aanzienlijke krijgsmagt bijzette, zoodat hij, in zijn vaderland aangeland, terstond van de Deensche vorsten tot deelgenoot in het bewind werd aangenomen. Schoon ik mij niet kan herinneren aangaande die aanzienlijke krijgsmagt veel te hebben gelezen, (b) blijkt het echter dat Heriold, het zij door dit middel, het zij door onderhandeling, in zijn rijk is hersteld. (c) Doch Godfrids zonen berustten niet lang in deze gedwongene schikking; een hunner, Horik, had beloofd te Nijmegen op de rijksvergadering te zullen verschijnen. De Keizer hoopte, dat dus de nog bestaande oneenigheden het best zouden worden vereffend; ook hield men in die dagen de tegenwoordigheid van verbondene vorsten op de rijksdagen voor eene zekere hulde, aan 's Keizers magt vrijwillig toegebragt, en voor een' waarborg hunner goede gezindheid. Lodewijk kwam te Nijme-

---
(a) II. p. 49.
(b) Vita Anskarii l. l. p. 694. « quem cum iterum ad sua remittere vellet, ut eius auxilio munitus regni sui fines repeteret."
(c) Adam. Brem. (uit de helft der elfde eeuw) I. 16.

gen; (827) maar Horik liet zich te vergeefs wachten, ontzette met zijne broeders Heriold van de regering, en noodzaakte hem op nieuw zijn land te verlaten. (*a*) De Keizer beproefde nogmaals hem door onderhandelingen te helpen, en een verbond met zijne mededingers te sluiten. Hiertoe kwamen (828) Heriold en bijna al de Saksische graven op de Deensche grenzen bijeen; de vrede werd getroffen, en door gijzelaars bevestigd. Intusschen waren, naar het schijnt, de voorwaarden niet naar genoegen van Heriold; hij overviel en verbrandde eenige gehuchten der Deenen, hopende aldus de Franken in eenen openbaren krijg ten zijnen voordeele te wikkelen. Godfrids zonen waren toen, naar het mij voorkomt, reeds vertrokken; zij verzamelden spoedig hunne benden, trokken de Eyder over, overvielen de Franken, die aan de rivier gelegerd waren, op het alleronverwachtst, sloegen hen op de vlugt, en keerden, na het plunderen der legerplaats, binnen hunne grenzen terug. De Keizer boezemde hun toen nog zoo groot ontzag in, dat zij, voor zijne wraak beducht, hem door een gezantschap deden verzekeren, hoe ongaarne en door nood gedrongen zij tot dezen stap waren gekomen; zij boden hem genoegdoening aan naar zijne verkiezing, opdat de vrede ongeschonden mogt blijven. (*b*) Een geacht en gelijktijdig schrijver voegt hierbij, dat Lodewijk hun verzoek naar hun genoegen inwilligde. (*c*) Heriold zag dus zijn

---

(*a*) Einhardi Ann. l. l. I. 216. In de Ann. Fuld. l. l. p. 367, leest men dat Heriold, den toorn van zijnen Heer, Horik, den koning der Deenen, ontvliedende tot Lodewijk is gekomen.
(*b*) Einh. Ann. l. l. p. 217. Ann. Fuld. ib. p. 359.
(*c*) Vita Ludov. Imp. bij Pertz. II. p. 631. 632.

plan mislukt; ook vinden wij sedert geene melding dat er bijzondere pogingen ter zijner herstelling zijn aangewend. Het is echter ligtelijk te begrijpen, dat hij niet stil zal hebben gezeten, of de hulpmiddelen, die zijne Frankische leenen hem, ter vervulling zijner vurige begeerte, aanboden, ongebruikt hebben gelaten. Maar daar zijne ondernemingen telkens mislukten, leefde hij voortaan onder de Franken, en dus wel meestal hier te lande, waar hij vele jaren in groote eer en achting stond. (a)

Eerlang (829) verspreidde zich het gerucht, dat de Noormannen eenen inval in Saksen in den zin hadden, en dat hun leger reeds in aantogt was. Lodewijk, voornemens naar Worms te gaan, stelde terstond zijne reis uit, en ontbood met den grootsten haast het leger door het gansche rijk der Franken, om tegen half Julij bij Neusz over den Rhijn te trekken. Kort daarop werd het gerucht ongegrond bevonden, zoodat de rijksvergadering reeds in Augustus te Worms konde gehouden worden. (b) Deze verontrustende tijding zal wel niet zoo geheel van grond ontbloot zijn geweest, maar de vijanden zullen door Lodewijks buitengewoon krachtige toerustingen, waarop zij, na de langdurige onderhanlingen en daarbij betoonde zwakheid des Keizers, niet hadden gerekend, bewogen zijn hunne onderneming vooreerst te staken.

Het volgende jaar werden de kustenlanden door den Keizer bezocht; hij wilde, naar het voorbeeld

---

(a) Ann. Fuld. l. l. p. 567.
(b) Einh. Ann. l. l. p. 218.

zijnes vaders, zelf de verdedigingsmiddelen hagaan, die onder zijne regering nog niet geheel verzuimd werden. (*a*) Op de rijksvergadering te Thionville (831) verzochten de Noormannen op nieuw om vrede, en werd er met hunne gezanten een verbond gesloten of liever bekrachtigd. (*b*)

Lodewijk was des te eerder genegen den vrede te bewaren, wijl hij zich nog altijd met de hoop vleide, dat het hem zoude gelukken het christendom in het Noorden intevoeren; iets, waarop hij even als zijn vader, ruim zoo zeer uit gemoedelijke als staatkundige redenen, ten sterkste gesteld was. (*c*) Ansgarius en Autbertus, met Heriold naar Deenemarken vertrokken, hadden niet alleen onder de christenen ijverig gepredikt, maar ook vele heidenen tot het geloof gebragt. Zij hadden eenige kinderen gekocht, of van Heriold ter opvoeding ontvangen, en hen geregeld onderwezen. Het wel gelukken hunner pogingen had hun medehelpers en dienaars verschaft, zoodat Autbertus, in 830 door ziekte genoodzaakt terug te keeren, zijne plaats door anderen behoorlijk vervuld zag. Intusschen hadden eenige Zweden den Keizer om geschikte christenpredikers verzocht, wijl er bij hen velen waren, die deze godsdienst verlangden aantenemen, en hun koning wel wilde toestaan, dat zich daar

---

(*a*) Vita Ludov. Imp. bij Pertz II. 632.

(*b*) Ann. Bertin. bij Pertz I. 424. Het vorige jaar hadden eenige zeeschuimers Aquitanie verontrust. Duchesne H. N. S. p. 19. Chron. Aquit. bij Pertz II. 252. Dit schijnt de reden van het hernieuwde verzoek om vrede.

(*c*) De meeste nieuwere schrijvers, die in alles aan fijne staatkunde en eigenbelang denken, spreken er anders over. Men leze de gelijktijdige geschiedverhalen, en beslisse naar eigene overtuiging.

priesters onthielden. Voor dit zonderlinge verzoek kan ik geene andere reden gissen, dan dat zij of de hulp des Keizers in het een of ander noodig hadden, of op even rijke belooningen hoopten, als aan Heriold en zijne volgelingen, en zoo vele andere gedoopte Noren waren te beurt gevallen. Lodewijk, ten uiterste hierover verheugd, noodigde Ansgarius uit om derwaarts te gaan; deze nam zulks gaarne aan, en scheepte zich spoedig in met den monnik Witmar, die tot zulk een groot werk zeer gewillig en geschikt was. De zorg voor Heriold werd intusschen toevertrouwd aan vader Gislemar, eenen zeer ijverigen en braven man. Op reis werden zij door zeeroovers ontmoet; de kooplieden, die hen verzelden, (a) sloegen eerst de aanvallers dapper af, doch moesten eindelijk onderdoen; zij verloren hunne schepen met de gansche lading, en ontvloden met moeite naar het strand. Ansgarius en Witmar raakten bijna alles kwijt wat zij bij zich hadden, niet alleen de prachtige geschenken, hun door Lodewijk voor de vorsten van die streken medegegeven, maar ook omstreeks veertig boeken van godsdienstigen inhoud, voor die tijden eene aanzienlijke verzameling. Zij lieten zich hierdoor niet afschrikken, maar gingen, hoewel met groot gevaar, te voet verder, eenen zeer langen weg, terwijl zij zich dikwijls over meren of zeeboezems moesten laten zetten. Eindelijk bereikten zij de havenstad

---

(a) Eene merkwaardige plaats! Er bestond dus reeds handel tusschen de Franken en het verwijderde Noorden! of, zoo deze kooplieden de eerste waren, die naar Zweden voeren, dan ziet men hoe gretig zij ook toen zich elke gelegenheid ten nutte maakten, en geen gevaar schuwden, om den handel uit te breiden.

Birca aan het Melermeer, (*a*) waar zij door Koning Bern of Biorn vriendelijk werden ontvangen. Na met zijne getrouwen te hebben geraadpleegd, gaf hij hun vrijheid om te prediken, en elk, die zulks verlangde, tot christen aantenemen. Velen hoorden hen gaarne, en waren hun gunstig; ook vonden zij hier vele gevangene christenen, die zich over hunne komst grootelijks verheugden. (*b*) De bevelhebber van Birca, Herigarius of Hergeir, die veel invloed bij den koning had, liet zich doopen, waarvoor hij een geschenk ontving. Geschenken spelen bij de bekeering van Noormannen doorgaans eene belangrijke rol. (*c*) Overigens roemt men hem als een zeer ijverig en getrouw christen, die weldra op zijnen eigenen grond eene kerk bouwde.

De zendelingen kwamen in 832 terug, en verhaalden den Keizer den voorspoedigen uitslag hunner ondernemingen. Hij besloot nu een Aartsbisdom te Hamburg te stichten, waaraan de gansche kerk van Noordalbingië en de bisschoppen of priesters, die in het noorden zouden worden aangesteld, onderhoorig zouden zijn. Hij voorzag deze nieuwe stichting, die hij tot de uitbreiding des christendoms in het noorden onmisbaar hield, van het noodige onderhoud, en benoemde Ansgarius tot eersten bisschop. (*d*)

(*a*) Zie over Birca Adam. Brem. I. 50.
(*b*) Lauteschläger l. l. S, 23. denkt, dat de Zweden hem op verzoek dezer gevangenen hadden ontboden. Doch dan blijft evenwel de vraag, waarom de Zweden zoo inschikkelijk jegens hunne gevangenen waren?
(*c*) Verg. boven p. 66. aanm. *a*.
(*d*) Vita Anskarii bij Pertz II. 696–698. Cf. Paul. Lang. Chronic. Citizens. bij Pistorius I. 1126, ten blijke welk vertrouwen latere schrijvers verdienen!

Ik heb opzettelijk dit verhaal uit eene geloofwaardige bron uitvoerig overgenomen, wijl men hieruit het doel en de pogingen van Lodewijk, de betrekking waarin hij daardoor tot de Noormannen kwam, en de wijze waarop zij gewoonlijk de christelijke godsdienst aannamen, ten duidelijkste leert kennen. Het ware gewisselijk voor de Franken wenschelijk geweest, dat het christendom algemeen door de Noormannen was beleden; indien hierdoor hunne invallen al niet geheel of gedeeltelijk waren voorgekomen, zij zouden zeker minder wreed en vernielend zijn geweest. (a) Thans, daar de aangewende pogingen ten laatste mislukten, bewerkten zij juist het tegendeel.

Weldra zag Lodewijk, hoe hij zich met ijdele hoop had gevleid. In 834 landde eene Deensche vloot op de Friesche kust; na een gedeelte van dit land te hebben verwoest, voeren zij langs (b) Utrecht naar Duurstede, alles plunderende. Heriold was of onmagtig, of onwillig om hen afteweren; eenige inwoners werden gedood, anderen gevangen, en een deel der stad verbrand. Reeds de tijdgenooten begrepen, dat hunne vermetelheid aan de tweedragt der Franken, en de oorlogen tusschen Lodewijk en zijne zonen moest worden toegeschreven. (c) Vreemd is het, dat de schrijvers niet verhalen, welk lot de stad Utrecht bij deze gelegenheid hebbe getroffen.

(a) Zie beneden I. 5. Heimskringla II. 515-517.

(b) Waarschijnlijk lag de stad toen nog maar aan den eenen oever des Rhijns, schoon Wagenaar II. 52. uit Heda de ligging ter wederzijde dier rivier aanneemt. De Rhijn liep toen, ter plaatse daar nu Katwijk is, met eenen bevaarbaren mond in zee. Wagen. II. 58. 59.

(c) Ann. Bertin. bij Pertz I. 428. Ann. Xantens. ib. II. 226. Vita Ludov. Imp. ib. II. 639.

Men heeft er, naar ik gis, de poorten bij tijds gesloten; de zeeschuimers durfden nog geen beleg te ondernemen, en konden te Duurstede, eene bloeijende handelplaats, (*a*) rijkeren buit vinden; zij hebben dus bij voorkeur die stad overvallen, en zijn toen, eer zij achterhaald konden worden, naar zee teruggekeerd. Want dat de zetel des Bisdoms door hen zoude zijn ingenomen, zonder dat de schrijvers zulks met een enkel woord vermelden, dit komt mij ongeloofelijk voor, al stelt men ook, wat ik gaarne toegeef, dat Duurstede toen veel aanzienlijker en rijker was dan Utrecht. De schade moet evenwel voor het bisdom zeer gevoelig zijn geweest, daar Karel de Groote reeds de stad Duurstede aan de kerk van St. Maarten in eeuwigdurend

---

(*a*) [Over Dorstad lees ik bij Depping I. 147. 148 eenige berigten, die ik geef, zoo als ik ze vind. « Ce lieu, des environs d'Utrecht, qui actuellement n'est plus qu'un *village* sous le nom de Wijk-te-Duerstede, doit être très ancien; c'était une des places commerçantes des Frisons. Les missionaires y avaient bâti *un grand nombre d'églises*, et la dynastie des carlovingiens y avait un hôtel des monnaies où il régnait *beaucoup d'activité*, si l'on en juge par *le nombre et la variété* des pièces qui en sont sorties, et qu'on trouve encore dans les cabinets de médailles." Depping beroept zich hier op « les ouvrages numismatiques de Eckardt, Joachim, Mieris *et autres*." Naar gewoonte wordt noch deel noch bladzijde aangewezen. Verder gist Depping dat de werklieden van deze munt door de Noormannen zijn gevangen genomen. « Le travail barbare de plusieurs monnaies de Dorstad paraît du moins attester le séjour et les ravages des Normands." In van Mieris, beschrijving der Bisschoppelijke munten van Utrecht, Leyden 1726. 8°. vindt men p. 89. (plaat I. N°. 7 en 8) en p. 104. seqq. (plaat I. N°. 11, 12 en 13) de beschrijving en afbeelding van munten, te Duurstede (Dorestatus) geslagen. Op eene derzelve, onder Lodewijk den Vromen vervaardigd, ziet men een schip, als zinnebeeld des handels, waardoor die plaats toen bloeide. Op eene andere, van den tijd van keizer Lotharius, is eene kerk afgebeeld.]

bezit had gegeven. (*a*) Een jaar later vielen zij andermaal in Friesland, waar zij eene aanmerkelijke nederlaag kregen; daarop werd Duurstede op nieuw overvallen en verwoest. (*b*) De spoedige herhaling van deze plundering leert ons, dat wij niet aan eene geheele vernieling moeten denken; anders toch was het niet mogelijk, dat er een jaar later reeds weder wat te rooven ware geweest. Behalve Duurstede vinden wij ook andere plaatsen in de Frankische monarchie, die meer dan eens, en kort na elkander, door de Noormannen werden bemagtigd, geplunderd, en, zoo het heet, geheel en al verwoest. (*c*) De Keizer was inmiddels over deze toenemende vermetelheid der Noren hoogelijk verstoord; hij begaf zich naar Aken, stelde orde op de bewaking der kusten, en — ging in de Ardennen jagen. (*d*) Hij had het vorige jaar last gegeven om onderzoek te doen naar de ongehoorde wanorden, door roovers en dieven in het rijk aangerigt, en dezelve met krachtige middelen tegen te gaan. Thans vond hij het noodig eenige graven voor hunne nalatigheid in het uitroeijen dier roovers op verschillende wijzen te straffen, en voor dergelijk verzuim in het vervolg zwaardere straffen vast te stellen. (*e*) Door deze roovers moeten

---

(*a*) Heda in Rixfrido p. m. 43. Chron. Belg. bij Pistorius III. 53.
(*b*) Ann. Fuld. bij Pertz I. 360. Ann. Bertin. ib. p. 429. Ann. Xantens. ib. II, 226.
(*c*) Bij voorbeeld Hamburg; zie beneden. Angers; Ann. Bertin. l. l. 448. 449.
(*d*) « Imperator autem graviter ferens, Aquis perveniens, disposita omni maritima custodia, Arduenna autumnalem venationem exercuit." Ann. Bertin. ad a. 835. Vergel. mijne beoordeeling van Lodewijk, boven p. 49.
(*e*) Vita Ludov. Imp. bij Pertz II. 640. en vooral 646.

wij hier leenmannen verstaan, die, op hunne veilige sloten vertrouwende, (*a*) zich aan den vorst of zijne afgezondenen weinig stoorden, en door allerlei roof zich zochten te verrijken. Men ziet hieruit hoe ver de zaken reeds waren verloopen, hoe zeer de klem der regering was verslapt. Niets kon er gunstiger zijn voor de ondernemingen der noordsche barbaren; geen wonder dat zij telkens in grooter aantal overkwamen en hunne verwoestingen verder uitbreidden. In 836 staken zij Antwerpen en Witlam of Wittham, eene handelplaats aan den mond van de Maas, in brand. (*b*) De ligging van Witlam is onzeker: sommigen denken aan den Briel; Wagenaar meent dat het nabij Goeree lag, doch al voor vele eeuwen door de zee is ingezwolgen. (*c*)

(*a*) Evenwel waren deze kasteelen toen minder talrijk dan naderhand, toen hun aantal, voornamelijk uit vrees voor de Noormannen, zeer was toegenomen. Zie beneden afdeeling II. hoofdstuk 5.

(*b*) Wagenaar II. 54. brengt dit tot 857.

(*c*) Duchesne H. N. S. p. 14. 19 en 1016, waar dit tot 835 wordt gebragt. Ann. Fuld. bij Pertz I. 360. Ann. Xant. ib. II. 226. Vita Ludov. Imp. ib. II. 641. Ann. Bertin. bij Pertz I. 430. Ann. Colon. brevias. ib. 97. Sigeb. Gembl. bij Pistorius I. 792 brengt dit tot 837, en den inval op Walcheren tot 838. Over Witlam zie ook Kluit, Hist. Crit. Com. H. et Z. I. 2. p. 106. Heda p. 27 en 51 verhaalt, dat ook Groningen, toen reeds eene aanzienlijke handelplaats, door de Noormannen is verwoest, hetwelk echter door Buchel met veel waarschijnlijkheids voor eene vergissing wordt verklaard. Vergel. boven p. 56. aanm. *b*. Verder meldt hij, dat Antwerpen langen tijd verwoest lag, tot dat eindelijk de voor den handel gunstige ligging aanleiding gaf, dat de plaats weder werd opgebouwd. Merkwaardig is hieromtrent ook eene plaats van Folcuinus bij d'Acherij Spicil. T. II. p. 735. « Licet in (aliis) partibus cuncta depopularentur, plurima tamen illi, qui litora Scaldi insederant, debacchabantur, quoniam gratissima statio navium, sive ad byemandum sive ad quodlibet belli periculum declinandum, illic eos fecerat esse continuos. [Depping I. 149 gist, dat hier Lille aan den mond van de Schelde wordt bedoeld. « Le nom de ce poste," zegt hij, « paraît venir de la langue du Nord, (*Lille se* signifie

Duurstede liep ook thans niet vrij. Lodewijk stelde zijne voorgenomene reis naar Rome uit, en trok naar Friesland om hen te bedwingen; op zijne komst maakten zij zich spoedig weg, zoodat hij naar Frankrijk terugkeerde. Horik zond in September gezanten, om den Keizer van zijne vriendschap en gehoorzaamheid te verzekeren. Hij betuigde dat de laatste invallen tegen zijn bevel waren ondernomen, en klaagde over het hem aangedaan onregt, daar men de gezanten, die hij tot Lodewijk had gezonden, onlangs bij Keulen had vermoord. De Keizer liet terstond hier onderzoek op doen, en de schuldigen straffen. Nog hetzelfde jaar zond Horik een gezantschap naar Aken, om te melden hoe velen van hen, die zich aan invallen in het land der Franken hadden schuldig gemaakt, hij had doen ter dood brengen. (*a*) Wanneer wij letten op den onvolmaakten toestand der maatschappij bij de Noren, en nagaan hoe het gezag hunner vorsten van weinig beteekenis en zeer wankel was, (*b*) kunnen wij het niet onwaarschijnlijk vinden, dat Horik de waarheid betuigde, en dat hij zijne onderdanen, die eenmaal op den rijkdom der Franken en hunne nalatige verdediging opmerkzaam waren geworden,

---

en danois *petite Ile*) et on y a trouvé les restes d'un très-vieux fort, dont les fondemens ont été encastrés dans le quai de la citadelle. V. Ermerins, *de la fondation de quelques places à l'Est et à l'Ouest de l'Escaut*, dans le t. V. des *Mémoires de la Société Sélandaise à Flessingue*." — Een eilandje op de oostkust van Jutland heet ook *Lillo*. Sommigen meenen, dat Gend en Axel ook den naam van de Noren hebben ontleend. Ermerins l. l. p. 4.]

(*a*) Wagenaar II. 53. heeft dit anders, doch, naar ik geloof, tegen den zin der door hem aangehaalde Annal. Bertin.

(*b*) Zie de *Heimskringla* bijna op elke bladzijde. Verg. Suhm übers. Gräter II. 335.

te vergeefs van dergelijke ondernemingen trachtte terug te houden. Maar aan den anderen kant kan hunne ontrouw en gering ontzag voor de getroffene overeenkomsten, waarvan wij, niet alleen bij de Frankische maar ook in de Noordsche schrijvers, eene menigte voorbeelden vinden, en die het gevolg was van hunne ruwheid en krijgszuchtigen aard, (*a*) ons even goed doen gelooven, dat Horik op deze wijze den zwakken vorst heeft zoeken om den tuin te leiden, en het nemen van ernstigere maatregelen willen voorkomen; en dit komt mij, in vergelijking met zijn volgend gedrag, wel het aannemelijkst voor. Lodewijk ten minste stelde orde op de verdediging van Friesland en de zeekusten, maar zonder de herhaling hunner invallen te kunnen beletten. In Junij 837 kwamen zij geheel onverwacht op het eiland Walcheren, waar men op hunne aankomst niet het minste was voorbereid; (*b*) zij vorderden schatting in, en sloegen Eggihard (Ecchard, Eggard) den graaf van, of eenen graaf op, (*c*) dat eiland; Eggihard zelf sneuvelde, met zeer

---

(*a*) Suhm moet dit zelve erkennen: « unsere stolzen und nicht selten edlen Altvorderen sahen die Rache immer für eine Tugend, listige und plötzliche Ueberfälle aber für Heldenmuth an." übers. Gräter I. 148.

(*b*) Desniettemin laat men graaf Eggard, om zich tegen de Noormannen te versterken, eenen burg stichten ter plaatse waar, anderhalve eeuw later, Middelburg ontstond. Ik maak hiervan alleen melding, om eens voor al aan te merken, dat ik met dergelijke gissingen, waar even veel of meer schijn tegen als voor is, b. v. de stichting van Enkhuizen door de Noormannen enz., het papier niet nutteloos wil vullen. Mijn onderwerp geeft op zich zelf reeds aanleiding genoeg tot waarschijnlijke gissingen.

(*c*) Kluit, Hist. Crit. I. 2. p. 172. merkt te regt op, dat hier *comes* niets anders is dan « justitiarius seu terrae praefectus, regis nomine jus administrans."

vele andere aanzienlijke krijgsoversten des Keizers, waaronder ook de Noorman Hemming, zoon van Halfdan, die weder uit het Noorden tot de Franken was terug gekeerd. (*a*) Walcheren moet toen reeds vrij welvarend zijn geweest; immers men vindt dat zij eene verbazende menigte gelds van daar mede namen. Ook sleepten zij zeer vele vrouwen in gevangenschap met zich; sommige der aanzienlijkste gevangenen werden naderhand vrij gekocht. De geestelijken zagen in deze ramp eene verdiende straf, daar de bewoners van Walcheren, bij welke, volgens hun schrijven, in dien tijd ongehoorde bloedschande in zwang ging, niet naar de vermaningen van den Utrechtschen Bisschop Frederik hadden willen hooren, maar hem met smaad verdreven hadden. (*b*) Na eenige dagen op dit eiland vertoefd te hebben, begaven zij zich naar Daurstede, 't welk zij volgens sommigen verwoestten, volgens anderen schatting afpersten. Wanneer wij, volgens de bovengemaakte aanmerking, de uitdrukking « verwoesten" of « verbranden" slechts van eene gedeeltelijke vernieling opvatten, dan kan het een en ander te zamen zijn gegaan; de vijanden zullen eenig gedeelte van de plaats in brand gestoken, en aldus de inwoners door de vrees voor eene geheele

---

(*a*) « Interfecerunt ibi innumerabilem multitudinem christianorum; et ibi cecidit Hemminch, qui erat ex stirpe Danorum, dux christianissimus, et Eccihardus alius dux, et multi optimates Imperatoris." Thegani Vita Lud. Pii l. 1 p. 604.

(*b*) De Beka in S. Friderico p. m. 23. 24. Magn. Chron. Belgic. bij Pistor. III. 59. Zoo schrijft Abbo bij Pertz II. Lib. II. vs. 596-614. de aanhoudende nederlagen der Franken toe aan hunne trotschheid, kostbare kleederdragt en wellust, daar zij zich niet ontzagen zelfs bloedschande te bedrijven, en met de nonnen ontucht te plegen.

verdelging tot het opbrengen der begeerde schatting gedwongen hebben. De Keizer stelde zijnen voorgenomenen togt naar Rome uit, en spoedde zich op de mare hiervan naar het naburige Nijmegen, (*a*) waarop zij haastig terugtrokken. (*b*) Ver-

(*a*) Deze en dergelijke plaatsen, welke duidelijk ons Duurstede bedoelen, worden door Huydecoper op Melis Stoke I. p. 192-204. voor ondergeschoven verklaard, omdat zij tegen zijne geliefkoosde stelling aanloopen. Hij zoekt Dorstade niet ver van den mond der Elbe, en meent dat Graaf Sigifrid de gedachtenis dier plaats heeft willen bewaren, toen hij lang daarna zijne nieuwe stad aan deze zijde dier rivier stichtte, en Stade noemde. Ik ontken niet, dat bij de oude schrijvers eenige plaatsen voorkomen, die met waarschijnlijkheid van Dorstade aan de Elbe kunnen worden opgevat, b. v. beneden l. 5. Vita Anskarii p. 705, 709, 712; maar wanneer men met Huydecoper de gelijktijdige schrijvers telkens naar goed vinden voor vervalscht of verbijsterd verklaart, dan maakt men de lezing der bronnen geheel onnoodig, en doet de geschiedenis geweld aan. Ik heb mij dus hier even min als in andere opzigten door 's mans spitsvondige en dikwijls overijlde redeneringen laten medeslepen. Zie zijne breedere aanteekeningen I. 173-204. De wederlegging van deze weinige bladzijden zoude veel omslags vorderen, en valt buiten ons bestek. Van Kampen, Gesch. der Niederlande, (Heeren und Ukert) I. 84. zegt, dat Huydecopers meening thans, door te Duurstede gevondene munten, wederlegd is. De onbevooroordeelde lezing der beste bronnen, gevoegd bij eene genoegzame bekendheid met den toestand en den geest dier dagen, is voldoende om de vreemde stellingen van Huydecoper te doen vervallen. Zoo houdt hij b. v. Walchra, Walacra, Walacria, niet voor ons Walcheren, maar voor een eiland nabij de Elbe p. 195, 196. Zoo beweert hij p. 175, « dat Horuk, broeder van Heriold, en Horuk, koning der Deenen, maar één persoon geweest zijn, wiens naam was Erik." Zoo maakt hij de duisternis, die helaas! de geschiedenis dier dagen bedekt, nog dikker door de berigten van geloofwaardige schrijvers even onverbiddelijk weg te redeneren, als de verzinsels van lateren. [Met genoegen zie ik, dat de meening van Huydecoper over Dorstadum even zoo beoordeeld wordt door J. de Rhoer, de Dorestade Batavorum a Normannis vexato et direpto, in het Vde deel der Verh. van het Zeeuwsch genootschap te Vlissingen.]

(*b*) Duchesne H. N. S. p. 1. Ann. Fuld. bij Pertz I. 561. Ann. Bertin. ib. 431. Ann. Xantens. ib. II. 226. Thegani vita Ludov. Pii ib. 604. Magn. Chron. Belg. bij Pistorius III. 57.

volgens deed hij, op eenen algemeenen rijksdag, onderzoek naar het gedrag der genen, welken hij het bevel over de bewaking der grenzen had gegeven. Men bevond dat sommige buiten staat waren geweest om wederstand te bieden, terwijl andere belet waren door de ongehoorzaamheid der Friesen aan hunne bevelen. (*a*) Daar ik geene reden kan bedenken, waarom de Friesen hunne aartsvijanden niet gaarne uit hun land zouden hebben verdreven, denk ik dat Heriold deze ongehoorzaamheid zal hebben voorgewend, of om zijne eigene schuld te bedekken, of om dus doende door den Keizer met uitgestrektere magt over de Friesen te worden voorzien. Het is ook zeer mogelijk, dat deze fiere landaard reeds verdriet begon te krijgen in de heerschappij des vreemdelings, en daarom weigerde hem ten strijde te volgen of zijne bevelen na te komen. De Keizer besloot dappere abten en graven te zenden, om der Friesen ongehoorzaamheid te bedwingen; tevens werd er last gegeven om op alle punten met meer ijver vloten gereed te maken.

Er bestaat een merkwaardige giftbrief van Lodewijk den Vromen, van den 8. Julij 839. (*b*) Hij had voor eenige jaren aan eenen zijner getrouwen, Gerolf, eenige bezittingen geschonken in het *Hertogdom* Friesland, in de gouw Westracha (Westergoo); (*c*) maar bij het opkomen van zekere

---

(*a*) Wagenaar heeft uit de Ann. Bertin. l. l. een verhaal getrokken, dat er, mijnes inziens, niet in staat.

(*b*) Kluit, Hist. Crit. II. 1. p. 1-6.

(*c*) De gouw of de landstreek Westergoo schijnt toen nog niet van Medemelacha en Texalia onderscheiden te zijn geweest. Kluit, II. 1. p. 2.

troebelen, waren, door (of wegens, *per,*) het verzuim (de nalatigheid, *negligentia,*) van Gerolf zelven, die bezittingen aan hem ontnomen, en ten
behoeve van den fiscus regius verbeurd verklaard.
De Keizer, door medelijden bewogen, gaf hem dezelve thans terug. Kluit (*a*) meent, dat Gerolfs
misdaad hier in bestond, dat hij aan inlandsche
twisten deel genomen, of de partij van Lotharius
gekozen had; wellligt behoorde hij ook onder de
Friesen, die aan Heriold gehoorzaamheid hadden
geweigerd, en gaf de Keizer hem naderhand, van
de ware redenen zijner wederspannigheid onderrigt, zijne bezittingen terug. (*b*)

In hetzelfde jaar werd Hamburg onverwachts
door de Deenen bemagtigd en geplunderd. Ansgarius was, sedert zijne wijding tot Aartsbisschop, op
last van Lodewijk naar Rome gegaan, waar hij
door den Paus tot legaat bij de Zweden, Deenen,
Slaven, en de omwonende Noordsche volkeren was
benoemd. Reeds vroeger was dezelfde waardigheid
geschonken aan Ebo, Aartsbisschop van Rheims,
bij wien, daar hij dikwijls Deenen in het keizerlijke paleis had gezien, eene vurige begeerte was
ontstaan, om dit volk het christendom te verkondigen. Door den Keizer ondersteund, had hij
moeite noch kosten gespaard; en waren zijne po-

(*a*) Pag. 4. Nota 4.
(*b*) Wij leeren uit dezen brief verscheidene bijzonderheden. 1°. Friesland was toen werkelijk een Hertogdom. 2°. De Frankische Koningen waren daar toen Soevereinen, onmiddelijke Heeren. 3°. Zij hadden daar ook hunne alodiaal-goederen of domeinen. 4°. Ook hunne vasallen en getrouwen. 5°. Zij oefenden over deze een on-middelijk regtsgebied, en straften hunne ontrouw of ongehoorzaam-heid. — Waarschijnlijk was deze Gerolf de vader van dien Frieschen Graaf Gerolf, dien wij in 885 zullen ontmoeten. Zie Kluit l. l.

gingen door den overgang van een groot aantal Noren beloond. Ook had hij, met 's Keizers goed vinden, eenen zijner nabestaanden, Gauzbert, ook Simon geheeten, als priester naar de Zweden gezonden; deze, met eere bij hen ontvangen, had daar eene kerk gebouwd, en door zijne prediking het aantal der christenen aanmerkelijk vermeerderd. Ansgarius, uit Rome terug gekeerd, had met vlijt en goede vrucht zijnen arbeid voortgezet, en verscheidene Deensche en Slavische knapen gekocht, en tot zendelingen opgeleid. (*a*) Maar thans zag hij al zijne blijde uitzigten in rook verdwijnen, daar hij geene middelen had om de vijanden, die juist de afwezigheid van Bernharius, graaf of bevelhebber der plaats, hadden waargenomen, wederstand te bieden. Naauwelijks had hij tijd de overblijfselen der Heiligen mede te nemen, en met achterlating van zijn plegtgewaad te ontvlieden; ook de overige geestelijken en de meeste inwoners reddeden zich door de vlugt; de gansche stad, met de schoon gebouwde kerk, het klooster en zeer vele boeken, waaronder een fraai geschreven bijbel, door den Keizer aan den Aarstbisschop ten geschenke gegeven, werden eene prooi der vlammen. Ook de Zweden verdreven de priesters, die bij hen het geloof verkondigden, het zij dat eene omwenteling eenen anderen vorst op den troon had gebragt, of dat de geestelijken zich meer begonnen aan te matigen, dan deze wilde volkstammen konden verdragen; (*b*) welligt ging het een met het ander ge-

---

(*a*) Vita Anskarii l. l. p. 699, 700.
(*b*) Ansgarius schijnt dit te hebben begrepen. Hij vermaande alle

paard. (a) Zoo zag Lodewijk zijne vrome pogingen mislukken, en zijne onderdanen, vooral de bewoners dezer landen, moesten jammerlijk boeten voor den haat, die aldus tegen de christenen was opgewekt. (b)

In Mei 838 begaf de Keizer zich naar Nijmegen, om door zijne tegenwoordigheid de stoutheid der zeeroovers te beteugelen, en de nalatigheid der Frankische bevelhebbers voor te komen. Hij raadpleegde met zijne getrouwen, liet schepen timmeren, en de zeekusten rijkelijk van verdedigingsmiddelen voorzien. (c) Juist ditmaal verschenen er geene Noormannen; zij waren door eenen hevigen storm beloopen, en slechts zeer weinige hadden hun leven gered. Spoedig evenwel had men gelegenheid om de plannen van Horik nader te leeren kennen; zijne gezanten vertoonden te Attigny aan den Keizer, hoe hij de voornaamste der zeeroovers, die in het rijk der Franken hadden gestroopt, had doen ter dood brengen; maar tevens verzocht hij, dat men hem het land der Abotriten en der Friesen zoude afstaan: zijn verzoek werd, als geheel onbetamelijk, met verachting van de

priesters, die hij naar de heidenen zond, om niets voor zich te begeeren of te vragen, maar liever, even als Paulus, zich door den arbeid hunner handen te onderhouden, en met spijs en kleeding tevreden te zijn. Ook gaf hij hun en hunnen volgelingen overvloedig alles wat zij noodig hadden, en daarenboven stelde hij hen in staat, zich door het geven van geschenken vrienden te verwerven. Vita Anskarii l. l. p. 716.

(a) Vita Anskarii l. l. p. 700 en 701.
(b) Om dezen tijd schijnt ook Keulen door Noormannen te zijn bemagtigd, of ten minste belegerd. Adam. Brem. I. 21. Chron. S. Mart. bij Pertz II. 214. [Alb. Stad. p. m. 90. b.]
(c) Ann. Fuld. bij Pertz I. 361. Ann. Bertin. ibid. 431.

hand gewezen. (*a*) Het volgende jaar maakte Lodewijk aanstalten om de Deenen, en de Slaven, die men zeide dat zich met hen verbonden hadden, tegenstand te bieden; maar Horik zond zijnen vertrouwdsten raadsman met zijnen kleinzoon (of neef), om den Keizer de bij hen gebruikelijke geschenken aan te bieden, en een naauw en duurzaam verbond van vrede en vriendschap te sluiten. Zij werden met vreugde ontvangen en met geschenken begiftigd; en daar zij klaagden over eenig onregt, hun door de Friesen aangedaan, zond Lodewijk, die hun alle voorwendsels tot den oorlog wilde benemen, bekwame bevelhebbers derwaarts, om hun op den bepaalden tijd volkomene genoegdoening te geven. Ook vertrokken er kort daarop gezanten naar Horik, die eenen onverbreekbaren vrede maakten en bezwoeren. Intusschen waren dat zelfde jaar de zeeschuimers in Friesland, en wel, volgens sommige oude kronijken, in Walcheren (*b*) gevallen, en hadden niet geringe schade gedaan. (*c*) Denkelijk deed Horik het voorkomen, als of dit alleen geschied was om de Friesen voor de hem aangedane beleedigingen te straffen.

Zoo zien wij onder de regering van Lodewijk den Vromen (814 - 840) het kwaad meer en meer toenemen. De bijgeloovige eerbied, met welken hij zich blindelings door de geestelijken liet leiden,

---

(*a*) Ann. Bertin. bij Pertz I. 432. De opvatting van Wagenaar II. 56. komt mij onwaarschijnlijk voor.

(*b*) Breve Chron. Tornac. S. Martini ad. a. 839. bij Martene en Durand, Thesaur. Anecd. III. p. 1454.

(*c*) Ann. Bertin. l. l. p. 436. de Beka in Alfrico. Chron. Tielense ed. v. Leeuwen. p. 41. 42. Chron. de Traj. in Matth. Anal. V. 319. Duchesne H. N. S. p. 1. waar deze inval tot 840 wordt gebragt.

de te vroege verdeeling zijnes rijks onder zijne zonen, de zwakheid waarmede hij aan zijne tweede vrouw gehoor gaf, om ook voor haren zoon Karel een rijk zamen te stellen, dit alles dompelde de Frankische monarchie in de schrikkelijkste verwarring, burgerkrijg en regeringloosheid, waardoor eene nog rampvollere toekomst werd voorbereid. (*a*) 's Keizers zonen ontzagen zich niet, de vreesselijkste vijanden des rijks en des christendoms, de Noormannen, als hulptroepen tegen hunnen vader, en naderhand tegen elkander te gebruiken. (*b*) De oude schrijvers zelve laten het niet onvermeld, hoe het rijk den vijanden tot een spot werd, en na Lodewijks dood nog dieper in ellende verzonk. (*c*) De ijverzucht zijner zonen deed toen den burgeroorlog nog heviger ontbranden. Lodewijk (de Duitscher) en Karel (de Kale) hadden beurtelings de aanvallen door te staan van hunnen oudsten broeder Lotharius, die het gansche vaderlijke rijk zich poogde toeteëigenen, en in de keuze zijner middelen even onkiesch als onvoorzigtig was. Hij haalde Heriold in zijne belangen over, en bewoog, door zijn toedoen, de Deenen tot eenen inval in Karels gebied, waarbij de oevers van de Seine, tot Rouen toe, werden afgeloopen. De buitengewoon bloedige slag bij Fontenay in Bourgondië vernietigde de bloem der Frankische krijgsmagt, zoodat de vorsten hunne grenzen niet langer

---

(*a*) Evenwel zag men naderhand nog op zijne regering, als op gelukkige dagen, terug. Chron. S. Benigni Divion. bij d'Achery Spicil. II. 374.

(*b*) Ann. Bertin. bij Pertz I. 437. 438. Duchesne H. N. S. p. 23. 564. Cf. Hegewisch, Gesch. der Karol. Monarchie. S. 57.

(*c*) Duchesne H. F. S. II. 332. H. N. S. p. 22.

tegen uitlandschen aanval konden verdedigen. (*a*)
De aanhoudende binnenlandsche oorlogen deden de
bewaking der stranden verzuimen, en de Noormannen, zich van de gunstige gelegenheid bedienende, vertoonden zich in grooter aantal dan immer
te voren. Zij teekenden hunnen weg door moord,
roof, verwoesting en brand, terwijl zij, door niemand tegengestaan, ongehinderd voortdrongen. (*b*)

Volgens de verdeeling, door Lodewijk een jaar
voor zijnen dood tusschen Lotharius en Karel gemaakt, behoorde het grootste gedeelte van ons
land, op den regter oever van de Maas gelegen,
tot het aandeel van den eerstgenoemden, terwijl
het overige, aan den linker oever dier rivier, aan
zijnen broeder was toegewezen. Schoon dus Walcheren tot Karels gebied moest worden gerekend,
zag Lotharius, toen het krijgsgeluk hem tegenliep,
geene zwarigheid, Heriold met hetzelve en met andere naburige plaatsen te beleenen (841), om hem
aldus voor de bewezene diensten te beloonen, en
tot verdere hulp aantesporen. (*c*) Uit de omstandigheden, waarin zich Lotharius bevond, toen hij
den Deenschen vorst in het van zijnen vader ontvangene leen bevestigde, kan men gerustelijk opmaken, dat de magt van Heriold nu vrij wat minder beperkt zal zijn geweest, dan te voren. Het
ongenoegen, dat bij de landzaten hierdoor gaande
werd, toont genoegzaam, dat Heriold reeds hun
wantrouwen had opgewekt. Men hield het voor

(*a*) Regino l. l. ad annum 841. Sigeb. Gembl. bij Pist. I. 792.
Duchesne H. F. S, III. p. 335.
(*b*) Duchesne H. F. S. I. 132. III, 359. H, N. S. 216-221. 458.
(*c*) Ann. Bertin. l. l. p. 437, 438.

verfoeijelijk, dat zij, die den christenen zoo vele rampen hadden berokkend, over een christelijk land werden gesteld, zoodat de christenen hunne vervolgers, die de duivelen dienden, moesten gehoorzamen. Lotharius maakte vrij wat minder werk van de christelijke godsdienst, dan zijn vader; om de Saksen voor zich te winnen, gaf hij hun vrijheid tot de voorvaderlijke godsdienstplegtigheden terug te keeren, waarvan vele zich gretig bedienden. Geen wonder, zoo hij zich niet ontzag om aan de Noormannen hetzelfde toetestaan, en hun ook toeliet, of liever aanzette, om de landen, die aan zijne broederen gehoorzaamden, te teisteren. (*a*) Heriold hielp hem dan ook getrouw; Lotharius liet hem, in 842, benevens anderen zijner aanhangers aan de Moezel achter, om zijne broeders den overtogt te beletten. Een hoop Noormannen, die, door Heriold aangezet, in Karels landen hadden gestroopt, keerden dit jaar weder naar het noorden terug, en vernielden Nordhunwig en Hamwig, d. i. naar men meent, Norden in Oostfriesland en Hamburg. Lodewijk, beducht, dat de Noren en Slaven zich met de zoogenoemde Stellinga-Saksen zouden vereenigen, en het christendom in de noordelijke marken uit roeijen, zocht dit, zoo veel in zijn vermogen was, te verhoeden. (*b*) Intusschen was Lotharius, hoezeer hij ook alle middelen te baat nam, op den duur niet bestand tegen de vereenigde magt zijner beide broeders, die door het gemeenschappelijk gevaar te naauwer werden verbonden:

(*a*) Nithardi hist. bij Pertz II. 669.
(*b*) Nithardi hist. l. l. p. 667. 669.

dus werd eindelijk de bloedige twist in 843 door het vermaarde verdrag te Verdun gestild. Niet dan met moeite had Lotharius, na herhaalde malen geslagen te zijn, zijne broeders bewogen hem zijn aandeel aan de regering toe te kennen: hij behield, behalve de keizerlijke waardigheid en Italië, al het land tusschen den Rhijn en de Schelde tot aan de Noordzee, en van den oorsprong der Maas tot aan de zamenvloeijing van Saone en Rhône, en langs de laatstgenoemde rivier tot de Middellandsche zee. Lodewijk verkreeg alle Frankische landen aan de overzijde des Rhijns, benevens Spier, Worms, en Maintz met hun toebehooren op den linker Rhijnoever, opdat hij niet van wijnlanden zou zijn verstoken. Het westelijke gedeelte der Frankische monarchie, geheel Neustrie, Aquitanie en de Spaansche mark viel aan Karel ten deel. Ons land geraakte dus meestal onder het bestuur van Lodewijk, behalve het zuidelijkste gedeelte, bestaande volgens Wagenaar (a) uit al de Zeeuwsche eilanden, benevens een gedeelte van het tegenwoordige Holland, Utrecht en een gedeelte van Gelderland, hetwelk aan Lotharius was toegewezen. Het oogmerk van deze deeling was niet, het rijk van Karel den Grooten te ontbinden; dit is eerst van lieverlede het gevolg er van geworden. Schoon elk der broeders in zijn gedeelte volkomen onafhankelijk was, hadden zij zich plegtig tot onderlinge hulp verbonden. Op welke wijze zij die verbindtenis nakwamen, zal ons spoedig blijken. Voor ons doel is het van belang, deze en de volgende deelingen naauwkeurig

---

(a) II. 61.

na te gaan; het zal ons blijken, dat men daar, waar het persoonlijke karakter der vorsten de Noormannen moedigen tegenstand deed vinden, het minste of het kortste van hunne strooptogten te lijden had. Jammer maar dat zeer weinige van Karels nakomelingen met moed en beleid hunne volkeren verdedigden of bestuurden.

Het was zeker geene gemakkelijke taak, de noordsche zeeschuimers, welker aantal en stoutmoedigheid telkens toenam, terwijl de krachten der Franken waren uitgeput, (*a*) te bedwingen of te verdrijven. Ook is het zeer mogelijk, dat Lotharius, wiens karakter zich in de oneenigheden en oorlogen met zijne broeders vrij ongunstig doet kennen, in het geheim hunne invallen in de landen van Lodewijk en Karel heeft begunstigd of aangemoedigd. Doch, al is ook de vereeniging met zijne mederegenten ter verdrijving dezer vreesselijke vijanden ongeveinsd geweest, de zaken waren te ver verloopen om hen, zonder de uiterste inspanning van krachten en de naauwste eendragt, met goed gevolg te kunnen bestoken. Men nam dus het verderfelijke (*b*) middel te baat, om hunnen aftogt voor goud te koopen, (*c*) waardoor hunne onverzadelij-

---

(*a*) Nithard. IV. 7. bij Pertz II. 672.

(*b*) Dudo bij Duchesne H. N. S. p. 66. schijnt hier anders over te denken. « De koning van Frankrijk,'' zegt hij, « reperit consilium valde sibi suisque saluberrimum. Ducibus secersitis, cum Episcopis Comitibusque cum satellitum turmis, besluot hij, schoon deze den strijd aanraadden, den vrede te koopen.'' Nu volgen de redenen voor dit heilzame plan. « Si enim contra illos,'' dus sprak de koning, « dimicaturi exieritis, aut vos moriemini, aut illi, fuga lapsi, repetent naves celerrime. Ut requiescat terra *temporibus nostris*, quaeratur pax diuturna ab impiis.''

(*c*) Duchesne H. N. S. p. 25. Chron. S. Benigni Divion. bij d'A-

ke hebzucht nog meer werd opgewekt. Niet langer met den bijeengebragten roof tevreden, bedreven zij de ongehoordste wreedheden, en dwongen dus de vorsten, hun voor hun vertrek ten duurste te betalen, om weldra, ter afpersing van nog grootere sommen, terug te keeren. Ten einde dit losgeld te vinden, werden de inwoners genoodzaakt het gering overschot hunner bezittingen, dat met moeite voor de plundering dier barbaren was beveiligd, aan de koninklijke ambtenaren en invorderaars af te staan; geen wonder dat zij dikwijls, tot wanhoop vervallen, hun levensonderhoud zochten door zich met hunne stroopende vijanden te vereenigen, en zelfs het christendom aftezweren. Het voorbeeld der vorsten werd spoedig door de onderdanen, leenmannen, bisschoppen, abdijen en kloosters gevolgd; gedurig vindt men vermeldt, hoe deze zich vrij kochten, of hunne gevangenen voor groote sommen lostch, schoon zij hierdoor hunnen ondergang meestal slechts voor korten tijd vertraagden. (*a*) Daar wij aangaande ons land niet altijd bijzondere en volledige berigten hebben, moeten wij ook hier ons besluit opmaken uit hetgeen men weet dat elders gebeurde, terwijl die omstandigheden, welke, dikwijls toevallig, ter onzer kennisse gekomen zijn, ons tot nadere wijziging kunnen dienen.

In 845 (*b*) verschenen nieuwe scharen onder be-

---

chery, Spicil. II. p. 575. Duchesne, H. F. S. II. p. 655-658.
(*a*) Fragm. Chron. Font. bij Perts II. 3o1. 3o2. Ann. Bertin. ib. I. 437. 439. Duchesne, H. N. S. p. 1.
(*b*) [Depping I. 124. spreekt ook nog van eenen inval van Hasting. « Peut-être est-ce la même troupe" (de Hasting) « qui cette

vel van Ragneri; met 120 schepen voeren zij in Maart de Seine op tot Parijs; bijna niemand stond hun tegen; slechts eens leden zij een verlies van ruim 600 man; volgens sommigen veroverden zij zelfs de stad Parijs. (*a*) Daar zij alles wijd en zijd verwoestten, wilde Karel de Kale hun wel gaarne tegentrekken, maar hij voorzag dat de zijnen volstrekt niet tegen hen bestand konden zijn. Hij verbond zich dus tot het betalen van 7000 ponden in goud en zilver, waarop zij, naar het heet, *in vrede* vertrokken. Waarschijnlijker evenwel is het berigt van andere schrijvers, dat zij ook bij hun vertrek zware verwoestingen aanrigtten. (*b*) Van hier vielen zij in Friesland, waar zij eerst zoo dapper werden teruggeslagen, dat hun verlies op meer dan 12000 man wordt begroot; maar in de twee volgende gevechten behielden zij de overhand, en rigtten eene geweldige slagting aan. Zij vertrokken niet, voor dat zij het gansche land hadden afgeloopen, eene menigte inwoners gedood en de kerken vernield; toen vereenigden zij zich met hunne landslieden onder koning Horik, en voeren met 600 schepen de Elbe op, waar Hamburg op nieuw aan hunne woede ten prooi strekte. De Saksen waren spoedig in de wapenen, en vielen hen

---

année" (zooveel ik kan nagaan spreekt Depping hier van 844,) débarqua en Frise, pilla *Amsterdam* et d'autres villes." Wat moet men van zulk werk denken? Evenwel wordt Depping als schrijver in Duitschland zoowel als in Frankrijk hoog geschat! Zie Ergänz.- bl. zur Leipz. Literat. Zeitung. 1833. S. 206.]

(*a*) Fragm. Chron. Font. bij Pertz II. 302. [Vergel. Depping I. 137.]

(*b*) Ann. Fuld. bij Pertz I. 364. Ann. Bertin. ibid. 441. Ann. Xant. ibid. II. p. 228.

bij den aftogt zoo dapper op het lijf, dat zij niet zonder aanmerkelijke schade terugkeerden; toen wreekten zij hun leed door het innemen van eene stad der Slaven.

Lodewijk de Duitscher was een dier weinige Karolingische vorsten, in welke iets van den geest hunnes stamvaders scheen te leven. (a) Hij hield in den herfst te Paderborn eenen algemeenen rijksdag, waar, behalve de gezanten zijner broeders en van de Slaven en Bulgaren, ook afgezondenen van Horik verschenen. Zij kwamen, volgens hunne gewoonte, na het geleden verlies zich verontschuldigen, en om vrede verzoeken; zij beloofden alle gevangenen vrij te zullen laten, en de geroofde schatten zoo veel mogelijk terug te geven. (b) De berigten der monniken zeggen, dat zij hiertoe bewogen waren door eene besmettelijke ziekte, die onder hen uitbrak, en waaraan, behalve eene menigte anderen, ook Ragneri, een hunner voornaamste aanvoerders in het vervolgen der christenen en het vernielen van kerken en kloosters, zou gestorven zijn. Daar zij het lot wierpen om te onderzoeken, van wien hunner goden zij hulp moesten verwachten, en dit aanhoudend ongunstig uitviel, zoude een der christen-gevangenen hun geraden hebben, zijnen God om genezing te bidden. Toen daarop de ziekte ophield, zond Horik uit dankbaarheid alle gevangene christenen naar huis. Met zulke sprookjes zocht men toen reeds de verslagene landzaten te bemoedigen. Het voorgewen-

---

(a) Cf. Hegewisch, Gesch. der Karol. Mon. S. 120-122.
(b) Ann. Bertin. l. l. p. 441. 442. Ann. Xantens. l. l. p. 228.

de wonder belette echter niet, dat Friesland het volgende jaar (846) op nieuw werd aangevallen. De Friesen boden vergeefschen wederstand; bijna het gansche gewest werd bemagtigd, de kerken werden verwoest, de inwoners gedood of tot het opbrengen van zware schattingen gedwongen. (*a*) Deze inval trof vooral Oostergoo en Westergoo; (*b*) ook Duurstede en twee andere plaatsen (villae) werden verbrand. Hoewel Keizer Lotharius te Nijmegen was, dorst hij niets tegen de vijanden te ondernemen, zoodat zij hunnen rijken buit ongestoord in veiligheid bragten. De schrik, die het gerucht hiervan in Vlaanderen verspreidde, was zoo groot, dat de priesters en abten de overblijfselen hunner Heiligen te St. Omer in veiligheid bragten, welke plaats met eenen sterken muur en torens voorzien was. (*c*) Zoodanige overblijfselen, aan welker wonderdadige kracht in die tijden niemand twijfelde, en welke dus aanleiding gaven tot vele bedevaarten en schenkingen aan kerken en kloosters, waren voor de geestelijken van het grootste belang, zoodat over het bezit van deze heilige schatten dikwijls onderlinge oneenigheden en heftige twisten ontstonden; ook werden zij, als men eenen overval der Noormannen duchtte, nog eerder dan kerksieraden of boeken weggeborgen of elders in veiligheid gebragt. De zeeschuimers toch, heftig op de christenen gebeten, waren gewoon deze voorwerpen van den eerbied der geloovigen met smaad en verachting te behandelen, en de kostbare

---

(*a*) Ann. Bertin. bij Pertz I. 442. Duchesne H. N. S. p. 2.
(*b*) Ann. Xantens. bij Pertz II. 228.
(*c*) Ann. S. Bavonis Gand: bij Pertz II. 187.

sieraden, waarmede vrome lieden dezelve hadden beschonken, als goeden buit mede te voeren. (*a*)

Ook in 847 drong weder een troep Noren in ons land door, zonder zich door den tegenstand der graven Sigur en Liuthar te laten weêrhouden. Duurstede werd, naar gewoonte, bezocht en geheel of gedeeltelijk in brand gestoken. De buit, hier behaald, was niet voldoende; zij roeiden dus nog negen mijlen verder den Rhijn op, tot aan de villa Meginhardi, (*b*) welke plaats zij uitplunderden. (*c*) De gansche Betuwe (insula Batava) geraakte in hunne magt. (*d*)

Het is te bejammeren, dat de schrijvers, aan welke wij de kennis dezer voorvallen te danken hebben, zich bijna altijd van algemeene uitdrukkingen bedienen, zonder ons eenige bijzonderheden mede te deelen, of aangaande de wijze, waarop men hun hier te lande tegenstand zocht te bieden, of omtrent het gebruik, dat zij van hunne overwinningen maakten. Zij geven ons integendeel somtijds te kennen, hoe het hun verdroot telkens weder van de Noormannen te moeten spreken; (*e*) en daar ons land slechts een gering gedeelte van het Frankische gebied uitmaakte, en toen nog geene eigene kronijkschrijvers schijnt bezeten te heb-

---

(*a*) Beneden I. 4. Ann. Bertin. p. 496. Duchesne H. N. S. p. 26. Hist. Trevir. bij d'Acherij II. 214.

(*b*) Pertz gist, dat hierdoor Rhenen te verstaan zij; ik weet niet op welken grond.

(*c*) Ann. Fuld. bij Pertz I. 565. Ann. Xant. ib. II. p. 228.

(*d*) Ann. Bertin. bij Pertz I. p. 443.

(*e*) B. v. Ann. Xant. l. l. p. 229, waer de schrijver zegt, dat hunne aanvallen steeds in hevigheid en geweld toenamen, maar dat het hem verveelde alles te verhalen. Cf. p. 230.

ben, is het wel niet te verwachten, dat nieuwe
ontdekkingen veel lichts over dit duistere gedeelte
onzer geschiedenis zullen verspreiden. Het komt
mij evenwel, uit hetgeen wij weten, waarschijnlijk
voor, dat deze zeeschuimers toen nog niet aan een
blijvend bezit der veroverde gewesten dachten; zij
hielden zich met herhaalde plundertogten tevreden;
en schoon zij in vervolg van tijd dikwijls zich op
eilanden in de monden der rivieren of andere on-
toegankelijke plaatsen verschansten; diende zulks
alleenlijk of om den roof in zekerheid te brengen
en de schepen te beveiligen, of om te overwinte-
ren, ten einde bij het begin van het voorjaar weder bij de hand te zijn, en zulke streken te bezoeken, die tot nog toe van hunne vernielende togten
waren vrijgebleven. Het denkbeeld om zich in de
bemagtigde landen te vestigen, schijnt in het algemeen eerst later bij hen te zijn opgekomen; en wel
door toedoen der Frankische vorsten zelve, die de
roovers aan hun land zochten te verbinden, om het
dus voor nieuwe plunderaars zoo veel mogelijk te
beveiligen.

Hun toomeloos voortdringen had intusschen de
ijverzuchtige broeders Lotharius, Lodewijk en Karel pogingen doen aanwenden, om zich nader met
elkander te verbinden. In Februarij dezes jaars te
Marsna (Mersen, bij Maastricht) bijeengekomen,
besloten zij Horik, den koning der Deenen, te
doen aanmanen om den vrede te bewaren, met
bedreiging hem anders met vereenigde krachten
te zullen aanvallen. Om den moed zijner onderdanen op te wekken, deed Lodewijk hun deze gemaakte overeenkomst openlijk bekend ma-

ken. (a) Hij werd, om zijnen werkzamen aard, door de vijanden het meest ontzien: zij namen dus de toevlugt tot hunne gewone streken, en zochten hem, door een gezantschap op den rijksdag te Maintz in October 848 tevreden te stellen. (b) Horik, de eenigste overgeblevene uit de zonen van Godfrid, thans alleen over de Deenen regerende, vleide hem om dezen tijd met de hoop, dat hij het christendom in zijn rijk zoude invoeren. Het verhaal, hieromtrent in het leven van Ansgarius (c) geboekt, is om meer dan eene reden zeer merkwaardig. Sedert de verwoesting van Hamburg en de gelijktijdige verdrijving van Gauzbert uit Zweden (837), was dit land zeven jaren zonder priester gebleven, toen Ansgarius, reeds vroeger naar Hamburg terug gekeerd, eenen kluizenaar, Ardgar, derwaarts zond, die door Hergeir en de andere daar wonende christenen met groote vreugde werd ontvangen. Hergeir had, gedurende de afwezendheid des priesters, veel smaad van de ongeloovigen moeten lijden; doch het was hem, naar luid des verhaals, gelukt, de waarheid van zijn geloof door wonderen te bevestigen. Nu bewerkte hij, dat de toenmalige koning (d) hem vrijheid gaf, om openlijk de godsdienst te vieren. Hij was de voorname steun der christenen in die streken; na zijnen dood bekroop Ardgar de lust, om zijne eenzame levens-

(a) Duchesne H. F. S. T. II. p. 408. 409. Ann. Bertin. bij Pertz 1: 445.
(b) Ann. Fuld. bij Pertz I. 365.
(c) l. l. p. 708-710.
(d) Deze was dus een ander dan Biorn, hetwelk mijn vermoeden versterkt, dat de uitdrijving der priesters in 837 met eene omwenteling of regerings-verandering gepaard ging. Zie boven p. 84.

wijze te hervatten; hij keerde naar zijne kluis terug, en liet de nieuwe stichting zonder priester. (a) Ansgarius, hoezeer hij zijnen zetel en bezittingen telkens door zeeroovers besprongen en verwoest zag, gaf echter den moed niet verloren; hij werd door Lodewijk dikwijls tot Horik gezonden, om over verbonden en de belangen van beide rijken te handelen; hij volvoerde dit met bekwaamheid en trouw, en zocht den Deenschen vorst door geschenken en inschikkelijkheid voor zich te winnen, ten einde vrijheid te verkrijgen, om in zijn rijk te prædiken. Horik kreeg achting en vriendschap voor hem, schonk hem zijn vertrouwen, en gebruikte dikwijls zijnen raad, zelfs in de geheime zaken zijner regering, en in het maken van verbonden met de Saksen. Eindelijk waagde Ansgarius het verzoek om in zijn land eene kerk te mogen bouwen, waar een vaste priester de dienst waarnemen, en hen die zulks verlangden doopen zou. Horik wees hem hiertoe Sliaswich (Sleeswijk) aan, eene haven waar de kooplieden van alle kanten bijeenkwamen, en waar zich reeds, ook onder de aanzienlijken, vele christenen bevonden, die of in Hamburg of in Dorstadum (Duurstede of Dorstade aan de Elbe? (b)) gedoopt waren. Weldra breidde het christendom zich aldaar uit, en de handel werd er veiliger, zoodat de plaats zeer begon te bloeijen. Want de kooplieden zoowel uit Hamburg als uit Dorstadum konden nu zonder eenige vrees derwaarts gaan, iets hetwelk te voren bij lange na het geval niet was.

(a) Vita Anskarii l. 1. p. 701 - 703.
(b) Boven p. 81. noot a.

Men genoot dus, naar het schijnt, in het rijk van Lodewijk den Duitscher nu (848) eenige rust (*a*); doch in het gebied van Lotharius ontstonden eerlang nieuwe verwarringen, welke ons land nieuwe en zwaardere rampen berokkenden. Men begon namelijk Heriold, die tot nog toe groot aanzien onder de Franken genoten had, van ontrouw en verraderlijke plannen te verdenken; de verbindtenissen, waarin hij met zijne landslieden geraakt was, toen hij hen ten voordeele van Lotharius tegen deszelfs broeders opruide, zullen hem onder dit vermoeden hebben gebragt. Het is ook niet onwaarschijnlijk, dat hij zich op de aan Lotharius bewezene diensten wat veel heeft laten voorstaan, zoodat deze, daar hij hem nu wel kon missen, zich gaarne van hem ontslagen zag. Eenige graven, aan welke de bewaking der grenzen tegen de Deenen was toevertrouwd, bragten hem om: (*b*) en daar wij van eene regterlijke onderzoeking of veroordeeling geen woord gemeld vinden, besluiten wij dat zij hunne toevlugt hebben genomen tot moord, het hulpmiddel der zwakheid. Spoedig bleek het, dat de dood van Heriold den toestand dezer landen geenszins verbeterd had. Zijn broeder Roruk werd bij Lotharius van verraad beschuldigd, en op zijnen last gevangen gezet. Indien het gerucht, hetwelk hem onschuldig verklaarde, niet van grond

---

(*a*) De Ann. Xantens. l. l. p. 229. spreken wel in het algemeen van schade, door de Noormannen aan de christenen toegebragt, maar zij zwijgen, tegen hunne gewoonte, van invallen in Duitschland. Lotharingen, en vooral Frankrijk beloofde rijkeren buit en minder gevaar.

(*b*) Ann. Fuld. l. l. p. 367. Duchesne H. N. S. p. 15. Uit den zamenhang blijkt, dat Heriolds dood vóór 850 moet worden gesteld.

ontbloot was, dan bevestigt zulks mijne meening, dat de Keizer besloten had, zich van de Deensche vorsten, op welk eene wijze dan ook, te ontdoen. Roruk, die dan ook ligtelijk begreep welk lot hem dreigde, wachtte het vonnis niet af, maar vond middel om uit de gevangenis te ontkomen, en nam zijne toevlugt tot Lodewijk den Duitscher. Deze was zwak of kortzigtig genoeg om hem toe te staan zich in Saksen, op de Deensche grenzen, op te houden, waar hij binnen kort, (de kronijk spreekt van eenige jaren, doch ik houde dit voor eene onbepaalde tijds-aanduiding,) een aanmerkelijk getal Deenen onder zijn bevel verzamelde. Als zeekoning plunderde hij nu, door Godfrid vergezeld, (a) de westelijke kusten van het rijk van Lotharius, vooral Friesland, d. i. hier de Betuwe en andere streken langs Rhijn en Waal; want dat hij het eigentlijke Friesland, het gebied van Lodewijk, zal verontrust hebben, komt mij niet aannemelijk voor. Onder anderen den Rhijn opvarende, veroverde hij Duurstede, en nestelde er zich zoo vast, dat Lotharius geene kans zag hem zonder groot verlies te verdrijven. Na overleg met de zijnen besloot hij dus, hem tot zijnen leenman aan te nemen, en hem Duurstede en eenige andere Graafschappen af te staan. Wagenaar vermoedt dat dezelve in Gelderland of in het zuidelijke gedeelte van het tegenwoordige Holland gelegen waren; (b) mij komt het waarschijnlijk voor, dat Roruk niet alleen de leenen, die hij te voren bezeten had, maar ook die van zij-

---

(a) Fragm. Chron. Font. bij Pertz II. 303.
(b) II. 65.

nen broeder Heriold zal hebben ontvangen, en dat dezelve dus van vrij wat grootere uitgebreidheid zijn geweest. Hij beloofde Lotharius schatting te zullen betalen, den leen-pligt te houden, en het land tegen de Deenen te beschermen. (*a*) Volgens de berigten van sommige jaarboeken was deze Roruk een kleinzoon of neef van Heriold; andere noemen hem eenen broeder van den reeds genoemden Heriold den jongeren, waardoor men onzen Heriold schijnt te moeten verstaan. Zoo veel is zeker, dat hij niet verward moet worden met Horik, den koning der Deenen, die om dezen tijd, door zijne twee kleinzonen of neven beoorloogd, hen door eene verdeeling van het rijk tevreden had gesteld. Deze vrede, waardoor vele krijgslieden zonder bezigheid geraakten, had aan Roruk een groot aantal volgelingen verschaft. « De oude schrijvers," zegt Wagenaar, (*b*) « hebben niet naauwkeurig aangeteekend, wanneer alle deze dingen gebeurd zijn. Doch het is waarschijnlijk dat men ze niet lang voor en in 't jaar 850 plaatsen moet." Wanneer men de verschillende jaarboeken vergelijkt, is het blijkbaar dat hier eene verwarring in de tijdrekening plaats heeft, hoedanige maar al te dikwijls de beoefening van de geschiedenis dier tijden bemoeijelijken. (*c*) Ik heb de rangschikking van Wagenaar, die mij zeer aannemelijk voorkwam, gevolgd, zonder het papier met nutteloze pogingen

---

(*a*) « Ut tribqtis ceterisque negotiis ad regis aerarium pertinentibus fideliter inserviret." Ann. Fuld. l. l. p. 366. Ann. Bertin. l. l. p. 445. Ann. Xantens. l. l. p. 229. Fragm. Chron. Font. l. l. p. 303. Aun. Lob. bij Pertz II. p. 195.
(*b*) II. 65.
(*c*) Vergelijk boven p. 7.

ter herstelling der tijdorde te vullen. Liever wil
ik doen opmerken, hoe de inwoners dezer landen,
daar Roruk zijne beleening door kracht van wapenen en de hulp van eene menigte gelukzoekers,
die hun vaderland hadden verlaten, had afgeperst,
gewisselijk onder zijn bestuur veel meer zullen
hebben te lijden gehad, dan onder zijnen broeder Heriold. Men vindt dan ook van hem getuigd,
dat hij den christenen op eene bedriegelijke wijze
veel kwaads heeft gedaan. (*a*)

Vele der boven aangehaalde schrijvers spreken
op het jaar 851 op nieuw van strooperijen in Friesland en de Betuwe; (*b*) doch daar zij volkomen
hetzelfde verhalen als in 850, denk ik dat er weder eene vergissing in het jaar plaats heeft; iets
hetwelk meermalen het geval is, wijl sommige
schrijvers hetzelve met Kersmis, andere eerst met
Paschen gewoon waren te sluiten. Wagenaar heeft
evenwel geene zwarigheid gezien, van eenen herhaalden inval te spreken. (*c*) Veel heviger was de
aanval in 852, toen eene vloot van 252 schepen in
Friesland landde. (*d*) Het schijnt dat de Friesen, de
overmagt vreezende, nu geenen wederstand boden;
de vijanden toch ontvingen eene zware schatting
naar hunnen eigenen eisch, en voeren daarna de
Schelde op. Als hunne voornaamste bevelhebbers
worden ons Godfrid en Sydrok genoemd; de

(*a*) Ann. Xantens. l. l. p. 229. « Rorik, qui prius a Lothario de-
honestatus fugit."
(*b*) Ann. Bertin. l. l. p. 446. Ann. S. Bavon. Gand. l. l. p. 187.
Ann. Xantens. l. l. p. 229.
(*c*) II. 66.
(*d*) [Depping I. 162, van dezen inval sprekende, zegt: « La
Frise était encore plus malheureuse que le royaume des Francs."

eerste, een zoon van Heriold, was, denkelijk na het ombrengen zijnes vaders, van Lotharius afgevallen, en had, naar zijn land teruggekeerd, zich eene menigte krijgsmakkers verzameld. Na de Schelde verlaten te hebben, stevende de vloot naar de Seine; (a) Lotharius en Karel trokken met al hunne troepen op, en bezetteden de beide oevers der rivier om hun het landen te beletten. Zij bleven hier tot Kersmis, wanneer zij, daar hunne manschap weigerde te strijden, zonder iets uitgevoerd te hebben, terug trokken. Karel maakte zelfs met Godfrid vrede, en stond aan hem en de zijnen eenig land ter woning af. (b) Dit belette de overigen niet zich daar tot in Maart des volgenden jaars (853) op te houden, en met grootere woede hunne verwoestingen en brandstichtingen, vooral in het rijk van Lotharius, voort te zetten.

Een andere troep Deenen plunderde en verwoestte in 854 het oostelijkste gedeelte van Friesland, dat aan Saksen grensde. (c) Evenwel vleide men

ik zoude dit zoo algemeen niet gaarne toestemmen. Vergel. beneden I. 5.]

(a) Ann. Bertin. l. l. p. 447. Ann. Xantens. l. l. p. 229.

(b) Ann. Fuld. l. l. p. 566, waar dit verkeerdelijk tot 850 wordt gebragt. In de Ann. Bertin. l. l. p. 449, vindt men Roruk en Godfrid bij elkander. Mag men hieruit opmaken, dat het land, door Karel aan Godfrid afgestaan, in Friesland lag? Maar had Karel dan in Friesland bezittingen? Adam. Brem. I. 28. zegt: „ Carolus timore perculsus terram iis dedit ad habitandum Lotharingiam." [« De geschiedschrijvers," zegt Depping, I. 150. « melden niet, welke streek Karel de Kale aan Godfrid afstond. Suhm gist, dat dezelve in Normandije lag. In allen geval moet het afgestane land van weinig belang geweest zijn. Godfrid, in plaats van er zich te vestigen, keerde naar Deenemarken terug, maakte zich tot eenen nieuwen togt gereed, en viel met 252 schepen in Friesland."]

(c) Ann. Bertin. l. l. p. 448. Duchesne H. N. S. p. 2.

zich, nu eindelijk eenige verademing van de overvallen dezer wreede vijanden te zullen genieten. Men vernam, hoe in het Noorden een felle inlandsche krijg was ontstaan, en hoe in eenen driedaagschen slag koning Horik, en eene ontelbare menigte, waaronder bijna al de koningen en aanzienlijken des volks, gesneuveld was. De meeste Noormannen, na twintig jaren achtereen het rijk der Franken op bijna alle plaatsen, die te scheep konden worden genaderd, met brand, plundering en moord meêdoogenloos te hebben vervuld, hadden zich verzameld en waren naar hun land terug gekeerd. Horik had tot nog toe alleen geregeerd, en zijn' broeders zoon Godurm (Gudrum) buiten het rijk gehouden. Deze, door zeerooverij rijk en magtig geworden, was terug gekomen, en na de bloedige slagen, die hij zijnen oom had geleverd, bleef er niemand dan één kind (of jongeling) uit het koninklijke geslacht over. De christen-priesters zagen hierin eene goddelijke straf voor den hoon, door de vijanden aan de overblijfselen der Heiligen aangedaan; (*a*) intusschen lezen wij elders, (*b*) dat juist deze Horik en de met hem gesneuvelde aanzienlijken zeer bevriend waren geweest met Ansgarius, die hen *door zeer milde giften* (*c*) aan zich had verbonden, terwijl zijn opvolger, Horik de jongere, door zijne raadslieden tegen het christendom werd ingenomen, zoodat de kerk te Sleeswijk werd gesloten, de godsdienstoefening der

---

(*a*) Ann. Bertin. l. l. p. 448. 449. Ann. Fuld. l. 1. p. 369. Sigeb. Gembl. bij Pist. I. 794.
(*b*) Vita Anskarii l. l. p. 715. 716.
(*c*) Boven p. 66. aanm. a.

christenen verboden, en de priester genoodzaakt van daar te vertrekken. Doch toen naderhand een zijner aanzienlijkste gunstelingen, die het christendom zeer vijandig was, bij hem in ongenade verviel, noodigde hij zelf Ansgarius uit den priester terug te zenden, « wijl hij, even zeer als zijn voorganger, de gunst van den God der christenen wilde verdienen." Ook stond hij niet alleen alles toe wat Horik de oude aan de christenen had ingewilligd, maar gaf hun ook vrijheid in Ripa (Rijpen) eene kerk te bouwen en klokken te gebruiken, iets waarvan de Deenen anders eenen afschuw hadden gehad. (a).

Roruk en Godfrid, hopende bij gelegenheid van den burgeroorlog in Deenemarken deel aan de regering te zullen bekomen, hadden Friesland verlaten, zoodat de bewoners dezer streken nu van de Deensche heerschappij ontslagen waren. De Keizer meende voor hunne terugkomst niet meer te vreezen te hebben, en gaf hetzelve geheel (d. i. voor zoo verre het niet aan Lodewijk den Duitscher behoorde) aan zijnen tweeden zoon, even als hij, Lotharius geheeten, (b) die nog hetzelfde jaar (855) door den dood zijnes vaders, zijn gebied aanmerkelijk zag vermeerderen. Kort voor zijn sterven had de Keizer met zijnen broeder Karel besloten, dat men voor de bewaking der zeekusten, *volgens gewoonte*, met nadruk zoude zorgen. (c) Ook had hij omstreeks dezen tijd bepaald, hoe zijne staten onder zijne drie zonen moesten worden verdeeld;

(a) Vergel. Adam. Brem. I, 28.
(b) Ann. Bertin. l. l. p. 449.
(c) Duchesne H. F. S. II. 421.

volgens deze beschikking kreeg de oudste, Lodewijk II, de keizerlijke waardigheid en Italië; de jongste, Karel, werd koning over Provence en eenige aanliggende gewesten, terwijl Lotharius II over het land tusschen Rhône, Maas, Schelde en Rhijn regeerde, hetwelk naar hem en zijnen vader het rijk van Lotharius of Lotharingen is genoemd. Hij behield dus hier te lande hetzelfde gebied dat zijn vader had gehad, en boven reeds is beschreven.

Maar al te spoedig bleek het, hoe men zich met ijdele verwachtingen had gestreeld; de vreesselijke zonen der *grimma herna* (a) daagden op nieuw op, wel in minder aantal dan voorheen, maar echter sterk genoeg om het verdeelde en afgematte rijk der Franken andermaal ten speelbal hunner woede te doen strekken. (b) Ook Roruk en Godfrid keerden weder herwaarts, daar hunne pogingen in Deenemarken mislukt waren. Zij vestigden zich te Duurstede, en bragten het grootste gedeelte van Friesland nogmaals onder hun gebied. (c) Lotharius II moet hun het reeds veroverde land in leen hebben gegeven, om dus eene schaduw van zijn oppergezag te redden: ik herinner mij wel niet ergens opzettelijke melding van dezen afstand te

---

(a) *Grimmige landstreek;* zoo noemden de Friesen het land hunner doodvijanden; » hwande alle friss er north hardon auda grimma herna." Denn vorher gehörten alle Friesen unter Norden, zu dem gransenden Winkel. Wiarda, Asegabuch S. 5 en 10. nota u. v.

» Wacht jemmen van da Nordera oord

« Wnyt da gryma herne compt alle quaed foord."
Hamconii Frisia p. 40.

(b) Ann. Xantens. l. l. p. 230.

(c) Ann. Bertin. l. l. p. 449.

hebben gevonden; maar de jaarboeken van Fulda noemen Lotharius uitdrukkelijk den leenheer (dominus) van Roruk. (*a*) Hij was nog niet lang in het bezit van Duurstede geweest, of hij rustte (857) met toestemming van Lotharius eene vloot uit, om nogmaals eene kans op Deenemarken te wagen. Ditmaal slaagde hij naar wensch, en noodzaakte koning Horik den jongeren hem en zijnen makkers een gedeelte des rijks tusschen de zee en de Eyder af te staan. (*b*) Evenwel werd Duurstede weder door eene bende Noormannen bemagtigd en verbrand, denkelijk gedurende Roruks afwezendheid, en voor dat hij het verdrag met den Deenschen koning had gesloten. Zij liepen niet alleen de omstreken der stad en de Betuwe af, (*c*) maar belegerden ook Utrecht, waar toen Hungerus den bisschops-zetel bezat: zoo de stad als het kasteel werd na moedigen tegenstand ingenomen. Zij rigtten eene zoo wreede slagting aan, dat bijna al de inwoners en de meeste geestelijken omkwamen; ook de muren en poorten, die hen zoo lang hadden tegengehouden, werden vernield, waarna zij de plaats op hunne wijze versterkten, en er zich eenigen tijd vestigden, ten einde de omstreken veilig te kunnen berooven. De inwoners, door dezen ramp ten uiterste verslagen, meenden er de voorspelling van bisschop Frederik in vervuld te zien. (*d*) Hunge-

---

(*a*) Wagenaar II. 68. Lanteschl. S. 25. 26. Ann. Fuld. l. l. 570.

(*b*) Ann. Fuld. l. l. p. 370. Dit wordt geheel anders voorgesteld, op welken grond weet ik niet, bij Luden, Gesch. des teutschen Volkes. VI. 48.

(*c*) Ann. Bertin. l. l. p. 451.

(*d*) De Beka p. 24. 27. Magn. Chron. Belg. bij Pist. 114. 59. 60. 61. 65. 66. Hegewisch, G. d. K. M. S. 72. 73. « Lotharius II had,

rus ontvlood met groote moeite, slechts door weinige kanoniken verzeld, en nam zijne toevlugt tot koning Lotharius, die zich toen juist in het klooster Pruym in de Ardennen of Eyffel, waar zijn vader in het monnikskleed gestorven was, (*a*) ophield. Deze schonk hun eerlang (858) (*b*) het klooster Berg aan de Roer, niet ver van Roermonde, naderhand S. Odilienberg geheeten, opdat zij daar, veilig voor de invallen der Deenen, de godsdienst mogten waarnemen. (*c*) De giftbrief, welken

---

gedurende zijne veertienjarige regering, met geene andere uitlandsche vijanden te doen, dan met de Noormannen. De landen, welke hij beheerschte, maakten een magtig rijk uit. Slechts één gewest, Friesland, lag aan zee, en was daarom voor de invallen der Noormannen blootgesteld. Onder deze omstandigheden moest het hem zoo veel te gemakkelijker vallen, de ondernemingen dezer volkeren te verijdelen, daar hij door de gescherpte verordeningen zijnes vaders ter verbetering van het krijgswezen nog altijd in staat was, genoegzame legers op de been te brengen. Wij hebben boven vermeld dat Lotharius I genoodzaakt was geweest, Friesland aan eenen aanvoerder der Noormannen, als eene soort van leen, af te staan. Lotharius II nam de gelegenheid waar, daar onder dit volk binnenlandsche oorlogen waren ontstaan, om hen uit zijne staten te verdrijven. Eenen hunner aanvoerders kocht hij door groote sommen af, die hij door eene algemeene schatting zijner onderdanen had bijeengebragt. De overigen bragt hij zoo in het naauw, dat zij met groot verlies, en nadat zij eerst uit wraak Duurstede en Utrecht verwoest hadden, deze streken verlieten. Deze gelukkige uitslag schijnt een gevolg der goede inrigtingen van Lotharius geweest te zijn." Van waar Hegewisch deze berigten heeft ontleend, beken ik niet te begrijpen.

(*a*) De Beka p. 27. Regino ad h. a.
(*b*) Bondam, Charterb. van Gelderl. I. 34.
(*c*) De Beka p. 28, waar dit tot « his diebus, scil. anno 856" wordt gebragt. Heda p. 54. seqq. [« Toen in 862," zoo leest men bij Depping I. 189-191, de schoone dochter van Karel den Kalen, Judith, buiten weten hares vaders, met Boudewijn, graaf van Vlaanderen, gehuwd was, ontstond hierdoor eene hevige oneenigheid tusschen den koning en Boudewijn. Men vreesde dat deze zich met de Noormannen tegen Karel zoude vereenigen. Roruk was in de nabijheid van Vlaanderen, en welligt bestonden er reeds onderhandelingen

Heda ons heeft bewaard, bevat verscheidene belangrijke trekken, welke hier verdienen medegedeeld te worden. « Wijl wij vernomen hebben, dat de Utrechtsche kerk, ter eere van S. Maarten gesticht, door het geweld der barbaren genoegzaam vernield en vernietigd is, terwijl de kanoniken gedeeltelijk overal verstrooid, gedeeltelijk ook gedood zijn; en wij door de eerwaarde bisschoppen Guntharius" (aartsbisschop van Keulen) « en Hungarius" (of Hungerus) « gebeden zijn, om dien heiligen stoel in ons rijk eene veilige en rustige schuilplaats, tot troost en toevlugt der kanoniken, te geven, zoo hebben wij, ter liefde onzes Heeren, en tot zaligheid der zielen van onzen grootvader Lodewijk, onzen vader Lotharius en onze moeder Hermingarde, als mede ter bevordering van ons eigen heil en den voorspoed onzer regering, ... het klooster Berg ... aan de bovengemelde kerk van Utrecht geschonken, tot troost en beveiliging van

---

tusschen de Noormannen en Boudewijn. De aartsbisschop Hincmar verzocht den bisschop van Utrecht, dat deze Rorak van alle verbindtenissen met den graaf van Vlaanderen zou terughouden. Flodoard, Hist. de l'Eglise de Reims, l. III. c. 12." Men vindt de door Depping aangehaalde plaats van Flodoardi, Hist. Rem. Eccles. in Bibl. max. Veterum Patrum, Lugd. 1677. tom. XVII. p. 556. Hincmar schrijft hier wel aan den Paus over Judith en Boudewijn, maar niet aan den bisschop van Utrecht over Rorak. Maar Lib. III. cap. 23. ibid. p. 579. a. schrijft hij aan bisschop Hungarius (Hungerus) over den ban, waarmede Boudewijn door de bisschoppen belegd was, wijl hij Judith had geschaakt. Hij beveelt hem aan, om te zorgen dat Rorak de Noorman, die voor eenigen tijd (nuper) tot het christen-geloof bekeerd was, dezen Boudewijn niet bij zich ontving noch hem hulp verleende. Tevens moest hij klagen, dat honderd Noormannen, na Roraks bekeering, op zijn bevel weder eenen strooptogt hadden gedaan, en hem aanzetten om dit behoorlijk weder goed te maken. Hincmar schijnt dus gemeend te hebben, dat Hungerus toen nog eenigen invloed op dien Noorman bezat.]

hare bestierders en geestelijken, opdat het dezen dienaren Gods moge behagen, voor onze en onzer voorgangeren zaligheid des te overvloediger te bidden. Gedaan in het klooster te Pruym, in het derde jaar der regering van Lotharius." (*a*)

Volgens Beka en Heda (*b*) waren het dezelfde Noormannen, die zich door het omgelegene land, dat later tot Holland behoorde, verspreidden, en alom zware verwoestingen en wreedheden bedreven. Tot in Kennemerland doorgedrongen, vernielden zij (*c*) de kerk of de kapel van den H. Adelbert (*d*) te Egmond, waar naderhand, ter eere van dien zelfden Heiligen, wiens lijk men meende dat aan hunne vernielende handen was ontsnapt, de beroemde abdij is gesticht. (*e*) De Egmonder monnik, door Kluit uitgegeven, (*f*) schrijft, dat het algemeen bekend is, dat deze kerk meermalen door de Deenen is vernield. Ik heb er slechts op dit jaar melding van gevonden. De meeste naburige plaatsen werden verwoest en uitgemoord. Te Noer-

---

(*a*) In 886 besloot de Paus, op verzoek des Kaizers, dat aan bisschoppen, welker stiften door de brandstichtingen der heidenen geheel verwoest waren, andere plaatsen, door den vijand niet bemagtigd, zouden worden gegeven. Ann. Fuld. bij Pertz I. 405.

(*b*) l. l. p. 28. 54. Wagenaar II. 55 brengt dit tot 837. De reden waarom heb ik niet kunnen ontdekken.

(*c*) « Omstreeks 855" zegt Heda, zich op Beka beroepende; doch bij dezen vind ik dit niet.

(*d*) Adelbert was een der eerste geloofs-verkondigers en medgezellen van Willebrord. Beka p. 10. Hij had de onwoners van Egmond tot het christendom gebragt. Chron. Mon. Egmond. bij Kluit, Hist. Crit. I. 1. 7. Verg. Kluit aldaar.

(*e*) De Beka p. 51. Kluit, Hist. Crit. I. 1. 19. 28. Magn. Chron. Belg. bij Pistor. III. 69. Joan. a Leydis l. l. p. 99. Lib. VI. c. 14. ejusdem Chron. Egmundanum ed. Matthaeo, p. 3.

(*f*) Kluit, Hist. Critica Com. Holl. I. 1. 7. Cf. ib. p. 20. nota 57.

tich (Noordwijk) in Rhijnland pijnigden en onthalsden zij den priester Hieroen, vermaard wegens zijn deugdzaam leven. (*a*) De kerk verklaarde hem naderhand voor heilig; zijn lijk werd onder bisschop Balderik gevonden en door vele wonderen vermaard. (*b*) Te Noordwijk binnen, waar hij als beschermheilige werd vereerd, vond men op het laatst der vorige eeuw in het gewelf der kerk nog overblijfsels eener oude schilderij, die zijnen marteldood voorstelde. (*c*) Bij Voorburg verwoestten zij een sterk kasteel. (*d*) De landzaten hadden wel de wapenen opgevat, en leverden hun verscheidene gevechten, doch met ongunstigen uitslag. De graven Thietbold en Gerolf (*e*), die door dapperheid uitmuntten, sneuvelden met een groot aantal der hunnen, en de weerlooze vrouwen en kinderen werden in gevangenschap weggevoerd. Een schrijver uit de vijftiende eeuw (*f*) vermeldt nog, dat deze zeeschuimers gedeeltelijk Deenen waren, onder bevel van Gilland, (*g*) en gedeeltelijk Noorwegers, wier aanvoerder Roland heette; ook had een koning der Abotriten zich bij hen gevoegd. Hij

---

(*a*) Joan. a Leydis V. 24. l. l. p. 85. Kluit, Hist. Critica I. 1. 36. nota 11.

(*b*) Heda p. 79. Joan. a Leydis L. VII. c. 20-24. p. 108.-120. Idem in Chron. Egm. p. 10. Chron. Mon. Egm. bij Kluit, Hist. Crit. Com. Holl. I. 1. 55.

(*c*) J. Kok, Vaderl. woordenboek. Verg. de Ordonnantie van Zueder, bisschop van Utrecht, bij V. H. en V. R. Kerkelijke historie en oudheden der zeven vereenigde provincien. I. 291. 292.

(*d*) Vergel. v. Wijn, Hist. avondst. II. p. 30.

(*e*) Is deze Gerolf dezelfde als boven p. 82 en 85?

(*f*) Joan. a Leydis l. l. L. V. c. 52-55. L. I. c. 8.

(*g*) Welligt Weland, dien wij in 861 op de Seine vinden. Ann. Bertin. l. l. p. 455.

delplaats en niet onaanzienlijke villa (*a*) beschreven vinden, werwaarts de Friesen hunne toevlugt hadden genomen, werd verwoest. Vele Friesche kooplieden werden gedood, en eene menigte volks gevangen gemaakt. Daarop voeren zij de rivier op tot een eiland bij het kasteel Neusz. Daar Lotharius met de zijnen den eenen, en de Saksen den anderen oever bezet hielden, bewoog Roruk in het begin van April zijne landslieden tot den terugtogt. (*b*) Hij werd dit zelfde jaar, denkelijk ter belooning van deze dienst, door Karel den Kalen met nog twee andere leenmannen, die reeds meermalen van hem waren afgevallen, in genade aangenomen en in zijne leenen hersteld. (*c*) Lotharius schijnt zich ook van de hulp van Rudolf den Noorman, eenen zoon van Heriold, te hebben bediend, het zij ter afwering of verdrijving van andere stroopers, het zij om zich tegen zijne bloedverwanten staande te houden. In zijn gansche rijk toch liet hij vier Denarien van elke hoeve opbrengen, en gaf dit geld als huur (locarii nomine), benevens eene groote hoeveelheid meel, vee, wijn en mede aan Rudolf en de zijnen. (*d*) Wagenaar gist (*e*) dat zulks diende ter vergelding van de dienst, hem door Roruk,

---

(*a*) « Emporium et villam non modicam." Men zou ook kunnen denken, dat hier van twee verschillende plaatsen wordt gesproken.
(*b*) Ann. Bertin. l. l. p. 459. Duchesne H. N. S. p. 3.
(*c*) Ann. Bertin. l. l. p. 459.
(*d*) Ann. Bertin. l. l. p. 462.
(*e*) II. 71. Niet onwaarschijnlijk is Bilderdyks vermoeden, dat « de afkomst van Heriold, die hier meester was en door geweld gezeteld bleef, in spijt van den koning des lands, zoo zij heur landslieden al niet aanlokte tot invallen ('t geen de schrijvers ontkennen,) ten minste zich van die invallen bediende, om Lotharis afdwingen wat zij goedvonden." l. l. p. 154.

Rudolfs oom, bewezen; men kan ook gissen, dat hij op deze wijze Rudolfs verwoestingen wilde afkoopen, en dat men het schandelijke verdrag met eenen meer eerlijken naam zocht te vergoêlijken. Hoe weinig zulke pogingen den toestand des lands verbeterden, bleek reeds het jaar daarop (864). De Deenen waren, met eene talrijke vloot, op de Vlaamsche kust verschenen. Daar afgeslagen, voeren zij den Rhijn op, en verwoestten de omstreken aan beide oevers dier rivier, zoo in het rijk van Lotharius als van Lodewijk. Zij zetteden hunne vaart voort tot Xanten, en verwoestten deze toen aanmerkelijke plaats. (*a*) De kerk van S. Victor, die ons als een verwonderlijk kunststuk van bouworde beschreven wordt, werd geplunderd en verbrand; het lijk van dien Heiligen was des nachts met groote moeite te Keulen in veiligheid gebragt. De geestelijken en de meeste inwoners ontkwamen den dood door eene overhaaste vlugt. Daarna versterkten zich de roovers op een klein eiland in de nabijheid; sommigen hunner, den stroom opvarende, staken een aanzienlijk koninklijk verblijf (*b*) in brand. Dit kwam hun echter duur te staan; ruim honderd der hunnen werden gedood, zoodat zij één schip ledig achter lieten, (*c*) en in verwarring naar de versterking terugkeerden. Lotharius had intusschen schepen gereed gemaakt, en was voornemens hen aan te vallen; doch daar zijne leenmannen het met hem oneens waren, moest hij van zijn plan afzien. Daarentegen verdedigden de Saksen, Lodewijks on-

---

(*a*) « Locum opinatissimum." Ann. Bertin. p. 465.
(*b*) « Villam regiam grandem."
(*c*) Deze schepen voerden dus ruim 100 man. Vergel. boven p. 85. aanm. *e*.

derdanen, den anderen oever met goed gevolg; een der Deensche aanvoerders of koningen, Calbi geheeten, die het waagde hen aan te vallen, werd in den stroom teruggedreven, en verdronk met bijna al zijne volgelingen. De stroopers, hierdoor verschrikt, verlieten hunne schans om elders nieuwen buit te zoeken. (*a*)

Intusschen was bovenal het rijk van Karel aan de woede der Noormannen blootgesteld, daar zij al wat hun tegenstand bood bij hoopen ter neder velden, « even als wolven de schapen." Hij kocht eindelijk (866) hunnen aftogt voor 4000 ponden zilvers, om welke te vinden er belasting werd geheven zoo wel van de alodiale eigendommen en de goederen der kooplieden, als van de geestelijkheid en alle Franken. Toen zij in Julij, hunne schepen hersteld hebbende, zich in zee begaven, wendde een gedeelte den steven naar het westelijke gedeelte van Friesland, waar zij zich naar genoegen te goed deden, en de nog overgeblevene welvaart vernietigden. « Er ontbrak slechts aan," zegt de aartbisschop van Rheims, de beroemde Hincmar, « dat Lotharius zich openlijk met hen vereenigde." (*b*) Eindelijk gelukte het den inwoneren zich van hen te ontdoen, en ook Roruk, die het land zoo slecht beschermde, te verjagen. Men vindt dat deze Friesen bij die gelegenheid met eenen nieuwen naam Conkingi genoemd worden; wat dezelve beteekent, en op welk gedeelte van ons vaderland hij moet worden toegepast, beken ik niet te we-

---

(*a*) Ann. Xantens. I, l. p. 230. 231.
(*b*) Ann. Bertin. I, l. p. 471 - 473. Duchesne II, N. S, p. 3. Ann. Xantens. I, l. p. 232. Sigeb. Gembl. bij Pist. I. 796.

ten. De gissingen die men er over gemaakt heeft, zijn of onzeker, of belagchelijk. (a) Lotharius vreesde dat Roruk eerlang met nieuwe hulp uit Deenemarken zoude terug keeren, en riep, 867, het leger tegen hem bijeen. (b) Zijne vrees was maar al te gegrond, en zijne voorzorg nutteloos. Friesland werd in 868 op nieuw de prooi dezer barbaren, en Roruk herkreeg, naar alle waarschijnlijkheid, zijn vorig gebied. (c)

Eerlang kwam er verandering in de regering dezer landen, daar Lotharius II. in Augustus 869 op zijne terugreize van Rome overleed. Wijl hij geene wettige erven naliet, maakten Lodewijk de Duitscher en Karel de Kale beide aanspraak op zijne nalatenschap. De laatsgenoemde zocht niet alleen zich onder de Lotharingers eenen aanhang te verschaffen, maar hij vertrok ook in 870 naar Nijmegen, hield er eene zamenkomst met Roruk den Noorman, en maakte een verbond met hem. Lodewijk, die door sommige schrijvers beschuldigd wordt, zich ook niet ontzien te hebben, om de Noormannen tegen zijnen broeder op te stoken, (d) liet zich intusschen te Frankfort door vele Lotharingers huldigen; doch eer de oorlog tusschen de broeders uitbarstte, raakte men het nog ditzelfde jaar over de verdeeling eens. (e) Hierdoor kwam

---

(a) Huydecoper op Melis Stoke I. p. 183. Vergel. Heimskringla, I. 229. Wagenaar II. 72. Bilderdyk I. p. 155.
(b) Ann. Bertin. l. l. p. 475.
(c) Ann. Xantens. l. l. p. 233.
(d) Duchesne H. N. S. p. 23. 30. H. F. S. III. 449. D'Achery, Spicil. II. 376.
(e) Hegewisch, Gesch. d. Kar. Monarchie S. 87 verhaalt dit eenigzins anders.

een aanzienlijk gedeelte dezer landen, namelijk bijna alles wat op den regter oever van de Maas lag, bij dat gene waar Lodewijk reeds over heerschte. Men vindt met name melding van Utrecht, Teisterbant, de Betuwe, de Attuariers d. i. een gedeelte van Gelderland, verder een gedeelte van Maasland en twee deelen van Friesland, welke, naar Wagenaars meening, (a) zich hebben uitgestrekt van de oude Maas, die eertijds door het land van Strijen zeewaarts stroomde, tot aan de Waal, Merwe en Rhijn, die bij Katwijk uitliep. Karel verkreeg, behalve een gedeelte van Maasland, ook het derde deel van Friesland, welks ligging door Wagenaar tusschen de oude Maas en de Schelde wordt bepaald, zoodat tot hetzelve de Zeeuwsche eilanden benevens een gedeelte van Holland behoorden. Wij hebben reeds gezien hoe Lodewijk de Noormannen tamelijk wel in ontzag wist te houden: (b) zijne nieuwe onderdanen hadden dus vrij wat meer reden om zich te verheugen, dan die gene, welke onder Karels gebied waren geraakt; deze toch was alleen bedacht om zijne staten te vergrooten, en wist tegen de Noormannen geen ander middel dan klinkende munt. (c) Maar niet lang daarna, (872) stond Lodewijk de Duitscher, hetzij uit gevoel van billijkheid, hetzij om andere redenen, zijn deel van het Lotharingische rijk af aan Keizer Lodewijk II, den broeder van den overledenen Lotharius II. Men roemt de regeringswijze van dezen vorst, die zich meer toeleide

---

(a) II. 76. 77.
(b) Cf. Hegewisch, Gesch. der Karol. Mon. S. 127. [en Depping I. 204. 205.]
(c) Ann. Xantens. l. l. p. 233.

om de inwendige sterkte zijnes rijks te vermeerderen, dan op het vergrooten zijner staten. Hij trachtte het krijgswezen in eene geregelde orde te brengen, en wist zich, zelfs in Italië, een blijvend gezag te verwerven. (a) Zijn spoedige dood was oorzaak, dat men hier te lande van zijne goede eigenschappen weinig voordeel kon trekken. Daar er bij dezen afstand weder botsingen tusschen de beide broeders ontstaan waren, had Karel zich reeds in Januarij 872 van Compiegne naar de omstreken van Luik begeven, om eene bijeenkomst met de Noormannen Roruk en Rudolf te houden. Wat zijn oogmerk was, is gemakkelijk te gissen; of hij het bereikt hebbe, wordt ons niet gemeld. In October hield hij met dezelfde opperhoofden een gesprek te Maastricht, werwaarts zij hem te scheep waren te gemoet gekomen. Roruk, die hem getrouw was, werd met goedwilligheid door hem bejegend, maar Roruks neef, Rudolf, die, hoewel hij zich had laten doopen, reeds veel schade in het rijk van Karel gedaan en bijna geheel Friesland verwoest had, trouwelooze voornemens koesterde, en onmatige eischen deed, werd ledig weggezonden; zelfs waarschuwde de koning zijne getrouwen om tegen 's Noormans listen op hunne hoede te zijn. (b)

In 873 werd er weder druk met de Deenen onderhandeld. Op eene rijksvergadering bij Worms kwamen gezanten van koning Sigifrid, en sloegen voor om op de grenzen die hen van de Saksen afscheidden, d. i. de Eyder, vrede te maken. Ook

(a) Hegewisch, Gesch. der Kar. Mon. S, 93, 94,
(b) Ann. Bertin. l. I, p. 493. 494.

verzochten zij, dat de kooplieden wederzijds vrij- en toegang en onbelemmerden handel mogten hebben. Lodewijk gaf tot dit alles zijne toestemming. Niet lang daarna hield hij, omstreeks Mei, eene bijzondere bijeenkomst te Aken, waar Roruk, na gijzelaars ontvangen te hebben, tot hem kwam. De Noorman zwoer den koning onverbreekbare trouw en werd door dezen, niettegenstaande hij aan de christenen zeer veel leeds had berokkend, tot zijn' leenman aangenomen. (*a*) Op den algemeenen rijksdag, in Augustus te Metz gehouden, verschenen ook gezanten van Halfdan, den broeder van koning Sigifrid, met gelijken last, « ten einde eenmaal eenen vasten vrede te bekomen." Zij bragten Lodewijk een zwaard met eene gouden greep ten geschenke, en smeekten hem, dat hij hunne Koningen, Sigifrid en Halfdan, als zijne zonen wilde aanzien; zij zouden hem al hun leven als hunnen vader eeren. Ook zwoeren zij naar de wijze hunnes volks bij hunne wapenen, dat uit de onderdanen hunner koningen voortaan niemand zijn rijk zou verontrusten. De koning hoorde hen met genoegen, en beloofde hun verzoek te zullen voldoen. (*b*) Het blijkt uit dit verhaal, welk een ontzag hij zich bij deze barbaren had verschaft. Wel is het zeer waarschijnlijk, dat deze fraaije woorden slechts moesten dienen, of om hem in slaap te wiegen, of om zijne vriendschap en hulp in binnenlandsche oneenig-

---

(*a*). « Venit ad regem Ruorich, fel christianitatis." Ann. Xantens. l, l. p. 235.

(*b*) Ann. Fuld. l, l, p. 386. Adam. Brem. I. 35 voegt er nog bij, dat van beide kanten bemiddelaars naar de Eyder zijn gezonden, en dat aldaar een vaste vrede, naar de gewoonte der Noormannen, op de wapenen is bezworen.

heden te verwerven; doch met dat al vindt men niet, dat ooit een dergelijk gezantschap aan Karels hof is verschenen.

In Junij dezes jaars viel de meergemelde Rudolf met eene vloot in Friesland, en wel in Oostergoo, waar een graaf (*a*) Albdagus van wege koning Lodewijk bevel voerde. Hij gelastte de inwoners hem schatting op te brengen; hun antwoord, dat zij aan niemand schatting schuldig waren dan aan hunnen koning Lodewijk en zijne zonen, toont genoegzaam dat het den Friesen, bij een goed bestier, geenszins aan de voorvaderlijke dapperheid mangelde. Deze stoute taal bragt den Noorman zoo zeer in woede, dat hij zwoer al de mannen te zullen ombrengen, en vrouwen en kinderen met al hunne have als roof mede te slepen. Hij verwoestte ook werkelijk een groot deel des lands; maar de Friesen, schoon in getal verre door hunne vijanden overtroffen, riepen den Heer aan, « die hen zoo dikwijls van de vijanden had bevrijd," (*b*) en boden moedigen wederstand. De uitslag beantwoordde aan hunne goede verwachting. Rudolf sneuvelde met

---

(*a*) Over deze beteekenis van het woord *rex* zie het voortreffelijke werk van Thierrij, Lettres sur l'histoire de France p. 62. seqq. Vergelijk beneden I. 5.

(*b*) « Qui eos saepius ab hostibus liberavit." Deze woorden zijn merkwaardig. Zij toonen 1°. hoe men den godsdienstijver toen met goed gevolg ter opwekking van den moed der landzaten gebruikte, iets hetwelk ook uit de weinige voorspoedige gevechten, die in Karels rijk tegen de Noormannen werden geleverd, en waarbij men doorgaans op de wonderdadige hulp van eenen of anderen Heiligen vertrouwde, genoegzaam blijkt. Duchesne H. F. S. III. p. 448. Gesta Consul. Andegav. bij d'Acherij, III. 238. 239. ibid. II. 411. Duchesne H. N. S. p. 24. 2°. Dat de Friesen omstreeks dezen tijd meermalen in hunne pogingen ter verdediging van den vaderlandschen grond gelukkig waren geslaagd.

ruim 5oo, anderen zeggen 8oo der zijnen; (*a*) de overigen, van den terugtogt naar de schepen afgesneden, wierpen zich in zeker gebouw, waar zij terstond door de overwinnaars werden belegerd. Toen de Friesen nu overleiden, wat hun verder te doen stond, raadde hun een Noorman, die christen was geworden, reeds lang onder hen verkeerd, en hen ook nu ten strijde aangevoerd had, om, daar zij zeer moede waren en vele zwaar gewonden hadden, de overwonnenen niet tot wanhoop te brengen; liever moest men van hen al het geld, dat zij in hunne schepen hadden, bedingen, en hen doen zweren nooit weder in het rijk van Lodewijk te zullen vallen. Men keurde dezen voorslag goed, en vergunde, op de genoemde voorwaarden, den vrijen aftogt aan de belegerden. Deze deden den geeischten eed, gaven aan de Friesen eene zeer groote som gelds en trokken beschaamd weg. (*b*) Naar sommiger vermoeden was de aanvoerder der Friesen in dezen strijd niemand anders dan Roruk zelf, Rudolfs oom, (*c*) die dus alle reden had, om de overwinnaars tot zulk een zacht besluit over te halen.

Naauwelijks scheen men zich eene betere toekomst te kunnen beloven, of een nog vreesselijker vijand daagde, in het begin van 874, uit het Noorden op. Deze merkwaardige man, wiens togten eenen merkbaren en duurzamen invloed hadden

---

(*a*) « Quamvis baptizatus esset, caninam vitam digna morte finivit." Ann. Xantens. p. 235.
(*b*) Ann. Fuld. l. l. p. 386. 387. Ann. Bertin. l. l. p. 496. Ann. Xantens. l. l. p. 235. Sigeb. Gembl. bij Pistorius I. 798.
(*c*) Wagenaar II. 79. 80.

op de lotwisselingen van het westelijke en zuidelijke Europa, en die daardoor, terwijl de namen van zoo vele andere zeekoningen reeds lang zijn vergeten, eene blijvende plaats in de geschiedenissen van dit werelddeel' beslaat, verdient het dat zijne lotgevallen hier wat uitvoeriger worden vermeld. Ook ons land werd door zijne woeste vlotelingen geteisterd, schoon zij ondervonden dat deszelfs bewoners zich niet gewillig het juk van vreemde overheersching lieten opleggen.

Het noorden, dus berigt ons een der Fransche schrijvers, was weder overbevolkt, zoodat er op nieuw inlandsche oorlogen ontstonden. (a) De koning beval dus, op raad zijner oudsten en aanzienlijken, dat de jeugd, die door het lot werd aangewezen, volgens de oude gewoonte het land zoude verlaten; een bevel, dat hun, die het trof, lang niet aangenaam was. In die dagen was er in Deenemarken een oud en rijk man, die een groot leger had, aan den koning noch iemand anders onderworpen was, en zijn gebied door oorlogen ver had uitgebreid. Bij zijn sterven liet hij twee dappere zonen na, Rollo en Gurim: tot deze wendden zich diegenen, welke door koninklijk bevel tot den uittogt waren bestemd, en verwierven belofte van hunnen bijstand, opdat zij hunne bezittingen niet behoefden te verlaten. De koning daarentegen, den dood van den magtigen vorst vernemende, die hem voorheen veel nadeel had toegebragt, besloot, met overleg zijner rijksgrooten, zich van zijn land meester te maken. Doch na ee-

---

(a) Dudo bij Duchesne H. N. S. p. 67 seqq. Cf. ibid. 218-221. en Epitaphium Rollonis ibid. p. 567. Deze overbevolking veroorzaakte dikwijls hongersnood. Suhm, übers. Gräter II. 84.

nen vijfjarigen strijd zag hij zich genoodzaakt, den vrede voor te slaan, op voorwaarde dat elk zijne vroegere bezittingen zoude behouden. Nadat Rollo met de zijnen dezen voorslag hadden aangenomen, viel de koning hem verraderlijk aan, en doodde zijnen broeder Gurim. Rollo, zich nu in Deenemarken niet langer veilig achtende, bemagtigde met zes schepen het eiland Scanza, waar hij een lang en treurig verblijf hield, en naar gelegenheid zocht om zich op zijne vijanden te wreken. Velen zijner landslieden, die om 's konings gestrengheid Deenemarken ontweken, voegden zich hier bij hem.

Ziedaar de aanleiding bij welke Rollo, volgens Dudo's opgave, zijn vaderland verliet. Het verhaal van den noordschen geschiedschrijver Snorra (*a*) wijkt in zoo vele omstandigheden hiervan af, dat ik het noodig acht hetzelve hier over te nemen. Rognvalld, zegt hij, Jarl (*b*) van Möria, (*c*) was onder al de vrienden van koning Harald Haarfager (den Schoonharigen) het meest bij hem bemind en geëerd. Hij had twee zonen, Rolfr en Thörir. Rolfr was een beroemd zeeroover, en zoo groot van gestalte, dat geen paard in staat was hem te dragen. Daar hij dus altijd te voet moest gaan, kreeg hij den bijnaam van Gauago Rolfr, d. i. Rolfr te voet. Hij stroopte dikwijls op de Oostzee; eens van eenen togt terugkeerende, had hij in Vikina (Vighen, het land om de

---

(*a*) Heimskringla I. p. 100. 101.

(*b*) Jarl, Landvoogd, Dux; zoo heeten in de Heimskringla de Hertogen van Normandije ook Jarlen. Deze Jarlen regeerden dikwijls geheel onafhankelijk. Vergel. Thierry, Conq. de l'Angl. I. 143.

(*c*) Maera, ten noorden van Stadt; thans nog Sud-Meer en Nord-Meer, ten zuiden en westen van Drontheim. Vergel. Suhm, übers. Gräter II. 166.

golf tusschen Noorwegen en Zweden) op het strand
vee geroofd en voor zich en de zijnen geslagt. (a)
Harald, die zich toen juist in die omstreken ophield, en ten strengste verboden had binnen de
grenzen des rijks te plunderen, werd hierover zoo
verstoord, dat hij in de volksvergadering Rolfr uit
geheel Noorwegen bande. Deze voer daarop wes-
telijk naar de Hebriden, en later naar Valland,
d. i. Gallië. — Zoo luidt het verhaal des Yslanders,
over wiens leeftijd en geloofwaardigheid ik reeds
heb gesproken, en die niet, als Dudo, (b) reden
had om de nakomelingen van Rollo in Normandije
te ontzien, schoon hij toont met hunne lotgevallen
zeer wel bekend te zijn. Men kan er uit zien, hoe
weinig staat er dikwijls te maken is op onze schrij-

(a) Over dit regt, dat de zeeroovers zich aanmatigden, om overal de noodige levensmiddelen te pressen, *strandhug* of *strandslag-
ting* geheeten, zie Thierrij, Conq. de l'Angleterre I. 169. Suhm,
übers. Gräter S. 282.

(b) [Dat de Normandijsche schrijvers niet altijd voor onpartijdig
te houden zijn, erkent ook Depping I. XXXVIII. « La cour des ducs
de Normandie ne pouvait être indifférente à la gloire de ses ancê-
tres. *Pour lui plaire*, plusieurs ecclésiastiques écrivirent l'histoire
des Normands. Le premier ..... fut Dudon." en I. p. 211. « Peut-
être la flatterie (de Dudon), n'osant avouer aux ducs de Normandie
la véritable cause du départ de leur aïeul de la Norvège, d'où il
avait été banni en vertu d'un jugement très formel, a-t-elle in-
venté une aventure singulière, afin de cacher la vérité." En evenwel beweert dezelfde schrijver I. XXXIX en XL, dat Dudo, even als
de overige schrijvers, door geestelijken haat gedreven, partijdig was
tegen de Noormannen, en hun geene geregtigheid heeft laten wedervaren. « Crédule et partial, l'auteur raconte des fables comme des
vérités certaines, et il ne peint les Normands païens que comme des
brigands sans aucune qualité louable." Ik kan dit geenszins geheel
toestemmen. Uit het werk van Depping zelven blijkt ten overvloede,
dat de noordsche zeeroovers barbaren waren in den vollen zin des
woords. Vergel. beneden II. 2.

vers, wanneer zij ons de zeden en gebeurtenissen van het verre Noorden pogen te verhalen. Ik beweer hiermede echter geenszins, dat zij altijd of opzettelijk de zaken hebben verdraaid, of verkeerd onderrigt zijn geweest. Zij konden somtijds geene betere narigten bekomen, en dikwijls ook beschouwden zij de zaak zoo uit *hun* oogpunt, dat zij zich verkeerde voorstellingen moesten vormen. Dat bij voorbeeld Rollo droomde zich een magtig gebied te zullen verwerven, dit kunnen wij van eenen onderneemzuchtigen Noorman ligtelijk begrijpen; ook zijn dergelijke voorbeelden van droomgezigten en verschijningen, die hunne opgewekte verbeelding hen deed zien, in de Heimskringla niet zeldzaam. (*a*) Maar dat een engel hem in den droom zou hebben voorspeld, hoe hij, door christen te worden, een magtig vorstendom zou verkrijgen, terwijl hij nog ruim dertig jaren daarna de christenen met de grootste woede en wreedheid vervolgde; dat de duivelen, zijnen overgang tot het christendom zoekende te beletten, bij zijne eerste vaart naar Frankrijk eenen zwaren storm verwekten, die door het geloovig gebed van Rollo tot God werd gestild; dit zijn verhalen, die alleen in de hersenen van eenen bijgeloovigen monnik konden opkomen.

De Hebriden verlatende, deed hij eenen inval in Engeland, waar hij met koning Alstem (*b*) een verbond maakte; hij bleef er den winter over en

---

(*a*) T. I p. 71. 72. 125.
(*b*) Of Adelstan, volg. Wagenaar l. l. [Volgens Depping I. 214. Alfred, koning van Westsex. Zie over de redenen, die hem tot dit verbond noopten ibid. p. 215. 216.]

voer in het voorjaar naar Frankrijk. De storm,
waarvan ik zoo even sprak; teisterde zijne schepen zoo geweldig, dat hij niet dan met moeite de
Walchersche kust bereikte. De bewoners (pagen-
ses) van dit eiland verzamelden zich ten spoedigste,
en overvielen hem toen hij pas uit zee was ontkomen. Maar Rollo dreef hen, reeds bij den eersten
aanval, op de vlugt, doodde de meesten en maakte
vele gevangenen. Terwijl hij zich hier bezig hield
met het eiland uit te plunderen, zond Alstem hem
twaalf schepen met graan, wijn en spek, benevens
een gelijk getal met welgewapende krijgslieden.
De landzaten, die hieruit opmaakten dat de Noormannen voornemens waren zich op het eiland te
vestigen, riepen de hulp in van Raginer Langhals,
Hertog van Hasbain en Henegouwen, en van Radboud, een' heer of bestuurder in Friesland. (*a*)
Hunne vereenigde magt werd nog door hulp uit andere gouwen versterkt; maar evenwel waren zij
niet tegen Rollo bestand; vele duizenden sneuvelden, en Raginer zoo wel als Radboud nam de vlugt
naar de legerplaats. De Noorman, over den geboden' tegenstand verbitterd, wreekte zich door het
verwoesten en platbranden van geheel Walcheren,
en trok daarop in haast naar Friesland, waar hij
gelijke plundering aanrigtte. Spoedig verzamelde
zich eene groote menigte Friesen, waarmede hunne
naburen zich vereenigden. De vijand hield zich op
bij den stroom Almera (de Zuiderzee? (*b*)); men

_____

(*a*) « Frisiae regionis principem." [Bij Depping I. 217. « Rahne-
bant, comte de Frise."]

(*b*) Wagenaar II. 81. Is deze naam ook verwant met *Alcmere*
of *Alkmaar*? Heda p. 91. [Depping I. 217. verstaat er door « l'em-

trok hem in vele benden tegen. Met gebogene knie
en getrokken zwaard, door het schild bedekt, wacht-
ten de looze Noren den aanval af; daar hun aantal
door deze list zeer gering scheen, begonnen de Friesen onbezorgd den strijd. Toen eensklaps oprij-
zende, slaan zij de aanvallers tot verdelgens toe, en
nemen eene groote menigte, waaronder vele aanzienlijken, gevangen. De overgeblevene Friesen gaven den moed verloren; zij onderwierpen zich aan
Rollo, en beloofden hem eene aanmerkelijke schatting. Toen hij deze had ingevorderd, ging hij Raginer Langhals opzoeken, om hem te straffen voor
de hulp, aan de bewoners van Walcheren verleend.
De Schelde opgevaren, verwoestte hij het land aan
de beide oevers, en drong door tot Condé. Raginer raakte dikwijls met hem slaags, doch werd telkens overwonnen. Beider legers verwoestten het
land, zoodat de velden onbehouwd lagen, en er
een zware hongersnood kwam. Eindelijk werd de
hertog door de Deenen gevangen; men noodzaakte
zijne vrouw om twaalf aanzienlijke Deensche gevangenen voor hem vrij te geven, en er al het goud
en zilver bij te voegen, dat men kon vinden, zelfs
het eigendom der Kerk niet uitgezonderd Toen
zij gezworen had dat er niets meer te vinden was,
kreeg Raginer zijne vrijheid en de helft van den
losprijs terug, en maakte met Rollo een verbond. —
Na een naauwkeurig onderzoek der bronnen, meen
ik dat deze barbaar door de nieuwere geschiedschrijvers veel te hoog wordt geprezen, (a) reken

---

droit où est maintenant la met de Harlem."] Verg. Kok, Vaderl.
Woordenboek v. Almari.

(a) Schiller, sämmtliche Werke XVI. 199. Hume I. 159.

hem voor eene edelmoedige handeling onbekwaam, en houde het verhaal van Dudo, die zijnen held in alles ophemelt of ten minste verschoont, voor zeer onwaarschijnlijk. Indien de Deensche zeeroover den gevangenen werkelijk zijne vrijheid met de helft van den losprijs heeft geschonken, dan was gewis edelmoedigheid de drijfveer zijner handeling niet.

« 't Is waarschijnlijk," zegt Wagenaar, (a) « dat met alle deze ondernemingen" (in Zeeland, Friesland en Henegouwen) « meer dan een jaar verloopen zal zijn. Doch de historieschrijvers hebben zulks niet naauwkeûrig aangeteekend." Uit de bepaling van den tijd, waarop Rollo de Seine invoer, kan men deze zwarigheid genoegzaam te gemoet komen. Dat hij in 880 omtrent de Schelde eene zware nederlaag zou hebben gekregen, hetgeen Wagenaar uit de jaarboeken van Fulda verhaalt, kan ik uit dezelve niet opmaken. Evenmin kan ik uit de door Wagenaar bijgebragte plaats van Joannes a Leydis besluiten, dat Egmond door de volgelingen van Rollo is verwoest. (b) Onze kronijken spreken van Rollo bijna niet, (c) en zonder de toevallige melding der Normandijsche schrijvers zouden wij naauwelijks weten, dat hij in ons land is geweest. Zoo gebrekkig zijn onze narigten van die tijden!

(a) II. 82. [Vergel. Depping I. 219. « Suhm croit que les campagnes de Rollon dans la Frise ont duré plusieurs années; il semble en effet qu'elles n'ont pu se terminer aussi promptement que le fait entendre Dudon de S. Quentin, qui paraît tout rapporter a l'année 876." Sommige schrijvers plaatsen zijne komst in Frankrijk op 876, andere op 880 of 882. Zie ald. noot 1.]

(b) Zie boven p. 111.

(c) Bij Heda p. 51. vindt men aangaande hem en de overige invallen der Noormannen een zeer verward berigt. Even zoo bij Joan. a Leydis in Chron. Egmund. p. 5, waar hij Rollandus heet.

Rollo voer in October 876 de Seine op; zijne vloot bestond uit 100 groote schepen, toen barken geheeten. (a) Jaren lang waren zijne koene scharen de schrik en geesel van Frankrijk, tot eindelijk Karel de Eenvoudige hem en den zijnen blijvende woonplaatsen inruimde, hem overhaalde om het christendom aan te nemen (912), en door zijne bescherming de onophoudelijke strooptogten der Skandinaviers grootendeels beperkte.

In hetzelfde jaar behaalden de Westfriesen eene volkomene overwinning over hunne noordsche vijanden; zij heroverden al de schatten, die uit eene menigte plaatsen waren bijeengeroofd, en verdeelden den rijken buit onder elkander. (b) Jammer dat ons hiervan geene nadere omstandigheden worden vermeld; wij weten niet eens, welke stroopers het waren, die hier verslagen werden, en of zij zich reeds lang in Friesland hadden opgehouden, dan wel bij hunne eerste aankomst werden afgewezen.

Omstreeks dezen tijd kwam er weder eene merkelijke verandering in de regenten der Frankische staten, die zich ook in deze landen deed gevoelen. In Augustus 875 stierf Keizer Lodewijk II in Lotharingen, werwaarts hij zich het vorige jaar had begeven; nog voor het einde des jaars werd Karel de Kale door den Paus tot Keizer gezalfd en gekroond, zonder dat Lodewijk de Duitscher in staat was zulks te beletten. Toen Lodewijk in Augustus 876 te Frankfort was overleden, werd zijn rijk

---

(a) Duchesne H. N. S. p. 568. Ann. Bertin. l. l. p. 501. Het spijt mij dat ik geene gelegenheid gehad heb, om den « Roman de Rou par Robert Wace," in 1827 door Pluquet uitgegeven, te raadplegen.
(b) Ann. Fuld. l. l. p. 589.

tusschen zijne drie zonen Karloman, Lodewijk II.
of den Jongeren (bij anderen Lodewijk III. of den
Saks), en Karel III. (anders I.) of den Dikken verdeeld. Tot het aandeel van Lodewijk behoorde
ook Friesland, en dat gedeelte van Lotharingen,
dat na den dood van Keizer Lodewijk II. weder aan
Lodewijk den Duitscher gekomen was; slechts eenige steden van hetzelve werden bij Karels aandeel
gevoegd. In October 877 stierf Karel de Kale;
zijn zoon Lodewijk de Stamelaar volgde hem op.
Toen ook deze in April 879 overleden was, bekwam Lodewijk de Saks ook de andere, d. i. de
fransche helft van Lotharingen; dus vereenigde
deze vorst, die reeds blijken van moed en welberadenheid had gegeven, al de Nederlanden onder zijnen schepter. — Het kwam mij het geschiktste voor,
deze snel opeenvolgende veranderingen, ter gemakkelijker overzigt, bij elkander te vermelden; wij
willen thans den draad des verhaals weder opvatten.

De gunst, die Karel de Kale aan geleerden en
geestelijken toedroeg, (*a*) was oorzaak dat sommige kronijkschrijvers niet zonder partijdigheid gepoogd hebben, zijne daden in het gunstigste licht
te plaatsen. (*b*) Het is hun echter geenszins gelukt, het oordeel der nakomelingen te bedriegen.
Bij de uitbreiding van Karels heerschappij had men
zich gevleid dat hij zijn gebied van den geesel der

(*a*) D'Acherij, Spicil. II. 576. Duchesne H. F. S. II. 470-472.
III. 448. Hegewisch, Gesch. d. Karol. Mon. S. 112. 115.

(*b*) Duchesne H. F. S. III. 418. « Totius regni partes summa pax
et tranquillitas gubernabat. Paganorum infestationes omni ex parte
sedatae erant." Eenigen gaven hem ook den eernaam van *Pius*. Duchesne H. F. S. III. 556.

zeeroovers zoude bevrijden; (*a*) doch eerlang bleek het, hoe jammerlijk men zich in deze hoop had bedrogen. Wel is waar, hij liet hier en daar versterkingen aanleggen en eenige buurten tot wel bevestigde steden maken; ook gaf hij, ter betere afwering des vijands, het bestuur over de meest bedreigde streken aan bijzondere graven in handen; somtijds zelfs gelukte het hem eenige Deenen tot het christendom te brengen, en tot het vertrek naar hun vaderland of naar andere streken te bewegen. (*b*) Maar alle inrigtingen en bevelen hielpen weinig, daar hij zelf het voorbeeld niet wist te geven, en dus aan de werkzaamheden zijner onderhoorigen geene kracht noch leven kon bijzetten. Het eenige middel, waardoor hij zich soms eenige rust verschafte, was het afkoopen der verwoestingen voor zware geldsommen; een middel, waardoor hij niet alleen zijne geteisterde onderdanen nog meer drukte, en alle zedelijke kracht bij hen uitdoofde, maar ook telkens nieuwe en talrijkere zwermen zijner trouwelooze vijanden aanlokte. (*c*) Hoe treurig de zaken bij zijnen dood gesteld waren, blijkt ons treffend uit eenen brief van Hincmar, den aartsbisschop van Rheims, waarin hij aan zijnen zoon en opvolger, Lodewijk den Stamelaar, schrijft over de beste wijze om het rijk wel en in vrede te regeren. (*d*) « Raadpleeg," zoo schrijft

---

(*a*) Duchesne H. F. S. II. 469.
(*b*) Liber de castro Ambasiae bij d'Acherij, Spicil. III. 271. Duchesne H. F. S. II. 405. III. 559. H. N. S. 34. 54. « quibus patratis, avide materiam quietis obtinuit."
(*c*) Duchesne H. N. S. p. 19. 23. H. F. S. III. 446. 447. Ann. Xant. bij Pertz II. 285. Cf. Hegewisch, Gesch. d. Kar. Mon. 8, 101-103.
(*d*) Duchesne H. F. S. II. 477.

hij, « met uwe en Gods getrouwen, hoe men een einde zal maken aan de rooverijen en strooptogten; opdat het ongelukkige volk, dat reeds gedurende vele jaren door dezelve, zoowel als door de opbrengsten ter verdrijving der Noormannen, wordt gedrukt, eenigzins adem hale; opdat regt en regtspleging, bijna onder ons verstorven, herleve; opdat God ons weder dapperheid schenke tegen de ongeloovigen: want reeds sedert lang heeft men zich in dit rijk niet verdedigd, maar vrijgekocht en schatting betaald, waardoor niet alleen de minvermogende lieden, maar ook de voormaals rijke kerken geheel zijn uitgeput." Zoo was Karel de Kale de oorzaak der nog grootere ellende, die onder zijne opvolgers zoo zeer toenam, dat men ook op zijne regering als op gelukkigere tijden terugstaarde. En, hoe veel deze landen ook van de Deenen hadden te lijden, bij Frankrijk vergeleken was derzelver lot nog zeer dragelijk. (a)

Het dringende gevaar gaf in 879 aanleiding tot een verbond van onderlinge hulp tusschen Lodewijk III. en Karloman, zonen van Lodewijk den Stamelaar, koning van Frankrijk, en Lodewijk den Saks, den beheerscher van een groot gedeelte van Duitschland, van Lotharingen en van Friesland. (b) Toen de laatstgenoemde uit Frankrijk naar zijne staten terugkeerde, ontmoette hij bij Tinnon (Thimium, Tumiomum) of Thuin aan de Sambre onvoorziens eene talrijke bende Noormannen, die zich sedert eenigen tijd op de Schelde onthielden, en ge-

(a) Vergel. boven p. 103. aanm. d. beneden p. 137.
(b) Duchesne H. F. S. II. 479.

heel Lotharingen verwoestten; zij kwamen juist van eenen strooptogt terug, en voerden den gemaakten buit naar hunne schepen. Hij viel terstond op hen aan; meer dan 5000 vijanden, waaronder vele aanzienlijken, sneuvelden; de overige verschansten zich, naar gewoonte, in een nabijstaand gebouw (in fisco regio). Hugo, 's konings natuurlijke zoon, den vijand, door drift vervoerd, te onvoorzigtig najagende, werd naar binnen gesleept, en door Godfrid, een' der Deensche opperhoofden, gedood; Lodewijk meende dat zijn zoon gevangen was, en gaf terstond bevel den strijd te staken, opdat de belegerden hem mogten sparen; deze verbrandden daarop hunne dooden, en ontkwamen des nachts naar hunne schepen. Des morgens vernam men den dood van Hugo, waarop Lodewijk den moed verloor en alle verdere vervolging staakte. (a) Overigens heb ik niet gevonden, dat het gemaakte verbond eenig merkwaardig gevolg heeft gehad; ieder had te veel de handen vol met het beschermen zijner eigene bezittingen.

Het volgende jaar leed Lodewijks leger eene zware nederlaag tegen de Noormannen, die in Saksen waren gevallen. De bisschoppen van Minden en Hildesheim, twaalf hertogen en graven met al hun gevolg, en achttien koninklijke vasallen sneuvelden in den strijd. (b) Ook maakte de vijand eene groote menigte gevangenen. Onder de graven vindt men melding van Brun, des Konings zwa-

---

(a) Regino l. l. 590, 591. Ann. Fuld. l. l. p. 393. waar dit tot 880 wordt gebragt, gelijk ook in de Ann. Bertin. l. l. p. 512. Vedastini p. 518. en Duchesne H. F. S. II. 479. III. 427.
(b) Ann. Fuld. l. l. p. 393.

ger, en van Wicman en twee Theoderiks. [Waarschijnlijk evenwel was het verlies der vijanden ook zoo beduidend, dat zij niet verder voortdrongen, maar, zelfs zonder de gewone verwoestingen aan te rigten, naar hun land terugkeerden. (*a*)]

De zeeschuimers verbrandden ook om dezen tijd, behalve vele andere dorpen en kloosters, de plaats Biorzuna, waar een groot aantal Friesen woonde. Wagenaar zegt, dat men vermoedt door dit Bajorzuna Bergen op Zoom te moeten verstaan; (*b*) hij schijnt het dus zelf niet zeer waarschijnlijk te hebben gevonden; mij komt het onmogelijk voor, daar men leest dat zij bij hunnen terugtogt te Nijmegen kwamen. Men moet het derhalve hooger op aan den Rhijn zoeken; denkelijk bij Birthen, tusschen Rheinberg en Xanten. (*c*) Er wordt ook van de plaats niet gezegd dat zij in Friesland lag, maar alleenlijk dat er eene groote menigte Friesen woonde; dit waren gewis kooplieden, die zich daar om handelszaken ophielden, en wier rijkdom de Noormannen aanlokte. (*d*) Van Biorzuna keerden de stroopers terug naar Nijmegen, waar zij de palts (het paleis of hof), door Karel den Grooten ge-

---

(*a*) Mannert I, l. II. 75.
(*b*) II. 84.
(*c*) Ann. Fuld. l. l. p. 394. en Pertz ad h. l. [Depping I. p. 232, « Une autre troupe désola toute la Hollande; Berg-op-Zoom fut brûlé. » Zoo worden hier dikwijls de twijfelachtigste punten als volkomen historisch zeker opgegeven.]
(*d*) Ter opheldering strekke eene andere plaats uit dezelfde Annales Fuldenses p. 403, waar verhaald wordt, hoe in Maart 886 het beste deel der stad Mainz, waar de Friesen woonden, afbrandde. Door dit « optima pars Moguntiacae civitatis, ubi Frisiones habitabant; " versta ik het kwartier der Friesen, die zich aldaar om den handel hadden nedergezet.

sticht, (a) ter overwintering kozen, en er zich met stevige wallen en muren verschansten. Lodewijk kwam ten spoedigste met een leger, en trachtte de sterkte te bemagtigen. Na eenige dagen vruchtelooze pogingen hiertoe te hebben aangewend, zag hij van zijn plan af, en bepaalde zich alleen tot eene insluiting; want de vijanden verdedigden zich hardnekkig, en het paleis, dat van groote uitgestrektheid en verwonderlijk sterk gebouwd was, strekte hun tot eene veilige schuilplaats. Spoedig begonnen de belegerden gebrek te krijgen, en de strenge winter deed ook de belegeraars naar het einde der onderneming verlangen. De vijanden beloofden, Lodewijks gebied terstond te zullen verlaten, indien hij hun den vrijen uittogt toestond; toen men het hierover spoedig eens was geworden, (881) slechtten zij hunne verschansingen, staken het paleis in brand, en voeren naar de monden van den Rhijn. (b)

Frankrijk had nog veel meer van de wreedheid der Noren te lijden, die zich in Courtray hadden genesteld, en met ongehoorde woede de omstreken uitmoordden en plat brandden. De Fransche koningen Lodewijk III. en Karloman waren in oorlog tegen Boso, koning van Bourgondië. Lodewijk liet dezen strijd aan zijnen broeder over, en trok ten spoedigste op, om zijn rijk van eenen geheelen ondergang te redden. In Augustus 881 gelukte het

---

(a) Einhardi, vita Karoli bij Pertz II. 452.
(b) Regino l. l. p. 592. die dit tot 881 brengt. Ann. Fuld. l. l. p. 594. Chron. Tielense ed. van Leeuwen p. 49. ad quem l. vid. coniecturas editoris. Duchesne H. F. S. III. 427. 428, volgens wien zij zich in onberekenbare menigte van Nijmegen naar Haslao begaven.

hem den vijand in de gouw Witmau (le Vimeu) te onderscheppen, daar hij, met roof beladen, van eenen plundertogt terugkeerde. In den strijd, welke bij Saucourt tusschen Abbeville en St. Valerij voorviel, behaalden de Franschen eerst eene schitterende overwinning; meer dan 8000 vijanden (volgens anderen 9000 ruiters) bleven op de plaats; de overigen evenwel, die zich met de vlugt hadden gered, vonden kort daarop gelegenheid den aanval te hernieuwen: de zaak stond nu hagchelijk; reeds waren ongeveer 100 Franschen gesneuveld; doch het gelukte den koning, die van zijn paard steeg om te beter wederstand te bieden, de zijnen op nieuw te bemoedigen, en dus voor eene schandelijke vlugt te bewaren. Er werd zulk eene menigte Noormannen geveld, dat slechts weinige de nederlaag in de legerplaats konden boodschappen, en men meende dat er nog nimmer zoo vele in Frankrijk waren gevallen. (a) Uit het vervolg blijkt echter genoegzaam, dat zij, door dezen slag nog niet zoo geheel waren vernietigd, als men zich in de eerste vervoering der vreugd had voorgesteld, (b) Hoe groot deze vreugde was, kan men zien uit het be-

---

(a) Ann, Fuld. p. 394. Regino p. 593. Ann. Vedast, l. l. p. 519, 520. Hariulfi Chron. Centul. Abbatiae in d'Acherij, Spicil. II. 322. Duchesne H. N. S. 4. 1016. Fragm. Chron. Fontan. bij Pertz II. 525. Onder de gesneuvelden vermeldt men in het bijzonder den aanvoerder Guaramund. Lodewijk had zich, naar men wil, in het gevecht zoo zeer boven zijne krachten vermoeid, dat hij niet lang daarna aan de gevolgen stierf. Hariulfus l. l. « in ipso congressu prae nimio feriendi conamine sua interiora rupit, ac deinde mortuus est."

(b) De Ann. Bertin. l. l. p. 513 seqq. geven vrij wat minder op van de behaalde voordeelen, en keuren Lodewijks handelwijze na de overwinning ten eenenmale af.

roemde zegelied, welks kennis wij aan de nasporingen van Mabillon te danken hebben, en waarop ik, in het tweede gedeelte dezer verhandeling, nader terug moet komen. Deze overwinning, zoo gaat het verhaal voort, was oorzaak dat de koning nu door de vijanden begon gevreesd te worden; hij trok in zegepraal terug (!) en sloeg zich met zijn leger neder in den omtrek van Cambray. De Noormannen daarentegen begaven zich naar Gend, waar zij reeds vroeger hadden overwinterd, (a) herstelden hunne schepen en togen zoo te water als te land naar de Betuwe. Zij voeren in November de Maas op, en vestigden zich ter overwintering te Haslao (Ascloha, Hasloa) aan den oever dier rivier, veertien mijlen van den Rhijn. Sommigen verstaan hierdoor Hasselt, (b) anderen Elsloo; (c) het laatste gevoelen komt mij alleen aannemelijk voor. (d) Het berigt, dat zij zich hier in grooten getale, of, zoo als de schrijvers zich uitdrukken, met eene ontelbare menigte voetvolk en ruiters hebben gelegerd, doet mij denken dat diegenen, die door Lodewijk waren geslagen, zich met andere benden hunner landgenooten hebben vereenigd. Dit wordt verder waarschijnlijk uit de vele aanvoerders welker namen ons bewaard zijn, Godfrid, Sigifrid, Vurm (Gorm) en Hals (Half). Deze Godfrid is dezelfde, dien wij boven (e) reeds hebben leeren

---

(a) In 880. Ann. S. Bavonis Gandensis bij Pertz l. l. p. 187.
(b) Wiarda I. 123. Hegewisch, Gesch. d. Kar. Mon. S. 145.
(c) Wagenaar II. 85. Laatschl. S. 32. v. Wijn, Histor. avondstonden p. 222.
(d) Ann. Vedast. bij Pertz II. 199. Duchesne H. F. S. II. 483. 484. Ann. Besuens. bij Pertz II. 248.
(e) Pag. 103. 104.

kennen, namelijk de zoon van Heriold en neef van
Roruk, welke laatste toen niet meer in leven schijnt
geweest te zijn. Uit Haslao breidden zij hunne vernielende
togten verder uit dan immer te voren.
Arras, Cambray, Maastricht, Luik, Tongeren, de
Hespen-gouw of Hasbain, (a) geheel Ripuarie met
deszelfs voornaamste kloosters, Pruym, Inda of S.
Cornelis-Münster, Stavelo, Malmedij, en de hofstad
Aken vielen in hunne verdelgende handen. Zij
verbleven drie dagen in het klooster Pruym, om
den buit uit de omstreken bijeen te slepen; de landbewoners
verzamelden zich in groote menigte (innumera
multitudine) en vielen hen te voet aan;
doch het gemis van krijgskunde was hun nog ruim
zoo verderfelijk als het gebrek aan wapenen, zoodat
de woeste roovers onder hen, als onder weerlooze
dieren, eene ijsselijke slagting aanrigtten. Bij
hunnen aftogt uit het klooster lieten zij de vuren
in de vertrekken branden, waardoor het geheele
gebouw spoedig in asch verkeerde. (b) Te Aken
bedienden zij zich, met bitteren spot, van de koninklijke
kapel ter stalling hunner paarden; sommigen
willen, dat zij ook het paleis aldaar, benevens
vele andere paleizen en villae regiae verbrandden.
(c) Hetzelfde lot trof Keulen, Zulpich,
Neusz, en Bonn; noch kerken, noch eenige andere
gebouwen werden gespaard. (d) De geestelijken,
die gelegenheid hadden om te ontvlieden,

(a) Op den linker oever van de Maas, omstreeks Luik.
(b) Regino, l. l. p. 592. Mon. Sangall. bij Pertz II. 576.
(c) Ann. Vedast. l. l. p. 520.
(d) Chron. S. Martini Colon. bij Pertz II. 214. Duchesne H. F. S.
III. 428. Sigeb. Gembl. bij Pistorius I. p. 800 en 801.

borgen de overblijfselen der Heiligen en de andere kerkschatten te Maintz.

Intusschen kwijnde Lodewijk de Saks te Frankfort aan eene hevige ziekte, die hem eerlang (882) ten grave sleepte. (*a*) Hij had een leger tegen de Noormannen gezonden; doch zoodra zijn dood bekend werd, keerde dit onverrigter zake terug. De vijanden volgden het op den voet; alles wat te voren der vernieling ontsnapt was, tot Coblentz, Trier, ja tot Worms toe, werd verwoest. (*b*) Daarop togen zij naar Metz; de bisschop Wala en de graaf Andalhard (Adalard), vereenigd met Bertolf, bisschop van Trier, trokken hun bij Remiche met eene kleine magt onvoorzigtig tegen. Zij werden geslagen en Wala sneuvelde. (*c*) De roovers zagen echter van hunnen togt naar Metz af; en na alles zoo te hebben verwoest, dat het niet aan te zien was (quam pessime et visui horribilius), bragten zij hunnen roof naar het veilige Haslao. (*d*)

De vertwijfeling der ongelukkige onderzaten rees ten top; verontwaardigd over de vermetele stoutheid, waarmede het betrekkelijk kleine aantal stroopers het voormaals zoo geduchte rijk der Franken in rep en roer bragt, gevoelde men meer dan ooit de noodzakelijkheid eener engere verbinding, eener gezamentlijke inspanning van krachten onder

---

(*a*) Regino l. l. I. 592. Ann. Fuld. l. l. p. 394. Sigeb. Gembl. bij Pistorius I. p. 801.

(*b*) Ann. Fuld. l. l. p. 595. Regino l. l. 592. Leutschläger 29-32. Ann. S. Maximin. Trevir. bij Pertz II. 213.

(*c*) Duchesne H. N. S. p. 26.

(*d*) Ann. Fuld. l. l. Hist. Trevir. et Chron. Episc. Metens. bij d'Acherij, Spicil. II. 213. 214. 228. Duchesne, H. F. S. III. 428. Magn. Chron. Belg. bij Pistor. III. p. 70.

een gemeenschappelijk opperhoofd. De man van wien men redding verwachtte, was Karel de Dikke; bij den dood van Lodewijk den Duitscher (876) was hem Alemannie of Zwaben, met een deel van Lotharingen, te beurt gevallen; vier jaren later had hij de keizerlijke kroon verkregen, en nu was hij ook zijnen broeder Lodewijk in de regering opgevolgd. Daar zijn gebied zich zoo snel had uitgebreid, had men onwillekeurig veel vertrouwen voor hem opgevat; men schaarde zich, vol goede hoop, met buitengewone bereidwilligheid, onder zijne vanen. Op eenen talrijken rijksdag te Worms viel het besluit, den algemeenen vijand met vereende krachten aan te vallen; ten bepaalden tijde kwam bij Andernach een ontelbaar heir uit alle deelen des rijks te zamen; men zag er Lombarden, Franken, Beijeren, Alemannen, Thuringers, Friesen en Saksen. Ook Lodewijk III van Frankrijk had, kort voor zijn' dood, hulptroepen onder graaf Theoderik gezonden. Het leger was groot genoeg om zelfs den magtigsten vijand met voordeel te bestoken, en allen brandden van verlangen om zoo veel ongelijk en hoon, zoo vele verkropte beleedigingen aan den wreeden hoop roovers te wreken. (*a*) Een deel van het leger, de Beijeren onder Arnulf en de Franken onder Henrik, werd vooruit gezonden, om den vijand buiten de verschansing te overvallen, hetgeen echter niet gelukte; men schreef deze misrekening aan verraad

---

(*a*) Zie voor dit en het volgende Ann. Bertin. p. 513. 514. Ann. Fuld. p. 395. seqq. Ann. Vedastini p. 520. Regino p. 591. Ann. Weingart. p. 66. alle bij Pertz I. l. Godfrid. Viterb. bij Pistorius II. 520.

toe; doch de waakzaamheid der in den krijg geoefende Noormannen kan met meer regt voor de reden worden gehouden. Toen dus deze uitgezondene troepen terugkeerden, trok de Keizer ten spoedigste met de gansche legermagt voorwaarts; de stroopers werden van alle zijden in hunne vesting ingesloten, en hunne geheele verdelging scheen onvermijdelijk. Na eene belegering van twaalf dagen was de verschansing op het punt van te worden ingenomen, en de belegerden wanhoopten zelve aan hun behoud, toen de Keizer zich door trouweloozen raad, buiten weten der oude raadslieden, die zijnen vader gediend hadden, tot het opbreken van het beleg liet overhalen. De geschiedschrijvers leggen deze verraderlijke handelwijze ten laste van Liutward, bisschop van Verceil, en van zekeren graaf Wicbert, en beschuldigen hen, dat zij zich hadden laten omkoopen. Welligt had de vrees even zeer aandeel aan dezen handel, en dorsten zij het niet wagen den verwoeden uitval der wanhopige vijanden af te wachten. Hoe dit zij; zij bragten Godfrid tot den Keizer, die, » als eene andere Achab," hem vriendelijk ontving en vrede met hem maakte. Nadat van weêrszijde gijzelaars gegeven waren, hingen de Noren, volgens hun gebruik, ten teeken van vrede een schild in de hoogte, (a) en openden de poorten. Velen uit het keizerlijke leger begaven zich daarop naar binnen, of om handel te drijven, of om de sterkte der verschansing op te nemen. Eensklaps nemen

---

(a) Over het roode of witte vredeschild, zie Suhm, übers. Gräter, I. 196.

de vijanden, met de hun eigene trouweloosheid, het vredeschild af, sluiten de poorten, dooden allen, die zij binnen hunne wallen vinden, of werpen hen in ketenen om er losgeld voor te bedingen. — Intusschen maken de omstandigheden het niet denkelijk, dat de Noormannen juist nu zich aan deze verregaande en nuttelooze trouweloosheid hebben schuldig gemaakt; en de gissing, dat dit berigt partijdig is, maar dat eenige keizerlijken, over de gemaakte schikkingen hoogst ontevreden, opzettelijk tot deze schennis van het verdrag hebben aanleiding gegeven, op hoop van dus het sluiten van vrede te beletten, kan met zeer aannemelijke gronden worden verdedigd. (*a*) Het voorval deed ten minste den Keizer niet van besluit veranderen; hij stond als gevader bij den doop van Godfrid, aan wien Gisla, de dochter van Lotharius bij de beruchte Walrade, werd uitgehuwelijkt. (*b*) Verder gaf hij hem en den zijnen de graafschappen en leenen in Kinnin (Kennemerland) ter bewoning, welke zijn oom Roruk als leenman der Frankische vorsten had bezeten. De voorwaarde, dat hij de rijksgrenzen tegen de invallen zijner landslieden zoude verdedigen, werd er, als uit oude gewoonte, bijgevoegd. (*c*) Eindelijk betaalde hij aan Sigifrid en de overigen, die niet bij Godfrid behoorden, ruim 2400 ponden in zuiver goud en zilver, om welke te vinden de kerkschatten, die men nog voor den vijand had weten te bergen, werden aangesproken.

(*a*) Hegewisch, Gesch. der Kar. Mon. S. 150, 151.
(*b*) Sigeb. Gembl. bij Pistorius I. 801.
(*c*) Zie beneden I. 5.

Eene zoo diepe verontwaardiging over deze schandelijke voorwaarden vervulde het leger, dat velen, zonder zich aan het verdrag te storen, « uit ijver voor God en de heilige kerk," alle Noormannen, die hun in handen vielen, ombragten; doch de Keizer strafte dezen vromen ijver met den dood of het uitsteken der oogen. Hoe jammerlijk men zich in de verwachting, die men van Karels groote magt had gekoesterd, bedrogen zag, kan genoegzaam blijken uit den anders droogen stijl der meeste kronijkschrijvers; kunsteloos natuurlijk verheft zich hunne rede, wanneer zij hunne droefheid willen schilderen, of hunne verachting voor zulk een' vorst lucht geven. (*a*) Het leger ging dus beschaamd uiteen; en de Noormannen zonden een groot aantal met den roof beladene schepen, men leest van 200, naar hun vaderland; zij zelve bleven binnen de veilige verschansing, op nieuwe gelegenheid tot plunderen wachtende. (*b*) De Keizer hield andermaal eenen rijksdag te Worms, doch de genomene besluiten waren van gering nut, en spoedig vernam men, hoe de havenstad Deventer (Taventeri)

(*a*) « Imperator tantam contumeliam exercitui suo illatam flocci pendens, Gotofridum de fonte baptismatis levavit, et quem maximum inimicum et desertorem regni sui habuerat, consortem regni constituit.... Et quod majoris est criminis, a quo obsides accipere et tributa exigere debuit, huic, pravorum usus consiliis, contra consuetudinem parentum suorum, videlicet regum Francorum, tributa solvere non erubuit. Nam thesauros ecclesiarum ...., abstulit..... ad confusionem sui totiusque exercitus ..... Unde exercitus valde constristatus, dolebat super se talem venisse principem, qui hostibus favit, et eis victoriam de hostibus substraxit; nimiumque confusi redierunt in sua." Ann. Fuld. l. l.

(*b*) Sigeb. Gembl. bij Pistorius I: 801.

door de zeeroovers was verbrand, en vele inwoners waren vermoord. (*a*)

Een ander schrijver van die dagen (*b*) stelt Karels gedrag eenigzins van eene gunstigere zijde voor, en de billijkheid vordert dat wij ook zijne berigten in aanmerking nemen. De hitte was, zegt hij, gedurende de belegering, in de maand Julij, buitengemeen hevig; ook had men een geweldig onweder met donder en hagel doorgestaan; hierdoor, zoowel als door den stank van de rottende lijken der gesneuvelden, waren de belegeraars even zeer als de belegerden in de engte gebragt; men gaf daarom, na eenige onderhandelingen, gijzelaars aan de vijanden, en bedong, dat koning Sigifrid, die over de meeste troepen bevel voerde, zes mijlen buiten de verschansing tot den Keizer zou komen. Hier beloofde hij met eede, van dien tijd af, zoo lang Karel leefde, (*a*) nimmer in zijne landen eenige vijandelijkheid te zullen plegen; vervolgens werd hij gedoopt, terwijl de Keizer als gevader over hem stond. Toen bragt men daar twee dagen in vrolijkheid door; de Noormannen zonden de gijzelaars terug, en werden daarvoor met rijke geschenken begiftigd. Deze geschenken bestonden uit ruim 2080 ponden, van 20 solidi in een pond, zoo aan goud, als aan zilver. Karel, « de zaken dus in orde gebragt hebbende," ging naar Coblentz, waar hij zijn leger het gewenschte verlof gaf om uiteen te gaan. (*c*) Op de rijksvergadering te Worms werd Henrik tegen de Noorman-

---

(*a*) Ann. Fuld. l. l. p. 597. Vergel. boven p. 45. beneden p. 157.
(*b*) Ann. Fuld. pars V. l. l. 597.
(*c*) « Amabilem licentiam redeundi concessit."

nen gezonden, en « nadat deze de zaken, naar mate der omstandigheden, voorspoedig had in orde gebragt, keerde hij terug." Schoon wij geene reden hebben, aan de verschoonende bijzonderheden, welke in dit verhaal medegedeeld worden, te twijfelen, blijkt echter uit alles, dat het partijdig voor Karel is gesteld. De moeite, die de schrijver zich geeft, om de zaken te bemantelen en zoo fraai mogelijk voor te stellen, vooral het dubbelzinnige berigt aangaande de reeds zoo spoedig noodzakelijke zending van Henrik, (denkelijk naar Deventer), toonen maar al te duidelijk de laakbaarheid van 's Keizers gedrag, en deszelfs verderfelijke gevolgen.

Eggerie Beninga (a) verhaalt, dat de Friesen den Keizer vrijwillig eenige duizenden hunner beste manschap hadden te hulp gezonden, om hunne erfvijanden te bestrijden; door hunne hulp was er eene glansrijke overwinning behaald, zoodat bijna alle Noormannen werden gedood of gevangen. Alleen zij, die het christendom aannamen, werden gespaard! Men denke intusschen niet, dat de eerlijke Beninga deze leugens heeft verzonnen; reeds lang voor hem verstond men de kunst, om de waarheid te verdraaijen en den regten gang der gebeurtenissen te verduisteren. Zoo vindt men b. v. getuigd, dat de Noormannen door Karel zijn overwonnen (b) en uit zijn rijk verdreven; (c) zelfs verzekert Marianus Scotus, (d) dat de Keizer

---

(a) l. l. p. 86-88.
(b) Siffridi Presbyteri Epit. bij Pistorius I. 1051.
(c) Duchesne H. F. S. III. 428.
(d) Bij Pistorius I. 642.

door de schranderheid van zijnen veldheer Otto 100,000 Noormannen nedergeveld, en de overige gedwongen heeft het rijk te verlaten!

Dus zag men zich in deze landen nogmaals aan het bestier van eenen gehaten Noorman onderworpen; (*a*) en schoon hij in naam den Keizer als zijn' opperheer erkende, kan men uit de wijze, waarop hij de leenen van zijnen oom had verkregen, genoegzaam opmaken, hoe weinig een zoo zwakke band de bewoners voor zijne mishandelingen konde beschermen. Ditmaal echter behoeven wij ons met geene enkele gissingen tevreden te stellen; onze kronijken hebben de overleveringen bewaard, welke getuigen hoe diep zich het geleden ongelijk in de herinnering des volks had ingeprent. De Friesen, zeggen zij, (*b*) werden, na eenen mislukten opstand, door Godfrid in eene schandelijke slavernij gebragt; hij noodzaakte hen, met eenen strop om den hals te gaan, en bij de minste wederspannigheid werden zij terstond gehangen. Hij dwong hen (*c*) hunne huisdeuren tegen het noorden aan te leggen, en ze zoo laag te maken, dat zij zich bij het uitgaan telkens voor het vaderland hunner overheerschers moesten buigen. Nog duidelijkere sporen der mishandelingen, welke de ingezetenen van Godfrid en de Noormannen te lijden hadden, vindt men in het Friesche landregt. « Wanneer een ingezeten uit het land gevoerd wordt, door

---

(*a*) Over de uitgestrektheid van het gebied dezer Noren hier te lande zie boven p. 59-61.

(*b*) de Beka, p. 51. Magn. Chron. Belg. bij Pistorius III. 71.

(*c*) Wiarda I. 83 seqq. Schotanus, Gesch. van Frieslandt p. 65. Vergel. boven p. 36. aanm. a.

verkoop of door het heir der Noormannen, en zijn goed of erf verkocht wordt, en hij in het land tot de zijnen terugkomt, zoo mag hij zonder eenigen strijd zich weder in het bezit van het zijne stellen." (*a*) Eene moeder mogt het erf hares kinds verkoopen om drie noodzaken. De eerste noodzaak was, « wanneer het kind in zijne jeugd is gevangen en gevoerd noordwaarts over de zee; dan mag de moeder het erf van haar kind beleenen of verkoopen, en haar kind lossen, en deszelfs leven bewaren." De tweede noodzaak was, « wanneer dure jaren komen, en de heete honger over het land vaart; dan mag de moeder het erf hares kinds verkoopen, en koopen het eene koe, een schaap en koorn om zijn leven te behouden." De derde noodzaak was, « wanneer het kind nakend en zonder huis is, en dan de duistere nevel en koude winter aankomt; dan trekt ieder in zijn huis en in zijnen hof en wel verwarmd verblijf; en het wilde dier zoekt den hollen boom en de beschutting der bergen, waarin het zijn leven bewaren kan. Intusschen weent en schreit het jonge kind, en wijst op zijne nakende leden, en het gebrek aan een huis, en op zijnen vader, die hem had kunnen beschermen voor den honger en den kouden winternevel, dat hij nu zoo diep en donker met vier nagelen onder den eik en onder de aarde is besloten en bedekt; dan mag de moeder het erf hares kinds verkoopen, wijl zij verpligt is het te behouden en te bewaren voor koude en honger, dat het niet door

---
(*a*) Wiarda, Asegabuch S. 19. 20. 87, waaruit blijkt, dat vooral minderjarige kinderen zoo naar buitenslands werden weggesleept; en S. 69-72. 107. 108.

stroopers, door geenerlei eigenbelang genoopt om de overwonnenen eenigzins te sparen, niet af de christenen te vangen of te dooden, de kerken te vernielen, de muren omver te werpen, en de dorpen en woningen te verbranden. Op alle straten zag men lijken, zoo van geestelijken als leeken, edelen en geringen, vrouwen, jongelingen en zuigelingen; geen weg of plaats waar geene dooden lagen; angst en verslagenheid had allen vervuld, daar men zag dat het christenvolk tot verdelgens toe werd uitgeroeid. (*a*)

De hevigheid der onderdrukking was intusschen hier te lande een spoorslag, om, zoodra er eenige gunstige omstandigheden voorkwamen, tot het wagen eener laatste poging alle krachten in te spannen. Godfrids heerschzucht gaf weldra de gewenschte aanleiding. Hij verbond zich (883) in het geheim met zijnen zwager Hugo, die, na den dood van Lotharius II. in 869, om zijne onechte geboorte van de regering was uitgesloten. (*b*) Sommigen schrijven, wat mij echter minder waarschijnlijk voorkomt, dat Godfrid eerst in dit jaar, ten gevolge van het met Hugo gemaakte verbond, zijne zuster Gisla trouwde. (*c*) Zeker is het, dat Hugo met zijne hulp het gebied zijnes vaders zocht te heroveren, waartoe hij reeds meer dan eens vruchtelooze pogingen had aangewend. (*d*) Hij had zich eene aanmerkelijke legermagt verzameld, daar allen, die met den bestaanden toestand

---

(*a*) Ann. Vedast. ad a. 884. l. l. p. 521. Verg. boven p. 103. aanm. d. p. 134. aanm. q.
(*b*) Zie boven p. 118.
(*c*) Ann. Fuld. l. l. p. 398.
(*d*) Hegewisch, Gesch. der Kar. Mon. S. 143.

ontevreden waren, waaronder verscheidene aanzienlijken, zich bij hem voegden. Met dezelve bedreef hij zooveel geweld en plundering, dat men zijne strooptogten met die der Noormannen vergeleek; alleenlijk onthield hij zich van moord en brandstichting. (*a*) Ten einde zijne partij nog meer te versterken, zettede hij Godfrid aan om hulptroepen uit het noorden te ontbieden, en hem met alle magt te helpen, waarvoor hij hem de helft van het vaderlijke rijk beloofde. De Noorman liet zich spoedig overhalen, en wachtte slechts op het geschikte tijdstip om de gezworene trouw te verbreken; om een voorwendsel was hij, zoo als blijken zal, niet verlegen. Nog hetzelfde jaar viel een nieuwe zwerm zeeschuimers, die uit Deenemarken kwamen, in Chinheym of Kinnin, voer, op zijne aansporing, (*b*) den Rhijn op, stak den brand in vele onlangs herbouwde plaatsen, en maakte grooten buit. Doch Liutbert, aartsbisschop van Maintz, trok hun met eene kleine magt tegen, doodde velen hunner en ontjoeg hun den behaalden buit. Na hunnen aftogt werd Keulen, behalve de kerken en kloosters, herbouwd, en met muren en welvoorziene poorten gesterkt. (*c*) De vijanden hadden bij dezen inval hunne wapenplaats gevestigd te Duisburg of Diusburg; (*d*) sommigen verstaan hierdoor Doesburg, anderen Duysburg; het laatste komt mij het aannemelijkste voor, wijl dit voor hen,

---

(*a*) Regino ad a. 885.
(*b*) « Adsentiente Godefrido." Regino l. l.
(*c*) Ann. Fuld. l. l. p. 398.
(*d*) Duchesne H. N. S. p. 1016. Ann. Colon. bij Pertz I. 98. waar dit tot 884 wordt gebragt, even als bij Regino p. 574.

die den Rhijn bij deze gelegenheid vrij ver opvoeren, beter dan Doesburg tot wapenplaats gelegen was. (*a*) Zij hielden zich hier den ganschen winter op; maar de markgraaf Henrik, een broeder van Poppo, markgraaf in Thuringen, belette hen het stroopen. Eene talrijke bende was doorgedrongen tot het meergemelde klooster Pruym; Henrik overviel hen zoo onzacht, dat niemand der roovers, zoo als het gerucht liep, den dood ontkwam; hij zelf werd in den strijd gewond, doch herstelde spoedig. De achtergeblevenen, zich door zijne dapperheid overal den pas ziende afgesneden, verbrandden in het voorjaar hun leger, en keerden naar den zeekant terug. (*b*) Van dezen inval in Friesland vindt men ook eenige melding bij E. Beninga: (*c*) « maar de Friesen," zegt hij, « wilden hun niet onderworpen zijn, maar zich aan het R. Rijk houden"!!

In 884 beproefde eene andere bende hun geluk in Saksen; graaf Henrik en Arn, bisschop van Würzburg, trokken hun met eene talrijke schaar tegen. De strijd was van beide zijden bloedig; eindelijk behielden de christenen de overhand. Onder de gesneuvelde Noormannen vond men er van zulk eene rijzige en schoone gestalte, als men nog nimmer onder de Franken had gezien. De Keizer hield intusschen eene rijksvergadering in den Elsas, denkelijk te Colmar, en benoemde verscheidene bisschoppen, abten en graven ter verdediging van het

---

(*a*) [Depping I, 257, laat Godfrid zelven den Rhijn opvaren en zich te Duysburg versterken. Al weder niet overeenkomstig de berigten der geschiedschrijvers.]

(*b*) Regino l. l. 594. Sigsb. Gembl. bij Pistorius p. 801. ad a. 885. Ann. Fuld. l. l. 599.

(*c*) l. l. p. 89.

rijk tegen de Noormannen. De vijanden, herhaalde malen met Henrik slaags geraakt, werden overwonnen en gedood, zoo dikwijls zij het waagden op roof uit te gaan. Ten laatste vereenigden zich de landzaten in grooten getale om hunne verschansing te bemagtigen, waarop zij des nachts de vlugt namen. Henrik had den moed hen na te zetten; hij trok den Rhijn over, haalde hen in, en sloeg ruim 100 man ter neder, zonder nadeel der zijnen. (*a*) Deze strijd viel voor niet ver van den Rhijn; denkelijk hebben de overwonnenen zich in of bij ons land geborgen. In het midden van Mei hield de Keizer weder eene rijksvergadering te Worms, en benoemde op nieuw eenige aanzienlijken, om het land tegen de zeeschuimers te beveiligen. Op deze rijksvergadering kwam ook Gisla, Godfrids echtgenoote; zij was door haren man derwaarts gezonden, het zij uit eigene beweging, om zijne trouwelooze oogmerken te bedekken, het zij dat Karel hem zulks had gelast. De Keizer, die reeds toen eenigen argwaan schijnt te hebben gehad, hield haar eenigen tijd bij zich en stond haar niet toe terug te keeren. (*b*) Het blijkt evenwel, dat zij niet lang daarna weder bij Godfrid in ons land is gekomen.

Dit zelfde jaar raakten de Friesen met de Noormannen slaags bij Norditi, d. i. Norden in Oostfriesland; de vijanden leden eene bloedige nederlaag. (*c*) Denkelijk is dit dezelfde slag, waarvan men uit het verhaal van eenen tijdgenoot melding

---

(*a*) Ann. Fuld. l. l. p. 399.
(*b*) Ann. Fuld. l. l. p. 399.
(*c*) Ann. Fuld. l. l. p. 400.

vindt bij Adamus Bremensis. (a) Rimbertus, bisschop van Bremen, wist door zijne aanspraak de Friesen zoo te bemoedigen, dat zij met geestdrift den strijd begonnen. Het verlies der Noren wordt op ruim 10000 man begroot, behalve eene menigte, die op de vlugt bij het overtrekken der rivieren omkwam; men kan hieruit ten minste opmaken dat het zeer aanmerkelijk is geweest. De natie schreef het gevolg van hare geestdrift en moed met nederig geloof aan de wonderkracht des heiligen bisschops toe. (b)

Dus begon men in Duitschland met meerderen moed en beter gevolg de Noormannen tegenstand te bieden. In Frankrijk daarentegen had men op nieuw tot het betalen van eene zware schatting moeten besluiten, waartoe de kerkschatten beroofd en de slaven der kerken verkocht waren. Toen in October eindelijk alles was betaald, begaven de vijanden zich naar Boulogne, waar zij raadpleegden wat hun te doen stond. Gedeeltelijk kozen zij zee, doch anderen trokken naar Leuven, waar zij zich ter overwintering nedersloegen. Karloman liet zijn leger uiteengaan en stierf kort daarop (December) door een noodlottig toeval op de jagt, (c) zonder kinderen na te laten. Toen de Noormannen zijnen dood hadden vernomen, keerden zij aanstonds te-

---

(a) Histor. Eccles. I. 55. Cf. Wiarda I. 121.

(b) « Cuius rei miraculo usque hodie merita S. Rimberti penes Fresones egregia, et nomen eius singulari quodam gentis colitur desiderio. Adeo ut collis, in quo sanctus oravit, dum pugna fieret, perpetua cespitis viriditate notetur." Adam. Brem. l. l.

(c) Ann. Vedast. l. l. p. 522. 523. Regino p. 594. Hariulfi Chron. Centul. Abbat. bij d'Acherij, T. II. 322. Maga. Chron. Belg. bij Pistor. III. 74.

rug: te vergeefs herinnerde men hen aan hunne gedane beloften; zij antwoordden alleen met Koning Karloman vrede gemaakt te hebben; verlangde zijn opvolger ook vrede, dan moest hij hun eene gelijke som betalen. (*a*) Deze drang der omstandigheden noopte de Fransche rijksgrooten, om, met voorbijgang van Karlomans zevenjarigen stiefbroeder, Karel (den Eenvoudigen), aan Keizer Karel den Dikken de fransche kroon aan te bieden, « wijl men eenen volwassenen en magtigen koning tegen de Noormannen noodig had." Karel bleef niet in gebreke hun aanbod aan te nemen, maar hij voldeed zeer weinig aan de hiermede verbondene verpligting. Hoewel hij nu bijna al de staten van Karel den Grooten onder zijnen schepter vereenigde, leed men in Frankrijk en Lotharingen van de Noormannen, die zich te Leuven gevestigd hadden, eenen geweldigen overlast. Te vergeefs zond hij meermalen troepen uit om hen te bedwingen; er werd niets van belang uitgevoerd. (*b*) De vijanden vielen in Hasbain en andere naburige gouwen, waar zij allerlei voorraad bijeen sleepten, en zich ter overwintering gereed maakten. Liutbert, aartsbisschop van Maintz, graaf (in de Ann. Vedast. hertog) Henrik en eenige anderen overvielen hen, en dwongen hen, na een aanmerkelijk verlies, met achterlating van den bijeengebragten voorraad, in eene kleine verschansing te vlugten. Toen zij, na eenigen tijd belegerd te zijn, door honger tot het uiterste waren gebragt, en geenen strijd

---

(*a*) Verg. boven p. 45.
(*b*) Regino p. 594. Sigeb. Gembl. bij Pist. I. 801.

durfden wagen, wisten zij het bij nacht te ontkomen. Deze Henrik betoonde steeds veel wakkerheid in het vervolgen der Noormannen, en evenwel gelukte het hun uit de door hem belegerde verschansing te ontsnappen. Men kan hieruit nagaan wat de krijgsdienst onder min bedrevene en min ijverige legerhoofden moet zijn geweest. (a)

Intusschen zond Godfrid, het nu (885) tijd vindende om zijne oogmerken ten uitvoer te brengen, twee Friesche graven, Gerolf en Gardolf, tot den Keizer; hij eischte dat Karel, zoo deze verlangde dat hij hem voortdurend getrouw bleef en de rijksgrenzen tegen de invallen zijner landslieden verdedigde, (b) hem Coblentz, Andernach, Sinzig, en eenige andere keizerlijke bezittingen afstond, opdat hij wijn mogt hebben, welke in het land, dat hem geschonken was, niet voort wilde. Men gevoelde ten hove, dat de Noorman twist zocht, en achtte het niet raadzaam hem deze plaatsen, in het hart des rijks, af te staan. Na overleg met Henrik, wiens beleid zeer hoog werd geschat, vond men het evenmin geraden den trouweloozen leenman in het hem geschonkene land aan te tasten, hetwelk, door eene menigte stroomen doorsneden en vol ondoordringbare moerassen, voor geen leger toegankelijk was. Het besluit viel dus, hem met list te overweldigen, en zijne gezanten werden met een ontwijkend antwoord afgevaardigd. « De Keizer zou, door zijne afgezondenen, zijn verzoek zoo doen beantwoorden, als voor beide nuttig was. Hij moest

---

(a) Ann. Fuld. p. 401.
(b) Het blijkt dus, dat dit bij de beleening was bedongen. Verg. boven p. 144. aanm. c.

slechts in getrouwheid volharden." Godfrid had intusschen niet stil gezeten, maar een aanzienlijk leger zijner landslieden verzameld, waarmede hij in Mei den Rhijn wilde opvaren, en verscheidene plaatsen aan zijn gebied onderwerpen. Doch hij werd in zijne plannen voorgekomen door den Keizer, die zijne ontrouw met gelijke munt meende te mogen betalen. Graaf Henrik en Willibert, de eerwaarde bisschop van Keulen, werden als gezanten tot hem gezonden. De laatstgenoemde was er opzettelijk bijgevoegd, om het gesmede bedrog te beter te verbergen. Henrik beval heimelijk zijne krijgslieden, om spoedig door Saksen te trekken, en zich op eene bepaalde plaats en tijd bij hem te vervoegen, niet gezamentlijk, maar ongemerkt en verdeeld. Toen begaf hij zich, met zeer klein gevolg, naar Keulen, vanwaar de bisschop met hem naar de Betuwe reisde. Godfrid kwam de keizerlijke afgezanten te gemoet tot Herispich, waar de Rhijn en Waal zich scheiden. (*a*) Henrik en Willibert begaven zich op het eiland, onderhandelden met hem tot aan den ondergang der zon, en voeren nog des avonds naar hun verblijf terug, om den volgenden morgen het gesprek voort te zetten. Henrik raadde den bisschop, Gisla, Godfrids echtgenoote, tot zich buiten het eiland te roepen, en haar tot eene vredelievende gezindheid aan te sporen. Hij zou intusschen met Godfrid spreken over de zaak van graaf Eberhard, die door hem met geweld van zijne bezittingen was beroofd. Verder

---

(*a*) Volgens Alting op den regter oever der Rhijns, Spic, volg. Perts Heerwen of Herwin. Uit het verhaal blijkt, dat de plaats op het eiland, en dus links van den Rhijn lag.

haalde hij dezen Eberhard, die een graaf in of in de nabijheid van Friesland (*a*) schijnt geweest te zijn, (*b*) over, om op de bijeenkomst over het hem aangedane leed te klagen; wanneer de woeste Noorman, gelijk wel te verwachten was, hem ruw en honend antwoordde, moest hij terstond het zwaard trekken en hem eenen fellen slag op het hoofd toebrengen; Henriks gevolg zou hem dan, eer hij konde opstaan, verder afmaken. Uit deze dubbele afspraak van Henrik blijkt, dat hij den gevreesden vreemdeling, indien deze had willen schikken, nog zoude hebben gespaard; doch Godfrid berokkende zich, door zijn norsch en onbuigzaam antwoord, den hem toebereiden dood. (*c*) Zijn val gaf aan de landzaten de lang gewenschte gelegenheid om zich op hunne onderdrukkers te wreken; alle Noormannen, die men in de Betuwe kon vinden, werden afgemaakt, waartoe de krijgslieden, die door Henrik gelast waren zich op eene bepaalde plaats te vereenigen, denkelijk de hand zullen hebben geleend. (*d*)

De Noormannen, wier hulp Godfrid had besproken, niets van het gebeurde wetende, stroopten in Saksen. Een klein aantal landzaten toog hun te

---

(*a*) In den ruimeren zin. Zie p. 19. aanm. *d*.

(*b*) Vergel. v. Spaen, Inl. tot de Hist. van Gelderl. III. 96. 97.

(*c*) Op de plaat bij Wagenaar is de bisschop van Keulen afgebeeld, als bij den moord tegenwoordig. Dit is tegen de geschiedenis. Willibert had zijne rol reeds uitgespeeld.

(*d*) Regino p. 595. 596. Volgens de Beka p. 51. was de menigte der omgebragte Noormannen *ontelbaar*. Verg. Magn. Chron. Belg. bij Pistorius III. 71. 73. [Godfrids weduwe werd tot abdis van Nivelle benoemd. Zijne kinderen vervielen in zoo groote armoede, dat de aartsbisschop van Rheims hen, in het vervolg, aan de welwillendheid van koning Arnulf meende te moeten aanbevelen. Depping I. 260.]

gemoet, maar vond het, daar hunne overmagt te groot was, geraden om af te trekken. De vijand, hen najagende, verwijderde zich ver van de schepen; eene onvoorzigtigheid, die hij duur moest boeten; daar er juist toevallig een hoop Friesen uit Teisterbant (*a*) den Saksen te hulp kwam. De bewoners van ons vaderland, toen reeds even zeer met de zeevaart vertrouwd als krijgshaftig, bedienden zich ook ditmaal, « volgens hunne gewoonte, van zeer kleine vaartuigen." Hiermede aangeland, en merkende wat er gaande was, vielen zij terstond de Noormannen in den rug; de Saksen hielden weder stand, en drongen spoedig met hevigheid op de vijanden in; deze aldus van beide kanten in het naauw gebragt, werden zoo geslagen, dat er slechts weinigen ontkwamen. Zelfs gelukte het den Friesen hunne schepen te bemagtigen, waar zij zulk eenen schat van goud en zilver en allerlei roof vonden, dat zij alle, van den geringsten tot den aanzienlijksten, rijk werden.

Weinige dagen na Godfrids dood werd Hugo, door het beleid van denzelfden Henrik, met schoone beloften gelokt en met list gevangen: op bevel des Keizers werden hem de oogen uitgestoken, eene in die eeuwen zeer gewone straf, vooral voor die genen, welke men voor altijd onbekwaam wilde maken tot de regering. Allen, die hem hadden begunstigd, moesten smadelijk voor hunne ontrouw boeten. Hugo werd naar het klooster S.

(*a*) « Frisiones qui vocantur Destarbenzon." Ann. Fuld. p. 401. 402. Van Spaen, Inl. tot de Hist. van Geld. III. 96. beweert, dat men hier aan Friesen, die de grenzen van Saksen bewoonden, moet denken.

Gallen gezonden, later in het vaderland teruggeroepen, en eindelijk, onder de regering van Zwentibolch, in het weder herbouwde klooster Pruym tot monnik geschoren. Regino, de toenmalige abt, verrigtte zelf deze treurige plegtigheid; het is zijn verhaal, hetwelk ik in de meeste bijzonderheden aangaande Godfrids dood ben gevolgd; hij heeft Hugo nog eenige jaren in het klooster gekend, en kon dus van alle omstandigheden het naauwkeurigste onderrigt zijn. (*a*) Evenwel acht ik het niet onbelangrijk, de eenigzins verschillende berigten van andere schrijvers hier bij te voegen. Zoo verhalen de jaarboeken van Fulda, (*b*) dat Godfrid door Henrik en andere getrouwen des Keizers tot een gesprek was uitgenoodigd, waar zij hem zijne ontrouw verweten; dat hij hen door hoon en allerlei smaadredenen had verbitterd, en daarop met al de zijnen was omgebragt, « en aldus van God de verdiende straf zijner ontrouw had ontvangen." Dat Hugo vervolgens bij den Keizer werd aangeklaagd, als begunstiger der zamenzwering van zijnen zwager; dat hij, gedaagd en van schuld overtuigd, de bovengemelde straf heeft ondergaan, en eenigen tijd in het klooster te Fulda is gestoken, (*c*) terwijl de overigen zijner partij van paarden, wapenen en kleederen beroofd, naauwelijks naakt den dood ontkwamen. Men ziet dat dit berigt de verdenking van bedrog en sluipmoord van Henrik en den Keizer zoekt te verwijderen. De schrijver van het

---

(*a*) Regino l. l. p. 595, 596, Cf. Sigeb. Gembl. bij Pistorius, I. 801. ad a. 886.
(*b*) l. l. 401. 402.
(*c*) Men kon dus daar ook berigten van hem zelven inwinnen.

vijfde deel derzelfde jaarboeken (a) laat zich nog minder ongunstig over Godfrid en Hugo uit. « Koning (b) Godfrid ," heet het hier, « beschuldigd van tegen het rijk der Franken met de Noormannen zamen te spannen, is door de beschuldigers zelve gedood. Ook Hugo, die zich in het rijk des Keizers onvoorzigtig gedroeg, is van zijne oogen beroofd." Doch het omstandig verhaal van Regino komt mij voor te veel kenmerken der waarheid en onpartijdigheid te dragen, om er in dezen niet het meeste geloof aan te slaan. Eindelijk voegt er een ander schrijver nog bij, (c) dat Henrik de straf van Hugo heeft aangeraden, en dat hij door Gerolf, Godfrids leenman (fidelis), bij het ombrengen des Noormans met list is geholpen. Denkelijk had men dezen hiertoe, toen hij met Gardolf ten keizerlijken hove was, weten over te halen. Anderen vermoeden, dat Godfrid zich, gedurende zijne afwezendheid, van zijne graafschappen en goederen had meester gemaakt, en dat hij daarom, bij zijne terugkomst, 's Keizers zijde gekozen heeft. Verder houden velen hem voor den vader van Theoderik, die doorgaans voor den eersten graaf van Holland wordt gerekend. (d) Zeker is het, dat vier jaren later een Friesche graaf Gerolf met eenige alodiale goederen hier te lande, gelegen in zijn eigen graafschap, tusschen den Rhijn en Suit-

---

(a) l. l. p. 401. 402.
(b) Over de beteekenis van het woord koning zie boven p. 123. aanm. a.
(c) Ann. Vedast. l. l. p. 522. 523.
(d) Men heeft, zegt Wagenaar II. 89. onzes wetens geene reden, om dit in twijfel te trekken. Kluit, Hist. Critic. I. 1. p. 23. ann. 64 stelt het buiten allen twijfel.

hardeshage, (*a*) door Arnulf, den opvolger van Karel den Dikken, is beschonken. (*b*) Naar alle waarschijnlijkheid is hij dezelfde, waarvan wij hier spreken, en strekte deze gift, om zijne diensten, bij het ombrengen van Godfrid en het verdrijven der Noormannen bewezen, te beloonen. (*c*) Wij vinden hem bij deze gelegenheid weder in het bezit van zijn graafschap, hetwelk gelegen was omtrent Utrecht en Bodegraven. (*d*)

Op deze wijze werden deze landen van het bestier der Noordsche vorsten bevrijd, hetwelk de inwoners reeds lang met onwil hadden gedragen. Wij vinden in het vervolg geene melding, dat eenig gedeelte van ons land weder aan deze woeste

---

(*a*) Hillegommerbeek, thans bij Hillegom in het Haarlemmer meer verzwolgen. Kluit, Hollandsche Staatsreger. IV. 46.

(*b*) Chron. Mon. Egm. bij Kluit, Hist. Crit. I. 1. p. 25. « Gerolfus, comes Fresonum, ab Arnulfo rege Francorum quasdam res regiae potestatis et juris in proprietatem suscepit." Wagenaar II. 94. Zie den giftbrief bij Kluit, Hist. Crit. II. 1. 6-13. Men vindt daar onder anderen vermeld Noordwijk, Alburch bij Heusden, Hoorn, Thiel, en andere plaatsen, welker duiding aan meerderen twijfel onderhevig is.

(*c*) Deze gissing heb ik bewaarheid gevonden in een schrijven der Kloosterlingen van Epternach aan Keizer Henrik VI. van het jaar 1191, bij Kluit, Hist. Crit. II. 1. p. 213-215. Zij beklagen zich daarin, dat de Keizers de bezittingen, waarop zij deugdelijk regt hadden en waarvan zij de giftbrieven in handen hadden, aan verschillende hertogen en graven hadden gegeven. In het bijzonder spreken zij van Keizer Arnold (Arnulf), die wegens den inval der Noormannen vele hertogen en graven met de goederen van S. Willebrord had verrijkt, « ad supplendum scutum regale," d. i. om in dat gedeelte des rijks meer vasallen, troepen en krachten te hebben, ten einde de Noormannen wederstand te bieden. Uit denzelfden brief blijkt, dat dit ook bepaaldelijk in onze gewesten gebeurd is.

(*d*) Ook meent Wagenaar II. 93. dat deze Gerolf bedoeld wordt bij Heda p. 65, waar gesproken wordt van de visscherij, welke Gerolf had omtrent den uitloop des Rhijns. Vergel. boven p. 83. aanm. *b*.

vreemdelingen is te leen gegeven, of aan hun bestier toevertrouwd. Integendeel begint het gezag der graven en later dat der Utrechtsche bisschoppen meer en meer te rijzen, terwijl zij, door de dapperheid der inwoners geholpen, zich met nadruk en goed gevolg tegen hunne erfvijanden verdedigen. (*a*) Het was er intusschen verre af, dat deze ons land voortaan met rust lieten; hier en daar schijnen zij zich nog eenigen tijd te hebben genesteld, en er verliep nog meer dan eene eeuw, eer hunne strooptogten en zeeschuimerijen geheel ophielden. Het verhaal van dit alles behoort tot het volgende hoofdstuk.

IV. HOOFDSTUK.

Van den dood van Godfrid tot aan het ophouden van de invallen der Noormannen in deze gewesten.

885 - 1010.

Het wordt te regt als een bewijs van zwakheid aangemerkt, wanneer koningen hunne oproerige onderdanen niet weten te straffen, zonder tot listigen overval of sluipmoord hunne toevlugt te nemen. Wij vinden dit in het voorbeeld van Karel den Dikken treffend bevestigd. Hij wilde de Noormannen ook uit Leuven verdrijven, en vereenigde

---

(*a*) de Beka, p. 28. 31. 35. Heda, p. 58-60. Magn. Chron. Belg. bij Pistorius III. 69. Folcuinus bij d'Acherij, Spicil. II. 735. « Nec cessatum est, donec peste attrito rege eorum Godefrido, ad fidem Christi converso et baptizato, nec multo post interfecto, pax Ecclesiae redderetur."

met dit oogmerk de legermagt der Franschen en der Lotharingers. De Franschen zagen zich blootgesteld aan den hoon der vijanden, die hun smalende toeriepen: « waarom zijt gij tot ons gekomen? dit was niet noodig; wij kenden u immers reeds! Wilt gij misschien dat wij weder bij u komen? Welnu, wij zullen dan uwen zin doen." De uitslag regtvaardigde dezen hoon, daar het vereenigde leger spoedig met groote schande aftrok. De afwezendheid van abt Hugo, wiens dapperheid tegen de Noormannen meermalen gebleken was, (*a*) doch die nu door het voeteuvel belet werd aan dezen togt deel te nemen, droeg veel bij tot het mislukken der onderneming. (*b*) De Noormannen vervulden hunne bedreiging, en kwamen in Julij met al hunne troepen te Rouen: al wat weerbaar was trok hun tegen; doch daar Ragnold, hertog in Maine en eenige andere aanzienlijken in het begin van den strijd sneuvelden, liep het gansche leger vol droefheid uiteen, en de vijanden woedden zonder den minsten tegenstand. De Franschen durfden nu geenen slag meer te wagen, maar trachtten de schepen hunner vijanden, door het aanleggen van verschansingen aan de rivieren, tegen te houden. Dit middel hielp hun even weinig als het Karel den Kalen (*c*) had geholpen. Het verder verhaal van de bedrijven der Noormannen in Frankrijk behoort niet tot ons bestek; het zij genoeg hier met een enkel woord te melden, (*d*) hoe zij in dit en het

---

(*a*) Duchesne H, F. S, II, p. 638. Ann. Fuld. p. 403.
(*b*) Ann. Vedast. bij Pertz. I, 522. II. 201.
(*c*) Zie boven p, 133.
(*d*) Magn. Chron. Belg. bij Pistorius III. 74, « Quis vero enarra-

volgende jaar met 40,000 man Parijs belegerden. Deze stad was toen reeds van zoo veel belang, dat zij, volgens de getuigenis van eenen tijdgenoot, als koningin boven de overige steden uitschitterde; zij had eene voortreffelijke haven, en was wel versterkt met torens en grachten. (*a*) De hardnekkige verdediging der inwoners gaf aan Keizer Karel gelegenheid, hun te hulp te komen; tegen den herfst kwam hij met talrijke troepen; de dappere graaf Henrik (*b*) sneuvelde, terwijl hij het leger der Deenen opnam, en de Keizer beproefde te vergeefs het ontzet. In November bewoog hij den vijand door schatting tot den aftogt, en keerde in de grootste haast naar den Elsas terug, waar hij verscheidene dagen ziek ter neder lag. (*c*)

Sigifrid, een der zeekoningen, die Parijs belegerd hadden, (*d*) verliet in den herfst van 887 de Seine en voer met de zijnen naar Friesland, waar hij gedood werd. (*e*) Wat hij in Friesland heeft uitgevoerd, en hoe of bij welke gelegenheid hij werd omgebragt, hiervan is ons niets bekend. De gissing van Wagenaar (*f*) strijdt tegen de tijdorde.

---

ret mala, quae a Nortmannis per totam Franciam et Burgundiam et Neustriam contigerunt? Non enim fuit locus, nec civitas, nec munitio, nec ecclesia a mari Hispanico usque ad mare Britannicum, quae se possent abscondere ab istius tempestatis turbine."

(*a*) Abbo, de bello Parisiaco bij Pertz II. p. 779. Evenwel lag de stad toen alleen maar op het eiland in de Seine. Duchesne H. F. S. II. 497.

(*b*) In de Ann. Fuld. p. 403. heet hij « marchensis Francorum, qui in id tempus Niustriam tenuit." In de Ann. Vedast. p. 523. 524, nu eens dux, dan weder comes Austrasiorum.

(*c*) Ann. Fuld. l. l. p. 403.

(*d*) « Qui regno carebat, sociis tamen imperitabat. Abbo l. l.

(*e*) Ann. Vedast. l. l. p. 525.

(*f*) II. 92.

Wij zien hier weder, hoe onvolkomen de berigten aangaande deze landen ons bewaard zijn; zonder eene toevallige melding der jaarboeken van S. Waast zoude niemand hebben geweten dat er om dezen tijd Noormannen in Friesland zijn geweest. (a) De ligging van ons land stelde het telkens voor den eersten aanval bloot; het deelde dus dikwijls in de rampen der naburige streken, zonder dat de schrijvers hiervan, als iets dat of niet bijzonder merk-

---

(a) Zoo is Bier, Brier of Bioern met de ijzeren rib, die omstreeks 845 in Gallie viel, (Duchesne H. F. S. I. 132) in Friesland omgekomen, doch de tijd en plaats zijn ons niet bekend. (Duchesne H. N. S. p. 221.) [De Chronique M S. de Normandie de Benoit de Saint-Maur bij Depping II. 508 verhaalt, hoe Bier van Italie terugkeerende in Engeland was aangeland,

« Kar Bier sen volt returner
É vers Danemarche sigler
Kar oies ayeit noveles
De le qui mult li erent beles
Un mult gros vent e une bise
Le rameine tut dreit en Frise
Là ariva le pristrent pors
Là dit l'estorie quil fu mors,]

Hij had zijnen bijnaam verkregen, wijl hij nimmer eenig schild gebruikte, maar altijd ongeharnast in den strijd ging. Evenwel was het onmogelijk hem te wonden, wijl hij door de krachtige tooverkunsten zijner moeder onkwetsbaar was gemaakt. (Willelm. Genmeticensis bij Duchesne H. N. S, p. 218) [« Qui ideo *costa ferrea* vocabatur, quia non ei clypeus obiiceretur, sed inermis in acie stans armorum vim quamcunque spernerat illaesus; vehementissimis matris suae venenis infectus." Ik geef hier opzettelijk de eigene woorden van den aangehaalden schrijver, ter vergelijking met het verhaal van Depping I. 125. « Bioern, surnommé Côte-de-Fer, à cause d'une plaque de métal qui garantissait, dit-on, son côté blessé ou vulnérable. Le peuple disait que sa mère, habile enchanteresse, avait mis tout son corps, excepté le côté droit, à l'abri des coups de lance, d'épée et de flèche."] Intusschen ziet men hier, op welke wijzen het bijgeloof en de vrees dier tijden zich de onbegrijpelijke dapperheid der onoverwinnelijke vijanden zocht te verklaren.

waardig was, of van zelf konde worden ondersteld, melding hebben gemaakt.

Keizer Karel had aan de hoop, die men op hem had gebouwd, zoo weinig beantwoord, dat hij eindelijk de verachting zijner onderdanen niet kon ontgaan. (a) Zoo lang hij evenwel zijn vertrouwen bleef schenken aan zijnen gunsteling Liutward, bisschop van Verceil, (b) wist deze zijn gezag ongeschonden te bewaren. Maar toen hij, na den ongelukkigen togt naar Parijs, zoo naar ziel als ligchaam in krachten afnemende, argwaan tegen Liutward opvatte en hem het hof ontzeide, stond hij geheel hulpeloos tegen de heerschzuchtige ontwerpen zijner rijksgrooten. En toen Arnulf, hertog van Carinthie, op aanzetting van den wraakzuchtigen Liutward met een leger in Duitschland viel, was hij in drie dagen van alle rijksgrooten en hovelingen verlaten, en genoodzaakt zich aan Arnulf te onderwerpen en hem om eenig levensonderhoud te smeeken. Slechts kort overleefde hij zijn onheil; hij stierf in Januarij 888, volgens het gerucht, door zijne eigene bedienden verworgd.

Karels onverwachte val gaf aanleiding tot eene menigte verwarringen, twisten en oorlogen, die alle op de verzwakking en volkomene ontbinding der voormalige Frankische monarchie uitliepen. (c) De bovengenoemde Arnulf, een natuurlijke zoon van Karloman, den zoon van Lodewijk den Duitscher, was tegen het einde van 887 door de Beijeren, Oostfranken, Saksen en Zwaben tot koning

---

(a) Ann. Fuld. p. 404. 405.
(b) Zie boven p. 143.
(c) Duchesne H. F. S. II. 530. Gotfr. Viterb. bij Pistor. II, 520.

verkoren; hem gehoorzaamde ook Friesland en Lotharingen. (*a*) Hij had zich te Hastao het hevigste tegen den schandelijken vrede met de Noormannen verklaard, en hierdoor den Duitschers eenen goeden dunk van zich gegeven. Dit schijnt eene der hoofdoorzaken waarom men, zonder op zijne onechte geboorte te zien, hem de kroon opdroeg. In Frankrijk verhief zich zoo wel graaf Odo of Eudes als Rudolf van Bourgondie tot de koninklijke waardigheid; Berengar en Wido of Guido betwistten elkander de regering in Italie. In 894 werd Arnulf eindelijk te Rome als Keizer gekroond; maar zijn gezag werd in Italie, even als in Frankrijk, slechts in naam erkend, en Bourgondie bleef onafhankelijk.

Deze verwarde toestand deed de stoutheid der Noormannen toenemen; zij zetteden hunne verwoestingen in Frankrijk verder voort dan immer te voren, niettegenstaande Odo met alle inspanning van krachten, en somtijds met goed gevolg, hun tegenstand bood. (*b*) Arnulf hield op het einde van Mei 889 eenen algemeenen rijksdag te Forchheim aan de Rednitz; hier verschenen ook gezanten der Noormannen, met betuiging hunner vreedzame gezindheid. De koning gaf hun gehoor en daarop zonder uitstel hun afscheid. (*c*) Het bleef bij deze pligtpleging; ten minste vinde ik niet, dat het tot een verbond van vrede is gekomen.

Frankrijk was ook thans weder bij voorkeur aan

(*a*) Wagenaar II, 93.
(*b*) Duchesne H. N. S. p. 20. 22. 31. 304. H. F. S. II. 497. 498. Ann. Fuld. p. 405. Ann. Vedast. p. 525. 526. Abbo, l. l.
(*c*) Ann. Fuld. p. 406.

de woede der Noren blootgesteld: doch nadat zij in Bretagne twee aanmerkelijke nederlagen hadden geleden, voeren zij in 891 naar Lotharingen, sloegen zich daar neder en begonnen hunne plundertogten. Arnulf, die kort te voren eene andere bende Noormannen, die naar de Maas trokken, had verdreven, (*a*) en thans op de grenzen van Beijeren tegen de Slaven bezig was, zond eenige troepen tegen hen, met last om zich aan de Maas te legeren en hun den overtogt te beletten. Maar voor dat dit leger op de bepaalde plaats bij Maastricht bijeen was gekomen, waren de vijanden reeds bij Luik over de rivier getrokken en hadden zich in de bosschen en moerassen naar den kant van Aken verspreid, waar zij den toevoer naar het leger onderschepten. De tijding hiervan bragt Arnulfs troepen in geene kleine verlegenheid; men wist niet, of zij, in Ripuarie vallende, op Keulen zouden afgaan, dan wel over Pruym naar Trier zouden trekken. In het laatst van Junij ontmoette men den vijand bij de Gulia of Geul, die langs Mersen, niet ver beneden Maastricht, in de Maas valt. Uit het verhaal van Regino (*b*) blijkt ten duidelijkste, hoe ver de christenen toen ter tijde in krijgstucht en orde bij hunne vijanden achter stonden. Zoodra men, dus schrijft hij, de vooruitgezondene verspieders der Noormannen in het oog kreeg, viel de gansche menigte, zonder eenige orde of overleg met de aanvoerders, op hen aan, en vervolgde hen met de grootste onvoorzigtigheid,

---

(*a*) Ann. Vedast. l. l. I. 527.
(*b*) P. 602. 603.

tot dat zij, in zekere villa, op de digt in een geschaarde voetknechten des vijands stootten, door welke zij met geringe moeite terug werden gedreven. De ruiterij der Noormannen viel daarop met lossen teugel op de wijkenden in, en sloeg hen spoedig geheel op de vlugt. Het was in dezen strijd, die even beneden den mond van de Geul werd geleverd, dat Sunzo, bisschop van Maintz, graaf Arnulf, en eene menigte edelen sneuvelden. (*a*) Regino schrijft, naar de gewoonte dier tijden, het onheil der christenen aan hunne zonden toe, zonder op de ware oorzaak te letten. De vijanden veroverden de legerplaats, waar zij rijken buit vonden, bragten hunne krijgsgevangenen om, (*b*) en keerden welbeladen naar de schepen.

Arnulf brandde van verlangen om zich wegens deze nederlaag te wreken; hij verzamelde een nieuw leger uit zijne oostelijke rijken, nam zelf het bevel op zich, zette over den Rhijn, en kwam eerlang aan den oever van de Maas. De Noormannen, sedert de laatste overwinning druk bezig met rooven, hadden zich, bij Leuven over de Dijle, naar hunne gewoonte met aarden wallen en verhakkingen verschanst. Toen Arnulf derwaarts ging, verlieten hem de Alemannen onder voorwendsel van ziekte, en

---

(*a*) De Ann. Wirzib. bij Pertz II. 241. zeggen, dat Sunzo, die ook Sunderold heet, bij Worms door de Noren is gedood. Cf. Ann. Weingart. bij Pertz I. 68, Ann. Alam. Contin. Sangallensis ibid. p. 52. Marian. Scotus bij Pistorius I. 643.

(*b*) Bij de belegering van Parijs doodden de Noormannen hunne gevangenen, om met de lijken de gracht te vullen. Abbo bij Pertz II. p. 784. In 846 hingen zij ongeveer honderd gevangenen aan staken op, en bonden vele anderen aan huizen of boomen vast, als doelwit voor hunne pijlen. Duchesne H. F. S. II. 655.

keerden naar hun land terug. Doch de Franken bleven hem bij, en trokken met hem westwaarts voort naar Lotharingen, dat grootendeels door de Noormannen verwoest was. Hij naderde de vijanden onvoorziens en trok de Dijle over, maar zag geene kans om hen met zijne ruiters (a) aan te vallen, daar zij aan den eenen kant door een moeras, en aan de andere zijde door den stroom werden gedekt. Op hunne veilige legerplaats vertrouwende, hoonden zij zijn leger, herinnerden hen smadelijk aan de Geul, en pochten dat hun weldra een gelijk lot te wachten stond. Arnulf, wiens troepen niet gewoon waren te voet te strijden, bevond zich in de grootste verlegenheid; het gelukte hem evenwel hen te overreden, om den strijd te voet te wagen, terwijl een deel der ruiterij bestemd werd, om hun bij het gevecht den rug te dekken. Men wist dat de vijanden, met welke men te doen had, de dapperste soort der Deenen waren, waarvan men nog nooit had gehoord dat zij in eene verschansing waren overwonnen. Doch de moed der Franken werd hierdoor, evenmin als door de verschrikkelijke veldteekenen der Deenen (b) ter neder geslagen. Met een luid krijgsgeschrei ondernam men den aanval; na een kort, doch hevig gevecht, bleven de christenen overwinnaars. De Noormannen werden op de vlugt gedreven, en stortten zich in de rivier. Zij hielden elkanderen bij de handen, halzen of

---

(a) Het beste gedeelte van het Duitsche krijgsvolk in deze tijden bestond uit ruiterij, wijl het beste deel der opgeroepene manschap uit de eigenaars der landgoederen bestond, die het liefst te paard streden. Hegewisch, Gesch. der Karol. Mon. S. 177. 178.

(b) « Signa horribilia;" raven, gieren enz. Verg. Thierry, Conq. de l'Angl. I. 151.

beenen vast, en zonken bij honderden in de diepte, zoodat de stroom werd opgestopt door hoopen van lijken. Twee hunner koningen, Sigifrid en Godfrid sneuvelden; zestien koninklijke veldteekenen werden buit gemaakt, en ten blijke der behaalde zege naar Beijeren gezonden. Het getal der gesneuvelden wordt door onze schrijvers op 100,000, door de Deenen, met meer waarschijnlijkheid, op 10,000 begroot. Het verlies der christenen was zeer gering; (*a*) het gansche leger zong met den koning eenen plegtigen lofzang, en dankte God voor de behaalde overwinning, waarvan de gedachtenis nog eeuwen daarna te Leuven werd gevierd. (*b*) Regino verzekert, dat de vijanden in dezen strijd zoo geheel verdelgd zijn, dat er naauwelijks iemand overbleef om de tijding hunner nederlaag aan de vloot te boodschappen.

« Na deze schitterende zegepraal," zegt Lauteschläger, (*c*) « verschenen nog wel enkele onbe-

---

(*a*) « Uno homine tantum occiso de parte christianorum!" Ann. Fuld. L l.

(*b*) Siffridi Presbyt. Epit. bij Pistorius I. 1052. Regino l. l. Ann. Fuld. p. 407. 408. 418. Ann. Vedast. p. 527. Tom. II. p. 205. Lauteschläger S. 57. 58. Sigeb. Gembl. l. l. p. 803. Adam. Brem. I. 40. « Dit éêne voorval, dit besluit, eenen tot nu toe onoverwonnenen, sedert honderd jaren gevreesden en door de laatste overwinning nog vreesselijkeren vijand in zijn wel versterkt leger, met een aan geene orde gewoon heir aan te grijpen; daartoe ditzelfde heir te overreden, om op eene ongewone wijze den strijd te beginnen, en de gelukkige volvoering van eene schijnbaar zoo gewaagde onderneming, doet ons vermoeden, dat Arnulf met de grootste bekwaamheden is begaafd geweest, die, wanneer zij volkomen waren ontwikkeld geworden, hem tot eenen grooten man hadden kunnen maken." Hegewisch, Gesch. d. Kar. Mor. S. 178. De dienst te voet werd in die dagen veracht, als voor eenen vrijen man ongepast. Zie Hegewisch. Gesch. K. K. d. Gr. S. 210-215.

(*c*) S. 58. [Vergel. vooral Mannert l. l. II. 88.]

duidende hoopen Noormannen in de duitsche kustenlanden, maar geen noordsch leger werd sedert den Duitschen vreesselijk." Ik stem zulks gaarne toe, mits men dit algemeen gezegde niet te ver trekke. Zoodra toch Arnulf naar Beijeren was teruggekeerd, vereenigden zich de verstrooide vijanden, en vestigden zich op dezelfde plaats. (*a*) In Februarij des volgenden jaars trokken zij over de Maas, vielen in Ripuarie, waar zij met de hun eigene wreedheid stroopten en tot Bonn doordrongen. Zij bemagtigden vervolgens de villa Landolfesdorf, waar het leger der christenen hun ontmoette, zonder eenige bewijzen van dapperheid te geven. Evenwel durfden zij zich niet in de vlakte te wagen, maar trokken des nachts door de bosschen met de grootste snelheid naar het klooster Pruym. Hunne komst was zoo onverwacht, dat de abt en de monniken zich naauwelijks met de vlugt konden redden. Eenige broeders werden zelfs achterhaald, en benevens een aantal slaven omgebragt; die er het leven afbragten werden gevankelijk weggevoerd. Van daar begaven zij zich naar de Ardennen; eene menigte weerlooze lieden (innumera multitudo vulgi) meende zich te beveiligen in een kasteel, hetwelk nieuwelings op eenen steilen berg was gebouwd; doch het werd terstond aangevallen en bemagtigd; allen die er in waren lieten het leven. Daarop trokken zij met rijken buit naar de vloot terug, gingen met al de hunnen scheep, en voeren over zee. (*b*) Uit dit verhaal blijkt ge-

---

(*a*) Ann. Vedast. p. 527.
(*b*) Regino l. l. p. 603. 604. Duchesne, H. F. S. III. 559. « Ab Ernulfo Imperatore redire in Angliam compulsi sunt."

noegzaam, dat de overwinning van Arnulf de Noren wel gefnuikt, doch niet geheel verdelgd had.

De herhaalde verwoesting des lands door deze
meedoogenlooze vijanden bragt natuurlijk onvruchtbaarheid te weeg. Dit jaar was er in vele streken
een zoo zware hongersnood, dat de landlieden hunne akkers verlieten, om elders spijs te zoeken. Men
vindt dat dit ook de reden geweest is, waarom de
Noormannen omtrent den herfst, als reeds gezegd
is, deze kusten verlieten. (a)

In 895 gelukte het Keizer Arnulf, zijnen natuur-
lijken zoon Zwentibolch tot koning van Lotharingen te doen verkiezen; een gedeelte van ons land
geraakte dus onder het gebied van dezen vorst, (b)
die, met de aanzienlijken zijnes rijks in oorlog geraakt, niet lang na zijns vaders dood sneuvelde,
(900), nadat reeds te voren Arnulfs wettige zoon,
Lodewijk (het Kind), door de Lotharingsche grooten tot koning was verklaard. Deze werd in 900
ook tot koning van Duitschland verkoren en gekroond, en onder hem werd Lotharingen met
Duitschland vereenigd. Hij was de laatste van Karels nakomelingen, die den Duitschen troon bezat,
en stierf ongehuwd op zijn achttiende jaar in 911.
Koenraad, Hertog in Franken, werd na hem met
de koninklijke waardigheid bekleed; doch Karel
de Eenvoudige, koning van Frankrijk, was intusschen in Lotharingen gevallen, had zich daar tot
koning doen uitroepen, en handhaafde zich hij voort-
during in het bezit van deze kroon.

(a) Ann. Vedast. bij Pertz II. 206. Ann. Besuens. ib. p. 248.
Duchesne H. F. S. II 484.
(b) Wagenaar, II. 96.

De kronijken, omtrent dezen tijd vol van de verwoestingen der Hunnen of Hungaren, die met onwederstaanbaar geweld Duitschland overstroomden, zwijgen van de Noormannen. Dat zij echter somtijds op de kusten strooptei, blijkt uit eene plaats van Snorra. (a) « Onder al de zonen van den Noorweegschen koning Harald Haarfager werd niemand door hem zoo bemind en geëerd als Erik (Blodöxe). Hij gaf hem op zijn twaalfde jaar vijf ten strijd geruste schepen, waarmede hij op zeeroof uitging, eerst in de Oostzee, vervolgens zuidwaarts op de kusten van Deenemarken, Friesland en Saksen. Na vier jaren zich hiermede te hebben bezig gehouden, voer hij westwaarts, en plunderde vier andere jaren de kusten van Schotland, Brittannie, Ierland en Valland" (Gallie).

Keizer Koenraad I. stierf in December 918. Zijn opvolger, Henrik I. (de Vogelaar), hernieuwde (921) met de wapenen in de hand de aanspraak der Duitsche kroon op Lotharingen; het verbond bij Bonn tusschen hem en Karel den Eenvoudigen gesloten, liet beide partijen wel in het bezit van dat gedeelte, hetwelk zij voor den krijg hadden bezeten; maar eer twee jaren verloopen waren, was Karel door zijn' eigen' leenman, Herbert, graaf van Vermandois, gevangen genomen, en gansch Lotharingen door Henrik (924) met het Duitsche rijk vereenigd.

Onze gewesten stonden dus nu gezamentlijk onder de regering van eenen vorst, wiens uitstekende bekwaamheden en groote daden hem de regt-

---

(a) Heimskringla I. 110. Vergel. Adam. Brem. I. 45.

matige bewondering der nakomelingen hebben verworven. De overwinnaar der Slaven en Hungaren gevoelde de noodzakelijkheid, den Duitschen naam ook bij de Deenen, die intusschen in Saksen hadden gestroopt, vreesselijk te maken. Zijn doel was, de grenzen tegen hen te verzekeren en hen tot het aannemen des christendoms, waartoe de ijverigste pogingen van vroegere jaren onvoldoende geweest waren, te dwingen. Op deze wijze alleen kon men van dien kant eenen bestendigen vrede verwachten. In 934 voerde hij zijn leger over de Eyder, overwon den vijand in eenen grooten slag bij Sleeswijk, maakte deze plaats tot de hoofdplaats van een nieuw opgerigt markgraafschap, en bevorderde door zijne magtige bescherming den voortgang des christendoms, zonder zich door den tegenstand van den Deenschen koning Gaurm te laten afschrikken. (a) Wagenaar (b) meent, dat in ditzelfde jaar de Noormannen wederom eenen inval in Friesland hebben gedaan. «Zij kwamen," zegt hij, « onder anderen te Utrecht, alwaar zij de S. Maartenskerk en nog eene andere deerlijk vernielden." Maar bij de schrijvers, waarop hij zich beroept, (c) kan ik niets vinden hetwelk dit vermoeden bevestigt, daar zij, naar het mij voorkomt, alleen van de vroegere verwoestingen spreken. Het is evenwel niet onwaarschijnlijk, dat in 935 eene bende zeeschuimers in Friesland is ge-

---

(a) Adam. Brem. I. 48. Luden, Gesch. des teütschen Volkes, VI. 55 seqq.
(b) II. 118.
(c) Luitprand, bij Muratori Rer. Ital. SS. II. 455. en Heda p. 76.

vallen. (*a*) Koning Henrik overwon hen, maakte hen schatpligtig, en noodzaakte hunnen koning Chuipiam of Chusipiam zich te laten doopen.

De groote vorst stierf den tweeden Julij 936, nadat hij zijnen zoon Otto door de rijksvorsten tot opvolger had doen benoemen. Doch eer wij nagaan hoe deze de wankelende overmagt der Deenen verder heeft gefnuikt, willen wij ons eenige oogenblikken ophouden, om de lotgevallen van het Utrechtsche bisdom te beschouwen, sedert de verwoesting onder Hungerus, tot aan deszelfs herstelling in vorigen glans onder bisschop Balderik den Vromen, den tijdgenoot van Henrik I. en Otto den Grooten. De onvolledige berigten, die hieromtrent tot ons zijn gekomen, zullen, bij elkander verzameld, het best eenig licht over dit duistere onderwerp kunnen verspreiden.

Hungerus, door de verwoestingen der Noormannen uit de bisschoppelijke stad verdreven, (*b*) was in 866 in ballingschap gestorven, zoodat men ten tijde van de Beka (1350) niet wist, waar zijn lijk was begraven. (*c*) Heda voegt er zelfs bij, dat hij door sommigen onder de Utrechtsche bisschoppen

---

(*a*) Sigeb. Gembl. bij Pistorius I. 810. 811. Doch men kan zijne woorden ook in eenen anderen zin opvatten. Cf. E. Beninga L. l. p. 90. 91. Ann. Augienses bij Pertz I. 69. (Deze spreken van 931). Reginon. contin. ib. I. 617. Marian. Scot. bij Pistor. I. 645. German. Chron. bij Pist. II. 718. « Non multo post haec tempora (de overwinning der Hungaren bij Merseburg 934) Normanni Danique mari et terra depraedantur Frisiam; quorum conatus repressit eosque domuit Henricus, ut domi postea diu manserint, potius victum quaerentes piscando, pascendo agrosque colendo, quam cum vitae discrimine rapiendo."

(*b*) Zie boven p. 108-111.
(*c*) de Beka p. 29. Heda p. 86.

niet werd genoemd, « welligt wegens de verwoesting der Noormannen, waardoor alles werd verdelgd en der vergetelheid prijs gegeven." Van zijnen opvolger Odilbald, die in 899 (*a*) of 900 is gestorven, (*b*) vindt men vermeld, dat hij te Utrecht in de kerk van S. Salvator, bij zijne voorgangers, is begraven. Hetzelfde leest men van Egilbold, die naauwelijks een jaar den bisschopsstoel heeft bezeten. (*c*) Het komt mij evenwel hoogst waarschijnlijk voor, dat deze berigten voor niets anders dan bijvoegsels van eene latere en onbedrevene hand zijn te houden. Nergens toch vindt men het minste verhaal aangaande de berbouwing van eenige kerk in Utrecht; integendeel zegt de Beka uitdrukkelijk, (*d*) dat de volgende bisschop Radboud zijnen zetel te Deventer had gevestigd, « wijl de stad Utrecht door de wreedheid der Deenen geheel woest lag." Zelfs moeten zij zich toen nog aldaar in de door hen aangelegde verschansing hebben opgehouden; dit blijkt alweder uit denzelfden schrijver, die zijn werk uit allerlei echte bescheiden, welke in zijnen tijd nog overig waren, heeft zamengesteld. « Het gebeurde eens," zegt hij, « dat de bisschop naar Utrecht ging, om aldaar de heilige plaatsen" (d. i. de graven der heiligen) « godsdienstig te bezoeken. Doch de Deenen, hem met magt tegentrekkende, verhinderden zijn voornemen; hij vermaande hen vaderlijk zich te bekeeren, en het vervolgen der christenen te sta-

---

(*a*) Regino ad h. a.
(*b*) de Beka p. 51. Heda p. 63.
(*c*) de Beka p. 52. Heda p. 69.
(*d*) de Beka p. 53. Heda p. 71. 72.

ken; maar zij, hierdoor te heftiger verbitterd, dreigden hem eenen wreeden dood. Toen vervloekte de heilige man deze kinderen des verderfs; (*a*) het vuur daalde van den hemel en verteerde hen levend. De christenen, door dit wonder aangespoord, vatteden met moed de wapenen op, en dreven de nog overige Deenen overwinnend uit de stad." (*b*) Men ziet, dat dit verhaal door bijgeloovige bijvoegselen jammerlijk is misvormd; dit is echter zeker, dat de stad, niettegenstaande het behaalde voordeel, bij den dood van Radboud in 917 nog niet was herbouwd; ook is het lijk van dien bisschop te Deventer begraven. Daarenboven merkt de Beka uitdrukkelijk aan, dat gedurende zijne zeventienjarige regering de vervolging der Deenen zeer hevig is geweest.

Bruno, de jongste zoon van Henrik den Vogelaar, had reeds vroeg neiging getoond voor de beoefening der wetenschappen en voor den geestelijken stand, in die dagen de eenige gelegenheid om aan deze zucht te voldoen. Zijn vader had, indien men het berigt van de Beka gelooven

---

(*a*) Adam. Brem. I. 34. « S. Radbodus urbis Episcopus, cedens persecutioni, Daventriae sedem constituit, ibique consistens Anathematis gladio paganos ultus est." « Radboud," zegt v. Wijn, huisz. leven p. 65. 66. « nam zijn vast verblijf te Deventer; .... nu en dan echter bezocht hij de overige plaatsen van zijn bisdom, en waagde het eenmaal zich naar Utrecht zelf te begeven, bij welke gelegenheid er eene, voor hem gunstige, beweging onder de inwoners ontstaan en de Deenen schijnen verjaagd te zijn, doch zonder dat hem dit van woonplaats deed veranderen. Baldrik, die hem, in 917, onmiddellijk opvolgde, schijnt mij zich van dit afwezen der Deenen bediend te hebben, om den zetel weder naar Utrecht te verplaatsen. Hij herbouwde de verwoeste stad en zorgde voor de letteren."

(*b*) Cf. Cron. de Trai. bij Matth. Anal. V. 321. 322. en Albert. Abb. Stad. ad a. 876. p. m. 94.

mag, (*a*) den Utrechtschen stoel voor hem bestemd; doch daar hij in aanmerking nam, hoe de Deenen de stad nog in hunne magt hadden, en het gansche bisdom verwoest was, vond hij het beter hem het zwaard aan te gorden, opdat hij aldus de vijanden met magt uit het bisdom mogt verdrijven. (*b*) Radboud werd dus opgevolgd door Balderik den Vromen; (*c*) deze wist Otto I. te bewegen, om zijnen broeder Bruno met eene aanzienlijke krijgsmagt af te zenden ter bevrijding van de stad en de omliggende gewesten. De krachtige regering van Henrik I. had de zaken geheel van gedaante doen veranderen; de moed der natie was gewekt; nieuw leven en nieuwe kracht bezielden hare pogingen; de voorspoed der vijanden begon overal te wankelen. (*d*) Het gelukte Bruno, den hem toevertrouwden strijd zegerijk te eindigen, en Balderik geraakte tot het gerust bezit der bisschoppelijke stad. Hij vond dezelve verwoest en verdelgd, en de kerken van S. Maarten en S. Salvator vernield en verbrand; een schouwspel waarbij hij zijne tranen niet konde weerhouden. Hij her-

---

(*a*) Cf. Buchel, ad Hedam p. 88. nota a, Chron. Tiel. p. 62. 63.

(*b*) Heda p. 75. verhaalt dit eenigzins anders. « Bruno," zegt hij, « werd aartsbisschop van Keulen, en hertog van Lotharingen, en bestierde met vlijt de nederduitsche en belgische gewesten, terwijl Otto met den Hungaren-krijg werd bezig gehouden." — « Bruno was een groot vriend van wetenschappen en kunsten, die hij bovenal beminde. Hij wist zich als vorst en als mensch liefde en achting te verwerven," Luden, Gesch. des teutschen Volkes, VII. 130, 142, 155. [Verg. Mannert, I, l. II. 170. 176. Hij stierf 965. ibid. 179.]

(*c*) de Beka p. 53. 54. Heda p. 5. en vooral p. 75-79. Cf. Buchel, p. 89. nota c.

(*d*) de Beka p. 54. Cron. de Trai. bij Matth. Anal. V. 325. Heda p. 75.

bouwde den muur en de poorten der stad, en versterkte dezelve met eene gracht, eene brug, en sterke torens, ter afwering van allen vijandelijken overval. Daarop herstelde hij de bovengenoemde kerken, zoo veel in zijn vermogen was, riep de verstrooide kanoniken terug, en benoemde andere in plaats der gestorvene; ook het bisschoppelijk verblijf en andere stichtingen werden weder opgebouwd. De toevloed der geloovigen werd eerlang zoo groot, dat hij zich in staat zag Bruno in zijne ondernemingen krachtdadig bij te staan, en de akkers, landgoederen, tienden en bezittingen der Utrechtsche kerk aan de vijanden te ontwringen. Schoon de juiste tijd, waarop dit alles voorviel, niet is opgeteekend, is het echter genoegzaam zeker, dat men aan het begin der regering van Otto I. denken moet. Verder blijkt het, dat de vrome bisschop zich voortreffelijk van het opgewekte medelijden van Bruno en Otto I. wist te bedienen. De koning bevestigde niet alleen alles wat vorige keizers en koningen aan de Utrechtsche kerk hadden geschonken, maar gaf ook aan den bisschop het regt om in Utrecht geld te mogen munten, zonder hiervoor eenige schatting verschuldigd te zijn. Ook schonk hij hem vele akkers, weiden, bosschen, bebouwde en onbebouwde gronden, tollen, inkomsten, visscherijen, vrije jagten en andere voorregten en vrijdommen, zoodat zijn wereldlijk regtsgebied eene aanmerkelijke uitgebreidheid begon te verkrijgen. (*a*) Onder deze giften vindt men ook in 950 het klooster te Thiel ge-

---

(*a*) Heda p. 80-86.

noemd, met de nieuwe en van steenen gebouwde stad
terzelfder plaatse; uit den giftbrief blijkt, dat die
plaats toen verscheidene kerken had; en de vermelding, dat de huizen van steen waren opgebouwd, iets, dat toen tot de zeldzaamheden behoorde, toont ons dat de stad, na de verwoestingen der Noormannen, op eene voor die tijden prachtige wijze en met nieuwen glans was herrezen. (a)
Balderik spaarde geene moeite om het aanzien en
den bloei van zijn bisdom te bevorderen. In 966
ondernam hij eene reis naar Rome, zonder zich bij
zijne gevorderde jaren door de moeijelijkheden van
eenen togt over de Alpen te laten afschrikken.
Het doel zijner reize was, om Otto I. te spreken
over de belangen van zijne kerk; of deze zijne
wenschen vervulde, is ons niet bekend. Bij zijne
terugkomst bragt Balderik een aantal overblijfselen
van Heiligen met zich, welke met grooten eerbied
in de kerk werden geborgen. Het bezit van dergelijke kostbaarheden was in die dagen zeer geschikt om scharen van geloovige bedevaartgangers
aan te lokken, (b) en veelvuldige giften en schenkingen aan de kerk te veroorzaken. De bisschop
kon dus geen beter middel uitdenken om de vervallene zaken te herstellen. Men moet de schriften der middeleeuwen hebben gelezen, om zich de

---

(a) Heda p. 86. a 960. Hoc tempore industria Ottonis Imperatoris meliorato imperii et ecclesiae statu, multa monasteria et coenobia aut restaurantur, aut ampliantur, aut aedificantur." Sigeb. Gembl. bij Pistorius I. 816. a 961. Gallia et Germania jam bene pacatis." id. ibid.

(b) Bij verscheidene abdijen ontstond, wegens de vereering van eenen beroemden Heiligen, een aanmerkelijk handelsverkeer. Hüllman, Städtewesen. I. 290.

hooge waarde levendig te kunnen voorstellen, die
men in het bezit van dergelijke overblijfselen stelde; meermalen gebeurde het, dat diegenen, bij
welke men dezelve uit vrees voor de Noormannen
had geborgen, de teruggave, na het wijken des gevaars, ronduit weigerden, zoodat de oude eigenaars
het hunne gewapenderhand terughaalden. Dikwijls
ook werden deze hooggeschatte gebeenten met list
of geweld ontvreemd; en gewoonlijk verzochten de
geestelijken den Paus om hunne kerken door derzelver schenking te verrijken. De vervoering geschiedde dan in het openbaar, met de grootste
pracht en toestel, en altijd maakte zich de wonderkracht der heiligen door talrijke genezingen en
andere zeldzaamheden kenbaar. De eed werd in
die dagen eerst dan van waarde en verbindend geacht, wanneer hij op een kastje met reliquien was
afgelegd. (*a*) Dit belettede evenwel niet, dat vele
hunnen eed niet hielden; medelijdende priesters namen daarom dikwijls de heilige overblijfselen heimelijk uit het kastje, opdat de roekelooze door
zijnen meineed zich niet in het eeuwig verderf zoude storten.

De bloei van het bisdom nam zoo zeer toe, dat
Balderik zich weldra in staat zag de stede Olden-

(*a*) Wiarda, Asegabuch S. 89. 91-93. Vita S. Sturmi bij Pertz
II. 373. Keizer Lotharius verzocht aan Paus Leo eenige reliquien
van heilige martelaren, opdat de wonderen, hierdoor verrigt, Gods
majesteit en grootheid aan allen, zoo geloovigen als ongeloovigen,
mogten doen blijken. Want een gedeelte der Saksen en Friesen, die
op de grenzen der Noormannen en Abotriten woonden, waren, door
de nabijheid der heidenen, op het punt om van de ware godsdienst
af te vallen, indien de Paus op deze wijze des Keizers zwakheid niet
te hulp kwam. Pertz II. p. 677. Vergel. Thierrij, Conq. de l'Angl.
I. 205. 283. 287. Verg. boven p. 96. aanm. *a*.

zaal, denkelijk ook door de Noormannen verwoest, te herstellen en er eene kerk te bouwen. Men ziet hieruit hoe zijn gebied zich toen reeds ook tot in die streken uitstrekte. Na eene buitengewoon lange regering overleed de werkzame en ijverige bisschop (976 of 977), aan wien de Utrechtsche kerk hare wedergeboorte te danken had; het viel hem te beurt het groote werk, dat hij had ondernomen, nog voor zijnen dood volkomen voltooid te zien. (*a*)

Toen Otto de I. aan de regering kwam (936), vreesde men in deze streken niet meer voor de invallen der Noren. Arnulf de Groote, graaf van Vlaanderen, herbouwde in 937, op aanraden van den bisschop van Noyon, het klooster te Gend, dat, door de zeeroovers verwoest, nog altijd in puin lag. Zelfs liet hij, drie jaren later, de voorheen geborgene reliquien weder op de oude plaats brengen. (*b*)

De lange regering (936-973) van den, door het geluk zoo zeer begunstigden zoon van Henrik I., was vruchtbaar aan schitterende bedrijven, door welker glans vele groote fouten, die hij beging, werden verduisterd. Hij gaf wetten aan Italie en de Pausen, vestigde de keizerlijke waardigheid in de Duitsche natie, en vergat ook niet de noordelijke grenzen te beveiligen. Men had aan de Deenen nog altijd gevaarlijke naburen, geneigd om zich aan alle onvergenoegden of vijanden aan te sluiten. (*c*) De berigten aangaande de toenmalige betrekkingen tusschen de

---
(*a*) Zie de Beka en Heda l. l.
(*b*) Ann. S. Bavon. Gand. bij Pertz II. 187. 188.
(*c*) Luden, Gesch. des teutschen Volkes VII. 152. 166. 169-172.

Duitschen en de Deenen zijn wel onvolledig en verward; de tijden en personen, vooral Otto I. en Otto II. worden er wel meermalen in verwisseld; maar zeker is het, dat het christendom zich langzaam in het Noorden uitbreidde, dat Otto hiertoe veel bijgedragen, en de Deenen, zoo niet in eigen persoon overwonnen en schatpligtig gemaakt, ten minste door zijne troepen in ontzag gehouden heeft. (*a*) Hij wreekte zich over het vermoorden zijner gezanten door eenen inval in Deenemarken, waarbij het leger zijnen weg door zware verwoestingen teekende. Koning Harald Blaatand, Gorms zoon, schoon door Noorwegers geholpen, werd overwonnen, onderwierp zich en beloofde het christendom in zijn land te zullen invoeren. Hij liet zich met zijne vrouw en zoon doopen; de laatste kreeg den naam van Suen-Otto, naar zijnen koninklijken gevader. (*b*) Jutland werd in drie bisdommen gedeeld, Sleeswijk, Riepen en Aarhus, en aan het Aartsstift van Hamburg onderworpen; zoodat eindelijk de plannen van Karel den Grooten en Lodewijk den Vromen werden verwezentlijkt. (*c*) Nog in het laatste jaar zijns levens ontving Otto de gezanten van Grieken, Beneventaners, Hungaren, Bulgaren, Slaven en Deenen, die hem koninklijke geschenken bragten. (*d*) Maar Otto II. (973-983) was nog

---

(*a*) P. Langii, Chron. Citiz. bij Pistorius I. 1132. Adam. Brem. II. 2. Heimskringla T. I. p. 214-220. en in Chronol. p. LI. LII. Luden, l. l.

(*b*) Hij heet ook Suen- of Suein-Tiuguscegg (barbae furcatae), de vader van Knut den Grooten, Luden VII. 255. Suhm, Gesch. Däuem. S. 30-32. [Zie over de uiteenloopende berigten aangaande den oorlog tusschen Harald en Otto I, Mannert, l. l. II. 158.]

(*c*) Adam. Brem. II. 2. Vergel. boven p. 24. en 73.

(*d*) Duchesne H. F. S. III. 514. Men wil dat de Deenen, toen

niet lang zijnen vader opgevolgd, toen Harald, koning der Deenen, eenen inval in Duitschland ondernam, en de versterkingen, waarmede men de grenzen tegen hem voorzien had, bemagtigde. Spoedig trok de jonge Keizer derwaarts, verdreef de aanvallers en beveiligde de rijksgrenzen. (*a*)

De Friesen namen ijverig deel aan deze tuchtigingen hunner vijanden. Een noordsch dichter (*b*) gewaagt van Otto I., als van « den dapperen koning der Friesen, die luide zijne scharen ten strijde riep." Intusschen overvielen de Deenen, kort voor den dood van Otto II, weder eene versterkte stad aan de Saksische grenzen, verbrandden dezelve en bragten de bezetting om het leven; (*c*) maar de waakzaamheid van hertog Bernhard van Saksen verijdelde hunne verdere voornemens. Men kan ligt nagaan, dat onder zulke omstandigheden ook onze kusten nog somtijds door noordsche zeeroovers werden bezocht, schoon de christen-geschiedschrijvers er weinig of geene melding van maken, wijl deze zeeschuimerijen, bij de vorige strooptogten vergeleken, niet noemenswaardig waren, en welligt niet eens ter hunner kennisse kwamen. Zoo leest men in de Heimskringla, (*d*) hoe de Noorweegsche vorst Burislafr met zijnen schoonzoon Olafr Trijggvason en hunne talrijke volgelingen aan den togt

---

hun koning Harald door Otto den Grooten was overwonnen en genoodzaakt om christen te worden, uit onvergenoegdheid zich op de Friesche kusten gewroken hebben. Ubbo Emmius, rer. fris. histor. L. VI. p. 86. Schotanus, Gesch. van Frieslandt p. 78.

(*a*) Luden, l. l. p. 201. [Over de oorlogen tusschen de Deenen en Otto II. verg. Mannert l. l. II. 191.]
(*b*) Heimskringla, I. 216. 218.
(*c*) Luden l. l. S. 228. 237.
(*d*) l. l. p. 220-224.

tegen de Deenen deel had genomen. Zij waren, na het sluiten van den vrede, naar Vindland (*a*) teruggekeerd, waar, na drie winters, de koningin Geira was gestorven. Nu wilde Olafr niet langer in Vindland blijven: door zijne vrouw niet meer geboeid, begon de eenzelvige rust zijnes levens hem te vervelen, en de zee lokte hem onwederstaanbaar aan. Hij stroopte langs de kusten van Friesland, Saksen en Vlaanderen. « De door een talrijk gevolg verzelde koning," zoo zingt van hem Hallfredr Vandraedaskald, « gaf heinde en ver het bloed van menigen Fries aan den zwarten wolf te drinken." Na zich hiermede vier jaren te hebben bezig gehouden, bezocht hij met de zijnen de kusten van Engeland, Schotland, Ierland en Frankrijk (Valland), tot hij eindelijk, getroffen door de wonderen van een' christen-kluizenaar, zich liet doopen, en de landen, die door christenen bewoond werden, sedert met vrede liet. (*b*)

Harald Blaatand had bevolen, dat het christendom in zijn rijk, zoowel als in Noorwegen, algemeen zoude worden aangenomen. Maar na zijnen dood keerden de Noorwegers tot hunne oude godsdienst terug. Zijn zoon Suen Tiuguscegg stroopte in Saksen, Friesland en Engeland. Zes jaren na Harald's dood werd Olafr Trijggvason koning van Noorwegen; hij voerde de christelijke godsdienst weder in, zoowel bij zijne onderdanen, als in al de streken, die hij door verovering aan zich onderwierp. Somtijds bediende hij zich hiertoe van over-

---

(*a*) Het kustenland tusschen Elbe en Weichsel. Door de Oder werd het in Oost- en West-Vindland gescheiden.
(*b*) Zie boven p. 74.

reding; doch meestal, als een echt Noorman, van geweld en uitgezochte wreedheden. (*a*)

Misschien waren het Suens krijgsmakkers, die in 991 Stavoren (Staverun) plunderden en verwoestten, en andere plaatsen op de kust vernielden. (*b*) Het kunnen echter even goed andere Deensche zeeroovers zijn geweest, daar dit bedrijf bij die krijgszuchtige natie, vooral op het eiland Seeland, nog altijd vele beoefenaars vond. Zij betaalden den koning eene geregelde schatting voor zijne toestemming en bescherming. De moeijelijke toestand, waarin Duitschland zich gedurende de minderjarigheid van Otto III. bevond, gaf hun moed om hun geluk weder op de Duitsche kusten te beproeven, waar men hunne bezoeken reeds genoegzaam ontwend was. Men vindt hen om dezen tijd vermeld onder den nieuwen naam van Askomannen, welke waarschijnlijk uit het Saksisch moet worden verklaard, en scheeps-soldaten of zeeroovers beteekent. (*c*) In 994 vielen zij in grooten getale in Saksen, en breidden hunne verwoestingen uit tot aan de Friesche grenzen. Met een deel hunner schepen de Elbe opgevaren, landden zij bij Stade, eene welgelegene haven en sterkte aan die rivier. De Saksische grooten hadden slechts een klein leger, doch boden evenwel moedigen tegenstand; na een hardnekkig gevecht behaalden de Zweden en Deenen de overwinning, maakten vele aanzienlijke gevangenen, waaronder ook eenen graaf

---

(*a*) Heimskringla I. 268 - 274. 280. 282. 284.
(*b*) Duchesne H. F. S. III. 515.
(*c*) Adam. Brem. II. 22. 23. Luden, l. l. VII. 578. Men vergelijke zijn verhaal p. 256 - 258. Duchesne, H. F. S. III. 516.

Theoderik (Thiadricus), dien zij wreedelijk mishandelden, en liepen het gansche land ongehinderd af. Kort daarop bragten hertog Benno en markgraaf Sigifrid hun eene beslissende nederlaag toe, en maakten dus een einde aan hunne verwoestingen. Het andere gedeelte der Askomannen, dat de Wezer was ingeloopen, en welker aantal op 20,000 man wordt gerekend, werd bijna geheel vernietigd. Sedert dien tijd herhaalden de roovers meermalen hunne invallen, zoodat alle steden in Saksen in vreeze waren, en Bremen met eenen zeer sterken muur werd bevestigd. (*a*)

Gedurende de regering van Otto III., wiens aandacht en werkzaamheid uitsluitend op Italie gerigt was, was de eenheid van Duitschland verdwenen, en de band, die de verschillende volkeren bij elkander hield, verbroken. De herhaalde afwezendheid des konings had het aanzien zijner grootheid doen dalen, en den rijksbeambten gelegenheid gegeven, zich bijna tot onafhankelijke vorsten te maken. De Deenen hadden van dezen krachteloozen toestand der Duitschers gebruik gemaakt, om de gevolgen der overwinningen der beide eerste Otto's te vernietigen. Hun moed was wederom opgewakkerd, en vier jaren nadat Otto III. in Italie was gestorven, waagden zij zich op nieuw hooger op onze rivieren.

De koophandel bloeide in die dagen te Thiel; (*b*) welk een' hoogen trap van welvaart de inwoners van die plaats reeds onder Balderik in het midden der

---

(*a*) Adam. Brem. II. 24.

(*b*) Vergel. vooral Alpertus, de diversitate temporum, bij Eccard, corpus histor. medii aevi. I. p. 118. 119.

vorige eeuw hadden bereikt, hebben wij boven opgemerkt. Deze welvaart lokte de zeeroovers, die de stad in 1006 plunderden, (*a*) het volgende jaar, of weinige jaren later hun bezoek herhaalden, en haar aan de vlammen ten prooi gaven. (*b*)

Het was om dezen tijd dat Olafr, Harald's zoon, (naderhand wegens zijnen ijver ter uitbreiding van het christendom (*c*) de Heilige genaamd) twaalf jaren oud zijnde, eenige schepen onder zijn bevel nam, en door zijne krijgsmakkers, ouder gewoonte, als zeekoning werd begroet. Het volgende jaar bevond hij zich voor de Friesche kust; voor het strand van Kinnlim (Kennemerland) werd hij door eenen zwaren storm beloopen; evenwel gelukte het hem de schepen op de ankers te houden. Bij zijne landing stegen de inwoners terstond te paard, en poogden den vijand van hunne kusten te weren. Men raakte slaags op het strand; volgens Sigvatr Skald behaalde Olafr in dit gevecht, het vijfde, dat hij op dezen togt leverde, de overwinning. « Gij, die de lafaards ter neder werpt, hebt overwonnen in den vijfden, helmen-vernielenden strijd. Voor de hooge kust (*d*) van Kinnlim hebben uwe schepen eenen hevigen storm doorgestaan. Intusschen reed het leger met schitterende rusting op 's konings schepen aan; doch zijne krijgsmakkers trokken tegen hetzelve ten strijde." Olafr schijnt het evenwel niet raadzaam te hebben gevonden

---

(*a*) Ann. Colon. bij Pertz I. 99.
(*b*) Chron. Tielense ed. van Leeuwen, p. 78.
(*c*) Heimskringla II. 60. 61. 71. Welke wreede dwangmiddelen hij hiertoe gebruikte, zie ib. p. 89. 168, 169.
(*d*) De duinen.

langer in ons land te vertoeven; hij voer westwaarts naar Engeland. (*a*) Het waren welligt zijne volgelingen, die Thiel plunderden en verbrandden. De onmogelijkheid om de tijdrekening der noordsche schrijvers behoorlijk met die onzer westersche kronijken over een te brengen, (*b*) belet ons eenen hoogeren trap van waarschijnlijkheid aan deze en soortgelijke gissingen te geven; wij moeten ons, bij het verzamelen der verstrooide berigten, dikwijls met de zekerheid der verhaalde feiten tevreden houden, daar men, in derzelver rangschikking, diezelfde zekerheid niet altijd bereiken kan.

In het jaar 1009 (*c*) vertoonde zich eene talrijke vloot der Noormannen (*d*) op de Merwe, en kwam met groote snelheid tot aan de stad Thiel. Het groote aantal vijanden joeg den bewoneren van den Waalkant zulken schrik aan, dat zij hun behoud in de vlugt zochten, terwijl zij bijna al het hunne aan de vijanden ten prooi lieten, « behalve hun geld; want zij waren kooplieden." Zekere Godfrid, die toen in die streken als keizerlijk

---

(*a*) Heimskringla, II. p. 3, 9. ibique nota h. 10.

(*b*) Cf. praef. ad Heimskringl. T. II. p. V. T. III. p. X. XI. Ook de westersche kronijken laten in dit opzigt maar al te veel te wenschen over.

(*c*) Deze tijdsbepaling berust op het gezag van Sigeb. Gembl. l. l. p. 827. « 1009. Normanni Frisiam infestantes, Tilae oppidum incendunt. 1010. Normanni Frisiam repetunt, et multis caesis, Ultraiectum oppidum incendunt." Heda p. 102. en Melis Stoke I. vs. 997-1004; vergeleken met Alpertus, de div. temp. l. l. p. 97. Cap. IX. Schoon hiertegen strijdt de Beka, p. 37, waar hij schrijft, dat bisschop Aufrid of Ansfrid reeds in 1008 is overleden. Bijna zoude ik overhellen om deze plundering van Thiel voor dezelfde te houden als die van 1006 of 1007, en dus den aanval op Utrecht ook vroeger te stellen.

(*d*) « Pyratae ex diversis insulis Oceani."

landvoogd bevel voerde, (a) was reeds oud van jaren, en zoo zwak, dat hij naauwelijks te voet konde gaan. Evenwel, daar hij de nadeelige gevolgen van deze vlugt inzag, raapte hij zijne laatste krachten bijeen, steeg te paard, en belettede, hoewel met groote moeite, de verdere vlugt der landzaten. Intusschen hadden de vijanden de haven en de stad Thiel reeds zonder den minsten tegenstand bemagtigd, en eenen grooten voorraad van levensmiddelen, die zij daar vonden, op hunne schepen gebragt. Daarop hadden zij de stad in brand gestoken, en het klooster van S. Walburga, door Graaf Walger, den oudsten zoon van Gerolf, en zijne vrouw Alberada gesticht en begiftigd, (b) opengebroken. Zij hadden de heilige kleederen, de kostbaarheden van het altaar en andere kerksieraden geroofd, doch de kerk zelve onvernield gelaten, en zich daarop weder naar hunne schepen begeven. Den volgenden dag kwamen de troepen, door Godfrid van alle kanten ontboden, in grooten getale bijeen; daar hij zelf zich niet aan hun hoofd kon stellen, gaf hij het bevel over aan de graven Balderik en Unruoch. De eerstgenoemde was een zeer magtig man omtrent den Rhijn; (c)

(a) Bij Alpertus p. 97. heet hij Praefectus. Wagenaar II. 134, maakt hem tot Voogd des lands van Gelder. Verg. van Spaen, Hist. van Gelderl. I. p. 10. en Inl. tot de Hist. v. Geld. III. p. 112. 113.

(b) Kluit, Hist. Crit. II. 1. p. 10. Nota 10.

(c) Alpertus l. 1. p. 95. Misschien is Unruoch dezelfde, die voorkomt in het charter van Henrik IV. bij Kluit, Hist. Crit. I. 2. p. 47. « Beneficium" (i. e. feudum) « quod Comes Unroch ab Episcopo Adelboldo tenuit, ab eo loco qui dicitur Sigeldrith usque in Rinesmuthon" (de monden des Rhijns); « inde sursum ab occidentali parte Reni usque in Bodengraven. Post Unroch Godezo, post Godezonem Theodricus Bave filius" (al. Theodericus Bavo) « quem Theodricus cu-

de laatste had in Italie, in het leger van Keizer Otto III., zich den roem van dapperheid verworven. De Noormannen, die deze troepen zoo spoedig niet verwacht hadden, ligtten in haast het anker en voeren weg, zoodat hun aftogt naar eene vlugt geleek. De landzaten begeleidden hen, onder ligte schermutselingen, aan de beide oevers der rivier, zonder echter te kunnen beletten, dat zij eenige gehuchten, die onder hun bereik vielen, in brand staken. Onverwachts sprongen de vijanden van de schepen, schaarden zich in eenen digten drom, en boden hunnen vervolgers den slag aan. Doch Balderik en Unruoch vonden het niet raadzaam den strijd te wagen, wijl hunne manschap meestal uit landlieden bestond, die in den krijg onbedreven en door den hongersnood en de ziekten des vorigen jaars (*a*) verzwakt waren. Zij hielden de hunnen derhalve in hunne stelling, en de zeeroovers, meenende na bewijs genoeg van hunnen moed te hebben gegeven, beklommen hunne schepen, en vertrokken, zonder dat iemand hen durfde verhinderen. (*b*).

Het jaar daarop verscheen nogmaals eene vloot van negentig schepen op de Lek. (*c*) Terstond verzamelde men eene menigte ruiters en voetvolk,

---

mes expulit et vi S. Martino abstulit." Kluit meent dat Unroch hetzelfde is als Henrik. Vergel. Wagenaar II. 138 (volgens wien hij een neef was van bisschop Ansfrid,) en van Spaen, Inl. tot de Hist. van Gelderl. III. p. 113.

(*a*) Deze hongersnood viel voor het vierde jaar na de komst van Henrik II. tot den troon, dus in 1006; derhalve is, volgens Alpertus, deze inval geschied in 1007. Zie Alpertus Cap. 6. p. 96.

(*b*) Alpertus l. l. C. 8. p. 96. 97.

(*c*) Deze moet dus toen reeds bevaarbaar zijn geweest.

benevens eenige schepen, en wachtte gewapend op den oever de aankomst der vijanden af. Hunne voorhoede, door deze krachtige toerusting verschrikt, liet midden in de rivier het anker vallen, en wachtte op de komst der overige schepen. Na gehoudene raadpleging kwam het hun voor, dat het niet mogelijk was zich met geweld eenen doortogt te banen; zij zonden dus gezanten aan land en verzochten om doorgelaten te worden, met belofte dat zij zich van alle schade of beleediging zouden onthouden. Hun verzoek werd toegestaan, en die dag liep vreedzaam af. Maar naauwelijks waren zij den volgenden dag met een gedeelte hunner schepen den Rhijn ingevaren, (a) of de landzaten vielen met weinige vaartuigen onder luid geschreeuw op hunne achterste schepen aan. De voorsten, dit gehoord hebbende, keerden terstond terug en bezetteden den oever met gewapenden, om den onzen het naderen te beletten. Des morgens daarop verspreidde zich reeds vroeg het valsche gerucht op onze schepen, dat de ruiterij den vijand in een hevig gevecht had overwonnen, en dat reeds eenige zijner schepen waren geplunderd. De landzaten, hierdoor aangezet, vallen zonder orde of aanvoerder met groote drift en een luid krijgsgeschrei op de roovers aan. Deze, digt in een gedrongen, beginnen den strijd, en de onzen, nu hunne dwaling bemerkende, begaven zich haastig op de vlugt,

---

(a) Dit moet dus gebeurd zijn bij Duurstede. De Rhijn van daar naar Utrecht was, blijkens deze plaats, ook toen nog bevaarbaar. Vergel. Huydecoper op Melis Stoke I. 193. 194. [Nog in 1050 liep de Rhijn bij Katwijk in zee, volg. de Rhoer, de Dorestado Batav. p. 406 seqq.]

waarbij nog menig een door de najagende vijanden werd omgebragt. (*a*)

De overwinnaars voeren nu verder naar Utrecht. Men was hier reeds van hunne komst onderrigt, en had de gansche voorstad langs de haven afgebrand, opdat de vijand van deze huizen zich bij de belegering der bemuurde stad niet zou bedienen. De barbaren betuigden, bij hunne aankomst, hun leed over de veroorzaakte schade; zij hadden geenerlei kwaad tegen de plaats in den zin, vooral daar Ansfrid, een zoo heilig man, als bisschop over dezelve gesteld was. (*b*) Zij verzochten alleenlijk binnen gelaten te worden, om hunne godsdienst te verrigten en de kerken met geschenken te begiftigen. Doch de stedelingen antwoordden hun met moed en standvastigheid, dat zij aan geene gewapenden den toegang konden verleenen. En schoon het hun zeer gemakkelijk zou zijn geweest de stad in te nemen, begrepen zij echter eerbied te moeten hebben voor de heiligheid der plaatse en eenen zoo beroemden bisschop, die elders hun geluk in den weg konde zijn; waarom zij zonder eenig leed te doen aftrokken. (*c*)

Ziedaar het verhaal van eenen tijdgenoot, eenen monnik uit Metz, die met de zaken dezer landen,

---

(*a*) Alpertus Cap. 9.

(*b*) De Noormannen, of misschien wel Alpertus, schijnen zich hier te vergissen. Want, volgens de meeste schrijvers, was Ausfrid toen of reeds dood, of ten minste blind in het door hem gestichte klooster Heiligenberg bij Amersfoort, de Beka p. 37. vergel. Heda p. 108. Lamb. Schafnab. bij Pistorius I. 316. brengt zijnen dood tot het jaar 1010. Zoo ook bij Duchesne, H. F. S. III. 518. Kluit, Hist. Crit. I. 1. p. 42. Nota 56.

(*c*) Alpertus C. 10. Vergel. boven p. 74. noot *a*.

en vooral van het Sticht, blijkens zijn geschrift, zeer wel moet bekend zijn geweest. Hij verdient dus de voorkeur boven andere schrijvers, die slechts in algemeene bewoordingen verhalen, dat de Noormannen Utrecht verbrandden en vele lieden dood sloegen, (a) welk verhaal uit het vrijwillige afbranden der voorstad ligtelijk te verklaren valt. (b) Behalve de zwarigheid in de tijdorde, welke ik reeds heb opgemerkt, en niet weet op te lossen, verdient het omstandig verhaal van Alpertus nog eenige nadere beschouwing. Bisschop Ansfrid was vroeger graaf van Leuven en Huy geweest, en had zich, zoo door regtvaardigheid en beleid, als door dapperheid en strenge zorg voor goede orde beroemd gemaakt, en groot aanzien verworven. Hij zal dus bij het vernemen der aanvallen op Thiel zonder twijfel gezorgd hebben, dat Utrecht zich in behoorlijken staat van verdediging bevond, en het afbranden der voorstad toont genoegzaam, dat men besloten had zich moedig te weren. Deze vastberadenheid der inwoners zal dus wel, meer dan de heiligheid des bisschops, de roovers hebben afgeschrikt iets met geweld tegen de stad te ondernemen, die zoo gemakkelijk niet te veroveren zal zijn geweest, als Alpertus, om den roem van zijnen Heiligen te beter te doen schitteren, heeft te boek gesteld. (c) Ik ontken niet dat zich

---

(a) Chron. Mon. Egm. bij Kluit, Hist. Crit. I. 1. 42. Melis Stoke J. 997-1004. Sigeb. Gembl. l. l, p. 827.

(b) van Leeuwen ad Chron. Tielense p. 80. 81. 84.

(c) De opvolgers van Balderik hadden over de herbouwde stad in vrede geregeerd; (Heda p. 92.) en de bezittingen der kerk waren door onderscheidene schenkingen vermeerderd. (Heda p. 93.).

toen onder de Noormannen reeds vele christenen bevonden; maar de eerbied voor het heilige had hen evenwel geenszins belet, de kerkschatten te Thiel te plunderen. Hunne begeerte om in de bisschoppelijke kerk te bidden, kwam aan die van Utrecht dan ook zeer verdacht voor; en waarlijk niet zonder reden. Reeds meermalen hadden zich noordsche roovers van dergelijke listen ter overrompeling van steden met al te goed gevolg bediend. (*a*)

Overigens heeft deze inval den opkomenden bloei der Utrechtsche kerk niet aanmerkelijk benadeeld. Ansfrids opvolger, Adelbold, brak de oude kerk te Utrecht af, en voltooide in weinige jaren een schoon en prachtig gebouw. Ook herbouwde of volbouwde hij eene kerk te Thiel. (*b*) De handel bleef in deze stad bloeijen. De kooplieden, daar gevestigd, stonden reeds in handelsbetrekkingen met Engeland, (*c*) en de schattingen, die zij den Keizer betaalden, waren belangrijk genoeg om hunne klagten over handelsbezwaren ingang bij hem te doen vinden (1018). De monnik Alpertus verhaalt, dat zij boven anderen tot klagen genegen waren, en voegt er, met het diepste hartzeer, bij, hoe de Thielenaars zich aan tucht noch wetten stoorden, in alles hunnen zin volgden, en zich op de, hun door den Keizer verleende, voorregten beriepen. Zij waren tot bedrog, leugen en meineed genegen; feestmalen, schandelijke gesprekken,

---

(*a*) Dudo bij Duchesne H. N. S. p. 64. 65. Cf. ib. p. 220.
(*b*) de Beka p. 37. Heda p. 109 110. Joan. a Leydis, IX. 13. p. 121.
(*c*) Alpertus l. l. p. 118. 119.

dronkenschap en overspel was onder hen niets zeldzaams. Men herkent in deze trekken, die misschien door den ijverigen monnik wat sterk zijn geteekend, ligtelijk de gevolgen van den toenemenden rijkdom, dien men nog niet dan tot grove zinnelijke genoegens wist aan te wenden. (*a*) Al wie de geschiedenis van de opkomst der steden in de middeleeuwen in bijzonderheden heeft nagegaan, zal wel niet met den vromen Alpertus instemmen, wanneer hij deze verschijnselen aan de bijzondere verhardheid der Thielenaars toeschrijft, en verlangt dat het den Keizer mogt behagen zulke verregaande verkeerdheden te stuiten. De welvaart dezer stad steeg in de volgende eeuwen nog hooger. In 1226 ontstond de eerste vereeniging tusschen Thiel en Keulen, hetwelk toen boven andere Duitsche steden in bloeijenden handel uitmuntte. Aldus verbonden, zocht men op allerlei wijze de mededingende Lubekkers te fnuiken, die sedert 1176 handelsbetrekkingen met Engeland hadden aangeknoopt. Bij de Keulenaars en Lubekkers te Londen vindt men de eerste sporen der Duitsche Hanse. (*b*)

De inval der Noormannen in 1010 schijnt de laatste geweest te zijn, dien zij in deze landen hebben

---

(*a*) Theophana, de gemalin van Keizer Otto II., ontving in 972 tot huwelijksgift onder anderen Walcheren, Thiel en Herwerde. Zie den giftbrief bij Kluit, Hist. Crit. II. 1. 53-59. In lateren tijd schijnen de Utrechtsche bisschoppen de Hertogen van Braband met Thiel te hebben beleend. Zie Heda p. 111. en Buchel. ad h. l. p. 117. nota ij. Of het goed is, dat de geestelijke goederen aan wereldlijken te leen worden gegeven, wordt breedvoerig onderzocht en ontkend door den schrijver der Gesta Abbatum Fontanellens, bij Pertz II. p. 285. 290. 291.

(*b*) Hüllman, Städtewesen I. 157-165.

ondernomen, daar er, zoo ver ik heb kunnen nagaan, verder geene melding bij eenig geloofwaardig schrijver van voorkomt. (*a*) Niet lang daarna zagen ook de Franschen voor de laatste maal hunne velden door de noordsche roovers verwoesten. Men leest dat hun aantal even aanmerkelijk en hunne wreedheid groot was; en dat zij, schoon zich vele christenen onder hen bevonden, evenwel, met geene mindere woestheid dan hunne heidensche voorouders, dorpen, kasteelen en steden zouden hebben verbrand, de christenen omgebragt of gevankelijk weggevoerd, en kerken en kloosters vernield, indien niet de dappere tegenweer der landzaten hen spoedig naar hunne schepen had doen terugtrekken. (*b*)

Aldus eindigden, na meer dan twee eeuwen, deze zoo dikwijls herhaalde togten uit het verre noorden, die zoo menigmaal dood en verderf over het westelijke Europa hadden gebragt. Hoe treurig en eenzelvig ook het verhaal dezer verwoestingen zijn moge, zij blijven voor den geschiedkundigen des niet te min hoogst belangrijk, en dienen mede om aan de lotgevallen van Europa in de middeleeuwen die geheel eigene kleur te geven, waardoor dat zonderlinge tijdvak zich van alle andere even merkwaardig als aanlokkend onderscheidt, en de belangstelling der nakomelingschap meer en meer boeit.

Aan welke redenen dit ophouden van de invallen der Noren zij toe te schrijven, kan, na hetgeen wij boven omtrent derzelver oorzaken hebben bijgebragt, niet moeijelijk te vinden zijn. De toenemende magt van graven en bisschoppen in deze ge-

(*a*) Vergel. echter Heimskringla II. p. 70.
(*b*) Duchesne H. F. S. IV. 82. 85. Heimskringla II. p. 18. 19.

westen maakte het gemakkelijk hun met de noodige kracht wederstand te bieden en hunne roofzieke pogingen te verijdelen. Ook in andere landen van Europa, die zij vroeger met den schrik hunnes naams hadden vervuld, hadden de staatkundige betrekkingen meerdere vastheid gekregen, en de vroegere weerloosheid doen ophouden. Doch de voorname reden moet gezocht worden in de verandering, die de Skandinaviers zelve hadden ondergaan. De ruwheid hunner woeste zeden was, door verloop van tijd, door den omgang met de westersche volkeren, en vooral door de aanneming van het christendom aanmerkelijk verminderd; (*a*) de trek naar het zwervende zeeleven en bloedige strooperijen was grootendeels met de dienst van Othin verdwenen, (*b*) en door toeleg op den landbouw en andere vreedzame bezigheden vervangen. (*c*) Voor hen, die zich aan deze rustigere levenswijze nog niet konden gewennen, had zich eene ruimere baan geopend; zij bezochten verder afgelegene streken, die aan hunnen trek naar avonturen en begeerte naar rijkdommen eene betere en meer gemakkelijke voldoening beloofden. (*d*) Maar voor het gros der natie was het tijdvak van onrust en volksverhuizing, hetwelk hare ontwikkeling voorafging, voorbijgegaan, om nimmer weder te keeren.

(*a*) Boven p. 74. noot *a*. 197. 201.
(*b*) Duchesne H. N. S. p. 65o. Thierry, Conq. de l'Angl. I. 294.
(*c*) Germ. Chron. bij Pist. II. 718. Hume, Hist. of Engl. I. 3o8.
(*d*) Hume, Hist. of Engl. I. 13o. Bilderdyk I. 165. Heimskringla III. p. 53-80. 222-248.

TWEEDE AFDEELING.

Aanwijzing van derzelver invloed op den burgerlijken, maatschappelijken, letterkundigen, staatkundigen en kerkelijk-godsdienstigen toestand.

I. HOOFDSTUK.

Onmiddelijke werking op den maatschappelijken toestand.

De vorige afdeeling leert ons reeds eenigzins, hoe treurig de toestand was van de bewoners dezer landen, toen zij telkens waren blootgesteld aan de overvallen, en eenen tijd lang onderworpen aan de nog zwaarder drukkende overheersching dezer woeste vreemdelingen. Het meergemelde gebrek aan gelijktijdige inlandsche schriften is intusschen oorzaak, dat wij aangaande de algemeene verwoesting, ontvolking, hongersnood, ellende en verwildering van zeden, hierdoor te weeg gebragt, niet behoorlijk in bijzonderheden onderrigt zijn. Willen wij derhalve ons hiervan eene levendige voorstelling maken, dan zal het noodig zijn ook de meer uitvoerige berigten aangaande naburige landen te raadplegen. (*a*) « De Deensche zeeroovers, op

---

(*a*) Daar ik hier de schrijvers meestal zelve laat spreken, heb ik sommige herhalingen niet kunnen vermijden.

Rouen aanvallende, (841) vierden hunner woede bot door plundering, brand en moord; zij verdelgden de stedelingen, de monniken en den overigen hoop, (*a*) vernielden alle kloosters en plaatsen op de Seine, of persten een zwaar losgeld van de bewoners af. Die hiertoe onmagtig of onwillig waren, werden zonder onderscheid van jaren, rang of kunne meedoogenloos omgebragt." (*b*) « De landen aan de Seine getuigden van eene vernieling, hoedanige men, sedert er volkeren hadden bestaan, nimmer had gehoord. De voortreffelijkste geschiedschrijver zou niet in staat zijn, al de gepleegde wandaden op te noemen." (*c*) De inwoners klaagden dat zij vermoord, beroofd, gevangen gemaakt en over de zee tot slaven verkocht werden, zonder dat iemand ter hunner verdediging het schild opvatte. (*d*) Ook in ons land werden velen in slavernij weggesleept, blijkens de bepaling, ten hunnen voordeele in het Friesche landregt vastgesteld. (*e*) De landbouw werd grootendeels onmogelijk gemaakt; rijke akkers en schoone steden veranderden in uitgestrekte verblijven van wild gedierte en roofvogelen. (*f*) De eilanden en de westelijke kusten leden het eerst en het meest; (*g*) bepaaldelijk wordt omtrent het bisdom Utrecht ge-

---

(*a*) De landlieden; « reliquumque vulgum."

(*b*) Ann. Bertin, p. 437. ad a. 841. p. 439 ad. a. 842. p. 440. ad a. 843.

(*c*) Fragm. Chron. Fontan. bij Pertz II. 504.

(*d*) Ann. Fuld. p. 371. Ann. Vedast. p. 520, 521.

(*e*) Boven I. p. 149. 150.

(*f*) Duchesne H. N. S. p. 24. 63. d'Acherij, Spicil. III. 238.

(*g*) Duchesne H. N. S. p. 21. Deze woorden komen mij voor in het bijzonder op ons land te doelen.

tuigd, dat het door de wreedheid der Deenen bijna geheel is ontvolkt, zoodat het land, bij gebrek van bebouwing, eenen tijd lang niet dan doornen en distelen heeft voortgebragt. (*a*) De menigte (plebs), die het zwaard der vijanden door vlugt of loskooping was ontkomen, vond door den honger een' nog rampzaliger' dood, daar alle huizen, bezittingen en voorraad eene prooi der vlammen waren geworden. Bij voorkeur werden de kerken en heilige plaatsen ten gronde toe vernield, (*b*) de altaren en de graven der Heiligen geschonden, hunne overblijfsels gehoond, (*c*) en geestelijken en monniken met uitgezochte wreedheid gepijnigd en omgebragt. (*d*) Niet alleen werden de kloosters, zoo wel uit haat tegen het christendom, als om den rijken buit, dien zij opleverden, (*e*) van hunne kostbare sieraden beroofd of in de asch gelegd, maar ook de hun toebehoorende landhoeven werden zoo verwoest, dat men er geene inkomsten meer van kon trekken. (*f*)

De schrijvers weten geene uitdrukkingen te vinden, om het vernielende dezer togten aan te duiden; zij trachten zich door verschillende beelden verstaanbaar te maken. « De Deenen" (onder Rollo) « bedekten de gansche oppervlakte des lands gelijk sprinkhanen, en het was onmogelijk hen te-

---

(*a*) de Beka p. 16. Heda p. 36.
(*b*) Chron. S. Benigni Divion. bij d'Acherij, Spicil. II. 378.
(*c*) Hist. Trevir. bij d'Acherij, Spicil. II. 214.
(*d*) Duchesne H. F. S. III. 435.
(*e*) Dudo bij Duchesne H. N. S. p. 63. Duchesne H. F. S. III. 435. 448. a. IV. 65. a. 74. a. d'Acherij, Spicil. II. 310. 311. Pertz I. 368. ad a. 853.
(*f*) Zie vooral Fulcuinus bij d'Acherij, Spicil. II. 735.

gen te houden." (a) « Het trouwelooze volk der Noormannen kwam" (onder Odo) « als mieren uit hun geboorteland te voorschijn." (b) « Zij dorstten naar brand en moord, en maakten het land tot eene ontvolkte woestijn, waar men zelfs geen' hond meer hoorde blaffen." (c). Andere vergelijken hunne komst bij eenen, door stormen opgejaagden, vloed, (d) bij eenen zwerm bijen, die zich over de akkers verspreidt, (e) bij een uitbraaksel der zee. (f) Treffend vooral is de schets, welke een schrijver, die niet lang na hunne laatste invallen leefde, ons heeft nagelaten. « Niet alleen werden de menschen overal vermoord, maar zelfs het vee werd moedwillig omgebragt. Uitgezochte jongelingen, vrouwen en meisjes strekten ter prooi aan de dartele mishandelingen en dierlijke lusten der woeste barbaren, en de weerlooze menigte moest, in het verre noorden, in slavernij hare dagen eindigen. Allerlei soort van kwellingen, die de overmoed der overwinnaars kon uitdenken, waren het lot der overwonnenen." (g) « De stroopers," zoo schrijft een ander, « hielden niet op de kerken te vernielen en het christenvolk te dooden en tot slaven te maken. Gretig naar brand en verwoesting, dorstend naar menschenbloed, bewerkten zij den ondergang en het verderf des

---

(a) Duchesne H. N. S. p. 32.
(b) Duchesne H. N. S. p. 20.
(c) Ann. Vedast. p. 522-524. Thierrij, Conq. de l'Angl. I. 162.
(d) Chron. S. Benign. Div. bij d'Acherij, Spicil. II. 378.
(e) Duchesne H. N. S. p. 30.
(f) Duchesne H. F. S. III. 420. 421.
(g) d'Acherij, Spicil. II. 284. Duchesne H. N. S. p. 27. 63. H. F. S. II. 390. III. 446. 447.

rijks. (*a*) Vrees en schrik viel over de inwoners des lands. Alle monniken, kanoniken, nonnen, de ligchamen der Heiligen met zich voerende, lieden van elken stand en leeftijd namen de vlugt. Want de vijanden, zonder iets te sparen, vermoordden allen tot verdelgens toe, en de vernielende vlam verteerde het gansche land." (*b*) Dat deze trekken niet overdreven zijn, blijkt uit hetgeen in 912 bij het verdrag te St. Clair sur Epte voorviel. Rollo was met het gebied, dat men hem toen afstond, niet tevreden, wijl het geheel onbebouwd en onbewoond was; hij eischte dus nog een ander land, waaruit hij en de zijnen spijs en kleederen konden bekomen, tot dat Normandije weder behoorlijk vruchten zoude opleveren. En de koning met de tegenwoordig zijnde graven, bisschoppen en abten vonden zijnen eisch zoo gegrond, dat zij besloten Bretagne bij het reeds geschonkene te voegen. (*c*)

Het verzuim van den landbouw en de stremming des handels veroorzaakte meermalen hevig gebrek en daaruit ontstane sterfte. In 843 (*d*) zocht men in Gallie den honger te stillen door aarde onder het meel te mengen; de roovers hadden intusschen geen gebrek; zelfs hun vee had overvloed van voeder. Twee jaren later heerschte er tot in de binnenlanden van Gallie een geweldige hongersnood, waardoor vele duizenden omkwamen; (*e*) eene me-

---

(*a*) Ann. Vedast. p. 518.
(*b*) Ann. Vedast. p. 519.
(*c*) Dudo bij Duchesne H. N. S. p. 85.
(*d*) Ann. Bertin. p. 439 440.
(*e*) Ann. Bertin. p. 441.

nigte wolven verspreidde schrik onder de nog overige bewoners, die te zeer verzwakt waren om dit roofgedierte te verdrijven. In Aquitanie verzamelden zich deze woedende dieren in troepen, naar het gerucht liep tot bijna 300 sterk, en waagden zich onverschrokken tot op de groote wegen. (a) In 850 ontstond eene ongehoorde schaarschte in Duitschland, vooral aan den Rhijn, en duurde verscheidene jaren. Ouders poogden zich te verzadigen door het slagten hunner kinderen. (b) Toen Karel de Kale in 865 eenige bruggen wilde doen herbouwen, bevonden zich de inwoners, op welke deze verpligting rustte, zoo uitgemergeld door de plunderingen der Noormannen, dat men de verder afwonenden tot dit werk moest ontbieden; zij bedongen uitdrukkelijk, dat de arbeid, dien zij nu op zich namen, later niet in gevolg zou worden getrokken. (c) Van 867 tot 869 leed men op nieuw, vooral in Gallie en Bourgondie, aan grooten honger, gepaard met buitengewone sterfte onder menschen en vee. (d) Op het laatst van de negende eeuw (892. 893.) was de onvruchtbaarheid en het gebrek weder zoo groot, dat de Noormannen voor eenigen tijd Frankrijk moesten verlaten. (e) In Engeland veroorzaakten hunne invallen een gelijk verval van den landbouw en gelijken hongersnood. (f)

(a) Ann. Bertin. p. 442.
(b) German. Chron. bij Pistorius II. 704. verg. ibid. p. 528.
(c) Ann. Bertin. p. 469. 470.
(d) Ann. Lemovic. bij Pertz II. 251. Ann. Xantens. l. l. p. 233. Duchesne, H. N. S. p. 1016.
(e) Ann. Vedast. p. 528. Ann. Bertens. bij Pertz II. 249.
(f) Hume, Hist. of Engl. I. 142.

Door zoo vele rampen ter neder gedrukt, verloren de inwoners hunne zedelijke kracht; de moed ontviel hun geheel, en zij zagen in de invallen hunner vijanden blijken der Goddelijke wraak, waartegen alle wederstand vergeefsch, ja dwaas moest worden geacht. (*a*) Wij behoeven ons niet alleen op de getuigenis der kronijkschrijvers te verlaten; er bestaan nog eenige verordeningen van Karel den Kalen, waaruit met volkomene zekerheid blijkt, hoe diep ongelukkig de toestand der landen was, die door de Noormannen werden afgeloopen. Hij bepaalde (853) « dat boosdoeners, die uit het eene land in het andere vlugtten, zouden worden uitgeleverd. Vreemdelingen evenwel, die wegens den druk der Noormannen voortvlugtig waren, mogten door geenerlei beambten in eenig opzigt worden lastig gevallen, of tot opbrengsten gedwongen; integendeel moest men hun gelegenheid geven den kost te zoeken, tot dat zij, of van zelve naar hun land terugkeerden, of door hunne heeren werden teruggehaald. Het medelijden had den koning bewogen om dit aldus te gelasten." (*b*) Het volgende jaar had hij weder klagten vernomen, omdat de ambtenaren van deze ongelukkigen, die als bedelaars in het rijk kwamen, hoofdgeld of arbeid hadden gevorderd; hij herhaalde daarom dezelfde verordening, en verzwaarde de straf op de overtreding. (*c*) Het ontbrak ook niet

---

(*a*) Boven p. 80. Hist. Trevir. bij d'Acherij, Spicil. II. 215. Gesta Consul. Andegav. ib. III. 237. 238. Hist. Abb. Condom. ib. 580. 581. Ann. Bertin. 441. 442. 467.
(*b*) Capitul. Caroli Calvi bij Duchesne, H. F. S. II. 419. 420.
(*c*) Duchesne, H. F. S. II. 421.

aan de zoodanigen, die, van alles beroofd, niet met bedelen, maar met rooven en stelen hun onderhoud zochten. In 857 riep Karel eene vergadering van bisschoppen en anderen zijner getrouwen bijeen, wegens de rooverijen en plunderingen, die in zijn rijk waren toegenomen. Hij schreef de oorzaak hiervan in de eerste plaats aan de invallen der heidenen toe. (*a*)

Overweegt men hierbij, hoe de onderdanen nog door buitengewone en zware opbrengsten, zoowel tot verdediging, als voornamelijk tot vrijkooping, werden uitgemergeld, (*b*) dan zal men zich geenszins verwonderen, dat de diepe ellende en wanhoop eene schromelijke verwildering en verval van Godsdienst en goede zeden ten gevolge hadden. « Hoe het onder deze en dergelijke rampen," zoo leest men bij een' der oude schrijvers, « met de godsdienst stond, en of dezelve bloeide of niet, kan iedereen gemakkelijk nagaan." (*c*) Velen, door nood gedreven of door hebzucht aangezet, voegden zich bij de vijanden, namen hunne ruwe zeden en heidensche gebruiken aan, en plunderden met hen hunne landgenooten, die nog iets te verliezen hadden. (*d*) Zoo vindt men melding van eenen mon-

---

(*a*) Duchesne, H. F. S. II. 428. Men kan hier ook wel aan adelijke roovers denken, die hunne benden met deze berooide lieden voltallig maakten.

(*b*) Boven p. 133. 134. Zelfs de armen moesten mede betalen, overeenkomstig de waarde van hun huis en hunne meubelen. Ann. Bertin. p. 464. verg. p. 471.

(*c*) Duchesne H. N. S. p. 28. [Vergl. Depping I. 135. 147. en vooral 160 en 161. II. 6.]

(*d*) Zie over Pepin, die uit heerschzucht tot de Noormannen overging, de Ann. Bertin. p. 462. 465. 466. en Hegewisch, G. d. F. M. S. 5p. 51. 52. 56. Vergel. ook Duchesne, H. F. S. II. 530. Thier-

nik, die het christendom verliet en tot de vijanden overging; (a) van eenen Frank, Esimbard, die, bij zijnen koning in ongenade vervallen, de Noormannen tot eenen inval in Frankrijk wist te bewegen; (b) van eenen Fries onder de benden van Rollo, die bij hen in groot aanzien stond en hen uit ongelegenheid redde. (c) Ook de beruchte aanvoerder Hasting was, volgens het verhaal van eenen ouden schrijver, uit de omstreken van Troyes afkomstig. Zijne ouders behoorden tot den laagsten stand der landlieden; wijl hun armoedige toestand hem ondragelijk was, begaf hij zich naar de Noormannen, nam deel aan hunne strooptogten, en wist zich bij hen, daar hij door ligchaamskrachten uitmuntte, eerlang zoo bemind en geacht te maken, dat hij een der beroemdste zeekoningen werd, wiens naam alleen door de bedrijven van Rollo kon worden verduisterd. (d)

In Engeland hadden dezelfde oorzaken dezelfde uitwerking. Door de gedurige plunderingen tot de diepste armoede vervallen, hadden de landzaten alle banden van regering afgeschud. Van alles beroofd, voegden zij zich bij hunne vijanden, om hunne medeburgers te berooven. Alfred de Groote vond, bij zijne komst tot de regering (871), de natie in de grootste onwetendheid en woestheid

---

rij, Conq. de l'Angl. I. 163. 175. Lauteschl. S. 24. Luden, Gesch. d. teutsch. Volkes VI. S. 4. 5. 15. In Engeland voegde Ethelwald zich bij de Deenen, om met hunne hulp zijne aanspraak op den troon geldend te maken. Thierrij, Conq. de l'Angl. I. 156.

(a) Ann. Bertin. p. 486.
(b) d'Acherij, Spicil. II. 321.
(c) Dudo bij Duchesne H. N. S. p. 81. Hume, Hist. of Engl. I. 136.
(d) Duchesne H. F. S. IV. 9.

gedompeld; dit was een gevolg van de verwoestingen der Deenen. (*a*) Zoo verzonken de volkeren tot eenen staat van barbaarschheid, waardoor het geweld de plaats verving van billijkheid en regt, en de sterke zich allerlei onderdrukkingen tegen den zwakkeren straffeloos kon veroorloven. (*b*)

Deze treurige toestand der zeden ging gepaard met eenen gelijken achteruitgang in alle wetenschappelijke kennis. In die eeuwen waren de kloosters de eenige kweekplaatsen der beschaving, de toevlugt der nog overgeblevene klassische literatuur en van alle andere wetenschappen, zoo ver zij toen werden beoefend. (*c*) Daar bestonden scholen, daar werden boeken verzameld, daar hield men zich bezig met het maken van afschriften der oude schrijvers, daar eindelijk teekende men op, wat er merkwaardigs voorviel en den monniken ter kennisse kwam. Het waren juist deze gestichten, die voornamelijk te lijden hadden, (*d*) zoo dat de beoefening van de schriften der Grieken en Romeinen, toen het eenige middel om de onwetendheid tegen te gaan, (*e*) bijna geheel moest ophouden, (*f*) terwijl er een

---

(*a*) Hume, Hist. of Engl. I. p. 91. 92. 96. Vergel. Duchesne, H. N. S. p. 518.

(*b*) Vergel. v. Wijn, Hist. avondst. p. 266.

(*c*) Heeren, Gesch. der cl. Literatur im Mittel-alter, I. 194. 195.

(*d*) Toen Alfred de Groote de regering aanvaardde, waren er bijna in het geheel geene kloosters of monniken meer in Engeland. Heeren, Gesch. der cl. Lit. im Mittel-alter, I. 168.

(*e*) Heeren, l. l. I. 127.

(*f*) Ten tijde van bisschop Hungerus getuigden de pauselijke legaten, dat zij geenen enkelen verstandigen bisschop, die behoorlijk in het kanonieke regt bedreven was, in het rijk van Lotharius hadden gevonden. Regino p. 572. ad a. 865. De omstandigheden hunner zending maken evenwel hunne getuigenis van partijdigheid verdacht.

schat van boeken en bescheiden, voor de geschiedenis dier dagen van het hoogste belang, door de vlammen werd vernield. Schoon het niet te ontkennen is, dat de meeste monniken veel meer jammeren over het verlies der kerkschatten en sieraden, der heilige kleederen en overblijfselen, zijn er evenwel verscheidene, die van het verlies van boeken, kaarten en charters met smart gewagen. (*a*) De abdij te S. Riquier was in 831 in het bezit van eene menigte kostbaarheden en kerksieraden, uit goud, zilver en ivoor kunstig gewerkt; men had er omstreeks 500 boeken, zoowel bijbels, kerkvaders en godgeleerde schriften, als klassische Latijnsche schrijvers en Grammatici. (*b*) Naderhand werd de prachtige kerk, waarin men dit alles bewaarde, door de Noormannen geplunderd en verbrand, waarbij alles verloren ging, wat de vlugtende monniken niet hadden kunnen medenemen. Zij zorgden voornamelijk voor de kostbaarste zaken, d. i. de kerksieraden en reliquien, zoodat de boeken waarschijnlijk aan hun lot werden overgelaten. (*c*)

(*a*) Ann. Vedast. p. 524. Ann. S. Bavon. Gand. p. 187. Ann. Lemov. bij Pertz II. 252. Hist. Abb. Condom. bij d'Acherij, Spicil. III. 580. 581.

(*b*) Van de schatten van goud, zilver en edelgesteente, die in sommige kloosters voorhanden waren, en waaronder waarschijnlijk zich nog vele werken van Grieksche en Romeinsche kunst bevonden, ook van de boeken, daar gevonden, zie de Gesta Abb. Fontan. bij Pertz II. 287. 292. 295-297. 326.

(*c*) Hariulfi Chron. Centul. Abb. bij d'Acherij II. 310. 311. 322. Zoo leest men, hoe bij de overrompeling van Hamburg in 837 de bisschop (Ansgarius) met de reliquien ontvlood, terwijl de boeken verbrandden. Vita Anskarii l. l. p. 700. 701. Soms evenwel waren er bisschoppen, die ook voor de boeken behoorlijk zorg droegen.

De oude schrijvers gevoelden zelve het gemis van geschiedkundige bescheiden, die op deze wijze waren verloren gegaan. « Nu zal ik," schrijft een hunner, « eenige voorvallen trachten te verhalen, die ik niet uit boeken, maar uit het verhaal van oude lieden ben te weten gekomen. Want in de hevige stormen, die ten tijde der Deenen zoo ijsselijk hebben gewoed, zijn de schriften der ouden te gelijk met de kerken en kloosters door brand vernield, zoodat zij door den blakenden ijver der nakomelingschap te vergeefs met alle inspanning worden gezocht. Ook zijn eenige schriften, die door de vlijt onzer voorouderen aan de handen der barbaren gelukkig ontrukt waren, door het schandelijk verzuim der nakomelingen, helaas! verloren geraakt. Daar dus de handschriften zijn verdwenen, zijn de bedrijven van het voorgeslacht in vergetelheid gekomen, en kunnen door de thans levenden door geenerlei middelen terug worden geroepen. Want de gedenkstukken der ouden zijn met de voorbijgaande wereld vergaan." (a) Elders zegt dezelfde schrijver, na vermeld te hebben hoe de invallen van Hasting en Rollo vooral voor de kloosters verderfelijk waren: « in deze zoo groote verwoesting zijn de weerlooze monniken, niet wetende wat te doen, gedeeltelijk naar andere streken gevlugt, die toen nog door de wapenen der heide-

---

Duchesne H. F. S. III. 336. 337. Thierrij, Conq. de l'Angl. I. 117. In Engeland gingen, bij de invallen der Deensche barbaren, de meeste afschriften van klassische schrijvers verloren, welke daar voorheen in zoo groot aantal werden gevonden. Thierrij, l. l. I. 119. Heeren, Gesch. der class. Literat. im Mittel-alt. I. 133. 167. 168. 206-208. 256. 262. Even zoo in Frankrijk. ibid. S. 167.

(a) Duchesne H. N. S. 613. 618. Vergel. 623. 624. Boven I. 180.

nen niet bereikt waren. Deze vlugtelingen hebben niet alleen de ligchamen hunner Heiligen met zich gevoerd, maar ook de schriften over de daden dezer Heiligen, en over de bezittingen hunner kerken, welke en hoe groot zij waren, en door wie geschonken; waarvan een groot gedeelte in deze stormen en gevaarvolle verwarringen, helaas! is te zoek geraakt." Het behoeft geen betoog, van hoe groote waarde zoodanige bescheiden voor ons zouden zijn, om de geschiedenis en aardrijksbeschrijving der middeleeuwen op te helderen.

Het is van belang om hier op te merken, hoe de strooptogten der Noormannen zich van de oorlogen, welke de Frankische volkeren onder elkanderen voerden, in vele opzigten onderscheidden. De laatste ontzagen de kloosters als heilige vrijplaatsen, terwijl de ongeloovige Noren juist deze vreedzame verblijven met de grootste bitterheid plunderden en vernietigden. De ruwheid der Germanen en Franschen vervoerde hen wel tot wreede en pijnlijke straffen, tot verwoestende oorlogen en togten; maar het is niet te ontkennen, dat de christelijke godsdienst, hoe kwalijk ook in vele punten door hen begrepen, eenen heilzamen en weêrhoudenden invloed had op hunne woeste gemoederen. Door wreedheid en gruwzaamheid daarentegen schenen de Noormannen zich de gunst van den verdelgenden Othin het best te kunnen verwerven, en overtroffen in dit opzigt misschien nog de Hungaren, wier wreedheden daarom alleen meer berucht werden, wijl zij in grootere menigte waren, en hunne togten over eene breedere oppervlakte uitstrekten. Bij gebrek van uitlandsche vijanden speelden de Skandinaviers, daar de toestand van vrede hun ondragelijk was, met elkanderen « het spel der gevechten." Treffend vindt men hen geschilderd in de woorden, die aan Willem den Veroveraar bij zijn sterven (1087) worden in den mond gelegd. (*a*) « Goed en streng geregeerd, zijn zij zeer dapper en in de ergste gevaren onoverwinnelijk, zoodat zij met de grootste overmagt der vijanden den strijd durven ondernemen. Maar anders verscheuren en verslinden zij elkander." Nog in de laatste helft der twaalfde eeuw klaagt Ordericus Vitalis (*b*) over den woesten aard der Noormannen (Normandiers) en hunne wreede strijdlust, waardoor zij de landlieden en vreedzame handwerkers niet met rust konden laten. Men kan hieruit nagaan, wat zij in de negende eeuw waren, toen zij hunne ruwheid nog onveranderd uit het barre Noorden met zich bragten. Bij hunne schrijvers wordt, als eene zeer gewone zaak, dikwijls verhaald, hoe zij hunne landslieden, waarmede zij in vijandschap leefden, in den slaap overvielen; terwijl zij, nog dronken van het feest des vorigen avonds, argeloos ter neder lagen, staken zij hun huis in brand, en beletteden hun de vlugt, zoodat zij in de vlammen moesten omkomen. Dit lot werd zelfs door vorstinnen aan die genen bereid, die zich verstoutten naar hare hand te dingen. (*c*) Men leze de wreede dwangmiddelen, waarvan Olaf de Heilige nog ge-

---

(*a*) Ordericus Vitalis bij Duchesne H. N. S. p. 656.

(*b*) Duchesne H. N. S. p. 759. d.

(*c*) Heimskringla I. p. 52. 56. 70. 76. 87. 106. 107. 114. 116. 173. 244. II. 291. Suhm übers. Gräter, I. 245. 400. II. 38. 133. 187. 348. 319.

bruik maakte om het christendom bij zijne onderhoorigen in te voeren, (*a*) de ruwe dierlijkheid waarmede het ontwakend gevoel van liefde zich bij hen deed kennen, (*b*) de gruwzame pijnigingen, welke zij den vijanden, die hun in handen vielen, aandeden, (*c*) en men zal waarlijk geenszins in de verzoeking komen om te stellen, dat onze kronijken hen te zwart hebben geschilderd. (*d*).

II. HOOFDSTUK.

Het Bisdom.

De geschiedenis van de beschaving dezer landen is ten naauwste met de lotgevallen van het christendom en deszelfs hoofdzetel, den bisschoppelijken stoel te Utrecht, verbonden. Het is dus van belang, om thans, nadat wij in het algemeen den toestand des lands tijdens de invallen hebben geschetst, te onderzoeken, hoe dezelve op de magt dier bisschoppen hebben gewerkt.

Willebrord had, na eene vergeefsche poging om

(*a*) Heimskringla II. 89. 168. 169.
(*b*) [Depping. I. 48 - 50.]
(*c*) B. v. het uitsnijden van den rug in de gedaante van eenen adelaar. Zie Suhm übers. Gräter II. 562. 565. Eerst werd het ruggevleesch afgesneden, en zout in de wonden gestrooid. Dan hieuw men de ribben van het ruggebeen af, boog haar naar buiten, als of het adelaars-vleugels waren, en trok door deze groote wond de long naar buiten. Zoo werd koning Aella door de zonen van Raghenar-Lodbrog gemarteld. Zie boven I. p. 15. Vergel. Duchesne H. N. S. p. 460. d. en p. 503.
(*d*) Boven p. 126. noot *b*.

Radboud, den koning der Friesen, tot het christelijke geloof te brengen, te Utrecht een bedehuis gebouwd, waar de geloovigen onder de bescherming van het kasteel veilig hunne godsdienst konden waarnemen. Daarop was hij naar Rome vertrokken, en door den Paus tot aartsbisschop der Friesen en omwonende volkeren geordend. Hij nam nu den naam van Clemens aan, en stichtte zijne hoofdkerk niet ver van het vroeger gebouwde bedehuis. Na de eerste schenkingen van den Major domus der Franken, Karel Martel, (*a*) († 741) door wiens ondersteuning hij in Friesland de verkondiging van het christendom voortzettede, en er vele kerken bouwde, was de Utrechtsche kerk spoedig in aanzien geraakt, vooral door het aantal beroemde en geleerde mannen, die zich derwaarts begaven. (*b*) Onder deze was ook Winfrid of Bonifacius, die eerlang door den Paus met de waardigheid van aartsbisschop van Maintz werd bekleed. Doch na den dood van Clemens benoemde hij zich daar eenen opvolger, en nam zelf het opzigt over de Utrechtsche stichting, waar hij eene nieuwe kerk bouwde, en zich met het bekeeren der heidenen ijverig bezig hield. In het laatst van zijn leven ontstond er een belangrijk verschil tusschen hem en den aartsbisschop van Keulen. Deze beweerde dat de Utrechtsche kerk, volgens eene schenking van koning Dagobert, aan de zijne onderworpen was, terwijl Bonifacius staande hield, dat zij onmiddelijk van den pauselijken zetel afhing. Hij

---

(*a*) de Beka, p. 5. 8-11. Heda, p. 26-31.
(*b*) [Over den roem der Utrechtsche school en de beoefening der wetenschappen aldaar, zie ook Mösers Osnabrückische Gesch. I. S. 287.]

ontkende wel niet de gift van Dagobert, maar meende dat de Keulsche aartsbisschop niet voldaan had aan de daar bijgevoegde voorwaarde, om namelijk den Friesen het geloof te prediken en hen te bekeeren. Willebrord had, bij zijne komst te Utrecht, de kerk, voorheen ter eere van S. Thomas gebouwd, door de heidenen verwoest gevonden; de gift van Dagobert was dus vervallen, en de benoeming van Clemens door Paus Sergius moest gerekend worden volle kracht te hebben. Bonifacius schreef hierover naar Rome, en verzocht uit het pauselijke archief een afschrift van de benoeming van Clemens, en van al de voorschriften hem bij die gelegenheid door den Paus gegeven. Doch eer deze zaak nog tot eene beslissing was gebragt, stierf hij bij Dokkum den marteldood, terwijl hij aan de Friesen het Euangelie verkondigde (754). « Na zijnen dood raakte de nog jeugdige en zwakke Utrechtsche kerk van de aartsbisschoppelijke waardigheid verstoken, daar zij tegen de Keulsche, die magtig en rijk was, zich niet staande kon houden. Want haar gansche gebied werd niet lang daarna door de wreedheid der Deenen bijna geheel verwoest, en het land, van bebouwers ontbloot, bragt eenen tijd lang niet anders dan doornen en distelen voort. De armoede belettede dus de bisschoppen naar Rome te gaan, om zich tot aartsbisschop te doen inzegenen, en noodzaakte hen de wijding te ontvangen van den meer nabij wonenden Keulschen kerkvoogd, dien zij daardoor als hunnen metropolitaan erkenden. Zelfs hebben zij eenen tijd lang, even als abten, zonder bisschoppelijken mijter dienst gedaan. Eerst Godebald, die in 1121 den bisschoppelijken zetel beklom, kreeg van den Paus verlof om dit kenteeken zijner waardigheid te mogen dragen." (*a*) Ik durf dit berigt van de Beka, waaruit latere schrijvers het hunne hebben ontleend, niet voor ontwijfelbare waarheid aannemen. Wel ontken ik niet, dat Willebrord en Bonifacius den naam van aartsbisschop hebben gedragen, en dat de laatste met den Keulschen kerkvoogd over den rang van zijn sticht verschil heeft gehad; maar dat de ongunstige uitslag, dien deze zaak voor Utrecht heeft genomen, aan de invallen der Deenen en Noormannen is toe te schrijven, dit komt mij hoogst onwaarschijnlijk voor. Wanneer wij de berigten van de Beka vergelijken met het geen wij uit gelijktijdige schrijvers weten, dan blijkt het dat zijne kennis aangaande die invallen onvolledig en verward was; en daar zijne stelling met den tijd, waarop de togten der Deenen naar deze landen begonnen zijn, volstrekt niet is overeen te brengen, maak ik geene zwarigheid om dezelve geheel te verwerpen. Reeds voor 754 was het verschil voor den Paus gebragt, terwijl de Noormannen eerst in de laatste jaren van Karel den Grooten met kracht in Friesland vielen, en Utrecht, naar alle waarschijnlijkheid, eerst in 857 werd vernield. (*b*) Er moeten dus andere oorzaken geweest zijn, welke te weeg bragten, dat de opvolgers van Bonifacius van zijne waardigheid verstoken bleven. Heda (*c*) schijnt dit begrepen te heb-

---

(*a*) de Beka p. 16 en 45. Heda p. 36. en aldaar Buchel, en p. 148. Ook bij lateren nageschreven, b. v. Cron. de Trai. in Matthaei Anal. V. 314. Vergel. Kluit I. 1. p. 11. nota 30.

(*b*) Vergel. boven I. p. 75 en 108.

(*c*) p. 36.

ben, daar hij in de eerste plaats van de invallen der Saksen en Oostfriesen, onder aanvoering van Witikind, melding maakt, en daarop, denkelijk wijl hij de Beka niet wilde tegenspreken, ook van Noormannen en Deenen gewaagt. Ik wil hiermede de Beka niet beschuldigen, als of hij zijne gissingen voor historische waarheid hebbe te boek gesteld; denkelijk volgde hij eene overlevering, die hij reeds bij vroegere schrijvers geboekt vond, en omtrent welker gegrondheid hij dus meende, zich niet te moeten bekommeren. De nadeelen en rampen, welke men hier te lande van de Noormannen had geleden, hadden zich zoo diep in het geheugen der nakomelingen geprent, dat men tot hen, als tot eene algemeene bron, alle onheilen terugbragt, waarvan de oorsprong door den loop der tijden onbekend of duister was geworden. (a)

Hoezeer ik dus geene reden zie, om het aan de Noormannen te wijten, dat Utrecht tot 1559 den rang van een aartsbisdom moest missen, loopt het evenwel van zelf in het oog, hoe groote nadeelen hunne invallen aan het bisdom berokkenden, en hoe zij de opkomende magt der bisschoppen grootelijks hebben gefnuikt. Niet alleen verwoestten zij de landen, die aan de Utrechtsche kerk waren geschonken, en bragten dezelve grootendeels onder het bestuur van Noordsche vorsten; niet alleen noodzaakten zij den bisschop en zijne geestelijken, eenen tijd lang hun sticht te verlaten, en maakten het tot de schouwplaats hunner ruwe en teugellooze woede; maar boven al werkten zij nadeelig, door

---

(a) Men kan hier nog bijvoegen, dat Keulen ook niet altijd van de plunderingen der Noren vrij liep. Zie boven p. 85 aanm. *b.* en 140.

aanleiding te geven tot de opkomst en het toenemend gezag der graven; deze toch breidden eerlang hunne magt uit ten koste der bisschoppen, waaruit eindelijk bloedige oorlogen ontstonden. (*a*) « De vorige keizers en koningen hadden zeer rijke bezittingen in" (het later dus genoemde) « Holland en Friesland en de eilanden in den Oceaan, welker koningen en beheerschers door hen waren overwonnen of verdreven, en die door de invallen van buitenlandsche volkeren woest en onbebouwd lagen, aan de bisschoppen ter belooning van hunnen arbeid in het verkondigen des geloofs geschonken, zonder dezelve door eenige grenzen te bepalen. Maar toen naderhand de graven zich in dat gedeelte des bisdoms, dat" (nu) « Holland heet, hadden gevestigd, begonnen zij terstond hun gebied, dat in het eerst gering was, uit te breiden, en door list en geweld de bezittingen, eilanden en kasteelen van de kerk, die hun het beste gelegen waren, aan zich te brengen; zij onderwierpen Friesland, en verwierven zich door vele voorspoedige gevechten grooten naam en roem." « De Utrechtsche kerk was, te gelijk met de stad, door de barbaren verdelgd, hare goederen en bezittingen overheerd. De traagheid der koningen was oorzaak, dat zij, die deze bezittingen aan de vijanden hadden ontrukt, dezelve niet aan de kerk teruggaven, maar voor zich zelve hielden, als op den vijand veroverd. Ieder nam er zooveel van, als zijne krachten hem toelieten." (*b*). In een diploma van Henrik IV. van

---

(*a*) Zie Heda p. 108. 109. Lamb. Hortens. Rer. Ultr. ed. Buchel. p. 4 en 5. en vooral Buchel op Beka p. 38. nota d. Verg. beneden, Hoofdstuk III.

(*b*) Heda p. 108. 109. Men herinnere zich, hoe het ging met de

het jaar 1064 (*a*) vindt men melding van de goederen, welke sedert den tijd van Henrik II. en bisschop Adelbold aan de Utrechtsche kerk door graaf Theoderik (III.) en zijne zonen (Florens I. en Theoderik IV.) onregtvaardig waren ontnomen, en voor welke de Keizers Koenraad, Henrik II. en III. veel moeite gedaan, en vele oorlogen gevoerd hadden. Hij zelf en zijne getrouwen hadden zich ook veel moeite gegeven, om deze bezittingen aan het bisdom terug te doen komen. (*b*)

Ontzagen zich de graven dus niet, van de gelegenheid ter uitbreiding hunner magt gebruik te maken, de bisschoppen werkten niet minder ijverig met hetzelfde doel, hoewel meestal op verschillende wijze en met geheel andere middelen. Wij hebben reeds gezien, hoe Balderik, na de stad te hebben herbouwd, zich van de gunstige omstandigheden ter uitbreiding van de bezittingen en voorregten zijner kerk wist te bedienen. De rampen, haar door de ongeloovigen berokkend, bewogen niet alleen keizers en koningen tot ruime giften, maar ook bijzondere personen beijverden zich haar met hunne gaven te verrijken, en aldus de zaligheid hunner zielen te verwerven. (*c*) De vreedzame regering van Balderiks opvolgers, en

---

bezittingen van het klooster te Epternach; zie boven p. 164. aanm. *e*. Zoo klaegden ook de monniken van S. Bavo te Gend in 976 bij Otto II., dat een gedeelte hunner bezittingen hun door de geweldige overheersching van sommigen was ontnomen. Kluit, Hist. Crit. II. 1. p. 40. 41. [Verg. Mansert l. l. II. 42].

(*a*) Heda, p. 129. 130.
(*b*) Zie over deze pogingen dier keizers de plaatsen, verzameld door Kluit, Hist. Crit. II. 1. 91 - 93.
(*c*) Heda p. 78. 79.

de schenkingen der geloovigen, deden de magt der kerk zoo zeer toenemen, dat men zich, bij den laatsten inval der Noren in het begin der elfde eeuw, tot eenen moedigen tegenstand in staat vond, en den vijand tot den aftogt dwong, zonder door dezen overval eenige aanmerkelijke of duurzame schade te hebben geleden. (*a*) Niet lang daarna durfde bisschop Adelbold reeds den oorlog tegen graaf Theoderik (III. van Holland) te ondernemen, om de regten der Utrechtsche kerk op hare voormalige bezittingen te doen gelden. Schoon deze vermetele onderneming eenen zeer ongunstigen uitslag had, (1018) toont zij echter hoezeer de krachten des bisdoms waren toegenomen. Adelbold wordt geprezen om zijne dapperheid en voorzigtigheid; hij versierde Utrecht met verscheidene gebouwen; onder anderen heeft hij een klooster van S. Maarten met verwonderlijke kunst en spoed in weinige jaren gebouwd. Ook in Thiel, hetwelk door de vorige bisschoppen verzuimd was, herstelde hij alles in den vorigen toestand. (*b*)

Deze uitbreiding hunner magt viel den bisschoppen te gemakkelijker, daar de rampen, welke de Noormannen over deze landen bragten, medewerkten tot vermeerdering van het aanzien der geestelijkheid in het algemeen. Het is den mensch eigen, om, wanneer zijne krachten te kort schieten, naar bovennatuurlijke hulp om te zien, en zijn heil onmiddelijk van de Godheid te verwachten. Men beschouwde de plunderingen der Noren als

---

(*a*) Boven p. 198. 199.
(*b*) Heda p. 109. 110.

eene goddelijke straf, (a) welke velen zochten af te wenden of te verzachten, door het doen van rijke schenkingen aan kloosters en kerken. Behaalde men somtijds eene overwinning over de gevreesde stroopers, men schreef dezelve toe aan de voorbede der geestelijken, aan de hulp der Heiligen, of aan de wonderkracht hunner overblijfselen. Bijna op iedere bladzijde wordt hiervan door de oude schrijvers gewag gemaakt. (b) Nu eens geloofde men, dat klooster en stad wonderdadig door eenen dikken nevel aan het gezigt der vijanden was onttrokken, (c) dan weder dat de stroopers van gezigt verduisterd, en met razernij geslagen waren, (d) dat de vlam geen vermogen had gehad om de kerk te verbranden, (e) dat de Heiligen zelve aan de ongeloovigen waren verschenen, en hen tot den terugtogt hadden genoodzaakt, (f) of de christenen ter overwinning hadden aangevoerd. (g) Somtijds wisten de geestelijken dit bijgeloof met goed gevolg te gebruiken, om den moed der landzaten tot den strijd aan te vuren, (h) en dikwijls werd een tiende van den behaalden buit, behalve de vrijwillige giften, de belooning van den

---

(a) Boven p. 209.
(b) Ann. S. Columbae Senon. bij Pertz I. 104. Ann. Bertin. 514. 515. Abbo bij Pertz I. 786-795. Duchesne H. N. S. p. 23. 26. 81. 1016. H. F. S. III. 337. 358. 559. d'Acherij, Spicil. II. 411. III. 258. 272.
(c) Ann. Fuld. bij Pertz I. 405.
(d) Ann. Bertin. 441. 442. 470.
(e) Ann. Bertin. p. 467.
(f) Duchesne H. N. S. p. 31. H. F. S. III. 450. Ann. Bertin. p. 514. 515.
(g) Duchesne H. F. S. III. 448.
(h) Duchesne H. N. S. p. 24.

Heiligen, wiens hulp men in het gevaar had ingeroepen. (a) Zoo vonden priesters en monniken eene schoone gelegenheid, om zich van de schade te herstellen, die de vijanden hun toebragten; en wie zal het hun euvel duiden, dat zij zich deze gelegenheid ten nutte maakten? (b)

Deze voor de geestelijkheid zoo gunstige stemming was oorzaak, dat kloosters en kerken eerlang uit hunne asch herrezen, en dat in dezelve nog vele overblijfselen van beschaving en klassische letterkunde bewaard bleven, die anders gewisselijk in de algemeene ramp der tijden waren ondergegaan. In het laatst der tiende eeuw kocht Gerbert (later Sijlvester II.), die zich ter bewaring der klassische schrijvers zeer veel moeite gaf, en veel deed ter bevordering der wetenschappen, vele afschriften der beste schrijvers, voor groot geld, niet alleen in Duitschland, maar ook in Belgie of de Nederlanden. (c) Omstreeks denzelfden tijd vindt men gewag van zeventien handschriften, aan de abdij te Egmond geschonken; zij handelden voornamelijk of over godsdienstige onderwerpen, of over de zoogenaamde vrije kunsten. (d) Onder Steven, den vijfden abt, (1057-1105) werd de boekerij, zoo door aankoop en

---

(a) Ann. Bertin. p. 480.

(b) Ook in Engeland wisten zij den schrik voor de Deenen te gebruiken, om het volk tot het geven van tienden te bewegen. Hume, Hist. of Engl. I. 75.

(c) Heeren, Gesch. der cl. Literatur im Mittel-alter, I. 205. In 1533 reisde Petrarcha ook in de Nederlanden, om HSS. te zoeken. Hij vond onder anderen te Luik twee redevoeringen van Cicero. Heeren, l. l. S. 521. 534.

(d) van Wijn, Hujus. leven, III, p. 262. 266. 274.

schenking, als door het afschrijven der monniken, met wel 80 boeken vermeerderd. Deze liepen niet alleen over de godsdienst en de zeven vrije kunsten, maar ook over geschiedenis, regtsgeleerdheid, genees- en natuurkunde; ook waren er verscheidene Romeinsche schrijvers onder, b. v. eenige stukken van Cicero, Sallustius, Gellius, Horatius, Lacantus en Statius. (*a*) Deze abt was de beoefening der klassische letterkunde zeer genegen, en zijn invloed bleef nog lang na zijnen dood in de abdij werkzaam, zoodat men niet naliet de boekerij met goede latijnsche schrijvers, als met sieraden van groote waarde, te verrijken. (*b*) Van Wijn spreekt met regt van het groote belang dezer boekverzameling, in eenen tijd, dat de handschriften even duur als zeldzaam waren, en van den smaak voor de letteren, die reeds vroeg te Egmond heerschte. (*c*). Zeer waarschijnlijk is zijn vermoeden, „ dat de voorbeeldige invloed van dit gesticht, en van de leerlingen, zoo geestelijke als wereldlijke, die aldaar gevormd werden, zich mede over andere deelen dezer gewesten, bijzonder van Holland, in min of meerderen graad, ten aanzien der wetenschappen, zal hebben uitgestrekt, zoodat de bewoners van deze abdij geacht moeten worden zeer veel tot den groei en bloei der wetenschappen te hebben toegebragt."

Ook in Utrecht werd men, door de mildheid der geloovigen, spoedig in staat gesteld, zich met goed gevolg op de beoefening der geleerdheid toe te

---

(*a*) van Wijn, Huisz. leven, l. l. p. 272-274. en 519-522.
(*b*) van Wijn, Huisz. leven, p. 298-301.
(*c*) l. l. p. 315. 316. 546.

leggen. De stad stond, in dit opzigt, reeds in de tiende eeuw in groot aanzien. « Bruno, de broeder van Otto I., naderhand aartsbisschop van Keulen, werd daar gevormd, en, wanneer men zijnen levensbeschrijver kan vertrouwen, werd aldaar niet alleen Romeinsche, maar ook Grieksche literatuur beoefend. (*a*) Doch de lofprijzende toon van dezen schrijver verwekt zekerlijk twijfel aan zijne geloofwaardigheid." (*b*)

In Frankrijk en Engeland wisten de geestelijken niet alleen hun voordeel te doen met de boven geschetste stemming der landzaten, maar het gelukte hun ook, om zich bij de nieuw bekeerde Noormannen spoedig in te dringen, en hen tot rijke giften ter uitbreiding van hun aanzien te bewegen. Van Rollo's hoog geprezene vroomheid hebben wij boven reeds gesproken; beneden zullen wij dezelve nog een weinig nader leeren kennen. Zijn zoon en opvolger, Willem I., toonde zelfs eene sterke begeerte om monnik te worden, van welk voornemen zijne rijksgrooten hem niet dan met moeite konden terughouden. (*c*) Richard I. wordt even zeer geroemd om zijne godsvrucht en milddadigheid jegens de kerk; men geeft hem den eernaam

---

(*a*) Vita Brunonis bij Leibn. script. Brunsvic. I. 274.

(*b*) Heeren, Gesch. der cl. Lit. im Mittel-alter, I. 197. 198. Vergel. v. Pabst, invloed der kruisvaarten in ons vaderland. p. 54. 55. Ik twijfel of Bruno wel te Utrecht gevormd is, daar deze stad toen nog door Balderik niet was herbouwd. Doch dat hij, even als zijne beide broeders, door dezen geleerden bisschop is onderwezen, wordt uitdrukkelijk vermeld bij Heda, p. 75. De Abbas Urspergensis noemt dezen Bruno « omnium literarum scientia imbutum." Heda p. 77. Over de verdiensten der Utrechtsche bisschoppen voor de beschaving, zie van Wijn, Huisz. leven, I. 15-73.

(*c*) Duchesne, H. N. S. p. 106.

van « voeder der monniken en kanoniken," en verschoont daarom liefderijk zijne gebreken met de menschelijke zwakheid. Niet minder wordt Willem de Veroveraar geprezen. (*a*) Ook Knut, Suen's zoon, was de vriend van geestelijken en monniken, daar hij hen en de kerk rijkelijk begiftigde. De volgelingen der noordsche vorsten deden voor hen in ijver niet onder. (*b*) « Gods knechten werden door allen met den grootsten eerbied behandeld. Ieder der aanzienlijken bouwde om strijd kerken op zijne landgoederen, en verrijkte de monniken, opdat zij God voor hem zouden bidden."

Van eene dergelijke stemming bij de Noormannen, die zich in ons land eenigen tijd hebben nedergezet, heb ik geen spoor kunnen ontdekken. Integendeel vinden wij uitdrukkelijke klagten, niet alleen over de ruwe behandeling van Gods dienaren door Heriold, (*c*) maar ook over de ligtvaardigheid, waarmede de Noordsche aanvoerders gedurig van de christelijke godsdienst afvielen; (*d*) en bij de vermoording van Godfrid zien wij den bisschop van Keulen mede werkzaam tot zijn verderf. (*e*) De reden van dit verschil moet gezocht worden in den meer barbaarschen toestand, waarin

---

(*a*) Duchesne H. N. S. p. 278, waar eene menigte toen gestichte kloosters worden opgenoemd. Vergel. aldaar p. 505. 506.
(*b*) Duchesne H. N. S. p. 139. 142. 152. 153. 173. 206. 211. Vergel. ook Thierrij, Conq. de l'Anglet. I. 144.
(*c*) Boven p. 58.
(*d*) De monniken varen daarom bitter tegen hen uit, b. v. « Ruorich fel christianitatis." Boven p. 121. « Rudolf, quamvis baptizatus esset. caninam vitam digna morte finivit." p. 123. « Peste attrito rege eorum Godefrido." p. 165.
(*e*) Boven p. 159.

de Noormannen zich bevonden, toen zij zich hier nederzetteden. Hunne woeste zeden waren toen nog weinig of niet door den omgang met de beschaafdere westersche volkeren getemperd, en hun afkeer tegen het christendom was nog onverzwakt. Doch bij verloop van tijd kwam hierin eene merkelijke verandering. Toen Rollo in 912 werd gedoopt, hadden zijne volgelingen reeds verscheidene jaren in de landen der christenen verkeerd en met sommigen hunner in vreedzame betrekkingen geleefd. (a) En hoe meer de Noren door hunne onophoudelijke togten met de christenen in aanraking kwamen, des te meer werden zij, zonder het zelve te weten, geschikt om de godsdienst der christenen te huldigen, en in dweepzieke vroomheid voedsel voor hunne wilde verbeelding en rustelooze onderneemzucht te vinden.

III. HOOFDSTUK.

Leenstelsel. Toenemende magt van Adel en Graven. Oorsprong van het Graafschap Holland.

De Frankische koningen vertrouwden de bewaking der marken of grenzen aan de zorg van bijzondere ambtenaren, welke ons in de geschiedboeken dier dagen onder den naam van markgraven veelvuldig voorkomen. Oorspronkelijk waren zij,

---

(a) Dudo bij Duchesne H. N. S. p. 75.

even als alle andere graven, geheel van hunne vorsten afhankelijk, en behielden hunne bediening niet langer, dan het dezen goeddacht. Allengskens evenwel paste men de beginselen van het leenstelsel ook op deze bedieningen toe, zoodat zij eerst voor het leven verleend, en naderhand zelfs erfelijk werden. Hoe ongemerkt ook deze verandering door den loop der tijden en den drang der omstandigheden werd voortgebragt, zij was eene der gewigtigste voor den maatschappelijken toestand der volkeren van Europa, en rijk in gevolgen zoowel gedurende de middeleeuwen, als in het tijdvak der nieuwere geschiedenis.

Ook de togten der Noormannen droegen er toe bij, om den graven hun streven naar uitgebreider gezag, meerdere magt en onafhankelijkheid wel te doen gelukken. Karel de Groote was voorzigtig genoeg om elken graaf niet meer dan één graafschap toe te vertrouwen; alleen op de grenzen der barbaarsche natiën ging hij van dezen stelregel af. (a) Zijne opvolgers, in doorzigt geenszins met hem gelijk te stellen, vergaten deze heilzame inrigting, en begiftigden dikwijls, uit gunst of vrees, éénen graaf met onderscheidene graafschappen. De nood zoude waarschijnlijk Karel zelven, indien hij langer geleefd had, hiertoe gedwongen hebben. De magt van elk graafschap afzonderlijk was niet genoegzaam, om de fel bestookte grenzen te verdedigen; men zocht hierin te voorzien, door het gebied van die graven, die door werkzaamheid en moed het meest uitmuntten, te vermeerderen. Dat

---

(a) Mon. Sangall. l. l. Lib. I. Cap. 14.

Karels opvolgers hierbij meer op het oogenblikkelijke voordeel zagen, dan op de onheilen die er eenmaal uit moesten ontstaan, dit zal men hun wel niet bijzonder euvel duiden, wanneer men, ook in de geschiedenis van latere dagen, de toekomst dikwijls zoo geheel veronachtzaamd ziet.

Werd dus het gebied dezer graven door de vorsten zelve vergroot, de hulpelooze toestand, waarin zich de grenslanden bevonden, deed hun aanzien bij de ingezetenen te hooger rijzen. Zoo lang alleen de kusten en de monden der rivieren door de Noormannen werden bezocht, hadden zij, die dieper landwaarts woonden, geene de minste vrees, dat deze ramp eerlang ook hen zoude treffen. Zij bekommerden zich dus weinig om het lot der kustbewoners, en dachten er niet aan om hun, ter verdrijving van den koenen vijand, behulpzaam te zijn. Ook de keizers en koningen hadden hunne handen zoo vol met andere zaken, dat zij meestal zich met de verwijderde marken en grenslanden niet konden bezig houden. Derzelver verdediging kwam dus voornamelijk op de graven aan, en het is ligtelijk na te gaan, dat deze elk hun gebied, elk hunne stad, waar zij belang in stelden, waar zij de eerste en meeste voordeelen van genoten, ook met grooteren ijver en standvastigheid beschermden. Natuurlijk dat hierdoor hun aanzien bij de ingezetenen toenam, dat deze van lieverlede hunnen oppervorst, die zich zelden vertoonde en dien zij nimmer aan de spits hunner troepen zagen, begonnen te vergeten en de graven met hen te verwisselen, zoo dat deze zich eindelijk den weg tot wezentlijke onafhankelijkheid gebaand zagen.

Al poogde men zich tot onderlinge hulp te vereenigen, evenwel maakte de wijze van aanval dezer zeeroovers het wel gelukken ten uiterste moeijelijk of liever onmogelijk. Zoodra men eene krijgsmagt verzamelde, tegen welke zij zich niet bestand gevoelden, begaven zij zich weder scheep, en overvielen eene andere landstreek, die op dat oogenblik van verdedigers ontbloot was. Dit bragt te weeg dat het gansche land aanhoudend in vrees was; de inwoners der onderscheidene streken durfden elkander naauwelijks bijstand te bieden, daar elk vreesde zijne eigene bezittingen onverdedigd te laten. Het was dus volstrekt noodzakelijk, dat elk graafschap met eigene krachten, onder aanvoering van eigene edelen en opperhoofden, hun wederstand bood.

Even als een algemeene oorlog, met de vereenigde krachten van den ganschen staat gevoerd, gewoonlijk de magt van de kroon vermeerdert, zoo bragten deze afzonderlijke oorlogen en invallen veel toe, om de magt des hoogen adels te doen rijzen. (a) Hume heeft dezen gang der zaken in Engeland met zijne gewone scherpzinnigheid ontwikkeld, en in Frankrijk hetzelfde verschijnsel opgemerkt. Ook daar hadden, bij het verval van den Karolingischen stam, de edelen, in elk gewest, hun voordeel doende met de zwakheid van den oppervorst, en verpligt om elk voor zijne eigene verdediging tegen de verwoestingen der noordsche vrijbuiters te zorgen, zoo wel in burgerlijke als krijgs-zaken zich eene bijna onafhankelijke magt

---

(a) Hume, Hist. of Engl. I. p. 75. 205. van Spaen, Inleiding tot de Hist. van Gelderland. III. 97. 98.

aangematigd, en de voorregten hunner vorsten ten naauwste beperkt. (*a*)

De regeringloosheid, hieruit ontstaan, was weinig geschikt om het lot der overgeblevene inwoners te verbeteren. Veelvuldig zijn de klagten der tijdgenooten over de toomelooze losbandigheid, waaraan de aanzienlijke edelen zich schuldig maakten. « Nadat Frankrijk door de Heidenen was geteisterd, zijn er vele verwarringen ontstaan; want terwijl het koninklijke gezag bijna vernietigd was, gaven de aanzienlijken zich, als kinderen Belials, aan de boosheden hunner wegen over. De magtigste hertogen en graven sloegen overal hunne hand aan, en lieten niet af de nabijliggende landen te verwoesten en aan zich te onderwerpen. Zelfs stonden zij naar de koninklijke waardigheid." (*b*) Zoo gelukte eindelijk het streven der Frankische grooten, die sedert den dood van Karel den Grooten aanhoudend hadden gepoogd, om de magt terug te krijgen, welke zij onder zijne voorgangers gehad, doch onder zijne krachtige regering verloren hadden.

De zoo even geschetste wijze van aanvallen, waardoor alle punten langs de kusten en rivieren gelijkelijk werden bedreigd, was oorzaak dat men zich trachtte te beveiligen door het bouwen van kasteelen en burgen, waarin de omwonenden zich en het hunne tegen overvallen konden verdedigen, (*c*)

(*a*). Flamn I. 372. Over de gevolgen van deze magt der edelen zie aldaar p. 372. Vergel. Gibbon, Miscell. Works III. 196. 197.

(*b*) Hariulfi Chron. bij d'Acherij II. 324.

(*c*) Folcuinus bij d'Acherij, Spicil. II. 735. Ibid. 689. Chron. Besuens. ib. 410. Lauteschl. I. L. S. 32.

daar de vijand meestal den tijd niet had om dergelijke sterkten te belegeren of in te nemen. Wel is waar, men vindt reeds onder Karel den Grooten van burgen in Duitschland gewag gemaakt; (*a*) doch zij waren, in vergelijking met die, welke tijdens de invallen der Noormannen gesticht zijn, weinig in getal. Tot het bouwen van zulke burgen werd, volgens den regel, het verlof van den oppervorst vereischt; (*b*) maar de graven hier te lande hebben zich, reeds vroeg, hier niet aan gestoord, en zich tegen de Duitsche Keizers verzet, waarover meermalen oorlogen zijn ontstaan. (*c*) In het laatst der negende eeuw deed koning Odo kasteelen tegen de Deenen bouwen; (*d*) reeds vroeger had Karel de Kale om dezelfde reden in de meest bedreigde streken versterkingen laten aanleggen, gehuchten tot welbevestigde plaatsen maken, en verscheidene graven benoemd. (*e*) Dergelijke burgen, in het eerst ter bescherming der landzaten gebouwd, werden weldra middelen ter hunner onderdrukking en berooving; reeds onder Arnulf klaagden de bisschoppen, dat, al waren er geene Noormannen, alles toch door de inlandsche

---

(*a*) Pfister I, 1, II, p. 23.
(*b*) Baluzii Capitularia regum Franc. II. 195. « Semper parati sitis .... aut contra Paganos aut contra quoscunque alios .... sine ulla dilatione hostiliter praeparatus .... occurrere. Et volumus et expresse mandamus ut quicunque istis temporibus castella et firmitates et haias sine nostro verbo fecerunt, Kalendis Augusti omnes tales firmitates disfactas habeant; *quia vicini et circummanentes exinde multas depraedationes et impedimenta sustinent.*"
(*c*) van Wijn, Hist. avondstonden, II. 31. 32.
(*d*) Chron. S. Medardi Suessionis bij d'Acherij, Spicil. II. 488.
(*e*) Lib. de castro Ambasiae bij d'Acherij III. 271. Ann. Bertin. p. 481.

roovers tot eene woestijn zoude worden gemaakt. (*a*)

Terwijl aldus deze togten ter bevordering strekten van de magt en het aanzien der edelen, maakten zij te gelijker tijd in het ligchaam des adels zelf aanmerkelijke verandering. In de bloedige gevechten, doorgaans met groot verlies tegen de stroopers geleverd, werd de leenmilitie ten sterkste gedund, en menig adellijk geslacht stierf ganschelijk uit. (*b*) Anderen, die voor hun leven vreesden en zich aan het gevaar onttrokken, werden door moedigere strijders vervangen. Een schrijver uit de twaalfde eeuw (*c*) heeft hieromtrent eene merkwaardige plaats, welke hij buiten twijfel uit vroegere bronnen ontleende. « Ten tijde van Karel den Kalen," zegt hij, « zijn vele onbekende en onaanzienlijke mannen, maar die in dapperheid en eergevoel de edelen overtroffen, beroemd en groot geworden; want wanneer hij iemand zag die naar krijgsroem stond, en de gevaren niet ontweek, aarzelde hij niet de kans des oorlogs door hem te beproeven. In die dagen toch waren er menschen van oud geslacht en aanzienlijke afkomst, die zich alleen op de daden hunner voorouderen, en niet op de hunne konden beroemen. Wanneer zij tot de vervulling van eenige moeijelijke taak werden gezonden, namen zij iemand uit het volk, om te weten hoe zij doen moesten, zoodat, daar de koning hun het bevel over anderen had toever-

---

(*a*) Zie behalve de zoo even aangehaalde plaats uit Baluzius, Pfister, l. l. I. 487.

(*b*) In welken zin men hier *Adel* te verstaan hebbe, zie Heeren, Hist. werke. II. 119. 120.

(*c*) Chron. de Gestis Consul. Andegav. bij d'Acherij, III. 272.

trouwd, zij zelve eenen bevelhebber over zich stelden. Koning Karel had daarom weinigen van deze soort van edelen bij zich, maar hij begiftigde de nieuwelingen mildelijk met krijgsgeschenken en erfgoederen, welke zij met zwaren arbeid hadden verdiend. Hierdoor verkregen deze den adeldom voor zich en hunne nakomelingen." Een gelijktijdig schrijver bevestigt deze opmerking door een sprekend voorbeeld. « Karel," zegt hij, « ontneemt aan Adalard, aan wien hij de wacht tegen de Noormannen had toevertrouwd, ja zelfs aan zijne bloedverwanten Hugo en Berenger, wijl zij niets tegen de Noormannen hadden uitgevoerd, de hun gegevene leenen, en verdeelt dezelve onder verscheidene anderen." (*a*).

Hoezeer wij nu aangaande de meeste dezer punten niet afzonderlijk met betrekking op deze gewesten onderrigt zijn, zoo lijdt het evenwel geen' twijfel, of ook hier hadden dezelfde oorzaken dezelfde gevolgen, daar er geene bijzondere omstandigheden bestonden, die dezelve anders hadden kunnen wijzigen. Dat de Hollandsche graven hunne opkomst aan den dapperen wederstand, dien zij aan de Noren boden, te danken hebben gehad, is de eenstemmige getuigenis van vele onzer oude inlandsche kronijken. (*b*) Wel is waar, deze schrijvers zijn lang niet gelijktijdig, en men kan hunne berigten geenszins blindelings aannemen; daarenboven wordt in de kronijk van den Egmonder mon-

---

(*a*) Ann. Bertin. p. 470. ad a. 865.
(*b*) de Beka, p. 28. 51. 55. Heda, p. 60. 61. Cronica de Hollant in Matthaei Anal. V. 525-529. Auct. de bello camp. int. Ep. Traj. et Comites Holl. ed. Matthaeo p. 212.

nik, de oudste van alle, die over de Hollandsche graven handelen, (a) van hunne verdediging tegen de Noormannen geen enkel woord gerept. Maar evenwel draagt deze stelling zoo volkomen den stempel der waarheid, (b) dat ik haar gerustelijk voor geschiedkundig zeker durf aannemen. Wij hebben boven (c) reeds gezien, hoe onder Lodewijk den Vromen zekere Gerolf, een leenman des Keizers, en hoogst waarschijnlijk de grootvader van graaf Theoderik, (gewoonlijk I. van Holland), in het westelijke gedeelte van Friesland gegoed was, en hoe Keizer Arnulf de bezittingen van graaf Gerolf, denkelijk de zoon van den zoo even genoemden, vermeerderde, wijl hij werkzaam geweest was in het verdrijven der Noormannen, en opdat hij verder hiertoe te beter mogt in staat zijn. (d) De zoon van dezen Gerolf, Theoderik, was *graaf van Holland*, voor zoo ver hij hier, door erfregt en uit naam des konings, graaf was, en zich een vast verblijf en alodiaal-eigendommen in Kennemerland en Westfriesland, maar niet in Holland, heeft verworven, terwijl zijne nakomelingen hun gebied en heerschappij verder, tot in het oude Holland, d. i. Zuidholland, hebben uitgebreid. Hij wordt doorgaans, hoewel ten onregte, *de eerste* genoemd, (e) daar deze naam beter aan zijnen vader toekomt. (f) In 922 schonk Karel de Eenvoudige,

---

(a) Kluit, Hist. Crit. I. 1. p. IX.
(b) Vergel. van Wijn, Hist. avondstonden II. 51. 52.
(c) p. 82. Kluit, Hist. Crit. II. 1. p. 2. nota h.
(d) Boven. p. 164.
(e) Ter voorkoming van verwarring behoude ik evenwel de gewone telling.
(f) Kluit, Hist. Crit. I. 1. p. 15. 16.

koning van Frankrijk, hem de kerk Egmond met al hare landerijen en regten. (*a*) Theoderik II. werd in 969 door Lotharius, koning van Frankrijk, beschonken met het foreest Wasda, gelegen in zijn (*b*) graafschap, en thans het land van Waas geheeten. (*c*) Zestien jaren later ontving hij van Otto III., koning van Germanie, verscheidene belangrijke bezittingen als alodiaal eigendom, welke hij tot dien tijd toe in leen had gehouden. Sommige van dezelve lagen in het tegenwoordige Noordholland, tusschen Medemelacha en Chimelosara, en in de graafschappen Mosa, Kinheim en Texla. (*d*) Een groot onderzoeker onzer oude geschiedenis (*e*) heeft te regt opgemerkt, dat men vooral onderscheid moet maken tusschen de regterlijke magt dezer Graven, waardoor zij als ambtenaren uit 's konings naam over hun graafschap gesteld waren, en tusschen het bezit van hunne erf- en alodiaalgoederen, die oorspronkelijk in Kennemerland en Westfriesland, vervolgens ook naar den den IJssel- en Lier-kant (*f*) verspreid lagen. Gerolf bezat ook elders vele goederen in eigendom; en toen dezelve tusschen zijne twee zonen, Walger en Theoderik, werden verdeeld, ontving de laatste zijne bezittingen aan den Rhijn, de ander in Thiele (Thiel) aan de Waal en elders, te gelijk met het

---

(*a*) Kluit, l. l. en II. 1. p. 13-17.
(*b*) Namelijk zijn Gendsch graafschap; want hij was ook graaf van Gend. Kluit, I. 2. p. 177. seqq.
(*c*) Kluit, l. l. II. 1. p. 50. 52.
(*d*) Kluit, l. l. II. 1. p. 57-63.
(*e*) Kluit, l. l. II. 1. p. 14-16.
(*f*) De Lier, een stroompje, nog bekend in het dorp de Lier, bij Maaslsuis. Kluit, Holl. Staatsreg. IV. 50.

graafschap Teisterbant of een deel van hetzelve.

De snelle en aanmerkelijke vermeerdering der bezittingen, welke de graven aldus in eigendom, als domeinen, verkregen, droeg niet weinig bij om hun aanzien en hunnen invloed te vestigen. Door met dezelve andere edelen te beleenen, konden zij eenen magtigen aanhang aan zich verbinden, en zagen zich eerlang sterk genoeg om de grenzen van hun gebied ook door veroveringen uit te breiden. Arnulf slaagde wel niet gelukkig in zijne onderneming tegen een deel der Westfriesen, maar zijn zoon Theoderik (III.) onderwierp hen weder aan zijn gebied. Weinige jaren daarna ontnam hij Zuidholland, toen bekend onder den naam van Mereweda en Flardinga, aan den bisschop van Utrecht en andere bisschoppen, die deze landstreek, welke voor de jagt en visscherij zeer geschikt was, gezamentlijk bezaten. Na deze belangrijke verovering geraakte de naam van Holland in gebruik.

Merkwaardig zijn de berigten, die aangaande den oorsprong van dit beroemde graafschap tot ons zijn gekomen. (a) Onze eerste graven hadden vele bezittingen, hetzij leenroerig aan het rijk, hetzij alodiaal, in Westfriesland, in Kennemerland en in het tegenwoordige Holland, tusschen Haarlem en Rotterdam. Maar op het einde der tiende eeuw heetten zij nog geene *Graven van Holland;* want de streek, waaruit die benaming afkomstig is, werd eerst in 1018 door hen met kracht van wapenen aan den bisschop van Utrecht en de overige bezitters ontweldigd. De zaak werd beslist door

---

(a) Kluit, Hist. Crit. I. 2. 55-65. Vergel. boven p. 221-223. Luden, Gerch. des teutschen Volkes VII. 447-449.

twee gevechten; het eerste bij Bodegraven, het andere in de boschrijke landstreek Mereweda, in de gouw Fladirtinga. Het gebied of graafschap Bodegraven, aan de oevers des Rhijns gelegen, was in dien tijd van merkelijke uitgestrektheid, en aan den bisschop van Utrecht leenroerig. Hij had met hetzelve zekeren graaf Theoderik Bavo beleend, welke, denkelijk met medeweten en goedkeuring zijnes leenheers, dikwijls in de naburige landen van Theoderik strooptе. Toen deze hem daarop beoorloogde, en uit zijn gebied verdreef, trachtte de bisschop hem gewapenderhand te herstellen. Maar Theoderik sloeg hem en vele zijner edelen den elfden Julij 1018, en voegde het gebied van Bodegraven, als overwonnen land, bij zijne bezittingen.

De schrijvers, welke ons berigten aangaande den tweeden strijd bewaard hebben, melden dat Theoderik III. over een deel van de mark der Friesen was gesteld, en dat hij door zijne opstanden en oorlogen het rijk in beweging bragt. Zijne Friesen heeten Morsaten of Moerasbewoners; hij werd geholpen door zijnen broeder Sicco of Sigifrid, eenen zeer dapperen krijgsman. Verder wordt Adelbold zijn Senior genoemd, waaruit blijkt dat hij eenige goederen van den bisschop, of liever van de Utrechtsche kerk, te leen hield. Adelbold beklaagde zich bij Keizer Henrik II. over de gewelddadige handelwijze van Theoderik, die zich niet ontzag het eigendom van anderen te overweldigen. Hij had de landstreek Mereweda, (a) welke tot

---

(a) Deze heette naderhand Holland, en nog later Zuidholland.

dien tijd toe, hetzij als alodiaal goed, of als rijks-
leen, in het bezit geweest was der bisschoppen van
Utrecht, Keulen, Trier en van eenige abten, bemagtigd, en van de voorbijvarende kooplieden,
(b. v. de Thielenaaars, als zij naar en van Engeland voeren) eene zware schatting of tol gevorderd.
Ook had hij aldaar op een eiland, tusschen ontoe-
gankelijke bosschen en moerassen, eene sterkte of
stad gesticht; hierop, evenzeer als op zijne aanzienlijke magt vertrouwende, durfde hij de rust
des Keizers storen. Andere schrijvers voegen er
nog bij, hoe vroeger eenige Friesen hun land be-
noorden de Maas verlaten, en zich in Mereweda
nedergezet hadden; zij waren dus des bisschops
mannen, en woonden onder zijne bescherming.
Evenwel had Theoderik hen onder zijn gebied gebragt, en het land onder hen verdeeld. De stad,
welke hij gesticht had, was buiten twijfel Dor-
drecht; hij had derwaarts de wijk genomen, om
dat hij de (West-) Friesen verdacht hield, wijl zij
zijnen vader Arnulf hadden gedood. De beschuldiging tegen den Utrechtschen bisschop, welke,
volgens sommigen, deze Friesen uit naijver tegen
de toenemende magt der graven hiertoe had opge-
stookt, ontleent uit deze omstandigheid eene groote waarschijnlijkheid. De Keizer, « begeerende den
koophandel onbelemmerd te houden," gaf daarop
bevel aan Godfrid, hertog van Lotharingen, in
wiens hertogdom zoo wel de betwiste landstreek,

Zij was dezelfde, die nog den naam van Mereweda draagt, doch
strekte zich toen verder uit langs de rivier Mereweda of Merwe, die
uit de vereeniging van Maas en Waal ontstaat. De bisschop van
Utrecht bezat er het grootste gedeelte van.

als het bisdom van Utrecht gelegen was, om graaf Theoderik uit het land, hetwelk hij ten onregte had bemagtigd, te verdrijven. De hertog verzamelde spoedig een groot (immensa) leger; Adelbold zelf, de aartsbisschop van Keulen, de bisschoppen van Trier, Kamerijk en Luik, eenige abten, verscheidene heeren en graven, togen met de hunnen, onder zijn bevel, ten strijde. Theoderik, die insgelijks op den rijksdag tegenwoordig was geweest, had wel getragt eene zachtere uitspraak te verkrijgen; doch toen hem dit mislukte, had hij zich ten spoedigste naar huis begeven, om geweld met geweld te keeren. Adelbold hoopte nu vergoeding te zullen krijgen voor de vorige nederlaag, en zettede de zaak met ijver door. Men wist, dat het zeer moeijelijk was den graaf in zijne verovering aan te tasten; dit blijkt uit de buitengewoon groote menigte, die men tegen hem bijeen bragt. Weldra raakte men slaags (29 Julij 1018); de uitkomst was ongunstig voor de verbondenen: zij leden « door Gods verborgen oordeel" eene zoo zware nederlaag, als na de tijden van Karel den Grooten, naar men meende, in deze gewesten niet was voorgevallen. Bijna alle Luiksche en Kamerijksche krijgslieden sneuvelden, en in de drie naastbij gelegene gewesten was geen huis, waar niet ten minste één bewoner gemist werd. Adelbold ontkwam naauwelijks in een bootje, hertog Godfrid werd gewond, gevangen, en in een kasteel in bewaring gezet. Theoderik schijnt hem met veel eerbied behandeld te hebben; doch hij liet hem echter niet los, voor hij hem (1019) de vergiffenis des Keizers bezorgd, en eene verzoening tusschen den graaf en den bisschop bewerkt had, die wel geenszins naar genoegen van Adelbold was, maar waartoe hij door de noodzakelijkheid werd gedrongen.

Zoo voegde Theoderik III. als overwinnaar het gebied van Bodegraven en het land Mereweda bij zijn Friesch graafschap. Hij vestigde sedert zijne woning in het nieuw veroverde land, dat na dien tijd Holtland, Holdland of Holland is genoemd, een naam, die voor de elfde eeuw in gelijktijdige stukken, in dezen zin (*a*) niet voorkomt. Waarschijnlijk versterkte hij zich bij voorkeur in die streken, welker bezit hij alleen door het regt des oorlogs had verkregen, en stelde zijnen broeder Sicco over het noordelijke gedeelte van zijn gebied, waar hij zelf vroeger had gewoond.

De naam van *Holland*, als graafschap, komt het eerst voor in het grafschrift van bisschop Bernulf in de S. Pieterskerk te Utrecht, hetwelk ten tijde van zijn overlijden, in 1054, is opgesteld. Vervolgens in het charter van Henrik IV. van 1064, waar onder de bezittingen, die de Keizer aan de Utrechtsche kerk wil teruggegeven hebben, ook genoemd wordt *Comitatus omnis in Holland*. Voor de derde maal vindt men er melding van in

---

(*a*) In eene zeer oude lijst van de goederen der Utrechtsche kerken (van de negende eeuw) bij Heda, p. 65. komt zeker pagus of vicus Holtland voor, waar de bisschoppen reeds toen vier mansi gronds bezaten. Na de verovering zal de graaf het kasteel des bisschops in Holtland betrokken, of er zelf een nieuw gebouwd hebben; natuurlijk nam die plaats dus toe in aantal van inwoners, en gaf zoo den naam aan die gansche streek. Zij was, volgens Baldericus, " door bosschen en wouden bijna onbewoonbaar." Van daar *Houtland*.

een charter van 1083: « *Theodericus, comes Holdlandensium.*"

Tegen het bovenstaande, hetwelk de groote Kluit met zoo veel scherpzinnigheid heeft ontwikkeld, schijnt het berigt van de kronijk der bisschoppen van Minden (a) te strijden, welke zegt, dat in 848 het graafschap van Holland een begin heeft genomen (coepit). Bilderdyk (b) meent, dat deze woorden niets anders beteekenen, dan: « in 848 hebben wij hier te Minden het eerst van een graafschap Holland gehoord;" en hieruit besluit hij, dat dit graafschap, *onder dien naam*, reeds veel vroeger heeft bestaan. Was het berigt van eenen tijdgenoot, gaarne zoude ik deze redenering aannemen. Maar daar de schrijver blijkt bij lang niet gelijktijdig te zijn, kan de zin zijner woorden geen andere geacht worden, dan deze: « omstreeks 848" (bij de invallen der Noormannen) « zijn de graven, welker nakomelingen thans graven van Holland heeten, opgekomen of in magt begonnen toe te nemen." Mogelijk is onder de graven, die aan het ombrengen van Heriold deel hebben gehad, (c) de meergemelde Gerolf de oudere geweest, en is deze door Lotharius, ter belooning van deze dienst, met eenige alodiaal-goederen en leenen begiftigd.

(a) Pistorius III. 808.
(b) I. l. I. 149. 150.
(c) Boven p. 100.

IV. HOOFDSTUK.

Steden.

Het bouwen van burgen en kasteelen kon bij lang niet voldoende zijn, om zich tegen de stroopende Noren te beveiligen; het was daarenboven noodig, dat geheele plaatsen met muren, torens en grachten werden versterkt, ten einde voor een grooter aantal menschen tot toevlugts-oord te kunnen verstrekken. Reeds Karel de Groote had, om de Deenen te bedwingen, sterke plaatsen aan hunne grenzen doen stichten en met Frankische volkplanters voorzien. (*a*) Spoedig na zijnen dood werden soortgelijke inrigtingen ook ter verdediging van het binnenland noodzakelijk. Bisschoppen en geestelijke stichtingen waren het eerst werkzaam om aldus hun bestaan te verzekeren; zij verwierven zich eerst van den oppervorst, naar de toenmalige gewoonte, de toestemming ter bevestiging van hunne stad of hun klooster, of ter herstelling der muren, en begonnen later, zoowel als de wereldlijke grooten of vorsten, op eigen gezag sterkten te bouwen en steden te bemuren. Reeds in 846 vindt men gewag van de sterke muren en torens van S. Omer, (*b*) waar men de heilige overblijfselen volkomen veilig achtte. In 869 werden, op aandrang van Karel den Kalen, de steden le Mans en Tours door de inwoners versterkt, « opdat zij

---
(*a*) Boven p. 52. 53.
(*b*) Boven p. 95.

het volk ter bescherming tegen de Noormannen mogten strekken." (*a*) In 881 of 882 werd Maintz « uit vrees voor de barbaren" herbouwd. (*b*) Eenige jaren later namen de Aquitaniers hunne toevlugt in Angoulême, toen de sterkste stad van die streken. (*c*) Ook Dyon was zoo wel bevestigd, dat de Noren er geenen aanval op durfden wagen. (*d*) Nog voor het einde der negende eeuw werd Brugge door Boudewijn II., graaf van Vlaanderen, tegen de Noordsche zeeschuimers met muren en torens voorzien. (*e*) De krijgszuchtige Skandinaviers waren wel spoedig in de belegeringskunst zeer ervaren, en het ontbrak hun evenmin aan de noodige werktuigen, als aan vermetelen moed en volharding om hun doel te bereiken; (*f*) maar evenwel gelukte het dikwijls den stedelingen zich tegen de roofzieke belegeraars zoo lang te verdedigen, dat zij zich tot den aftogt genoodzaakt zagen. (*g*) Het wel slagen dezer pogingen ter verdediging, lokte natuurlijk vele landbewoners binnen de muren, waar zij hoopten bescherming en veiligheid voor hun leven en hunne bezittingen te zullen vinden. [De toenemende ellende, door de invallen der barbaren veroorzaakt, bewoog zelfs vele vrijen, zich tot onderworpene landzaten te vernederen, terwijl tevens de alodiale landerijen allengskens feodaal

---

(*a*) Ann. Bertin. p. 486.
(*b*) Adam. Brem. I. 34.
(*c*) Duchesne H. N. S. p. 20.
(*d*) Duchesne H. N. S. p. 23.
(*e*) Hüllman, Städtewesen, II. 168.
(*f*) Ann. Vedast. ad a. 885. 886. 888. Abbo, de bello Paris. passim.
(*g*) B. v. Sens, Parijs, Utrecht. d'Acherij, Spicil. II. 463. Abbo, l. l. Regino ad a. 889. Boven p. 198.

werden. (*a*)] Natuurlijk dat ook vele vrijen het land verlieten en zich in de steden vestigden, waar zij buiten twijfel aanleiding gaven tot het ontkiemen dier vrijheidszucht, welke later zulke heerlijke vruchten heeft gedragen, en eene geheele verandering in den maatschappelijken toestand te weeg gebragt. (*b*)

Reeds onder Karel den Grooten waren vele steden uit koninklijke meijerhoven ontstaan. (*c*) Ook in de Duitsche landen, welke door de Merovingische vorsten doorgaans verzuimd waren, verhieven zich keizerlijke paleizen en de beginselen van steden. (*d*) Het was meestal de gunstige ligging van eene plaats, die tot eene zamenvloeijing van menschen ten behoeve des ruilhandels aanleiding gaf. De oudste en belangrijkste steden zijn ontstaan aan eenen bevaarbaren stroom, ter spoedige en goedkoopere verzending der waren; aan dat gedeelte des oevers, waar de gesteldheid des strooms den over-

---

(*a*) van Kampen, verk. Gesch. der Nederl. I. 40.

(*b*) Toen in lateren tijd de vrije lieden zich in grooter aantal naar de steden begaven, veroorzaakten zij, dat de klem der regering van den adel tot de steden overging. Zie v. Pabst, invl. der Kruisvaerten in ons Vaderl. p, 73. Of de treurige toestand der niet vrije landbewoners, welker aantal verre het grootste was, door het vertrek van zoo vele vrijen naar de steden verbeterde of verergerde, durf ik niet bepalen. Het is hoogst moeijelijk, de veranderingen behoorlijk te ontwikkelen, welke in den maatschappelijken toestand dezer lieden, die nog in velerlei soorten verdeeld waren, zijn voorgevallen. Zeker is het, dat de slaafsche dienstbaarheid, ook hier te lande, niet dan langzaam en allengskens begon te verminderen en te verzachten; en dat de twaalfde eeuw daartoe de meeste aanleiding heeft gegeven. Heeren, hist, Werke, II. 135 en 317. Kluit, Hist. der Holl. Staatsreger. V. 94.

(*c*) Hegewisch, Gesch. K. K. d. Gr. S. 331. 332. Ypey, Gesch. der Nederl. tale, p. 209. 210.

(*d*) Pfister I. 450. II. 23. 24.

togt of het aanleggen van eene brug het beste toeliet; aan de opening van eene hoofdvallei, waar de bewoners van het gebergte en der vlakte elkander het gemakkelijkst ontmoetten; op eene, ter krijgskundige versterking geschikte plaats, om zaken van waarde, voorwerpen des handels, in veiligheid op te slaan. Zoodanige plaatsen werden natuurlijk ook gekozen tot bisschops-zetels of koninklijke en vorstelijke verblijven. Eindelijk ontstonden ook steden op zulke plaatsen, die op vaste tijden ter vereering van eenen Heiligen druk bezocht werden. (*a*) Ziedaar de oorspong der steden, welke hier te lande, tijdens de togten der Noordsche zeeroovers, gevonden werden; van Utrecht, de bisschops-stad aan den Rhijn, welke reeds vroeg, even als de overige bisschops-zetels aan dien stroom, eenen aanmerkelijken handel dreef; van de haven- en handelplaatsen Duurstede, Thiel, Deventer en Stavoren; van Nijmegen, waar Karel de Groote zich een prachtig paleis bouwde, en waar ook zijne nakomelingen zich dikwijls onthielden.

Men late zich evenwel door den naam van steden, even min als door de overdrevene beschrijving onzer kronijken tot valsche voorstellingen verleiden. (*b*) Er hadden zich in die plaatsen,

---

(*a*) Hüllman, Städtewesen, I. 284. 285. 290. Heeren, hist. Werke, II. 132. 133.

(*b*) « Juist deze rampen," zegt Ypey, Gesch. der Nederl. tale, I. 263. 264, « waaronder het volk gebukt ging, legden den grond tot eene langzame toeneming der beschaving." Alleen zij het mij vergund te twijfelen, of deze verbetering daar niet wat al te fraai wordt voorgesteld, zonder op den toestand der maatschappij in de middeleeuwen genoegzaam acht te slaan. Zoo leest men er b. v.: « *Een groot deel des volks*, dat, ten platten lande, wegens de strooperijen der Noor-

welke hier steden heeten, nog geene geregelde denkbeelden van vrijheid ontwikkeld, nog geene burgerijen gevormd; ook in volkrijkheid kunnen zij niet met de hedendaagsche worden vergeleken. Nog ten tijde van Willem den Veroveraar waren de steden in Engeland weinig beter dan dorpen. York, schoon het altijd de tweede, ten minste de derde stad in Engeland was, en de hoofdplaats van eene groote provincie, die nimmer volkomen met het andere land werd vereenigd, bevattede toen slechts 1418 huisgezinnen. (*a*) De bewoners der ste-

---

tamen niet veilig was, vlugtte naar de steden. Deze werden dus uitgebreider, met hechte muurwerken van steen omringd en bevestigd, en door het optrekken van *welgetimmerde*, meest houten gebouwen, *verfraaid*. Door de vermagering, die zich over de middelklasse des volks, bijzonderlijk ten platten lande, verspreidde, werden deze *meer gedwee, meer zacht van zin, meer ijverig en werkzaam*. Zij die den boerenstand niet verlieten, begonnen bedacht te worden op het *droogmaken van moerassen*, op het *bedijken van de landen*, op het beploegen van hunne akkers." (Dit laatste is vrij natuurlijk. Maar hadden die arme landbouwers, die slaven, vermogen genoeg tot droogmaken en bedijken?) « In de steden vond men groote opgewektheid, om de hand aan het beoefenen van *allerlei* nuttige *kunsten* te slaan, waar voor hun uit den rijkdom van de meer vermogenden de wenschelijkste belooningen *toevloeiden. Fabrieken van allerlei aard* werden opgerigt. Ook de koophandel begon door dezen weg meer aan het bloeijen te geraken. *Nooit bezeilde zeeën* werden met *stevige schepen doorkruist*. Van overal werden vreemde waren aangevoerd. Overal begon men er voor te zorgen, dat eene goede orde door het handhaven van gemaakte *willekeuren* bewaard bleef. 't Geen derhalve de geleerdheid, welke slechts bij zeer weinigen huisvestte, over het algemeen ter verbetering van de taal des volks niet konde uitwerken, werd door *de beschaving der zeden, de beoefening der kunsten*, enz. vergoed. De beschaving toch eens volks in het zedelijke, heeft eenen grooten invloed op deszelfs taal, die daardoor ook beschaafder, meer geslepen, meer rond en zacht wordt. De Duitsche schriften van 877-1024 opgesteld, dragen daarvan genoegzaam zichtbare bewijzen."

(*a*) Hume, Hist. of Engl. I. 210. vergel. II. 111. 112. 119.

den waren grootendeels lijfeigenen; gedeeltelijk ook half en heel vrije lieden, die handwerken en neringen uitoefenden, of ook vrijgelatenen, die langen tijd niet veel beter dan lijfeigenen werden gerekend. De hoogere klasse bestond, of uit dienstmannen des Keizers, in die plaatsen, die tot zijne domeinen behoorden, of der geestelijke en wereldlijke grooten in de overige. Burgerregten en burgerlijke instellingen hadden zich nog niet kunnen vormen, wijl doorgaans nog geen geest der vrijheid in haar was gewekt. Deze ontwikkelde zich eerst later, toen de handel meerdere welvaart begon te verspreiden. (*a*)

In Vlaanderen, hetwelk door vroegeren koophandel en meerderen rijkdom de andere Nederlandsche gewesten overtrof, verwierf Grammont reeds in 1068 de vrijheid; de meeste overige steden in het laatste gedeelte der volgende eeuw. In Braband schijnen sommige steden reeds in de elfde eeuw met de vrijheid te zijn begiftigd, schoon de oudste stedelijke vrijheidsbrief, welke ons is overgebleven, (die van Vilvoorden,) van 1192 dagteekent. De oorsprong der meeste vrije steden behoort aldaar tot de dertiende eeuw. Dit was ook het tijdperk van de vrijwording der steden in Holland en Zeeland. Geertruidenberg in 1213 en Middelburg in 1217 verkregen het eerst hare handvesten. Aan eenige steden viel dit voorregt eerst in de veertiende eeuw te beurt. (*b*)

(*a*) Heeren, hist. Werke, II. 133. van Pabst, invl. der kruisv. in ons vaderl. p. 41. 42. Luden, Gesch. d. teutsch. Volkes VI. 368-375.
(*b*) J. C. de Jonge, invloed des derden staats in Braband, Vlaanderen, Holland en Zeeland p. 95. 96.

Uit dit alles blijkt, dat men aan de togten der Noormannen geenen onmiddelijken invloed op de vrijwording der steden kan toekennen. Evenwel aarzelen wij niet te beweren, dat zij, op de boven verhaalde wijze, iets hebben toegebragt om de steden, (d. i. hier bemuurde of bevestigde plaatsen,) in belangrijkheid te doen rijzen, de inwoners meer vertrouwen op hunne krachten te doen krijgen, de zucht voor vrijheid bij hen te doen ontkiemen of levendig te houden, en dus hun lot eenigzins te verbeteren. (a) Zoo kunnen wij hen gewisselijk onder de verwijderde oorzaken tellen, welke medegewerkt hebben tot den bloei en het aanzien, de voorregten en vrijheden, die de steden later, ook in ons land, hebben verkregen, en die van zoo grooten invloed zijn geweest op de afschaffing der lijfeigenschap en de daarstelling van eenen beteren maatschappelijken toestand.

V. HOOFDSTUK.

Koophandel.

Het is voor den onderzoeker der geschiedenis eene aangename gewaarwording, wanneer hij ziet hoe de ergste rampen, die het menschdom hebben getroffen, en welker beschouwing zelfs den laten nakomeling het hart doet bloeden, dikwijls in de gevolgen eenen heilrijken invloed hebben gehad,

---

(a) Vergel. het volgende Hoofdstuk.

en het nageslacht voor de onheilen der voorvaderen schadeloos gesteld. Wij zagen reeds hoe de invallen der Noren iets toebragten tot de opkomst der steden; thans willen wij nagaan hoe zij ook medewerkten tot bevordering van het verkeer der inwoners dezer gewesten met andere landen, tot uitbreiding van hunnen handel en scheepvaart, waarmede de bloei der steden zoo naauw was verbonden.

Welligt zal deze stelling bij den eersten opslag gewaagd en wonderspreukig voorkomen; maar deze bevreemding zal spoedig ophouden, wanneer ik toestem, dat hunne oogenblikkelijke werking op handel en kunstvlijt zeer nadeelig is geweest. Dit blijkt ten duidelijkste, zoo uit het geschiedverhaal in het eerste gedeelte dezer verhandeling, als uit de getuigenissen der tijdgenooten, welke wij in het eerste hoofdstuk van deze afdeeling hebben bijeengebragt. Letten wij daarentegen op de gevolgen, dan blijft er geen twijfel over, of zij droegen bij tot den lateren bloei van diezelfde handelplaatsen, welke zoo dikwijls aan hunne vernielende benden ten prooi hadden moeten verstrekken.

Het ligt in den aard der zaak, dat een volk, hetwelk zich hoofdzakelijk met strooptogten ter zee bezig houdt, tevens ook handel drijft. Hoezeer, bij hetzelve de beschaving nog gering is, veroorzaakt evenwel het bezit der geroofde schatten zekere weelde en neiging tot pracht, welke, zich naar hunnen krijgszuchtigen aard schikkende, vooral in het versieren van wapenen en schepen zigtbaar wordt. (*a*) Zoo ontstaat van zelve de aanleiding

---
(*a*) Vergel. het volgende hoofdstuk.

tot onderlinge mededeeling en ruiling van waren, die of uit behoefte, of uit prachtliefde, algemeen worden gezocht. Het bezoeken van verschillende landen, die zij ten doel hunner strooptogten stellen, geeft hun gelegenheid om de onderscheidene voortbrengsels van verwijderde streken te leeren kennen, en door derzelver vervoer en verkoop zich te verrijken. De waarheid van deze opmerking blijkt zoowel uit het voorbeeld der oude en hedendaagsche bewoners van Afrika's noordelijke kusten, (a) uit dat der oude en nieuwe Grieken, als uit de vroegere geschiedenis der Skandinaviers, bij welke de zeerooverij doorgaans met den koophandel was vereenigd. Ter nadere staving willen wij uit dezelve eenige trekken mededeelen. In het verdrag, waarbij de bewoners van het eiland Gulland zich aan Sigurd Ring, koning van Zweden, onderwerpen, (omstreeks 740,) vindt men ook deze voorwaarden. Die van Gulland zouden jaarlijks 60 mark zilvers geven, en de Zweden bij hen van alle belasting op graan als anderzins geheel vrij zijn. Daarvoor zouden zij ook naar believen in Zweden kunnen handel drijven, zonder ergens tol te betalen. (b) — Toen Rollo met zijne vrijbuiters zich eenen winter in Engeland ophield, verzocht en erlangde hij van koning Alstem de vrijheid, om in zijn land te mogen koopen en verkoopen. (c) — Biorn, de zoon van koning Harald den Schoonharigen, had, volgens het verhaal van Snorra, (d)

(a) Vergel. Heeren, hist. Werke, II. 264. 280.
(b) Suhm, übers. Gräter, II. 295.
(c) Dudo bij Duchesne, H. N. S. p. 73.
(d) Heimskringla, I. 115. vergel. p. 157. waaruit blijkt, dat de

den bijnaam van *Koopman* gekregen. Hij hield zich dikwijls te Tönsberg (zuidelijk van Christiania) op, en maakte weinig werk van de zeerooverij. Tönsberg werd toen door vele koopvaarders bezocht, zoowel uit Vikia (Vikina of Vigen, het land om de golf tusschen Noorwegen en Zweden) en de noordelijke deelen van Noorwegen, als uit Deenemarken en Saksen. Koning Bjorn had ook zijne eigene schepen, welke hem in den handel met buitenlandsche natiën verschillende zaken van groote waarde en andere benoodigdheden aanbragten. Hij was een voorzigtig man, vreedzaam en eerlijk van inborst, en die zeer geschikt scheen tot de regering, doch werd in 920 door zijnen broeder Erik Blodöxe gedood. — Dezelfde schrijver spreekt (a) op het einde der tiende eeuw van Thorir Klacka, die zich lang met zeerooverij, somtijds ook met koophandel bezig gehouden, en eene uitgebreide kennis van landen en zeeën verkregen had; als ook van Lodiun, eenen man van aanzienlijke afkomst en groote rijkdommen, die dikwijls koophandel dreef en somtijds ook zeerooverij uitoefende. — Op het begin der elfde eeuw getuigt Snorra (b) van de Vikraeriers (bewoners van Vigen), dat zij gemakkelijk tot het aannemen van het christendom te bewegen waren, wijl zij, beter dan de bewoners der noordelijke streken, met de

---

noordsche volkeren de voordeelen des handels niet onopgemerkt lieten. Van den handel met het geroofde ziet men een voorbeeld bij Haslo in 882. Boven p. 143. Ann. Bertin. p. 496 « ut eis mercatum habere liceret."

(a) Heimskringla I. 246. 256.
(b) Heimskringla I. 71.

gewoonten der christenen bekend waren, omdat eene groote menigte kooplieden, zoo uit Deenemarken als uit Saksen, (*a*) niet alleen des zomers, maar ook des winters zich in Vigen ophield. De Vikraeriers dreven ook zelve veel handel, en voeren naar Engeland, Saksen, Vlaanderen of Deenemarken. Sommigen hielden zich ook bezig met zeerooverij, en bragten den winter in de landen der christenen door. — Willem de Veroveraar wordt meermalen geroemd, wijl hij den handel beschermde. « Hij beval dat alle havens en wegen voor de kooplieden zouden open staan, en dat hun geenerlei beleediging zou worden aangedaan." (*b*) — Het verband tusschen handel en zeerooverij was bij de noordsche volkeren zoo sterk, dat het ophouden hunner strooptogten het verval des handels ten gevolge had. « Deze zeetogten werden gestaakt, en de vloten geraakten in verval, bij de Deenen in de helft der dertiende, bij de Noorwegers in het begin der veertiende eeuw. Toen verloren zij ook, voor eenen langen tijd, hun aanzien onder de natiën; hun handel werd hun ontrukt, en viel in de handen der Hanse steden." (*c*)

Was dus de zeerooverij in het noorden met den handel naauw verbonden, het ontbreekt ook niet aan bewijzen, dat er werkelijk handelsbetrekkingen

---

(*a*) Ook uit IJsland werd bontwerk (pelles et tunicae e pellibus factae) naar Noorwegen gevoerd. Heimskringla I. 176.

(*b*) Duchesne, H. N. S. p. 169. 209-208. 211. 506. 520. « Vicos aliquos aut fora urbana Gallicis mercibus et mangonibus referta conspiceres." Thierrij, Conq. de l'Angl. II. 205. Over den handel tusschen Noorwegen en Engeland met groote schepen, « quas Canardos vocant," zie bij Duchesne, H. N. S. p. 703.

(*c*) Suhm, übers. Gräter, II. S. 581.

tusschen de Noren en het westen van Europa, ook met ons vaderland, hebben bestaan. Toen Godfrid in 808 met Karel den Grooten vrede wilde maken, verzocht hij *door kooplieden* den Hertog in Friesland om eene bijeenkomst. (*a*) Ansgarius werd op zijne vaart naar Zweden, waar hij het geloof ging verkondigen, door kooplieden verzeld. (*b*) In dien tijd was Sleeswijk eene haven, waar de kooplieden van alle kanten bijeenkwamen; de uitbreiding des christendoms deed aldaar den bloei des handels toenemen, daar de kooplieden uit Hamburg en Dorstadum de plaats nu veilig konden bezoeken. (*c*) In 873 werd tusschen koning Sigifrid en Lodewijk een verdrag gesloten ter bevordering des handels, waarbij aan de kooplieden wederzijds vrije toegang werd verzekerd. (*d*)

Dat de handel in het noorden, reeds op de helft der negende eeuw, vrij aanmerkelijke rijkdommen verschafte, blijkt uit een verhaal in het leven van Ansgarius, hetwelk wij daarom hier willen mededeelen. (*e*) Het gebeurde in die dagen, dat Anound, een koning in Zweden, uit zijn rijk werd verdreven, en als balling met elf schepen bij de Deenen kwam. Hij verzocht hen om hulp, en beloofde hun daarvoor het vlek Birca, waar vele kooplieden woonden en overvloed van allerlei goederen was. De Deenen, door de hoop op dezen rijken buit aangelokt, voegen 21 schepen met ligt

---

(*a*) Boven p. 52.
(*b*) Boven p. 74.
(*c*) Boven p. 99.
(*d*) Boven p. 121.
(*e*) Vita Anskarii p. 702. 703.

gewapenden bij de zijne; het vlek Birca wordt onverwachts overvallen, terwijl de koning ver af was en de aanzienlijken en het volk niet konden worden verzameld. De inwoners, en de kooplieden, die zich daar ophielden, kochten dus de plundering af voor 100 ponden zilvers, waarmede de Deenen lang niet tevreden waren, « wijl elk koopman wel zooveel bezat," en dus met drift op de beloofde plundering aandrongen. Uit eene andere plaats blijkt, (a) dat er te Birca weinig of geene armen waren; zoodat men, om geld aan de armen te geven, naar Dorstadum moest gaan. Intusschen bleef de handel doorgaans met groot gevaar verzeld, daar de kooplieden niet zelden door zeeroovers werden beroofd, gevangen, of omgebragt. (b) Daar dit gevaar echter niet in staat was om hen af te schrikken, meen ik ook hieruit te kunnen afleiden, dat de voordeelen en winsten vrij aanzienlijk zijn geweest. (c)

(a) Vita Anskarii p. 704. 705.
(b) Vita Anskarii p. 716.
(c) [Schoening, in zijne geschiedenis van Noorwegen, is ook van oordeel, dat de zeerooverij den handel heeft bevorderd, en wel om dezelfde reden, welke ik boven heb bijgebragt. Zie Depping I. 63. 64. Ik beken evenwel gaarne, dat deze handel, « surtout dans les premiers temps", vergeleken bij hetgeen zij later werd, van weinig beteekenis was. Schoon men dus hier aan geene groote « opérations commerciales" behoeft te denken, moeten wij echter met Depping toestemmen; « qu'à mesure que les pirates Scandinaves ont étendu leurs expéditions, et ont fréquenté plus de pays étrangers, le commerce est né sous leurs pas, et a établi des relations pacifiques, capables de réparer en partie les maux produits par les ravages et les violences des rois de mer, et d'adoucir peu à peu cette race barbare." p. 67. Van Kampen, verk. Gesch. der Nederl. I. 59. zegt: « De koophandel werd door de invallen der Noormannen bijna vernietigd." De strijdigheid is slechts schijnbaar.]

De Skandinaviers waren, door stoutmoedigheid en ondervinding, even geschikt voor, als bedreven in de zeevaart; zij hadden uitmuntende schepen, en overtroffen de Franken in beide opzigten. (*a*) Onder de pogingen ter verdediging, die met meer of minder goed gevolg werden aangewend, behoorde ook het bouwen van vloten, ter bewaking van de kusten en de monden der rivieren. Het lijdt geen' twijfel, of de bewoners dezer landen, die reeds vroegtijdig geleerd hadden, de gevaren der zee te verachten, (*b*) hebben op deze wijze nieuwe vorderingen gemaakt, zoowel in den scheepsbouw als in de zeevaart-kunde.

Zoo behooren dus, in de schakel der gebeurtenissen, die dikwijls zoo zonderling te zamen hangt, de vernielende togten der Noormannen, ook in dit opzigt, tot de voorbereidende oorzaken eener betere toekomst. Langzaam en ongemerkt (*c*) ontwikkelde zich de weldadige invloed des handels, die in de veertiende eeuw zich meer begon te verspreiden, en de natiën van Europa te verbinden. De Hanse steden, door eene magtige vereeniging beveiligd, deden de visscherijen toenemen, haalden ijzer, timmerhout, graan, huiden en bont uit het noorden, en streden eerlang met de koningen van Zweden en Deenemarken over de heerschappij op de Baltische zee. De Vlamingen, aangespoord door

---

(*a*) Vergel. Sahm, übers. Grüter II. 381. 561.

(*b*) Boven p. 161.

(*c*) Das Mittelalter war keineswegs das Zeit-alter der grossen Revolutionen im neuern Sinne des Worts: Was dort gedeihen und werden sollte, ward und gedieh erst allmählich. Heeren, hist. Werke, II. 220.

het schouwspel van welvaart en nijverheid, legden zich met grooten ijver op nuttige handwerken toe, en spoedig werd Brugge de gemeenschappelijke markt, waar de kooplieden van Venetië en Dantzig elkander ontmoetten, de stapelplaats van Europa. (*a*)

VI. HOOFDSTUK.

Taal en Letteren.

Over dit onderwerp is mij reeds veel voorgewerkt in eene fraaije verhandeling van Heeren, over den invloed der Noormannen op de fransche taal en letteren. (*b*) Men vindt daar vele belangrijke opmerkingen, welke het onderzoek naar dit punt, voor zoo veel deze landen betreft, aanmerkelijk kunnen ophelderen en gemakkelijk maken. Om niet genoodzaakt te zijn, mij telkens op dezelve te beroepen, is het mij verkieslijk voorgekomen, hier den hoofdinhoud van dit stuk, het-

---

(*a*) Gibbon, Miscell. Works, III. 39. 40. In Brugge was reeds voor de helft der elfde eeuw een levendige handel. « Castellum Brugense Flandrensibus colonis incolitur, quod tum frequentia negotiatorum, tum affluentia omnium, quae prima mortales ducunt, famosissimum habetur." Auctor coaetaneus bij Duchesne H. N. S. p. 176. Sluis, de haven van Damme en Brugge, was reeds in de negende eeuw bekend. Hüllmann, Städtewesen, I. 160. [In 1368 verkreeg Amsterdam vrijen handel en aanmerkelijke voorregten in Deenemarken, en op Schonen in Zweden; en in 1370 of weinig eerder trad zij, nevens andere steden, in het Hanse verbond. den Tex en van Hall, bijdragen tot de Regtsgeleerdheid, III. 696. 697.]

(*b*) In verm. hist. Schr. II. 550. seqq.

welk, mijns wetens, nog niet in onze moedertaal is overgebragt, kortelijk op te geven, zoo ver mij dit, ter bereiking van ons doel, noodig voorkomt.

— « Niet alleen heeft de Fransche taal zeer veel aan de Noormannen te danken, maar zij gaven ook aan den ganschen gang der Fransche literatuur in haar eerste tijdvak grootendeels eene eigendommelijke rigting. Onder de heerschappij der Franken was de fransche taal, toen lingua romana rustica, lingua vulgaris geheeten, nog geen zelfstandige taal, nog ongeschikt om in te schrijven; maar de heerschappij der Noormannen valt juist in die tijden, toen de, tot dus verre onvruchtbare boom de eerste bloesems gaf, en het was vooral hunne verpleging, waaraan hij dezelve te danken had. Zij toch waren het niet alleen, die, bijna even vroeg als de Provençalen, en onafhankelijk van hen, de volkstaal tot volkszangen gebruikten; maar bij hen vertoont zich ook het eerst de Romantische poëzij, die vrucht der Riddereeuw, welke, onder veranderde gedaante, tot op onze dagen is behouden gebleven. Hun eindelijk komt de roem toe, den eersten stap ter beschaving van het Fransche prosa te hebben gedaan, de grootste dienst, die zij aan de taal konden bewijzen.

De moedertaal der Noormannen was wel een tak van het Nederduitsch, doch reeds in de tiende eeuw zoo zeer van hetzelve onderscheiden, dat een Nederduitscher haar opzettelijk moest leeren, wanneer hij de Noren wilde verstaan. Bij eene zamenkomst van koning Henrik den Vogelaar met Willem I. van Normandije, sprak Herimann, Hertog der Saksen, Willem in het Deensch aan. Deze verwon-

derde zich, hoe hij eene taal kende, die voor de
Saksen onverstaanbaar was? Herimann antwoordde, dat hij dezelve had geleerd, toen hij bij de
Deenen gevangen was.

Wetenschappen, wanneer men het woord in den
engeren zin wil nemen, en er geleerde kennis door
verstaan, moet men toen nog niet bij hen zoeken;
maar zij hadden evenwel *die hoeveelheid* van kennis, welke gewoonlijk bij alle volkeren, die zich
van volslagene barbaarschheid tot den eersten trap
van beschaving verheffen, gevonden wordt. De
herinnering aan hunne helden leefde onder hen in
historische zangen, en even zoo werden hunne zedekundige en godsdienstige begrippen in gedichten
voortgeplant, waarvan, gelijk bekend is, in de
Edda's en in Saxo Grammaticus vele stukken zijn
overgebleven.

Schoon *de beeldende kunsten* onder hen in hare
kindschheid waren, werden zij niet geheel en al
verzuimd. Haar oorsprong was, zoo als dezelve zich
bij een enkel krijgszuchtig volk verwachten laat;
men had haar noodig ter verfraaijing van wapenen
en schepen, en tot het vervaardigen van vanen,
welke waarschijnlijk, even als die der oude Duitschers, afbeeldingen waren van wilde dieren. (*a*)
Reeds bij hunne eerste strooptogten in Frankrijk,
nog lang voor zij zich in hetzelve vestigden, (*b*)
bewonderden de Franken hunne geverwde schilden
en het stormdak, hetwelk zij daaruit vormden; en
nog in de tiende eeuw liet een hunner eerste Her-

(*a*) Verg. boven p. 173. aanm. b. en beneden p. 266. in de aanm. *de Schrijver.*

(*b*) In 885, bij het beleg van Parijs. *de S.*

togen eene nieuw gebouwde kerk te Roán met geschiedkundige schilderijen versieren. (*a*) Hunne snij- of beeldhouwkunst bepaalde zich voornamelijk tot de verfraaijing hunner schepen; en zij hadden het daarin, zelfs in hun vaderland, tot eene hoogte gebragt, welke de bewoners van het westelijke Europa verbaasde. De ongenoemde, maar gelijktijdige, lofredenaar van koningin Emma, (de gemalin van Canut den Grooten,) kan naauwelijks woorden vinden om de vloot te beschrijven, waarmede Canut van Deenemarken naar Engeland voer. (*b*) « Op de achterstevens zag men leeuwen van goud gegoten, boven op de masten vogels,

---

(*a*) Richard I. Duchesne H. N. S. p. 153. 248. s. De kerk werd niet gebouwd te Rouen, maar te Fescamp, waar Richard wilde begraven worden. Uit het verhaal van den gelijktijdigen schrijver blijkt niet alleen de rijkdom en prachtliefde der Noormannen, maar ook, hoezeer de geestelijken daarvan partij wisten te trekken.... « Miri scematis formá construxit in honorem S. Trinitatis delubrum, turribus hinc inde et altrinsecus praebalteatum, dupliciterque arcuatum mirabiliter, et de concatenatis artificiose lateribus coöpertum. Hinc forinsecus dealbavit illud, intrinsecus autem depinxit historialiter, auroque et gemmis magno munere acquisitis altaria decoravit, crucesque mirae magnitudinis ex auro mundissimo fabricavit, calicesque magni ponderis auri et pretii annexnit, aureasque candelabra humanam naturam superexcellentia ante sanctuarium statuit; turibulaque inauditae amplitudinis et pretii auro confecta delegavit, atque indumenta phrygio pectine polita, nec semel in Tyrios rubores decocta; quin etiam crassiore auro smaragdinisque superinsutas apposuit, bissosque niveas purpureasque auro intextas, plumeosque mirabilia artificii holoserica commisit." *de S*.

(*b*) Emmae encomium bij Duchesne H. N. S. p. 166. 168. Al verfraaide de verbeelding des schrijvers de voorwerpen, zoo heeft hij dezelve toch geenszins verzonnen. *Heeren*. Hij zegt in de voorrede, het voor de pligt eenes geschiedschrijvers te houden, in niets van de waarheid af te wijken, zelfs niet « falsa quaedam *ornatus gratia* interserendo." Overigens wordt hier gesproken van den togt van Suen, verzeld door zijnen oudsten zoon Knut. *de S.*

die de opkomende winden door hunne wendingen aanwezen, of draken van allerlei gedaanten, die vuur uit de neusgaten dreigden te blazen. Daar zag men menschenbeelden, schitterend van zuiver goud en zilver, die schenen te leven; ginds stieren, met opgeheven' hals en uitgestrekte pooten, die het geloei en den loop van levende nabootsten. Merkwaardig waren ook de dolfijnen van electrum gegoten, en centauren van hetzelfde metaal, die de oude fabel in het geheugen terugriepen. Vele zoodanige werken der beeldhouwkunst zoude ik kunnen noemen, indien mij slechts de namen der monsters bekend waren. Wat zal ik zeggen van de zijden der schepen, die niet alleen met de fraaiste kleuren geverwd, maar ook met gouden en zilveren sieraden beladen waren? Het koninklijke schip overtrof zoo zeer al de overige in schoonheid, als de koning zelf in aanzien onder zijne krijgslieden uitmuntte." En kort daarop, bij de landing in Engeland: (a) « zoo groot was de pracht der schepen, dat de oogen der aanschouwers verblind werden, en zij, uit de verte gezien, in vlam schenen te staan. Want wanneer de zon hare stralen er op wierp, dan schitterden hier de blanke wapenen, daar de opgehangene schilden. Het goud blonk op de voorstevens, het zilver op het beeldwerk der schepen. Wie kon de verschrikkelijke leeuwen, die van goud schitterden, wie de metalen menschenbeelden, met dreigende houding en gouden voorhoofden, wie de draken, van zuiver goud vonkelend, wie de stieren, die met hunne bliksemen-

_____

(a) Bij het vertrek van Kant naar Engeland. *de S.*

de gouden hoornen den dood dreigden, aanzien, zonder den koning van zulk eene magt te vreezen?"

De geschiedschrijvers der middeleeuwen schilderen ons overigens den oorspronkelijken stam der Noormannen als eenen hoop ruwe barbaren, die op hunne strooptogten jaren, stand noch geslacht verschoonden, en overal, waar zij kwamen, dood en verderf verspreidden. Hoezeer deze narigten niet overdreven zijn, ziet men evenwel uit het bovengemelde, dat dit niet het eenige gezigtpunt is, waaruit men hen moet beschouwen. Zij waren zekerlijk een roovervolk; maar zij waren door hunne strooptogten tevens een *rijk* volk geworden, en hadden juist daardoor den eersten stap gedaan, om ook een *meer beschaafd* volk te worden. Rijkdom veroorzaakte bij hen, even als bij alle andere volken, weelde; maar het was eene plompe weelde, zoo als men haar bij alle ruwe menschen vindt, die eensklaps rijk worden en willen genieten, zonder nog te weten, hoe men genieten moet. Deze neiging tot pracht blijft ook in de volgende tijden altijd een hoofdtrek in hun karakter, waarvan priesters en monniken zich heerlijk wisten te bedienen. (*a*)

(*a*) Het is niet moeijelijk, het bovenstaande met nog vele voorbeelden te bevestigen. Zoo beschrijft Dudo (bij Duchesne H. N. S. p. 71. 72. 79.) de wapenrusting van Rollo. « Galeâ auro mirifice comptâ, trilicique lorâ indutus. Mucro duodecim libras auri capulo habens." Onder Willem I. vindt men schoon getoomde, met goud en electrum verwonderlijk fraai versierde paarden; eene ontelbare menigte slaven van beide geslachten, en vele kisten, vol zijden en met goud doorwevene kleederen. De Hertog was gewoon prachtig te eten, uit gouden vaten en bekers, door eene menigte bedienden en

Men kan hieruit genoegzaam nagaan, wat dit volk met zich bragt, toen het zich in Frankrijk vestigde; geen geleerde kennis, maar wel eene menigte stam-overleveringen, in nationale liederen bewaard; geen theologisch sijsteem, maar wel hunne eigene godsdienst-begrippen en gebruiken,

---

slaven omgeven; hij had een zwaard « ex auri sex libris in capulo, bratteolisque atque bullis artificialiter mirabiliterque sculptum." Duchesne H. N. S. p. 97. Richard I. schonk aan twee mannen, die hem eene dienst hadden bewezen, « uni ensem ex auro quatuor librarum in capulo fulgidum, alteri armillam totidem libris purissimi auri fabricatam." ibid. p. 139. Doch het is niet noodig, ons bij de Noormannen in Frankrijk te bepalen. Bij eenen maaltijd ten tijde van Harald Haarfager (tegen het einde der negende eeuw), komen reeds gestikte stoffen voor, vergulde en fraai gewerkte vaten en drinkhoorns, alle met gouden beelden versierd, en glad en blinkend als glas. Heimskringla I. 89. 90. Honderd jaren later bezat eene Koningin in Zweden een bed, met zijden gebordurde gordijnen, en zeer kostbare spreijen. Ibid. I. 242. In het begin der elfde eeuw leest men van prachtige zijden weefsels, tot kleederen voor koning Olafus, van kostbaar bont en van tafel-spreijen van buitengewonen glans en schoonheid. Ibid. II. 73. Dezelfde Snorra roemt de beeldwerken, waarmede hunne schepen versierd waren. Ibid. I. 95. Uitvoerig wordt het schip van Raud beschreven, als een der schoonste schepen uit geheel Noorwegen; (op het einde der tiende eeuw) I. 284. « Op den voorsteven stond de kop van eenen draak, de achtersteven was gekromd even als de staart van eene slang; beide stevens en hetgeen er naast aan was, was met goud beeldwerk versierd." Koning Olafr bouwde vervolgens een nog fraaijer schip. Ibid. I. 294. Zijne krijgslieden droegen krijgsrokken van ijzeren ringen, welke ondoordringbaar waren. Hunne witte schilden waren met gouden, roode of blaauwe kruisen versierd. Ook hunne helmen waren van voren met kruisen voorzien, en in het witte vaandel zag men het beeld eener slang. Ibid. II. 50. Men ziet, om dit in het voorbijgaan op te merken; hoe dit krijgszuchtige volk ook het christendom aan hunne drift voor den oorlog dienstbaar maakte. Eene beschrijving der schoon versierde schepen van Knut den Magtigen, koning van Engeland, vindt men II. 265. Vergel. Suhm, übers. Gräter, I. 284. 361. 362. 364. 365. 406. II. 15. 272. 273. 308. waar men onderscheidene voorbeelden van den rijkdom en de weelde der Noormannen aantreft. de S.

en hunne noordsche Mythologie; geen verfijnde
kunst, maar wel den eersten aanleg daartoe, en
rijkdommen genoeg, om dien verder te ontwikkelen. Een zoo krachtig volk, met alles voorzien,
wat tot eene verdere beschaving noodig was, met
den trotschten vrijheidszin en eenen heldenmoed
vervuld, waarvoor geen gevaar te groot, geene
onderneming onmogelijk scheen, had alles groots
kunnen opleveren, wanneer het beteren leidslieden
in handen was gevallen.

De tiende en elfde eeuw is voor de Fransche taal
het gewigtige tijdvak, waarin zij den eersten stap
deed, om zich van een enkel Jargon tot eene der
hoofdtalen van Europa te verheffen. En wanneer
men bedenkt, dat in dien tijd de Noormannen
nagenoeg het heerschende volk in Frankrijk waren, dat zij hunne taal met de fransche verruilden,
dat eindelijk bij hen de wetenschappen en kennis,
zoo als zij toenmaals waren, haren zetel opsloegen,
dan zal het wel niet twijfelachtig voorkomen, dat
zij aan deze geheele verandering der taal het grootste aandeel hadden.

Toen zij zich in het begin der tiende eeuw in
Frankrijk nederzetteden, namen zij zeer spoedig
de godsdienst en de taal hunner nieuwe landslieden
aan; doch de grondtrekken van hun karakter bleven dezelfde, en uit deze zonderlinge vermenging
ontstonden al de eigendommelijkheden van dit volk
in deszelfs spraak en literatuur.

De verruiling van hunne moedertaal met de fransche landtaal was reeds een natuurlijk gevolg van
de verandering van godsdienst, al hadden ook hunne veelvuldige verbindingen met de Franken, en

de vele nieuwe denkbeelden, — en dus ook nieuwe woorden, — welke zij, als het minst beschaafde volk, van hen aannamen, het hunne daartoe niet bijgedragen. De snelheid, waarmede deze verwisseling van taal gebeurde, geeft ons een bewijs van het vlugge bevattings-vermogen dezer natie, en van de gemakkelijkheid, waarmede zij vreemde beschaving zich eigen maakte. (*a*) Reeds voor 943 werd in Roan, de hoofdstad van Normandije en den zetel der Hertogen, bijna volstrekt geen Noormansch meer gesproken.

De Noormannen namen de fransche landtaal niet alleen aan, maar *beschaafden dezelve ook*. Eene hoofdaanleiding daartoe lag reeds in hunnen staatkundigen toestand. Zij hadden wel hunne hertogen, maar de heerschappij dezer aanvoerders was even onzeker, als zij onder alle half-ruwe natiën pleegt te zijn, en als ook gedeeltelijk reeds het aangenomene leenstelsel medebragt. *Persoonlijke* begaafdheden waren het die hare hoegrootheid bepaalden, eene ijzeren vuist in het gewoel van den strijd, en in vrede de kunst om door *welbespraaktheid* den wil hunner magtige vasallen te leiden. Dus bragt de nood zelf hen tot eene oefening, die onmiddelijk tot vorming der spraak het meeste moest bijdragen, wijl daardoor de eerste stap gedaan werd tot een welgevormd prosa, waarvan toch

---

(*a*) Dat men dit niet te ver moet trekken, leeren ons verscheidene getuigenissen der ouden. « De Noormannen legden zich niet toe op de letteren, maar op de wapenen, en maakten, tot aan de dagen van Willem den Bastaard, meer werk van oorlogen, dan van lezen of schrijven." Duchesne, H. N. S. 458. « De Noormannen, die ten tijde van Rollo gedoopt zijn, waren slechte, onzedelijke priesters, en weinig in de letteren bedreven." Ibid. 574. 575. de S.

eigenlijk de ware volkomenheid eener taal afhangt. Zoo dikwijls er melding gemaakt wordt van de opvoeding van eenen hunner prinsen, wordt zijn toeleg op de welsprekendheid, en de vorderingen, die hij daarin gemaakt had, niet ligt vergeten.

Maar grooter nog werd de invloed van dit volk op taal en letterkunde, door dat onder hen het eerst die kiem der Romantische poezij zich vertoonde, die spoedig meerderen wasdom kreeg, en binnen korten tijd een hoofdtak werd van de literatuur der middeleeuwen in geheel het westelijke Europa. Om ons te verklaren, waarom dit juist in *dezen* hoek van Frankrijk het eerst geschiedde, en waarom de ontkiemende spruit juist *deze* rigting nam, moeten wij de werking, die de verandering van taal en godsdienst, verbonden met andere toevallige oorzaken, op den geest van dit volk hadden en hebben moesten, wat naauwkeuriger uiteen zetten.

Indien van de levenswijze en bezigheden eener natie haar karakter afhangt, dan moesten de Noormannen, voor hunne vestiging in Frankrijk, zich van de overige volkeren van Europa aanmerkelijk onderscheiden. Sedert ongeveer 200 jaren waren zij zeeroovers geweest; dit hun bedrijf bepaalde hun karakter, en uit dit gezigtpunt moet men hen beschouwen, wanneer men hen juist wil beoordeelen. Daar reeds voorheen, zoo als wij boven zagen, het aandenken aan de daden hunner voorouderen onder hen in historische zangen leefde, hoe menigvuldige stof moest zulk eene levenswijze niet geven tot vermeerdering dezer overleveringen? Bij de bestendige strooptogten in vreemde landen, waar deze halve barbaren dingen zagen, die zij welligt met niet minder verbazing aanstaarden, dan eens de Grieken de Aegyptische pyramiden; bij het bezit van vele zaken, waarvan zij niet eens het gebruik kenden; bij het gebrek van alle physische en geographische kennis, — hoe moest niet alles bij hen in het wonderbare worden gedreven? En bij de bestendige, op goed geluk gewaagde ondernemingen, hoe kon het anders, of er ontstond bij hen eene zekere neiging tot *het avontuurlijke*, die, zoo ver hunne geschiedenis reikt, nooit uit hun karakter verdween, maar zich zelfs in de kleinste versiering hunner kunstwerken en huisraad toonde?

Vol van zoodanige denkbeelden kwamen alzoo de Noormannen in Frankrijk; doch de spoedige verwisseling van taal en godsdienst moest natuurlijk hierin veel veranderen. Hunne geschiedkundige gedenkstukken, de gezangen hunner dichters over de daden hunner voorvaderen, buiten twijfel met hunne heidensche mythologie doorweven, konden zich onmogelijk met de christelijke godsdienst verdragen; en al ware dit mogelijk geweest, zij verdwenen van zelve met de oude taal.

Doch met deze veranderingen konden de grondtrekken hunnes karakters, die neiging tot het avontuurlijke en die zucht voor het buitengewone niet zoo weggevaagd worden, dat zij geen spoor overlieten. De verandering van godsdienst, welke bij hen, even als bij alle halve barbaren, slechts in gebruiken, niet in meeningen bestond, was eigenlijk in het eerst weinig meer dan enkele verwisseling van uiterlijke plegtigheden; en zij zoude op zich zelve welligt zonder alle verdere gevolgen zijn geweest, indien niet de geestelijken er voor gezorgd hadden, dat het, in zoo vetten grond gestrooide zaad, voor hen rijke vruchten droeg. Ook kon het hun niet moeijelijk zijn, hunne proselyten tot hun geloofstelsel over te halen, daar deze daarom geen ander behoefden op te geven; om niet te zeggen, dat de nieuwe godsdienst welligt geschikter dan de oude was, en met krijgszuchtigen moed zeer wel kon worden vereenigd; en dat hun thans, aan den zachteren hemel van Frankrijk gewoon, het toekomstige verblijf in het paradijs waarschijnlijk aanlokkender voorkwam, dan de biergelagen in Valhalla, aan de zijde van Othin en in gezelschap der Asen. Maar naauwelijks was Rollo uit de doopvont gestegen, of priesters en monniken hingen reeds aan hem als klissen, en noch hij, noch zijne navolgers hebben zich ooit van hen kunnen of willen losmaken.

Zoo kwam er in hun karakter een tweede hoofdtrek; eene, volgens de denkbeelden dier dagen, voorbeeldige *vroomheid;* die, door den geest des ridderwezens gevoed, weldra in eene soort van godsdienstige dweeperij ontaardde, zoo als elken ridder bezielde.

Schoon dus de verandering van godsdienst en taal te weeg bragten, dat de oude nationale zangen, die zij bezaten, en met deze het aandenken aan de daden hunner voorvaderen verdwenen; evenwel bleef niet alleen die neiging tot het avontuurlijke en wonderbare bestaan, maar vele zamenloopende oorzaken vermeerderden dezelve nog, en gaven tevens de aanleiding tot nieuwe gedichten in hunne veranderde taal. Van een' *roovervolk* waren zij thans een *veroverend volk* geworden; thans kwam het tijdpunt voor hunne groote nationale ondernemingen, en deze gaven bij hen, even als bij de meeste andere natiën, de stof tot hunne nationale gedichten, doch niet meer in de Noormansche, maar in de Fransche taal. *De bemagtiging van Engeland* en de nadere kennis van dit land, zoowel als het aandeel, dat zij aan *de kruistogten* namen, waren, na de verovering hunner Fransche provincien, de voornaamste derzelve; want hunne ondernemingen in het zuiden van Italie zijn hier voor ons van minder belang.

Schoon hunne vorige stam-overleveringen met hunne oude taal en godsdienst verdwenen, bleef echter de smaak voor dezelve voortduren, en, gevoed door de oorzaken, welke wij zoo even uiteen gezet hebben, veranderden zij alleen *het onderwerp*, niet *de wijze* hunner gedichten. De ruwe helden-karakters werden slechts met ridder-karakters verwisseld, die uit dweepachtige liefde, dweepachtige vroomheid en dweepachtigen heldenmoed waren zamengesteld. En daar dweeperij de moeder is van het avontuurlijke, hoe kon het anders of dit karakter moest zich ook in de werken van dit volk inprenten?

Het was derhalve in Normandije en in Engeland, waar de Noormansch-Fransche taal sedert Willems verovering heerschende werd, waar de historisch-romantische dichtkunst ontstond, en aan de hoven der eerste koningen van Engeland na Willem den Veroveraar, en der hertogen van Normandije, het eerst werd opgenomen. Eerst van daar verbreidde zij zich over het overige Frankrijk, en vond bijval aan het Fransche hof." —

Wij behoeven de onderzoeking van Heeren thans voor ons oogmerk niet verder mede te deelen: gaan wij liever na, hoedanigen invloed de Noormannen in onze gewesten op taal en letteren kunnen gehad hebben. (*a*)

De noordsche benden, die in de negende eeuw ons land bezochten, waren nog veel ruwer dan de scharen van Rollo, die zich in de tiende eeuw in Frankrijk nederzetteden. (*b*) Hunne vorsten hadden zich naauwelijks zestig jaren hier te lande opgehouden, toen de list des Keizers en de moed der landzaten hunne heerschappij vernietigde. Er is geen blijk dat zij, even als hunne landslieden in Frankrijk, de meerdere beschaving dergenen, onder welke zij zich vestigden, hebben aangenomen; integendeel weten wij, dat zij de christelijke godsdienst dikwijls even spoedig weder verlieten als zij haar hadden beleden, en de klagten van de geschiedschrijvers dier dagen leeren ons ten overvloede, dat de geestelijken bij lange niet dien invloed op hen konden verkrijgen, welken zij in Frankrijk als « Gods dienaars" op Rollo en de zijnen uitoefenden. Daar hunne moedertaal een tak was van het nederduitsch, was het voor hen niet noodig de taal, die hier te lande gesproken werd, tot de hunne te maken, wijl zij, zoo ver de behoefte dit vorderde, zich wel buiten dat aan de landzaten verstaanbaar konden maken. Maar al had men in deze gewesten eene taal gesproken, die even veel als de toenmalige fransche van de hunne verschilde,

---
(*a*) Over hunnen invloed op beschaving en klassische literatuur, zie boven, II. Afd. Hoofdst. I. en II.
(*b*) Boven p. 229. 230.

dan bestaat er nog alle reden om te gelooven, dat
zij dezelve niet zouden hebben aangenomen, daar
hunne betrekking tot de oorspronkelijke bewoners
meestal niet vreedzaam was, en dus hun omgang
met hen zeer gering moet zijn geweest.

Verder valt hier aan te merken, dat in die eeuwen hier te lande nog geene afzonderlijke taal bestond; het nederlandsch-duitsch, dat toen hier gesproken werd, verschilde bijna even weinig van het franks-hoogduitsch, als van het nedersaksisch of hoog-nederrhijnsch, zoo dat men hier ten hoogste aan een verschil van tongval kan denken. (*a*) Het ware dus ongerijmd, te willen nagaan, welken invloed de togten der Noren op onze nederlandsche taal hebben gehad, die nog in de eerste helft der dertiende eeuw ten naauwste met het hoogduitsch verwant was. (*b*) Vraagt men nu, hoe hunne invallen op de duitsche taal werkten, dan onderschrijve ik het oordeel van Ten Kate, (*c*) volgens hetwelk dezelve " of te kort van bestand of niet aanzienlijk genoeg waren, om op haar iets te vermogen." (*d*) Haar innerlijke aard, hare buiging, voeging, schikking en zuiverheid kon er geenszins door lijden: en, indien zij al eenige woorden van

---

(*a*) Vergel. Ypey, beknopte gesch. der Nederl. tale, I. 214-249. 255. 256.

(*b*) Eerst na dat Rudolf van Habsburg het gebruik der duitsch taal in openbare stukken had bevolen, ontsloot zich voor het hoogduitsche dialekt een geheel nieuw tijdperk. Van toen af weken de beide duitsche dialekten meer van elkander, en vormden zich van lieverlede tot twee onderscheidene talen. Ypey, l. l. p. 295. 296.

(*c*) Aanleiding tot de kennis .... der ned. sprake. I. 67.

(*d*) De invallen der Deenen in Engeland voor 1066 schijnen even min eenigen merkbaren invloed op het angelsaksisch te hebben gehad.

hen overnam, strekte zulks tot wezentlijke verrijking, wijl deze woorden, uit eene verwante taal ontleend, met haren aard overeenkwamen. Men vindt in het Italiaansch verscheidene woorden, die niet uit het Latijn afgeleid, maar kenbaar van Germaanschen oorsprong zijn, en ook in het Nederlandsch voorkomen. Schoon de Italianen dezelve ook wel van de Duitschers kunnen ontleend hebben, is het evenwel ook niet ongerijmd hier aan Noormannen te denken. (a)

Het is bekend dat Karel de Groote voor de beschaving zijner onderdanen ook door de verbetering hunner taal had zoeken te zorgen, en dat hij op dit punt in het bijzonder zich zeer veel moeite had gegeven. Ook Lodewijk de Duitscher, die over een groot deel dezer landen heerschte, was een ijverig bevorderaar van de zoo noodige beschaving der voorvaderlijke duitsche taal; hij wekte de weinige geschikte menschen van die dagen krachtig op, om die, tot hiertoe zoo verachte, taal naauwkeuriger te beoefenen. Doch de goede gevolgen hiervan vertoonden zich eerst onder de regering zijner opvolgers. (b) Buiten twijfel moeten de Noren on-

---

(a) *Stalla*, een *stal*, *bard*, een *baart* (fransch *bierne*), *elmo*, (Yslandsch *hialma*, fransch *heaume*,) een helm, *schermo*, een scherm; *schetzo*, de scherts; *snello*, snel, waarvan *snellente*, *snellamente*; *ratto*, rat, indien dit niet van *rapidus* afkomt.

(b) Ypey, l. l. 216-218. ook. 239. 241. 242. 281. « In de 11de eeuw ontdekt men, ten dezen aanzien, den schemermorgen van eenen schoonen dag, die in de twaalfde en dertiende eeuw aanlichtte. In deze eeuwen nam de Nederlandsche taal eene gansch anders gedaante aan; in de dertiende eeuw kwam zij bij alle geregtshoven algemeen in gebruik, daar tot dien tijd toe de meeste diplomatieke openbare geschriften in het Latijn waren vervaardigd." p. 287. 288. 296. « Onze eerste Nederlandsche schrijvers, die van het midden der dertiende

der de oorzaken gerekend worden, die het wel gelukken der pogingen, zoo van Karel als van Lodewijk, verhinderden of vertraagden. (*a*) Het behoeft geen betoog, dat, bij den toenmaligen stand van zaken, hunne vernielende invallen alle verbetering der landtaal genoegzaam onmogelijk maakten, en dat zij veel hebben toegebragt tot de domheid, ruwheid en zedeloosheid, waarin de tiende eeuw verzonken is. (*b*) Men vindt in die eeuw geen enkel geschrift, in het hoog- of nederduitsch opgesteld. (*c*)

Aan den anderen kant gaven de Noormannen ook eenigsins aanleiding ter beschaving der taal, voor zoo ver somtijds de geestdrift der landzaten werd opgewekt, wanneer hunne aartsvijanden met goed gevolg waren bestreden. Even als de noordsche

---

eeuw gebloeid, en in rijm hunne lettervruchten geleverd hebben, waren geen ongelukkige navolgers van de Swavische dichters, die onder de Swavische Keizers, 1137 - 1254, zich in hunne minneliederen, heldenzangen en geestelijke oden lieten hooren en bewonderen, en welker liederen krachtiglijk werkten ter eindelijke opwekking van de nederlandsche dichters, wier taal vervolgens, in korten tijd, merkelijk beschaafd werd." Adelung, Gesch. der deutschen Sprache, S. 43. v. Wijn, Hist. avondst. 207. 208. 215. 219.

(*a*) v. Wijn, Huiz. leven, p. 55-57. [van Kampen, beknopte Gesch. der Letteren in de Nederl. I. 4. « Daar de invallen der Noormannen voornamelijk Nederland teisterden, is het niet te verwonderen, dat de hooger gelegene Duitschers hunne taal eenigermate vroeger beschaafden, althans blijken daarvan hebben overgehouden, dan de jaar op jaar uitgeplunderde, en daardoor moedeloos gewordene Nederlanders. Terwijl dus de Hoogduitschers hunnen Ottfried, Notker, en den zegezang op koning Lodewijk tegen de Noormannen mogen roemen, kunnen de Nederlanders niet éénen schrijver als den hunnen vermelden vóór de dertiende eeuw." Anderen rekenen deze zegezang tot het nederduitsch. zie de volg. bladz.]

(*b*) Boven Afd. II. Hoofdst. I. v. Wijn, Huiz. leven, p. 6a.
(*c*) Ypey, p. 263.

Skalden de daden hunner dapperen vermeldden, zoo ontstonden er ook dichters, die in het neder-duitsch de overwinningen, die men op de ongeloovigen had behaald, bezongen. Van deze soort van gedichten is ons, toevallig, een zeer merkwaardig stuk overgebleven, waaruit wij veilig tot het bestaan van meerdere dergelijke en tevens tot den toestand der landtaal in die tijden kunnen besluiten. Het is een zegelied op de overwinning, door Lodewijk III, koning van Frankrijk, in 881 bij Saucourt op de Noormannen behaald, (a) en waarin eene wezentlijke verbetering der taal, meerdere zachtheid, buigzaamheid en gelijkvormigheid merkbaar is. Om niet, door de mededeeling hiervan, al te uitgebreid te worden, wil ik alleen het oordeel van Ypey en Adelung over hetzelve hier nederschrijven. « Dit zangstuk," zegt de eerstgenoemde, « mag voor het heerlijkste voortbrengsel van het genie der oude Duitschers gehouden worden. Het gezang is krachtig en kernachtig, vol roerende beeldentaal, opgedreven tot eene verrukkende harmonie, in één woord, het is ware, stoute poezij. De voetmaat is los en meestal gevallig; van den eigenlijken Rhytmus was men toen, en nog lang naderhand, geheel onkundig; met rijmklanken evenwel was men reeds gewoon te spelen. De taal is vrij beschaafd, doch moet niet zelden om de maat iets lijden." Schoon Adelung (b) minder hoog van dit gedicht opgeeft, oordeelt hij echter dat het zich van Ottfried's werk, die onder Lodewijk den

---

(a) Boven p. 138. 139. Schilter, Thesaur. antiq. teuton. T. II. pars 2. p. 6-19. Ypey, l. l. p. 265. seqq.

(b) l. l. S. 46.

Duitscher de evangelische geschiedenis berijmde, gunstig onderscheidt, en noemt het « het eerste en oudste duitsche gedicht, waarin eenige vonken van dichterlijken geest zich vertoonen: want Ottfrieds werk is rijmelarij." (*a*) Het komt mij hoogst aannemelijk voor, dat de fiere Friesen, die zoo menige overwinning op de Noormannen behaalden, dezelve in hunne taal zullen hebben bezongen. Immers de Friesche taal was reeds vroeg eene schrifttaal, blijkens de Keuren en Landregten, die in dezelve zijn beschreven; ook leest men reeds in het laatst der achtste eeuw van zekeren blinden Bernlef te Helewirt (*b*) in Friesland, die de bedrijven der voorvaderen en de strijden der koningen zeer wel wist op te zingen. (*c*) Dan noch deze gezangen, noch andere dicht- of rijmstukken, door *onze* landzaten in *onze* spraak voor den loop der dertiende eeuw gesteld, zijn thans overig. Dit verlies van vroegere stukken is, onder anderen, toe te schrijven aan de invallen der Noormannen. (*d*)

Hebben wij dus eenigen voortgang tot beschaving en verbetering, niet alleen in den maatschappelijken toestand, maar ook in de taal opgemerkt; hebben wij gezien hoe de Noormannen ook tot dien

---

(*a*) [Dit zegelied werd nog in de elfde eeuw gezongen in het Graafschap Ponthieu, omstreeks de plaats waar de slag geleverd was. Volgens de oude gewoonte van het land zong men het voornamelijk op de maaltijden. Zie J. F. Willems, Nederl. Tael- en Letter-kunde. p. 103. 104.]

(*b*) [Volg. Pertz l. l. waarschijnlijk Hoiwyrde, bij Nyekloster en Delfzijl. Liever houde ik het voor Holwert, in Oostergoo, tegen over Ameland.]

(*c*) Vita S. Liudgeri, bij Pertz I. l. II. p. 412.

(*d*) v. Wijn, Hist. avondst. p. 175. 176. bijvoegs. en verbet. p. 191.

voortgang medewerkten; ik ben er evenwel verre
af denzelven grootendeels aan hen te willen toeschrijven. Een gestadige voortgang en ontwikkeling is aan elk volk, zoowel als aan elken mensch,
natuurlijk eigen. Maar de invloed der omstandigheden blijft niet te min groot; naauwkeurig te bepalen, *hoeveel* elke oorzaak tot de ontwikkeling
der volkeren bijdroeg, is dikwijls moeijelijk of
aanmatigend; en in een tijdvak, waarvan ons zoo
verwarde berigten en zoo weinige gedenkstukken
zijn bewaard, moet de onderzoeker der geschiedenis, wanneer hij niet met ijdele woorden wil pralen, — en wie, dien het om waarheid te doen is,
zoude zich hiertoe verlagen? — zich tevreden houden, wanneer hij bij het nagaan van den gang der
gebeurtenissen heeft aangewezen, *dat* en *hoe* door
dezelve de toestand van volgende tijden is voorbereid.

Ten slotte zij hier nog opgemerkt, hoe [volgens
de gissing van Depping (*a*) vele namen van plaatsen in ons land, die op *o* eindigen, van de Noormannen afkomstig zijn, b. v. Borkulo, Hengelo,
Almelo, enz. *Eu, eur, oe, oer, ey, a, ay, o*,
zijn volgens hem het ijslandsche *eyar*, eiland. Het
is bekend, dat anderen den uitgang *lo* voor een
woord houden, dat *bosch* beteekent. Zonder mij
over de gegrondheid van Deppings gevoelen uit te
laten, wil ik hier alleen bijvoegen, hoe Johan Picardt (*b*) meent, dat de Noormannen den naam aan

---

(*a*) l. l. II. 342.
(*b*) Vergetene en verborgene antiquiteiten. Amst. 1660 4°. p. 133-
135. Hij leidt ook den naam *Holland* en *Zeeland* van de noordsche

het landschap Drenthe en verscheidene plaatsen in hetzelve gegeven hebben. Engelberts (a) houdt deze meening van Picardt voor zoo vreemd niet, als hetgeen hij over de reuzen en booze geesten geschreven heeft, doch durft evenwel niets bepalen. Volgens dit gevoelen zoude men ook de Hunnebedden voor gedenkteekenen der Noormannen kunnen houden. (b) Hoe dit zijn moge, zekerder gaat het, dat] men ook in onze taal het kenteeken vindt van den schrik en het afgrijzen, welke de verwoestingen der Noormannen bij de landzaten hadden verwekt; ik bedoel het woord *norsch*, d. i. *noordsch*, (c) hetwelk wij nog heden in de beteekenis van *stuursch*, *onvriendelijk* bezigen, en dat vroeger hetzelfde beteekende als *barsch* of *barbaarsch*. Buiten twijfel kreeg het woord deze beteekenis in de negende eeuw, toen bij elke openbare godsdienstoefening de bede werd gehoord: Verlos ons, o Heer! van de woede der Noormannen. (d)

volkeren af. Doch deze namen behoeft men zoo ver niet te zoeken. Zie ook p. 14. en volgg.

(a) Aloude staat der Nederlanden, III. 172.

(b) Picardt, p. 32.

(c) De Noren heetten in het fransch *Norois*. Zie Duchesne, H. N. S. II. 589.

(d) v. Wijn, Hist. avondst. p. 322. Lauterschläger, S. 32. [Depping, II. 65.]

VII. HOOFDSTUK.

Volksgeest en vrijheidszucht, vooral bij de Friesen. Dapperheid. Riddergeest.

De goede uitslag van de onvermoeide pogingen der landzaten, om het juk der noordsche barbaren van hunnen hals te schudden, moest natuurlijk grooten invloed hebben ter opwekking van vaderlandsliefde en volksgeest, welke toeneemt naar mate men zich meerdere opofferingen voor de vrijheid van den vaderlandschen grond heeft getroost. Vooral moest dit het geval zijn bij de Friesen, die meer dan de overige bewoners dezer gewesten een afzonderlijk volk uitmaakten, en door bijzondere zeden, instellingen en gewoonten ten naauwste onder elkanderen verbonden waren. In de Keuren en het Landregt van dit merkwaardige volk worden nog belangrijke sporen gevonden van hunne dappere verdediging tegen hunne noordsche vijanden. De Fries was niet verpligt, wegens des konings ban verder ter heirvaart te trekken, dan met de ebbe uit, en met den vloed weder terug, wijl hij het strand dagelijks moest bewaken « tegen de zoute zee en de wilde zeeroovers, met vijf wapenen, met spade en vork, met schild en zwaard, en met het scherp van de speer." (*a*) Deze inrigting is buiten

---

(*a*) Elders heet het, « De Friesen behoeven niet ter heirvaart te trekken, noch ten landdage (Bodthing) te zitten, dan oostwaarts tot de Wezer, westwaarts tot het Vlie, en zuidwaarts niet verder, dan dat zij des avonds weder aan het strand kunnen komen, opdat zij hun land beschermen tegen het water en het heir der heidenen." Wiarda, Asega-buch. S. 17. 18. en 61-64.

twijfel tijdens de verwoestingen der Noormannen gemaakt, daar voor dien tijd de Friesen meermalen, tegen de Wenden en Avaren, verre over hunne grenzen zijn getrokken. (*a*) Aangaande de verpligting der Friesen tot onderlinge verdediging zijn ons ook merkwaardige bijzonderheden bewaard gebleven. De zoogenaamde zeven Friesche Zeelanden beschermden gemeenschappelijk hunne kusten tegen de Noormannen. Zoodra een zeeroover of eenig ander buitenlandsch vijand zich aan de kusten of grenzen vertoonde, werden boden door het land gezonden en paktonnen gebrand. Op dit teeken des gevaars moest het gansche volk gewapend opkomen; de aanzienlijkste en rijkste Friesen, (die 50 pond aan landgoederen bezaten,) waren verpligt tot het houden van paarden en wapenen « te der Landwer;" de wel gegoede (20 pond) voerden slagswaarden; die 12 pond hadden, droegen speer en schild, en die nog minder gegoed waren, eenen boog en pijlkoker. (*b*) Wanneer een der zeven landen door de zeeroovers of « noordsche koningen" bemeesterd werd, moesten de zes overige te hulp komen. Die niet ten krijg getogen was, moest tot boete het volle weergeld betalen, of met zes, elders met twaalf medestanders bezweren, dat het gevaar hem niet bekend was geworden, noch door boden, noch door vuurbaken.

Met zulken moed verdedigden zich de Friesen tegen hunne vijanden, en zoo hevig was de volkshaat tusschen de beide natiën geworden, dat zij

---

(*a*) Pfister, l. l. I. 442.
(*b*) Wiarda, Ostfr. Gesch. S. 135. 136. en Asegabuch S. 61.

zelfs buiten hun vaderland de Deenen bestookten. Toen Alfred de Groote in het laatst der negende eeuw de kusten van Engeland met eene vloot van 120 schepen tegen de invallen der Deenen bewaakte, bemande hij dezelve niet alleen met Engelschen, maar ook met Friesen, die zich gewisselijk niet dan uit eigene beweging hiertoe lieten gebruiken. (*a*)

Toen het toenmalige Westfriesland zich, na langdurigen wederstand, aan de Graven van Holland volkomen moest onderwerpen, had de verbinding van hetzelve met Oostfriesland, waarvan het buiten dat door de Zuiderzee was afgezonderd, reeds lang opgehouden. Sedert ontstond eene nieuwe verdeeling in Erf-Friesland en het vrije Friesland. Dit laatste strekte zich van de Zuiderzee tot aan de Wezer uit, bleef eene provincie van het Duitsche rijk, en werd bestuurd door graven, welke de keizers of koningen in de onderscheidene gouwen hadden aangesteld. Intusschen maakte de verwarde toestand van het Duitsche rijk het den keizeren onmogelijk, zich met de zaken van het verre Friesland bezig te houden. Daarom werd de aanstelling der graven dikwijls verzuimd, en eindelijk geheel nagelaten. Hun gezag als keizerlijke ambtenaren had op het laatst niets te beduiden, en toen zij geheel en al verdwenen, berustte de wetgevende en uitvoerende magt alleen bij het volk. Friesland, toen in zeven Zeelanden verdeeld, stond nog dikwijls bloot voor de landingen der Noormannen, en werd van de landzijde meermalen door

---

(*a*) Hume, Hist. of Engl. I, p. 86. « Alfred supplied the defects of his own subjects by engaging able foreigners in his service."

de naburige bisschoppen en door graven, die zich
erfelijk hadden gemaakt, aangegrepen. De zeven
Zeelanden, dus geheel aan zich zelve overgelaten,
gingen een naauw verbond aan, zoowel ter verdediging der grenzen, als ter bewaring der rust van
binnen. Tot bevestiging van dit verbond werden,
ten minste reeds in het midden der elfde eeuw, algemeene landdagen bij Upstalshoom gehouden, die,
hoezeer door inwendige onlusten dikwijls gestoord,
evenwel tot in de veertiende eeuw voortduurden.
Op eenen dezer landdagen werden de *Urkeren* of
nieuwe keuren vastgesteld. Zij bevatten, onder
anderen, een naauw onderling verbond der Zeelanden, om met vereenigde magt de aanvallen, zoowel der Saksen als der Noormannen, af te slaan,
de inwendige rust te bewaren, en, des noods, een
oproerig Zeeland tot gehoorzaamheid te dwingen.
Deze Urkeren zijn ten minste uit de twaalfde, of
het begin der dertiende eeuw. Elk landschap, dat
tot dezen verbondenen staat behoorde, had zijne
zelfstandige, onafhankelijke, meest demokratische
regering. De willekeuren werden door het volk
uit eigene volle magt vastgesteld. Deze volksvrijheid is vooral blijkbaar uit de willekeuren der
Brockmannen (in Oostfriesland). Wij vinden daar
een geheel vrij volk met eene demokratische regering; geene burgen of hooge steenen huizen werden er geduld. De regtspleging en de zorg voor
de openbare veiligheid was toevertrouwd aan jaarlijksche regters, die door het volk werden gekozen en onder streng opzigt stonden. Aan den keizer of het rijk werden even min als aan eenig
vorst of graaf schattingen betaald. Zelfs had dit

volk zich, in die donkere bijgeloovige tijden, zoo onafhankelijk gemaakt van de geestelijkheid, dat het haar geene tienden noch eerstelingen behoefde op te brengen, en dat een bisschop « zelfs geen kieken met geweld aan iemand waagde te ontnemen." Het durfde eene wet te maken, dat geen priester zich met wereldlijke zaken had te moeijen, maar zijn ambt waar moest nemen, waartoe hij gewijd was; zelfs dwong het, na eenen vijfjarigen bloedigen strijd, den bisschop van Munster, onder wiens geestelijk regtgebied het stond, in 1216 tot een vergelijk, waarbij hij beloofde, zijne overmoedige geestelijken in toom te zullen houden, hen te verbieden iets te vorderen voor den doop, de biecht en de sakramenten, ja hen tot het huwelijk te verbinden, en van de strengheid des kanonieken regts af te wijken. Geen wonder, dat de verbondene Friesen, van de Zuiderzee tot aan de Wezer, in het land van dit volk het altaar der vrijheid bij Upstalsboom hadden opgerigt. (*a*)

Het is niet noodig de merkwaardige instellingen der Brockmannen nader in bijzonderheden op te geven, vooral daar wij niet weten of zij in alles met de gewoonten der Friesen, die thans tot ons land behooren, overeenstemden. Het bovenstaande is genoegzaam, om te doen blijken, hoe de langdurige worsteling tegen hunne doodvijanden, welke, van beide kanten met de uiterste verbittering volgehouden, eindelijk met het schoonste gevolg voor de Friesen werd bekroond, den krijgshafti-

---

(*a*) Wiarda, Willküren der Bröckmänner, V—X. Asegabuch, S. XXIV, 56. note o.

gen geest bij hen aanhoudend heeft gevoed en versterkt, (a) en de zucht voor vrijheid en onafhankelijkheid zoo diep in hun karakter heeft ingedrukt, dat zij, nog lang daarna, alle vreemde heerschappij verfoeiden, en zich alleen aan den Keizer en het rijk onderworpen rekenden. Van daar, dat de natie hare vrije regtspleging toeschreef aan den wederstand, dien zij aan de Noormannen had geboden. « Alle Friesen bezitten eenen vrijen (regter)stoel, en hebben vrije spraak en antwoord" (aanklagt en verdediging). « Dit schonk ons koning Karel, omdat wij Friesen ons Zuidwaarts neigden, ... daar wij voorheen aan het Noorden onderworpen waren;" (b) of, zoo als het elders heet, (c) « omdat wij ons den Deenschen koning onttrokken, en tot den Roomschen koning neigden. Toen bevrijdde hij ons van Radboud, den Deenschen koning, en van .... den wilgenbast, dien alle Friesen om den hals droegen, en van alle onregtmatige heerschappij." Van daar die bloedige oorlogen met de Graven van Holland, en allen, die hunne vrijheid durfden te belagen; van daar die eigendommelijke trek in het Friesche volkskarakter, waardoor zij nog heden zich van de overige ingezetenen der verschillende rijken, waartoe zij behooren, zoo kennelijk onderscheiden.

Er moet hier nog melding gemaakt worden van een zonderling berigt van Adamus Bremensis, (d) dat met het zoo even gemelde eenigzins in weder-

---

(a) Vergel. Ypey, l. l. I. p. 279.
(b) Wiarda, Asegabuch, S. 15. 45. 46.
(c) Wiarda, Asegabuch, S. 48. 56.
(d) l. l. II. 19.

spraak schijnt te staan. « Het is buiten allen twijfel," zegt hij, « dat de Deensche koning Harald" (Blaatand) « zoo wel aan ons volk, als aan hen die over de Elbe wonen, en aan de Friesche natie wetten en regten gegeven heeft, welke zij beweren nog heden, uit hoogachting voor dien man, te bewaren en in acht te nemen." Het is deze Harald, die, door eene wondervolle verschijning, of door Otto's zwaard (*a*) bekeerd, zich liet doopen, en gedurende zijn gansche leven aan het christelijke geloof, nadat hij het eenmaal had beleden, bleef vasthouden. Zijne geregtigheid en wijsheid werden in Duitschland hoogelijk geprezen, welligt wijl hij het christendom overal bevorderde en de geestelijkheid begunstigde. Men kan het er derhalve voor houden, dat zijne wetten en instellingen zich zoo zeer door billijkheid en doelmatigheid hebben aanbevolen, dat de naburige volkeren dezelve hebben aangenomen, en langen tijd als zijne wetten in eere gehouden, waaruit in lateren tijd het verhaal zal zijn ontstaan, dat hij hun deze wetten gegeven heeft. (*b*)

(*a*) Vergel. boven p. 187.
(*b*) Luden, Gesch. des teutschen Volkes, VII. S. 255. 577 en 578. Wiarda, Asegabuch, Vorrede, S. XVII houdt het voor niet onmogelijk, dat Harald in de tiende eeuw, volgens dit verhaal van Adam. Brem., aan de Noord- en Strandfriesen wetten heeft gegeven. Vergel. Suhm, Gesch. Dänem. S. 5o. [Falk, Handbuch des Schleswig-Holsteinischen Privatrechtes, meent, dat Adamus Bremensis, in zijn berigt aangaande de leges Haraldinae, alleen spreekt van de Saksen, die binnen de grenzen van het toenmalige Deensche rijk woonden, en van de noordelijke Friesen aan de kusten van Sleeswijk. F. G. Ropp, a historical treatise on trial by Jury, London 1832, zoekt met de oudere regtsgeleerden de leges Haraldinae in de Saksische en Friesche Volksregten, ten minste in de Lex Saxonum. Zie J. M. Lappenberg, in Leipziger Literatur-Zeitung 21 May 1833.] Over het Theel-land en Theel-regt in Oostfriesland behoef

De haat der Friesen schijnt ook op de Noormannen, die in Frankrijk zich vestigden, te zijn voortgeplant. Toen de Angel-Saksen, om de onderdrukking van Willem den Veroveraar af te schudden, de hulp van den Deenschen koning Suen hadden ingeroepen, en deze, in 1068, eene groote vloot ter hunner hulpe zond, bevonden zich hulptroepen op dezelve niet alleen uit Polen en Saksen, maar ook uit Friesland. (a) De Friesen verbonden zich dus met de Deenen, die hen thans met rust lieten, tegen de nakomelingen der genen, die onder Rollo hunne akkers hadden verwoest.

Later, toen er geen Noormannen meer te bestrijden waren, toonde zich de krijgshaftige geest der natie in andere ondernemingen en in andere betrekkingen; doch men kan den invloed, dien hare vroegere lotgevallen hierop uitoefenden, geenszins voorbijzien. Gretig grepen de landzaten de gelegenheid aan, om op verre togten hunne zucht naar avonturen te voldoen of eer en krijgsroem te behalen. Een der eerste Hollandsche Graven, Theoderik (III.), ondernam reeds in 1030 eene reis naar het Heilige Graf, en verdiende aldus den bijnaam van Jeruzalemmer; vele edelen, onder andere Johan, Heer van Arkel, verzelden hem derwaarts. In 1064 toog Willem, bisschop van Utrecht, insgelijks naar Palestina; zevenduizend Pel-

---

ik hier niet te handelen, wijl dit op ons vaderland geen betrekking heeft. De overlevering wil, dat de nederlaag der Noormannen bij Norden in 880, en hunne verdrijving uit deze streek, tot deze vereeniging aanleiding heeft gegeven. Doch men houdt dit tegenwoordig voor eene fabel. Wiarda, Asegabuch S. LI. LII.

(a) Duchesne, H. N. S. p. 508. 515. Vergel. Thierry, Conq. de l'Anglet. II. 85.

grims; waaronder vele bisschoppen en aanzienlijken, trokken met hem. (a). En naauwelijks had eene heilige drift ter bevrijding van het graf des Verlossers den krijgszuchtigen geest der volkeren van het westelijke Europa doen ontvlammen, of Friesen, Gelderschen, Zeeuwen en Hollanders namen met uitstekenden ijver reeds aan den eersten kruistogt deel, (b) en togen gezamentlijk met Franschen en Normandiers naar het Oosten. (c) Het is hier de plaats niet om uitvoerig aan te toonen, welk een werkzaam aandeel men hier te lande in de kruistogten heeft genomen; even min ben ik genegen, dit geheel of zelfs grootendeels als een gevolg van de invallen van, en het verkeer met de Noormannen op te geven. Maar aan den anderen kant twijfel ik er niet aan, of de betrekkingen, waarin de landzaten met de onderneemzuchtige en avontuurlijk gestemde Noormannen, nu eens als vijanden, dan weder als overheerschers, hadden gestaan, bleven niet zonder invloed op hun volkskarakter, en werkten met andere oorzaken mede om hen

---

(a) van Pabst, invloed der kruisvaarten in ons vaderland, p. 10.
(b) Van Pabst, l. l. p. 16. 17. De inwoners dezer landen dreven ook wel eens kaapvaart of zeeroof. In 1697 kwam eene vloot van dergelijke zeeroovers uit Friesland, Antwerpen en Vlaanderen bij Boudewijn te Tarsus in Cilicie; zij zeiden dit handwerk reeds acht jaren uitgeoefend te hebben, en voegden zich bij de kruisvaarders. Ibid. p. 20. 21. 50. Onder de gelukzoekers, die in 1066 met Tostig eene landing deden op de noordkusten van Engeland, bevonden zich ook Friesen. Thierry, Conq. de l'Angl. I. 296. Tostig had zich eenigen tijd in Friesland opgehouden. Heimskringla, III. 146. 147.
(c) " De Franschen en Normandiers," zegt Gibbon, Misc. Works, III. 15. " hadden het meeste deel in de dwaasheid en roem van den eersten kruistogt." Voor ons ware gewisselijk zulk een togt eene dwaasheid; maar was het ook zoo voor de toenmalige bewoners van Europa? Ik geloof het niet. Verg. Heeren, hist. Werke, II. 126.

met den grootsten ijver het kruis te doen nemen.

Welligt moet men ook het ontwaken van den riddergeest hier te lande voor een gedeelte aan de Noormannen toeschrijven. (*a*) « Hunne invallen, en de woestheid der zeden van eenige volgende onverlaten, die het, op zich zelf reeds zoo gebrekkelijke, leenstelsel in eenen staat van roof en moord hadden doen ontaarden, deden alles, bijzonder de vrouwen en de zwakken, van over lange om bescherming roepen. Dapperheid werd toen eene hoofddeugd, en een ridderlijk leven, bij aanvang van hetwelk men, ter liefde van God en de vrouwen, gezworen had geene gevaren te ontzien, was het prijsselijkste en meest geëerbiedigde toppunt van menschelijke grootheid." (*b*) Suhm laat zich hieromtrent nog sterker uit: (*c*) « De geest, om zich de eer der vrouwen aan te trekken, haar te achten, en eenen goedkeurenden blik van haar voor de hoogste belooning te houden, was van de oudste tijden in het Noorden algemeen, en werd voornamelijk door de onzen in de zuidelijke landen verbreid. Indien het dan waar is, dat het ridderwezen, of de daarmede verbondene geest, de ruwe en onwetende denkwijze in de middeleeuwen veredelde, en den grond tot de nu bestaande betere en vrijere levenswijze legde, zoo kan men ook met regt zeggen, dat wij Europeanen den welstand, dien wij in velerlei opzigten genieten, oorspronkelijk aan het Noorden te danken hebben ge-

---

(*a*) Hume, Hist. of Engl. I. 146. [Depping, I. 18. II. 262—263. en vooral Heeren, hist. Werke II. 121 seqq.]
(*b*) van Wijn, Hist. avondst. p. 266.
(*c*) Uebers. Litätur, I. 161.

had." Het komt mij evenwel voor, dat Suhm zich hier door zijne voorliefde voor het noorden wat te ver heeft laten vervoeren. Want niet alleen heerschte de ruwheid, welke den Noren zoo vele eeuwen lang eigen bleef, ook in hunne liefde en omgang met de vrouwen, (a) maar ook was de hoogachting voor de teedere kunne reeds ten tijde van Tacitus algemeen eigen aan de volkeren van Germaanschen stam. (b)

VIII. HOOFDSTUK.

Besluit. Algemeene vergelijking met den invloed van de togten der Noormannen in andere landen van Europa.

De uitkomsten, welke de bovenstaande onderzoekingen ons hebben opgeleverd, toonen genoegzaam, dat men de invallen der Deenen en Noormannen niet als enkele zeeschuimerijen en strooptogten, in den thans gebruikelijken zin dezer woorden, moet beschouwen, maar dat de invloed, welken zij hebben gehad, onze opmerking allezins waardig is. Hunne onmiddelijke werking was hier even verwoestend als in andere landen, die door hen werden bezocht. Zij verstoorden niet alleen den uitwendigen gelukstoestand der inwoners, en vervul-

---

(a) Boven p. 217.
(b) Germania, c. 8. Verg. Heeren, hist. Werke, II. 125.

den het land met jammer en ellende, maar veroorzaakten ook eenen aanmerkelijken teruggang in beschaving, eene treurige verwildering van zeden. Verder gaven zij mede aanleiding tot verslapping van de banden des leenstelsels, tot merkelijke vermeerdering van de magt en het aanzien van edelen en graven, in het bijzonder tot het ontstaan van het graafschap Holland. Het bisdom van Utrecht verloor door hun toedoen een groot deel van deszelfs uitgestrekte bezittingen, welke in handen geraakten der naburige edelen en graven: maar tevens werden de bisschoppen hiervoor eenigzins schadeloos gesteld, voornamelijk door het toenemende aanzien der geestelijken, daar de menschen in volslagene moedeloosheid hunnen troost zochten in bijgeloovige godsdienst. Dit was ook oorzaak, dat de gevolgen der verwoesting voor beschaving en letteren niet zoo verderfelijk waren, als men zoude kunnen verwachten. Gaven deze invallen aanleiding tot de onderdrukking der landzaten door magtige heeren en edelen, dit werd opgewogen, doordien zij, welligt ruim zoo veel, medewerkten tot de opkomst der steden, en ook iets toebragten tot uitbreiding van handel en scheepvaart. Eindelijk was de hun zoo hardnekkig gebodene tegenstand van goed gevolg ter versterking van den volksgeest, en ter vermeerdering van den nationalen moed, welken geen zestigjarige overheersching had kunnen fnuiken of uitdooven. Zoo ontstond in Friesland eene merkwaardige vereeniging van zeven vrije staten, en de krijgszuchtige geest, op deze wijze gewekt, toont zich ook later zoo wel in andere ondernemingen, als vooral in de deelneming aan de kruistogten en in het ridderwezen.

Ik zoude hier dit uitgebreide stuk kunnen besluiten, indien niet nog eenige aanmerkingen te maken waren aangaande de togten en ondernemingen der Noormannen in de overige landen van Europa. De vordering der vraag, om hiermede al hunne bedrijven en invloed in dit land in vergelijking te brengen, heb ik wel in beide deelen dezer verhandeling in het oog gehouden, en er aan getracht te voldoen; doch ik gevoel dat er nog eenige trekken aan het tafereel ontbreken, welke ik, hoezeer mij ook op beknoptheid toeleggende, niet mag terughouden.

In Engeland zocht men, even als op het vaste land, zich van den schrikkelijken geesel der Deenen door afkoop te bevrijden. De belasting, die onder den naam van *Dhane-geld* ter verdediging der kusten was geheven, werd door koning Ethelred als schatting aan hen afgestaan. Dit ongelukkig gekozene middel had daar, even als elders, geen ander gevolg, dan de menigvuldige herhaling der invallen, en de verdere verarming en ontmoediging der inwoners. Het was te vergeefs dat Elfeg, de moedige aartsbisschop van Canterbury, (1012) deze schandelijke betaling des vijands voor verraad aan het vaderland verklaarde; te vergeefs verkoos hij den dood, liever dan « het vleesch der christenen te geven aan de tanden der heidenen;" de koning liet zich door Elfeg's edel voorbeeld niet van zijne genomene maatregelen afbrengen. Zijne onderdanen, tot wanhoop gebragt, onderwierpen zich eindelijk vrijwillig aan de Deenen, en Ethelred moest zijn rijk verlaten, om vreemde hulp in te roepen. (*a*)

De pogingen, die men daar aanwendde, om het land door de Deenen zelve te doen verdedigen, slaagden niet gelukkiger. Toen Alfred hen verslagen had, (878) onderwierpen zich de overgeblevenen, namen de christelijke godsdienst aan, en beloofden zich van alle vijandelijkheden te zullen onthouden: maar naauwelijks verscheen eene vloot hunner landslieden op de kust, of zij vereenigden zich met hen tot nieuwe strooptogten. (*b*) Deze noordsche volkeren waren nog zoo geheel ongewoon aan eene vreedzame levenswijze, dat het hun volstrekt onmogelijk was zich van krijg en roof te onthouden. Een hunner opperhoofden, door koning Ethelstan overwonnen, (924-927) werd door hem in zijn paleis opgenomen, en aan zijne tafel toegelaten. Doch reeds den vierden dag nam hij de vlugt en begaf zich weder scheep, daar hij « even min als de visschen buiten het water kon leven." Dezelfde Ethelstan gaf aan den noordschen vorst Erik het bestier over Northumberland; Erik liet zich doopen, en zwoer (937) het land tegen heidenen en zeeroovers te zullen verdedigen; maar weldra verveelde hem deze eentoonige levenswijze, en hij keerde naar zijne zeeschuimers terug. (*c*) Het is geenszins te verwonderen, dat de volgelingen van zulke vorsten de hun vreemde heerschappij even zeer als het aan-

---

(*a*) Thierrij, Conq. de l'Angl. I. 147. 148. 152-156.

(*b*) Thierrij, l. l. 129. 130. 133. 134. Hume, l. l. I. 83. 84. 87. 107. 108.

(*c*) Thierrij, l. l. I. 137. 140. 141. Op dezen Erik is het gezang boven p. 16.

genomene christendom hadden, dat zij dikwijls de zaak, welke zij beloofd hadden te zullen verdedigen, verrieden, en op het oogenblik van den strijd tot de vijanden overliepen. (*a*) Slechts ééne uitzondering vindt men in de Engelsche geschiedenis. Toen het onder koning Edward den Angelsaksen gelukte (1042), hunne onafhankelijkheid te herstellen en de overheerschers te verdrijven, werden niet alle Deenen uit het land verjaagd: men spaarde hen, die zich vreedzaam gedroegen en de wetten eerbiedigden; in sommige provinciën overtrof zelfs het getal van de nakomelingen der Skandinaviers dat der Angelsaksen, en schoon een klein verschil in taal en zeden hiervan het gevolg was, smolten echter de beide anders vijandige rassen spoedig in een. Deze vereeniging boezemde ontzag in aan de noordsche koningen; zij zonden aan koning Edward gezantschappen om hem van hunne vredelievende gezindheid verzekering te geven. (*b*) Men zag dus hier de goede gevolgen bereikt, welke zoo vele koningen door het afstaan van landerijen aan de Noren te vergeefs hadden beoogd. De vruchteloosheid dezer pogingen is ligtelijk te verklaren uit den ruwen toestand dezer stammen in vroegere eeuwen, toen het verkeer met de westelijke volkeren van Europa hun nog geenerlei beschaving of verzachting van zeden had medegedeeld. De geschiedenis levert, ook buiten de Deenen, eene menigte voorbeelden op, hoe gevaarlijk het is voor beschaafde of verzwakte volkeren, wanneer zij de verdedi-

---

(*a*) Thierrij, p. 146-148. Hume, I. p. 133.
(*b*) Thierrij, I. 234. 235. 217. Hume, I. 91.

ging hunner grenzen aan barbaren toevertrouwen; (a) en het voordeel, dat de Angelsaksen dus van de bij hen gevestigde vreemdelingen trokken, hadden zij vroeger duur genoeg moeten koopen. In 1003 hadden de Deenen, niettegenstaande het gemaakte verdrag, de inwoners des lands zoo zeer geteisterd, dat deze eene uitgebreide zamenzwering aangingen, en al hunne onderdrukkers, zonder jaren of kunne te sparen, op hetzelfde uur overvielen en ombragten. Men herinnert zich hoe Godfrid en de zijnen hier te lande op soortgelijke wijze hun einde vonden. Zulke daden van nationale wraak zijn even moeijelijk te veroordeelen als te regtvaardigen; want bij dezelve mengt zich een edel gevoel, de haat tegen onderdrukking, met gruwzame driften. Deze moord kon hen evenwel niet van de vreemde overheersching bevrijden. De Deensche koning Suen dorstte naar wraak; hij viel in Engeland met eene magtige vloot, en na weinige jaren (1017) was zijn zoon Knut koning over het gansche land. (b)

Ook op de staatkundige verdeeling der landen hadden de togten der Deenen eenen merkelijken invloed. Op het laatst der negende eeuw verdween de verdeeling in koningrijken, welke uit de onderscheidene volkplantingen ontstaan was, die zich uit Duitschland in Engeland hadden gevestigd. Alle Angelsaksen, die zich van het juk der vreemde heerschappij bevrijd hadden, vereenigden zich (883) onder Alfred, hunnen redder; zijne opvolgers streden

---

(a) B. v. de Bretons, die de Saksen inriepen, in 449.
(b) Thierrij, Hist. de la Conq. I. 149. 150. Hume, Hist. of Engl. I. 140. 141.

voorspoedig tegen de vreemde overweldigers; Ethelstan regeerde het eerst over geheel Engeland. (934) Deze vereeniging van de engelsch-deensche met de engelsch-saksische gewesten onder éénen schepter deed de magt der koningen toenemen; zij lieten zich spoedig vervoeren om hunne Angelsaksische onderdanen even gestreng te régeren als dé overwonnene Deenen; zij schepten vermaak in eene te voren ongekende pracht; zij verzuimden het volk in alles te raadplegen, en verloren aldus deszelfs genegenheid, welke hunne voorgangers onverdeeld hadden genoten. En hieruit ontstonden voor Engeland de oorzaken van inwendige verzwakking, die door geen uiterlijke vertooning van magt kon worden opgewogen. Ethelred ondervond eerlang hiervan de treurige gevolgen. (1013) (a)

Onder de regering van den gierigen Hardeknut leden de Angelsaksen de zwaarste afpersingen en de wreedste onderdrukkingen. De verontwaardiging gaf hun moed om alles voor de vrijheid te wagen, en bij den plotselingen dood van Hardeknut (1041) stond de gansche natie op, en noodzaakte de Deenen naar hun vaderland terug te keeren. (b)

De behaalde overwinning wekte den volksgeest, en men hechtte zich met nieuwe liefde aan de voorvaderlijke zeden en gebruiken. (c) Schoon de natie, sedert het laatst der achtste eeuw, door de noordsche volkeren was geteisterd, schoon zij meermalen aan noordsche vorsten was onderworpen

---

(a) Thierrij, Conq. de l'Angl. I. 130. 131. 144. 145. 146-156.
(b) Thierrij, I. 226-230.
(c) Thierrij, I. 233.

geweest, evenwel had zich de volksgeest ongeschonden bewaard, en de Deenen, die niet waren omgebragt of verdreven, hadden zich met de vroegere bewoners van Engeland vereenigd. Maar de elfde eeuw was noodlottig voor de onafhankelijkheid der Angelsaksen; Willem de Veroveraar, een nakomeling van Rollo, onderwierp zich (1066) hunne landen, en gaf dezelve in eigendom aan zijne Normandiers. De Deenen waren in dien tijd zoo naauw met hunne nieuwe landgenooten verbonden, dat zij hunne pogingen ter herkrijging der onafhankelijkheid nadrukkelijk ondersteunden; hunne grootere dapperheid maakte hen vreesselijk voor den Veroveraar, en hunne verbindingen met het oude vaderland deden meer dan eens de Skandinavische koningen vloten uitzenden, om hen en hunne landgenooten van de overheersching der Normandiers te bevrijden. Maar noch de hardnekkige wederstand der Angelsaksen, noch de dappere hulp der Deenen, noch de noordsche vloten waren in staat de volgelingen van Willem den Veroveraar te verdrijven: het volksbestaan der Angelsaksen ging onherroepelijk verloren. (*a*)

« Willem de Veroveraar," zegt Hume, (*b*) « kon door den éénen slag bij Hastings de Engelsche natie ten onder brengen, wijl zij allen volkstrots en volksgeest, door de versche en langdurige onder-

---

(*a*) Thierrij I. en II. passim. Hume I. 245 - 251. Over de verovering van Engeland door Willem den Veroveraar kan hier even min gehandeld worden als over de krijgsbedrijven der Anglo-Normandiers in Ierland, of der Normandiers in Italië, daar alleen de Noormannen, d. i. de Skandinaviers, Deenen, Noorwegers en Zweden, het onderwerp onzer onderzoekingen uitmaken.

(*b*) Hist. of Engl. I. 232.

werping aan de Deenen, in groote mate had verloren. En daar Knut gedurende zijne regering de hardheid der verovering aanmerkelijk gematigd en de Engelschen volgens hunne eigene wetten bestuurd had, hadden zij minder schrik voor den smaad van een vreemd juk, en vreesden minder voor onderwerping, dan voor bloedstorting, oorlog, en het bieden van wederstand." Het uitmuntende werk van Thierrij over de verovering van Engeland door de Noormannen, geeft ons hieromtrent geheel andere inzigten; men behoeft het slechts onbevooroordeeld te lezen, om volkomen overtuigd te worden, dat Hume zich door de schrijvers der overwinnende natie heeft laten medeslepen, en veel te ongunstig over de overwonnene Angelsaksen geoordeeld. (a) De dapperheid van deze toch was even groot, als de fierheid van hunnen koning Harold, en het is de fout der geschiedschrijvers, wanneer zij, na den slag bij Hastings en de krooning van Willem den Veroveraar, geene Angelsaksen meer kennen. De verovering van Engeland door de Noormannen werd wel degelijk door eene hevige worsteling der beide natien gevolgd; met geweld op denzelfden grond vereenigd, leefden zij in vijandelijke betrekkingen; hare oorlogen waren langdurig, hare afscheiding hardnekkig, tot eindelijk de Angelsaksen tot den rang van lagere klasse afdaalden, en vervolgens uit hunne vermenging en uit de vereeniging hunner rassen, zeden, behoeften en talen, eene enkele natie, eene gemeenschappe-

---

(a) B. v. Hume, I. 161. 162. 229. 255. 339. 340. Zoo ook Gibbon, Decline and fall of the R. E. Vol. X. p. 262. „ England was assuredly a gainer by the conquest."

lijke taal, eene gelijke wetgeving zich heeft gevormd.

De bewoners van Erin of Ierland voegden reeds van de vroegste tijden bij hunne gevallige zeden eene groote ijverzucht op hunne nationale onafhankelijkheid. De vreemde stammen, die op verschillende tijden zich in hun eiland nederzetteden, ontweken de gevolgen van hunne vaderlandslievende onverdraagzaamheid, door zich met de Iersche stammen te vereenigen, hunne taal aan te nemen, en zich naar hunne maatschappelijke instellingen te schikken. Dit deden ook weldra de noordsche zeeroovers, die gedurende de achtste en negende eeuw op de oostkust verscheidene volkplantingen stichtten; zij lieten hunne vroegere strooptogten varen, bouwden steden en legden zich op den handel toe. (*a*) In de laatste helft der twaalfde eeuw gaf het verbond van eenen Ierschen vorst met eenige Normandiers in Engeland aanleiding tot de verovering van Ierland door de Anglo-Normandiers, (*b*) welke de natie in eene zee van rampen dompelde, onder welker treurige gevolgen zij nog heden gebukt gaat. (*c*)

In Frankrijk veroorzaakten de strooptogten en wreedheden der Noormannen eene steeds toenemende vermindering van de magt der koningen, die hunne onderdanen niet voor de woede der vijanden wisten te beschermen. Nergens nam de magt der aanzienlijke vasallen spoediger toe, nergens ont-

---

(*a*) Thierrij, Conq. de l'Angl. III. 228. 229.
(*b*) Thierrij, Conq. de l'Angl. III. 242 seqq.
(*c*) Thierrij, Conq. de l'Angl. IV. 275 seqq. Ook over de Ieren oordeelt Hume, I. 424. 425, zeer ongunstig en partijdig.

wikkelden zich sneller de nadeelige gevolgen van het vervallende leenstelsel. Eudes of Odo, die dikwijls met goed gevolg de Noormannen had bestreden, wist van het aanzien, hetwelk hij hierdoor had verkregen, behendig gebruik te maken om zich tot koning te doen kiezen (888); (*a*) en schoon Karel de Eenvoudige door opstand en burgerkrijg tot den troon werd geroepen, werd hij echter niet dan na Odo's dood algemeen erkend. Het was deze Karel, die, zoo als wij boven zagen, een aanmerkelijk gedeelte van zijn rijk aan Rollo en zijne stroopers afstond, en aldus zijne onderdanen grootendeels van de zoo langdurige teistering der Noormannen bevrijdde. (*b*) Doch schoon hij reden scheen te hebben om van zijnen nieuwen schoonzoon hulp tegen zijne tegen-koningen te verwachten, gelukte het hem echter niet de regering tot zijnen dood te behouden.

De bedrijven van Rollo moeten nog kortelijk het onderwerp onzer beschouwing uitmaken. Het verhaal van Dudo en andere oude schrijvers heeft op vele nieuweren zulk een' indruk gemaakt, dat

---

(*a*) d'Acherij, Spicil. II. 377. 378.

(*b*) Dat het verdrag met Rollo Frankrijk niet geheel van den geesel der Noormannen heeft kunnen bevrijden, vindt men uitvoerig aangetoond in Depping, Histoire des expéd. maritimes des Normands., T. II. p. 135 seqq. Na veel moeite heb ik dit werk eindelijk gekregen, toen ik er in het zamenstellen mijner verhandeling geen gebruik meer van kon maken, wijl het overschrijven reeds te ver was gevorderd. Gelukkig is de schade niet zoo groot als ik gevreesd had, daar het mij voorkomt in alle opzigten ver beneden dat van Thierrij te staan. Het merkwaardigste heb ik evenwel, zoo ver het voor mijn oogmerk dienstig was, in de bijvoegsels opgegeven. [Vergel. mijne voorrede.]

zij Rollo als eenen der grootste wetgevers en staten-stichters hebben verheven. Bij eene oppervlakkige beschouwing schijnt hij dien lof ook volkomen te verdienen. « Voor dat hij," zoo leest men, (a) « in 912 zijn land onder zijne volgelingen verdeelde, schonk hij een aanmerkelijk deel daarvan aan God, aan Maria en aan andere voorname Heiligen. Hij verschafte vrede en veiligheid aan allen, die in zijn gebied woonden, zoodat ook vele vreemdelingen zich daar vestigden, en het land wederom werd bebouwd. Hij gaf aan zijne onderdanen regten en wetten, herstelde kerken en steden, en strafte den diefstal met zulk eene gestrengheid, dat de landlieden hun akker-gereedschap en trekvee veilig op het veld konden laten. Men leefde dus rustig en vrolijk onder zijn bestier, zonder eenigen vijandelijken overval te vreezen, en had overvloed van allerlei goederen." Dit alles luidt zeker zeer fraai; maar gaan wij de zaak onbevooroordeeld na, dan vertoont Rollo zich in al zijne bedrijven voor 912 als eenen woesten barbaar, eenen echten zeekoning, rusteloos, ruw en wreed. Van waar die plotselinge verandering terstond na zijnen doop en gedurende zijne laatste levensjaren? Doch zoodra men bedenkt, dat zijne daden door geestelijken zijn beschreven, die hij na zijnen doop, of uit voorzigtigheid of uit bijgeloof, op allerlei wijzen aan zich had verbonden, dan is de hem toegezwaaide lof niet langer onverklaarbaar. Jammer maar, dat er nog enkele bewijzen

_____

(a) Dudo bij Duchesne, H. N. S. p. 85. Vergel. ib. p. 54. en W. P. S. IV. 9. d'Acherij, Spicil. II. 284. Thierrij, Conq. de l'Anglet. I. 177. Depping, II. 85. 154.

van het tegendeel voorhanden zijn. « Rollo, christen geworden, deed in zijne tegenwoordigheid eene menigte (plurimos) gevangenen onthalzen, ter eere der goden, welke hij had geëerd; en tevens beval hij eene verbazende menigte gouds (infinitum pondus auri) aan de kerken der christenen rond te deelen, ter eere van den waren God, in wiens naam hij gedoopt was." (*a*) Deze verbazende menigte gouds kon hem in de oogen der monniken regtvaardigen, zoodat zij zijne wreedheden of verzwegen, of met schijnbare onverschilligheid verhaalden; maar bij de nakomelingen blijft hij een barbaar, die van den geest zijner nieuw aangenomene godsdienst niet het minste begreep.

Hier komt bij, dat de ongelukkige bewoners, die nog in gering aantal in die landen waren overgebleven, gedurende vele jaren geen genot van wet of orde hoegenaamd hadden gehad, en van alle verdediging ontbloot, ten prooi hadden verstrekt aan de onmenschelijkheden hunner vijanden. Het bestier van Rollo, die met kracht zijne Noormannen in bedwang hield, en zijn land voor vreemden overval gemakkelijk beschuttede, moest hun, hoe streng en gebrekkig het ook ware, weldadig en verkwikkend zijn. (*b*) In dezen zin willen wij hem den verschuldigden lof niet onttrekken; maar dit is geheel iets anders dan de lof van eenen wijzen wetgever, dien men hem somtijds zoo ruimschoots ziet toedeelen. Rollo beheerschte zijn land

---

(*a*) Duchesne, H. F. S. II. 633. Vergel. d'Acherij, Spicil. III. 246. Depping, II. 146. 147. die dit verhaal, op zeer losse gronden, voor *invraisemblable* verklaart.

(*b*) Vergel. Thierrij, Conq. de l'Angl. I. 184.

met kracht, die alles, wat tegenstand bood, verpletterde. Hoe had hij anders in den korten tijd van vijf jaren iets van alle die hoog geroemde verbeteringen kunnen bewerken? Zoodra die kracht begon te verslappen, keerde de vorige toestand terug. Dudo zelf heeft dit niet geheel weten te verbergen. Hij verhaalt (a) hoe de rijksgrooten bij Rollo aandrongen dat hij zijnen zoon Willem tot opvolger zoude benoemen; « de ouderdom," zeggen zij: « belet u met goed gevolg onze belangen te behartigen, zoo dat vreemde volkeren ons reeds drukken en berooven. Inwendig heerscht er tweespalt en krijg. De staat gaat te gronde."

Rollo stierf, oud en afgeleefd, in 917. (b) Zijne vrouw Gisla was hem reeds voorgegaan. Zijn omgang met haren vader, misschien ook met haar, (c) was niet altijd zeer minzaam geweest. Daar hij bij haar geene kinderen had, werd hij opgevolgd door zijnen zoon Willem, verwekt bij Poppa, eene dochter van Berengar, graaf van Senlis, die vroeger te Bayeux zijne gevangene was geworden. (d) Aldus mislukte het plan van hen, die door het huwelijk van Gisla de afgestane landen nog aan de Fransche kroon hadden getracht te verbinden. (e)

(a) Pag. 91.

(b) Depping, II. 146. zegt: in 931, schoon hij op de volgende bladzijde het grafschrift van Rollo vermeldt, waarin 917 als zijn sterfjaar wordt opgegeven.

(c) Men zeide ten minste: » Rollonem eam non cognovisse matrili lege." Dudo, bij Duchesne, H. N. S. p. 86.

(d) Duchesne, H. N. S. p. 1016.

(e) Volgens Depping, II. 105, was Gisla slechts eene natuurlijke dochter van Karel den Eenvoudigen. Ik kan mij niet herinneren dit ergens te hebben gelezen.

Rollo's lof maakt gewoonlijk eene regt aangename afwisseling met de verhalen van moord en brand, die de geschiedenis van dit tijdvak vervullen. Jammer maar dat de grondslag der waarheid er aan ontbreekt, zonder welken ook de welsprekendste loftuitingen hare waarde verliezen.

De magt der Hertogen van Normandije nam eerlang zoo zeer toe, dat zij merkelijken invloed op de zaken van Frankrijk begonnen uit te oefenen, en, vooral na dat ook Engeland aan hun gebied was onderworpen, het aanzien van hunne Souvereinen, de Koningen van Frankrijk, verduisterden. De oorlogen, door hen, zoo wel ter onderwerping van het aan Rollo geschonkene Bretagne, als met de Fransche koningen gevoerd, behoeven hier niet te worden vermeld. Eerst in het begin der dertiende eeuw werd Normandije weder met de Fransche kroon vereenigd. (a)

Ook in Rusland was de invloed der Skandinaviers aanmerkelijk. Rurik de Noorman was de stichter der Russische monarchie omstreeks het midden der negende eeuw. Hij en de Grootvorsten, zijne opvolgers, breidden hun gebied naar de Zwarte Zee uit, en deden gedurende de tiende eeuw de Keizers van het Oosten beven. Ook in Constantinopel wist men geen ander middel ter redding, dan het afkoopen van deze vermetele krijgslieden.

De Noormannen komen in Rusland voor onder

(a) In 1204. Depping II. 187. Over de betrekking der Hertogen van Normandije tot de koningen van Frankrijk, zie Depping II. p. 123. 148. 149. en elders; [ook Thierrij, lettres sur l'histoire de France p. 183. seqq.]

den naam van Waragers of Gewapenden; (*a*) de naam *Russen* is van hen oorspronkelijk. Zij wekten het eerst de kracht der Tschudische en Slavische volkeren, tot welke zij kwamen, en maakten hen geducht bij hunne naburen. Van hier dat hunne eerste en het naast bij hun vaderland gelegene woonplaatsen, Nowgorod en de omliggende landstreken, in het bijzonder *Rusland* heeten. Overeenkomstig hun volkskarakter, hielden zij zich ook daar met stoute zeevaart en zeeroof bezig; Constantinopel, door deszelfs rijkdom in het Noorden zoo beroemd, werd het hoofddoel hunner ondernemingen. Doch weldra week hunne roofzucht voor den handelszin, die aan de Slaven eigen was, en er ontstond een geregeld handels-verkeer langs den Dnieper. Het eigendommelijke der Skandinaviërs verdween, en deed onder voor de zeden der Slaven. Het aantal der Waragers, die in Rusland zich vestigden, was buiten twijfel veel geringer dan dat der Normandiers, die in 1066 Engeland onderbragten; maar verbazend is ook de afstand tusschen den invloed van deze op de Angelsaksen, en van de Waragers in Rusland. In Engeland is bijna de helft der taal een gedenkteeken van hunnen invloed; (*b*) in Rusland verdwenen zelfs in het heerschende stamhuis de oorspronkelijke eigennamen. Hierbij komt de invloed van het christendom, hetwelk uit Constantinopel onder de Waragers en Russen werd verbreid, en van het veelvuldige verkeer, welks vruchten den Wa-

(*a*) Varings, Warings, Varungs, Thierrij, Conq. de l'Anglet. II. 106.

(*b*) Vergel. Thierrij, Conq. de l'Anglet. IV. 591-696.

ragers wel aangenaam waren, maar waarmede de Slaven zich toch meer uitsluitend bezig hielden. De Byzantijnsche beschaving, die aan beide stammen in Rusland gemeen werd, werkte bevruchtend en veredelend op het Slavische, terwijl het Waragersche onderging. (*a*)

Ten laatste zij hier nog met een enkel woord opgemerkt, hoe de rustelooze Skandinaviërs ook het verre Noorden bezochten en meer bekend maakten. De Orkadische, Hebridische, Faëroe- en Shetland-eilanden werden door Noormannen bevolkt; op IJsland stichtten zij in de negende eeuw eenen staat, die langer dan drie eeuwen onafhankelijk bestond; (*b*) in dezelfde eeuw bezocht Other de Noorweger de Witte Zee en de monden van de Dwina; ja zelfs op het afgelegene Groenland hebben zich in de tiende eeuw Noordsche vlugtelingen gevestigd. (*c*)

(*a*) Strahl, Gesch. des Russ. Staates. Ik heb dit werk niet kunnen lezen. Men zie de recensie in Leipziger Literatur-Zeitung, 25 April, 1833.

(*b*) Zij bragten de neiging der Noorwegers tot dichtkunst, geslachtregisters en de kennis van de bedrijven der voorouderen derwaarts over; en deze neiging nam daar, onder bescherming van de vrijheid en rust, welke de wetenschappen op IJsland meer dan in alle andere noordsche rijken genoten, zoo zeer toe, dat de meeste en geloofwaardigste narigten, die wij aangaande de geschiedenis van het Noorden bezitten, door IJslanders zijn bewaard. Suhm, Gesch. Dänem. S. 22.

(*c*) Koch, Tableau des révol. de l'Europe, I. 61. 66. nouvelle edition. Over de vestiging op Groenland, zie vooral W. A. Graah, Undersögelses-Reise til Östkysten af Grönland, Kiöbenhavn, 1832. en de recensie in Leipziger Literatur-Zeitung, 22 Junij, 1833.

Bij de correctie zijn, vooral in blad 1 en 2, eenige fouten ingeslopen. De volgende moeten dus verbeterd worden.

alle toes *al* p. 1. r. 5 en 6. p. 16. r. 16. p. 22, aanm. q. r. 1.
eene levende — *eenen levenden* p. 2. r. 15. v. o.
den — *de* p. 4. aanm. a. r. 2. p. 11. r. 6. p. 14. r. 9. en aanm. b. r. 3. v. o. p. 31. r. 11.
te vrede — *tevreden* p. 8. r. 12. p. 9. r. 7. v. o. p. 10. r. 9. v. o.
te onvrede — *ontevreden* p. 19. r. 5.
zelve — *zelf* p. 9. r. 3. v. o.
de Kleine — *den Kleinen* p. 22. r. 7.
honderde — *honderden* p. 15. r. 11.
duizende — *duizenden* p. 21. r. 12.
Schleswig — *Sleeswijk* p. 28. r. 6.
5. — *4.* p. 74. aanm. a.
allen — *alle* p. 104. aanm. b. r. 4. v. o.
laatsgenoemde — *laatstgenoemde* p. 128. r. 11. v. o.
nakend — *naakt*, *nakende* — *naakte* p. 149. r. 15. v. o. en r. 8. v. o.
hunne — *hunnen* p. 151. r. 11. v. o.
detzelve — *denzelven* p. 151. r. 2. v. o.
verder — *verdere* p. 166. r. 4. v. o.

DE NOORMANNEN

IN

NEDERLAND.

GESCHIEDENIS HUNNER INVALLEN GEDURENDE DE
NEGENDE, TIENDE EN ELFDE EEUWEN, MET
OPGAVE VAN DERZELVER GEVOLGEN,
UIT ECHTE BRONNEN GEPUT,

DOOR

J. H. VAN BOLHUIS.

PHIL. THEOR. MAG., LIT. HUM. DOCTOR, LID VAN HET PROVINCIAAL UTRECHTSCH GENOOTSCHAP VAN KUNSTEN EN WETENSCHAPPEN, EN VAN DE MAATSCHAPPIJ DER NEDERLANDSCHE LETTERKUNDE TE LEIDEN, PRAECEPTOR AAN DE LATIJNSCHE SCHOOL TE UTRECHT.

TWEEDE STUK.

𝔅𝔦𝔧𝔩𝔞𝔤𝔢𝔫 𝔢𝔫 𝔅𝔦𝔧𝔳𝔬𝔢𝔤𝔰𝔢𝔩𝔰.

Te UTRECHT,
bij VAN PADDENBURG & COMP.
1835.

VOORREDE.

Voor hen, die mijne proeve over de invallen der Noordsche volkeren in deze gewesten met belangstelling hebben gelezen, zal ook dit tweede en laatste stuk, naar ik hoop, niet onwelkom zijn. Het in de Bijlagen voorkomende is vroeger, zoo uit tijdsgebrek als ter vermijding van al te grooten omvang, of niet, of slechts in uittreksels medegedeeld. Beide redenen bestaan thans niet meer, en de werken, waaruit de bedoelde stukken zyn ontleend, zyn niet in ieders handen; daarom is eene volledige uitgave mij raadzaam voorgekomen. De ophelderende aanteekeningen bepalen zich tot het volstrekt onmisbare, terwijl ik wensch, dat de uitgave van N°. 8 aanleiding mag geven tot eene opzettelijke taalkundige verklaring van dit merkwaardige overblijfsel, beter dan ik in staat ben er bij te voegen. Voor mijn onderwerp zijn deze gedichten daarom van veel belang, omdat zij, met levendige trekken, ons den geest der tijden en volkeren schilderen, van welke zij afkomstig zijn; een' geest, in vele opzigten zoo geheel verschillend van de zeden en denkwijze van latere dagen, dat men, zonder de hulp van dergelijke gedenkstukken, zich naauwelijks in die grijze oudheid zou kunnen verplaatsen. Zij helderen ons dikwijls het korte en droge verhaal der kronijkschrijvers op door de mededeeling van zulke bijzonderheden, die of aan de kloosterlingen onbekend bleven, of, aan hunnen leeftijd eigen en dus hunne aandacht niet bijzonder treffende, door hen onvermeld zijn gelaten. Merkwaardig is het onderscheid tusschen de stoute, schrikkelijk-verhevene zangen der Skalden, die niets dan bloed en slagting ademen, en de stamelende toonen der pas geborene christelijk-duitsche poëzij, waar eene kinderlijke, lijdelijke onderwerping aan Gods beschikkingen en oordeelen zelfs in het zegelied heerschende is. Ook zonder het geschiedverhaal te kennen, zou de vergelijking dezer zangen alleen ons kunnen doen raden, welke der beide natiën gewoonlijk de zege bevocht. En evenwel zegevierde ten laatste het Christendom! Tegen het einde van het tijdvak, binnen hetwelk mijne nasporingen zich bepaalden, waren deze Skaldenzangen als de wegstervende toonen van eene gruwzame afgodsdienst, die weldra voor den onwederstaanbaren voortgang van het christelijke geloof moest verdwijnen. Met haar verviel ook de dweepzieke dapperheid der Noordsche stammen, terwijl de kracht der christenvolkeren zich in gelijke mate ontwikkelde, zoo dat deze den langdurigen worstelstrijd overwinnend eindigden, en de Skandinaviërs of met zich verbroederden, of binnen hunne grenzen terug dreven, en zelfs daar somtijds hun gezag deden gelden.

Strekken dus de Bijlagen voornamelijk om de beide volksoorten, die in mijn verhaal de hoofdrol spelen, zoo te doen kennen, als zij zich in de overblijfselen hunner poëzij zelve schilderen, de Bijvoegsels bevatten de vruchten mijner onderzoekingen sedert het tijdpunt, waarna ik aan de verhandeling niets meer heb

VOORREDE.

kunnen veranderen. (a) Zij dienen ter aanvulling en staving, en, waar het noodig was, ook ter verbetering van het daar voorkomende. Sommige punten zijn uitvoeriger behandeld op verlangen van eenige vrienden, die meenden, dat de gronden, waarop mijne beschouwingen steunden, niet altijd duidelijk genoeg waren blootgelegd. De omstandigheden, waaronder mijn werk het licht zag, mogen het uitgeven van bijvoegsels, anders door mij zelven afgekeurd, verontschuldigen.

Mogt het een en ander dienen, om de aandacht mijner landgenooten meer en meer op het belangrijke dier vroegere tijdvakken te vestigen, mogt het tevens voor den toekomstigen geschiedschrijver dier tijden eene nuttige bijdrage wezen, dan zou mijn verlangen vervuld zijn. Mijns inziens toch bevat de geschiedenis van dit land gedurende de middeleeuwen nog een aantal punten, ter welker opheldering een opzettelijk en onbevooroordeeld onderzoek der bronnen noodwendig is, indien zij eenmaal naar waarde zal worden beschreven.

Ik kan deze voorrede niet eindigen, zonder met waar gevoel van dankbaarheid te spreken van mijne verpligting aan hem, wiens vroege dood door allen wordt betreurd, wien de wetenschappen en de roem des vaderlands ter harte gaan, den Hoogleeraar REUVENS. Naauwelijks had ik mij als schrijver der verhandeling over de Noormannen bekend gemaakt, of hij verschafte mij, met de meeste belangstelling en voorkomendheid den toegang tot zijne kostbare boekverzameling, welke menig werk bevatte, dat ik met vrucht over mijn onderwerp konde raadplegen. Gedu-

---

(a) 1 Oct. 1835.

rende mijn herhaald verblijf te Leiden leerde ik telkens zijnen ijver voor de beoefening der wetenschappen en zijne vurige begeerte om dezelve te bevorderen meer en meer kennen en hooger waarderen. Steeds bereidwillig, om zich met mij, schoon in zijne studie in vele opzigten een' vreemdeling, over dezelve te onderhouden, waren de wenken, die hij mij somwijlen gaf, ook voor dat tijdperk belangrijk, aan welks nasporing mijne vrije uren zijn gewijd, en onvermoeid zijne pogingen om mij met datgene bekend te maken, wat hem voor die studie nuttig voorkwam. In één woord, ik vond in hem den man, die zich zijner hooge roeping bewust was, die, zoo als hij zelf zich uitdrukte, het voor zijnen pligt hield, de zucht voor wetenschap met alle middelen, die onder zijn bereik lagen, aan te wakkeren en te bevorderen.

Kort slechts mogt ik mij in 's mans hooggeschatten omgang verheugen. Dezen zomer op nieuw door hem uitgenoodigd, zag ik met verlangen zijne terugkomst te gemoet, toen de dood hem midden uit zijne loopbaan, zoo vol van verwachting, wegrukte. Zie ik mij dus plotseling van zijne medewerking en aanmoediging verstoken, des te meer behoefte is het mij, zijner nagedachtenis hier mijne geringe, maar welgemeende hulde toe te brengen, en ook door dit voorbeeld te staven, hoe hij, « minzaam en hulpvaardig voor vrienden en vreemden, altijd bereid was anderen met raad en daad, met zijnen kennis- en boekenschat dienst te bewijzen." (a)

(a) Konst- en Letter-bode voor 1835, N°. 37.

BIJLAGEN.

I.

Fragment van een oud Friesch Volkslied.

Het bedoelde (*a*) overblijfsel wordt in de meeste Friesche regtboeken gevonden; hier is het afgedrukt zoo als het voorkomt in de voorrede van: het oud Hunsigoer Landrecht van 1252. (*b*) Men kan aan deze regelen gerustelijk eenen hoogen ouderdom toekennen, en, met van Halsema, hen voor veel ouder houden dan de boeken, waarin zij zijn bewaard gebleven.

— — Pippin Rex,
And sin sune, thi minnera
Kerl; hi was minnera,
And hi was betera.
Hi stifte and sterde
Triwa ande werde,
Ande hi sette thera Kenega jeft,

(*a*) Zie mijne Verh. p. 1. (*a*).
(*b*) Uitgegeven door van Halsema, in: Verh. van het Gron. genootsch. pro excolendo jure patrio D. II. p. 2 der Analecta. Vergel. v. Halsema, Staat en regeringsvorm der Ommelanden, in denzelfde Verhandel. D. II. p. 37.

Ande allere liude kest
And Londriucht.
Ande allera londe eccum sin riucht.

— — Pepin de koning,
En zijn soon, de geliefdste
Karel; hij was de geliefdste,
En hij was de beste.
Hij stichtte en stierde
Trouwe en waarheid,
En hij zettede der Koningen giften,
En aller lieden keuren
En Landregt.
En allen kanden elk zijn regt.

Aanteekeningen.

Vs. 3. *hi was.* Hij d. i. Karel, die hier met zijnen vader vergeleken, en boven hem geprezen wordt.

Vs. 5. 6. *Hi stifte — werde.* Hij bestierde ons met trouw en waarheid, daar hij de ons geschonkene voorregten naauwgezet in acht nam.

Vs. 7. *hi sette — jeft.* Hij stelde koninklijke vergunningen vast, gaf ons belangrijke voorregten en vrijheden.

II.

Aslauge. (a)

De Saga's vermelden omtrent haar eenige bijzonderheden, die te eigendommelijke trekken behelzen, om hier niet te worden medegedeeld. Zij was de dochter van den beroemden Sigurd den Fafnirsdooder bij Brynhilde, en werd na den dood

---

(a) Zie mijne verh. p. 14.

harer ouders, drie winters oud, door Heimir als pleegkind opgenomen. Om haar voor de vijanden van haar geslacht te beveiligen, verborg hij haar met vele kleinooden in eene groote, daartoe opzettelijk vervaardigde, harp; verliet zijn huis en have, en kwam in de Noordlanden. Te Spangarheide in Noorwegen (eene landtong ten oosten van het voorgebergte Lindesnes) sliep hij eens bij eenen armen boer, Aki. Aki's vrouw, Grima, zag een stuk van een kostbaar kleed uit de harp steken, en bewoog haren man om Heimir in den slaap te dooden. Bij het uiteen slaan van de harp vonden zij het schoone kind, en noemden het Kraka, (kraai, d. i. de vuile, onaanzienlijke,) welken naam de moeder van Grima had gedragen; zij maakten haar onkenbaar en onaanzienlijk, opdat men haar voor hunne dochter mogt aanzien. Zoo groeide Kraka hier op in de grootste ellende.

Raghenar Lodbrog, zijne vrouw Thora verloren hebbende, poogde zijne droefheid door nieuwe zeetogten te lenigen. Eens naar Noorwegen gevaren, havende hij niet ver van Spangarheide, en vond er Kraka, die even zeer door wijsheid als schoonheid uitmuntte. Hij nam haar tot vrouw, en noemde haar Aslauge of Asenlicht. Zij baarde hem vijf zonen. De jongste, Rognwald, met zijne broederen uitgezeild om Hvitaby, eenen sterken burg op Schotland, (a) te veroveren, sneuvelde op een der Hebridische eilanden.

Toen men zijnen dood aan de moeder bood-

(a) Anderen denken aan Whitby, op de oostkust van Northumberland. Suhm übers. Gräter I. 1. 328.

schapte, weende zij slechts weinig, maar zong
dit lied:

 Lang deedt gij, mijne zonen,
 Mij wachten in het leed,
 Het meeuwen-veld beploegend,
 Ongeschikt om het huis te bewaren.
 Rognwald heeft den rand
 Geverwd met helden-bloed.
 Moedig kwam de voortreffelijkste
 Mijner zonen. tot Othins zaal. (*a*)

Aanteekeningen.

Vs. 3. *Het meeuwenveld.* de zee.

Vs. 4. De zin is: daar het u niet mogelijk was om rustig te huis te blijven.

Vs. 5. *den rand.* namelijk des schilds, voor het schild zelf.

III.

Krakumal.

Uit dit beroemde doodlied van Raghenar-Lodbrog heb ik reeds eenige trekken, volgens de aangehaalde plaats van Thierrij, medegedeeld. (*b*) Sedert is mij de naauwkeurige, door C. C. Rafn bezorgde, uitgave (*c*) ter hand gekomen, welke mij, zoo door de oordeelkundige verbetering van den tekst, als door de bijgevoegde verklaringen

---

(*a*) Zie Volsunga-Saga Cap. 5a. en Ragbenar-Lodbrog-Saga Cap. 2 en volgg. in F. H. v. d. Hagen, Nordische Heldenromane Breslau. IV. en V. B.

(*b*) Zie mijne verh. p. 15.

(*c*) Krakumal, s. Epicedium Ragnaris Lodbroci, Regis Dan. Kiöbenhavn. 1826. 8º.

in staat gesteld heeft eene betere overzetting te vervaardigen, dan de taalkundige ten Kate (*a*) konde geven. Ik heb in dezelve, zoo veel mogelijk was, de kortheid en kracht van het oorspronkelijke, de eigenaardige Noordsche uitdrukkingen en beelden bewaard, hetwelk alles zoo ligt verloren gaat, indien men zich aan eene voetmaat bindt, of alle ongewone zegswijzen en woordschikkingen in meer bekende en duidelijkere verandert (*b*). Altijd woordelijk vertalen, of overal de oorspronkelijke woordschikking volgen kon ik niet, zonder onverstaanbaar te worden. (*c*)

Raghenar komt in de naar hem genoemde Saga (*d*) voor als de zoon van den Deenschen koning Sigurdh-Hring, wiens naam beroemd is geworden door den slag, dien hij op de Bravalla heide

---

(*a*) Aenleiding tot de kennisse van het verhevene deel der Nederduitsche Sprake. I. 79-108. Ten Kate is door vele verkeerde verklaringen van Worm op eenen dwaalweg geleid, zoo als uit de aanteekeningen van Rafn kan blijken. Vergel. ook ten Kate zelven, p. 51. 84. aanm. *c.* 100. aanm. *e.* Rafn beweert op p. 77, dat, daar ten Kate zijne overzetting niet vervaardigde om de poëtische kracht van het lied te toonen, maar om eene vergelijking te maken tusschen de Noordsche en Hollandsche talen, kritiek en smaak slechts weinig bij dezelve hebben gewonnen. Dit oordeel is buiten kijf te hard, en wordt genoegzaam wederlegd door de merkwaardige woorden van ten Kate, die ik aan het slot van deze bijlage zal mededeelen.

(*b*) Men vergelijke b. v. de fransche vertaling in Rafn's uitgave, door Borring naar de Deensche en Latijnsche van Rafn vervaardigd, en de overzetting, welke Thierrij heeft gegeven Conq. de l'Angl. I. 112, 113. schoon deze, meer dan vele anderen, de eigendommelijke trekken der oude gedenkstukken in zijne uitmuntende schriften weet te bewaren. Deze beide verdienen dan ook verre de voorkeur boven de vrije overbrenging van K. W. Göttling, Ueber das Geschichtliche im Nibelungen-liede. Rudolstadt. 1814. 8°.

(*c*) Dit erkent ook ten Kate l. l. p. 79.

(*d*) v. d. Hagen, Nord. Heldenrom. V. B.

aan Harald Hildetann leverde. Hij was rijzig van gestalte, schoon van aangezigt, grootmoedig tegen zijne mannen, maar grimmig tegen zijne vijanden. Zoodra hij de jaren had, verschafte hij zich een dapper gevolg en verscheidene schepen, en werd een geweldig krijgsman, zoodat hem naauwelijks iemand evenaarde. Vijftien winters oud, maakte hij zich beroemd door de redding van Thora, de dochter van Herraud, eenen magtigen Jarl in Gautland, (a) Een vreesselijke draak had zich om het slot gelegd, dat zij bewoonde; hij verslond dagelijks eenen os, en niemand, behalve die hem zijn voedsel bragt, kon de gevangene naderen. Herraud beloofde zijne dochter tot vrouw aan dengenen, die het ondier zou dooden; doch niemand dorst den kamp te ondernemen. Raghenar liet, om zich tegen het giftige bloed van den draak te beveiligen, zich ruige kleederen maken, en dezelve met pek bestrijken en harden. Toen hij deze kleeding had aangetrokken, wentelde hij zich in het zand, en viel den draak aan, dien hij met zijne groote speer eene doodelijke wond toebragt. Het monster maakte stervende zulk een geraas, dat het gansche slot beefde, en een bloedstraal van de slang, die Raghenar tusschen de schouderen trof, zoude hem gewis doodelijk zijn geweest, zoo zijne ruige kleederen hem niet hadden beschut. Van hier kreeg hij den naam van Lodbrog, d. i. Ruigbroek. Het huwelijk met Thora was de belooning zijner dapperheid. Zij schonk hem twee zonen, Eyrik en Agnar. Na haren dood huwde

---

(a) Oost-Gothland in Zweden, volg. Suhm.

hij Kraka. (*a*) Deze deed, toen Raghenar door koning Aella of Elli gevangen en in den slangenkuil omgebragt was, het naar haar genoemde lied op hem vervaardigen. (*b*) De gevangene vorst, wordt in hetzelve zingende voorgesteld, zich troostende met de herinnering aan de door hem geleverde gevechten; dus wekt hij in zich eenen onverwinnelijken moed tegen het oogenblik van zijn afgrijsselijk sterven, zoodat hij den grimmigen dood rustig tegenlacht. (*c*) Anderen meenen dat, de 23 eerste strophen een krijgslied bevatten van Raghenar en zijne makkers, en dat de laatste na zijnen dood, misschien wel door of op last van zijne gemalin Kraka, er zijn bijgevoegd. (*d*). Liefst zoude ik denken, dat dit eerste gedeelte onderscheidene verhalen bevat aangaande de bedrijven en lotgevallen van Raghenar en zijne zonen, die vroeger afzonderlijk waren bezongen, en na zijnen dood door den dichter van Krakumal zijn bijeengevoegd. Van hier dat Raghenar ook over gebeurtenissen spreekt, waar hij zelf, ten minste volgens de Lodbrogs-Saga, niet bij tegenwoordig is geweest, (*e*) en dat men in dit lied, zoo als reeds door Rafn is opgemerkt, bijna dezelfde uitdrukkingen wedervindt, welke de Saga aan Lodbrog toeschrijft. (*f*)

(*a*) Zie over haar boven p. 2.
(*b*) v. d. Hagen, Nord. Heldenroem, IV. B. S. XVI. Krakumal beteekent: Lied van Kraka.
(*c*) K. Rosenkranz, Gesch. der deutschen Poësie im Mittelalter. Halle 1830. 8°. S. 44.
(*d*) Zie de voorrede voor Rafn's uitgave; verg. Gräter bij Suhm. übers. I. a. 541.
(*e*) Zoo als in de 15de en 17de strophe.
(*f*) Zie ook mijne aanteekeningen bij de 1ste, 7de en 26ste strophe.

Uit het bovenstaande ziet men, dat Raghenars daden met mythische verhalen zijn opgesierd. Volgens Rafn leefde hij in de laatste helft der achtste, of welligt ook in het begin der negende eeuw. Thierrij stelt het jaar zijns doods op 865, v. d. Hagen (*a*) op 790, Suhm (*b*) op 794. Waarschijnlijk zijn er meerdere zeekoningen van dien naam geweest, en zijn hunne bedrijven door de overlevering aan eenen enkelen toegeschreven. Aangaande het avontuur met den draak gissen sommigen, dat hij eenen held, Ormr (d. i. Draak) geheeten, zal hebben omgebragt (*c*). Aannemelijker acht ik het, dat of eene oude en dikwijls voorkomende mythe hier tot versiering is aangebragt, of de overlevering aangaande eenen vroegeren Lodbrog op den lateren is toegepast.

Lied van Kraka.

I.

Wij streden met zwaarden!
Het was niet voor lang,
Toen wij naar Gautland gingen
Om den draak te dooden;
Daar kregen wij Thora,
Daarom noemden mij de helden
Lodbrog, toen ik, in dien strijd,
Den heide-aal doorboorde;
Ik stak in den sterken draak
Het blanke, geteekende staal.

(*a*) Nord. Heldenrom. IV. B. S. xviii.
(*b*) Uebers. Gräter, I. 2. 565.
(*c*) Zie Borring, bij de fransche vertaling van Krákumal in Rafn's uitgave.

II.

Wij streden met zwaarden!
Zeer jong was ik, toen wij schaften,
Oostwaarts in Oeresond,
Den wolf een rijklijk maal;
Ook den geelvoetigen vogel
Gaven wij spijs in overvloed,
Daar tegen hooge helmen
Het harde ijzer zong;
De gansche zee was gezwollen,
De raaf waadde in het bloed.

III.

Wij streden met zwaarden!
Hoog droegen wij de speren,
Toen 'k twintig jaren telde,
Steeds woedend' in den strijd;
Wij sloegen acht Jarlen
Oostwaarts voor Duna's mond,
Den gier vingen wij genoegzaam
Spijze in dien slag;
Zweet viel in de gezwollene
Zee, het heir liet het leven.

IV.

Wij streden met zwaarden!
Hedins vrouw verliet ons niet,
Toen wij de Helsingiers
Naar Othins hallen zonden;
Wij voeren de Ifa op,
De spits kon daar bijten,
De gansche stroom werd rood
Uit de heete bron der wonden;
Het zwaard knarste op het pantser;
De wondharing kloofde schilden.

V.

Wij streden met zwaarden!
Daar vlood, ik weet het, niemand,
Voor dat, op Heflers paarden,
Herraud in 't strijden viel;
Nooit zal beroemder Jarl
Met Egils lange schepen
Het veld der watervogels
Naar de haven klieven;
Overal droeg die zegenrijke
Een moedig hart tot den kamp.

VI.

Wij streden met zwaarden!
't Heir wierp de schilden weg,
Toen de spietsen renden
Naar der helden borst;
't Snijdend zwaard beet in het krijgs-geschrei
Bij de klippen van Skarpa;
Rood werd de rand der manen,
Eer Rafn de koning viel;
Van 't hoofd der mannen dreef
Het heete zweet op 't pantser.

VII.

Wij streden met zwaarden!
Vreeslijk huilden de zwaarden,
Eer bij Ullarager
Koning Eysteinn viel;
Zij trokken, versierd met goud
Naar het rookende maal des arends;
De doodglans scheurde de roode
Schilden bij der helmen ontmoeting;
Wijn uit de wonden der hals
Besproeide der hersenen kloven.

VIII.

Wij streden met zwaarden!
Zwelgen konden raven,
Voor de eilanden van Einder,
Rijkelijk voeder;
Fala's paarden kregen
Toen overvloed van spijs;
't Was moeijelijk zich te wachten
Bij den opgang der zon,
'k Zag de tooveressen der pees
Stijgen, het staal trof de helmen.

IX.

Wij streden met zwaarden!
Wij verwden de schilden met bloed,
Toen wij 't wondenborende zwaard
Voor Bornholm zwaaiden;
Een plasregen vernielde de ringen,
De olm stiet het metaal van zich;
Vulner viel in den strijd,
Nooit was er grooter koning;
De gesneuvelden dekten het strand,
De wolf was vrolijk over het aas.

X.

Wij streden met zwaarden!
Men zag geen eind aan 't strijden;
Eer Freyr de koning viel
In der Vlamingen rijk;
Toen beet de blaauwe, harde,
Bloedige wonden – griffel
Heftig in Högne's gouden
Harnas in den strijd;
De maagd kreet over de morgenslagting;
Veel buit gaf men aan het gedierte.

XI.

Wij streden met zwaarden!
Bij honderden zag ik liggen
Op Einefers schaatsen,
Daar het Englanes heet.
Wij zeilden tot den strijd
Zes dagen eer het heir viel;
Wij vierden de mis der lansen
Bij den opgang der zon;
Voor onze zwaarden in den strijd
Moest Valthiof nederzinken.

XII.

Wij streden met zwaarden!
Daauw gudste van het scherpe
Zwaard in Barda's golf,
't Bleeke lijk was voor den havik;
De olm huilde, daar het staal
Heftig beet op 't harnas,
Dat tot den twist der schede-vlammen
Svelners hamer smeedde;
De draak ijlde naar wonden,
Giftig, bespat met zweet.

XIII.

Wij streden met zwaarden!
Wij hielden Hlakka's tenten
Hoog in Hilda's spel,
Voor Hedninga's baai;
Toen kon men mannen zien,
Die de schilden kloofden;
Bij het gedruisch der lijk-haringen
Sleten der helden helmen;
't Was niet als eene edele bruid
Op 't kussen naast zich te plaatsen.

XIV.
Wij streden met zwaarden!
Harde storm viel op schilden,
Dooden stortten ter aarde
In Northumberland;
Het was omtrent den morgen
Niet noodig helden te manen
Tot Hilda's spel, daar scherpe stralen
Der helmen steunsel beten;
Strijdmanen zag ik splijten,
Strijders lieten 't leven.
XV.
Wij streden met zwaarden!
't Viel Herthiof te beurt
Op de Zuider-eilanden zelve
Onze mannen te overwinnen;
Daar moest in schilden-regen
Rognwald door hem vallen,
Zoo kwam over helden
Zware rouw in zwaarden-storm;
De helmenschudder wierp
Met kracht de harde palen.
XVI.
Wij streden met zwaarden!
Ieder lag dwars over den ander;
Den broeder des giers verheugde
De hoop bij 't huilen des strijds;
Metaal en schilden streden.
Die op Ierland heerschte,
Koning Marstann, liet
Wolf noch arend vasten;
In de golf van Vedra
Gaf men raven strijdaas.

XVII.
Wij streden met zwaarden!
Honderden zag ik vallen
's Morgens bij de slagting
In den twist der zwaarden;
Mijn' zoon doorstak vroegtijdig
De schede-doorn het hart,
Egil benam aan Agnar,
Dien onversaagden, 't leven;
De speer klonk tegen 't graauwe kleed
Van Hamder; 't vaandel blonk.

XVIII.
Wij streden met zwaarden!
'k Zag Endil's trouwe zonen
Niet weinig met schitterend staal
Voorsnijden aan de wolven.
't Was niet in Skaede's golf
Als of ons wijn gebragt werd
Door vrouwen; vele ezels
Van Aegir raakten ledig;
De mantel van Skögula scheurde
In der Skioldungen strijd.

XIX.
Wij streden met zwaarden!
Eenen morgen speelden wij zuidwaarts
Het spel voor Lindesoere
Met drie roemvolle koningen.
Weinigen mogten zich verheugen,
Behouden van daar te komen;
Menig een viel in den muil des wolfs,
Havik en roofdier verscheurden het vleesch.
Der Ieren bloed stroomde
In de blanke golven-vlakte.

XX.
Wij streden met zwaarden!
'k Zag 's morgens schoonharige strijders,
Minnaers der maagden,
En pogchers bij weduwen, vlieden;
't Was niet als of het meisje
Ons warme baden brengt,
Eer Örn de koning viel
Bij Alasund in 't kampen;
't Was niet als of ik eene jeugdige weduwe
Op de plaats der eere kuste.

XXI.
Wij streden met zwaarden!
Hooge zwaarden beten schilden,
Toen de goud-roode speer
Klonk tegen Hilda's schors.
Men ziet op Anglesey
Nog vele eeuwen door,
Hoe tot het spel der zwaarden
Wij roemvolle koningen togen;
Rood werd reeds vroeg op 't strand
De vleugel-draak der wonden.

XXII.
Wij streden met zwaarden!
Zweeft de dood den held dan nader,
Als hij in den storm der speren
De eerste wordt geplaatst?
Ook hij betreurt dikwijls zijn leven,
Die nimmer in gevaar komt;
't Is moeijelijk eenen lafaard
Te wekken tot het zwaardenspel;
De bloode maakt nergens
Gebruik van zijn hart.

XXIII.
Wij streden met zwaarden!
Dit noem ik billijk, dat de jongeling,
Bij der zwaarden ontmoeting,
Den jongeling tegentrekke,
De man niet wijke den man!
Dit was des strijders inborst sints lang;
Altijd zal de lieveling der maagden
Moedig zijn bij den klank der zwaarden!
Altijd zal de lieveling der maagden
Moedig zijn bij den klank der zwaarden!

XXIV.
Wij streden met zwaarden!
Dit blijkt mij in waarheid,
Dat wij 't noodlot volgen;
Niemand ontgaat der Nornen besluit;
Nooit dacht ik dat Aella
Over mijn levens-eind zou beschikken,
Toen ik bloed-valken mestte,
En balken in zee bragt;
Overal vingen wij voor het gedierte
Toen aas in Schotlands baaijen.

XXV.
Wij streden met zwaarden!
Dit strekt mij steeds tot vreugd,
'k Weet dat de banken van Balders Vader
Gereed zijn voor het feest;
Wij drinken eerlang bier
Uit kromme takken der koppen;
Geen held zucht over den dood
In 's grooten Fiölners huis;
Ik kom niet met vreesachtige
Woorden tot Vidrers hal.

XXVI.
Wij streden met zwaarden!
Hoe zouden nu alle
Aslauge's zonen met scherpe
Zwaarden den strijd willen wekken;
Zoo zij naauwkeurig wisten
Van mijn wedervaren,
Hoe niet weinig slangen
Vol vergift mij verscheuren;
Zulk eene moeder gaf ik mijnen zonen,
Dat zij dapper zijn van hart.

XXVII.
Wij streden met zwaarden!
Ras nadert mij het erflot,
Grimmig is de beet des adders,
Eene slang bewoont de zaal van het hart;
'k Verwacht dat Vidrers roede
Aella dra zal treffen;
Toornen zullen mijne zonen
Heftig om huns vaders moord,
Der stoute jonglingen degen
Wil geen rustig verblijf.

XXVIII.
Wij streden met zwaarden!
'k Heb tot éen-en-vijftig
Volks-gevechten de heiren
Verzameld door 't rondzenden des pijls;
'k Dacht niet, dat onder menschen
Eenig koning zijn zou
Voortreflijker dan ik,
Jong reeds verwde ik het zwaard;
Ons zullen de Asen ontbieden,
'k Zal om den dood niet treuren.

XXIX.

'k Verlang nu op te houden!
Tot zich roepen mij de Disen,
Die, uit Herjans hallen,
Othin tot mij heeft gezonden;
Vrolijk zal ik hier met d'Asen
Op de plaats der eere drinken;
's Levens stonden zijn verloopen,
Lagchend zal ik sterven!
's Levens stonden zijn verloopen,
Lagchend zal ik sterven!

Aanteekeningen.

I. vs. 2. Volgens de Lodbrogs-Saga moet er, tusschen deze eerste heldendaad van Raghenar en zijnen dood, vrij wat tijds verloopen zijn. Deze uitdrukking schijnt dus hier alleen te beteekenen, dat Raghenar zich dit begin zijner daden en zijns roems nog zeer wel herinnerde.

vs. 4. *den draak.* woordelijk: den kundigen in het graven. Men stelde zich deze gedrogten doorgaans voor, als zich in uitgegravene holen ophoudende.

vs. 8. *Den heide-aal.* d. i. den draak. De oude Noordsche dichters ontleenen hunne beelden gaarne van dieren, vooral van visschen.

vs. 10. *Het — geteekende staal.* De speer was met Runen of andere tooverteekenen voorzien; zonder deze zoude het staal geen kracht hebben gehad om den draak te kwetsen. Dergelijke opschriften op zwaarden komen in de liederen der Edda en andere noordsche gedichten dikwijls voor. Zie F. Münter, Einführ. des Christenthums in Dänemark und Norwegen S. 199. Anm. †. Volgens de Lodbrogs-Saga C. 2. zong Raghenar, na het ombrengen van den draak, aldus tot Thora:

> Ik waagde 't lieve leven,
> Lichtverwige, (1) wijze jonkvrouw,

Sloeg den visch des velds, (2)
Vijftien winters tellend.
De dood zou spoedig treffen,
Zelfs mij, drong het ijzer
Der speer niet diep in 't hart
Den kronkel-visch (3) der heide.

Dit lied zweefde den dichter van Krakumal bij de eerste strophe kennelijk voor den geest.

(1) *Lichtveerwig*. Schoon als het licht.

(2. 5) Deze benamingen bedoelen den draak, die op de heide om het slot van Thora gekronkeld lag:

II. vs. 3. *Oeresond*. de Zond.

vs. 5. *geelv. vogel*. den arend.

vs. 7 en 8. De dichter bedoelt het geraas van het slaan der zwaarden tegen de helmen.

vs. 9. *gezwollen*. door het bloed der verslagenen.

III. vs. 9. *zweet*. d. i. bloed. Even zoo strophe VI. vs. 10.

IV. vs. 2. De zin is: de strijd was heftig. Hedins vrouw is Hilda of Hildur, de dochter van koning Högne. Koning Hedin, die haar had geschaakt, werd door Högne nagejaagd en gedood. Doch Hilda wekte hem des nachts door toovermiddelen weder op; sedert kampt hij zonder ophouden voort tot aan den ondergang der wereld (Ragnarockur). Hilda is de krijgsgodin der oude Skandinaviers, en wordt door de oudste dichters dikwijls voor den strijd zelven gebezigd. (*Hildur* beteekent *dapperheid*.) Men telt haar onder de Valkyriën, d. i. Godinnen van minderen rang, Jonkvrouwen in Valhalla, die aan de helden den beker aanbieden. Othin zendt haar naar elken veldslag; zij beslissen de overwinning, en bepalen wie der strijdenden zullen sneuvelen. (*Valr*, een lijk. *kjöra*, *köra*, keuren, kiezen.) Zie over deze en de volgende ophelderingen uit de noordsche Mythologie het Lexicon Mythologicum ad calcem Eddae Saemundinae 4°. en Nyerup. Wörterb. der Skand. Mythol. übers. von Sander. Kopenh. 1816.

vs. 3. Eenigen verstaan door Helsingiers de bewoners van Helsingborg en de omstreken, anderen die van Helsingie.

vs. 5. De Ifa zoeken sommigen op Skonen, anderen in Angermanland. Herder denkt aan de Weichsel. Zie zijne: Stimmen der Völker in Liedern, in: Sämmtliche Werke zur schönen Literatur und Kunst, Th. VIII. S. 423. Tübingen 1807.

vs. 6. *De spits*, de bijl, of het zwaard. De wapenen worden dikwijls als verscheurende dieren voorgesteld. Verg. bij I. 8.

V. vs. 3 en 6. Hefler en Egil waren beroemde zeekoningen. Hunne paarden en lange schepen worden, volgens een bij de noordsche dichters zeer gewoon gebruik, in het algemeen voor oorlogschepen gezet.

vs. 4. *Herraud*. Mijns inziens Raghenars schoonvader, op wiens dapperheid hij hier de schoonste lofspraak houdt, door te erkennen, dat de zijnen, nadat Herraud gesneuveld was, terugtrokken. Dit is ook de meening van Suhm, übers. Gräter I. 2. S. 319. Doch houdt men hem, met ten Kate, voor eenen aanvoerder van Raghenars vijanden, dan verhaalt hij hier, hoe deze moedigen wederstand boden, tot zij eindelijk, toen hun dappere aanvoerder viel, de vlugt namen.

vs. 7 en 8. *Het veld — klieven*. Eene omschrijving voor: ter zee varen.

VI. vs. 2. Het heir der vijanden wierp de schilden weg en nam de vlugt, toen Rafn, hun aanvoerder, sneuvelde. Wie deze geweest zij, weet ik niet. De eigennamen, die ik niet weet op te helderen, zal ik in het vervolg met stilzwijgen voorbijgaan.

vs. 6. *klippen van Skarpa*. Het hier voorkomende woord *Skarpaskerjum* beteekent ook: scherpe klippen. Daar deze naam op vele plaatsen toepasselijk is, maken sommigen op de bedoelde streek aanspraak voor Noorwegen, anderen voor Gothland, nog anderen voor Schotland. Verg. Suhm übers. Gräter I. 2. S. 340.

vs. 7. *de rand der manen*, d. i. der ronde schilden, staat hier voor de schilden zelve.

VII. vs. 3. *Ullarager*. Een koninklijk verblijf nabij Upsala.

vs. 4. *Eysteinn* schijnt de koning van Upsala te zijn, tegen wien Agnar, een van Raghenars zonen bij Thora, streed en sneuvelde. Zie de Lodbrogs-Saga C. 8, 9 en 12, en de 17de strophe van dit Lied. Hieruit blijkt, dat de onderscheidene gevechten, in dit gezang vermeld, niet volgens de tijdorde gerangschikt zijn.

vs. 5. *Zij*. de vijanden, door *Eysteinn* aangevoerd.

vs. 6. Anderen vertalen: om gretige valken te spijzen. In beide gevallen wordt het slagveld bedoeld, waar de vijanden hunnen dood vonden.

vs. 7. *De doodglans*. Het doodelijke, blinkende staal. Rafn verklaart het: *de lijkfakkel* d. i. *de spies*, om deszelfs gelijkheid met eene fakkel. *Der helmen ontmoeting* is eene omschrijving van den strijd.

vs. 9. *Wijn*. d. i. bloed.

vs. 10. *De kloven der hersenen* beteekenen, volgens de uitlegging in Rafn's uitgave, de schouders. Mij komt die opvatting dezer duistere uitdrukking vrij onzeker voor.

VIII. vs. 3. *Voor* d. i. bij, of misschien op de kust van, de *eil. van Einder*, of Inderö in de bogt van Drontheim. Anderen denken aan Tijreö bij Schotland. Suhm übers. Gräter I. 2. 340.

vs. 5. *Fala's paarden*. De wolven, op welke de tooveres Fala des nachts door de lucht rijdt.

vs. 7 en 8. De stralen der opgaande zon belemmerden het gezigt, zoodat men zich voor de pijlen der vijanden niet kon wachten.

vs. 9. *de tooveressen der pees*. de pijlen, die als door tooverkracht worden voortgedreven.

IX. vs. 5. *Een plasregen* van pijlen. *de ringen*. het van ringen vervaardigde pantser.

vs. 6. *De olm*. de boog. *het metaal*. den pijl.

vs. 7. *Vulner*. Volgens de gissing van Rafn een koning op Bornholm.

X. vs. 3. *Freyr*. Van dezen Freyr vind ik onder de Vlaamsche vorsten geene melding. Suhm übers. Gräters I. 2, S. 341, noemt hem: zekeren koning Freyr. Het woord koning beteekent, vooral bij de Noren, dikwijls niet meer dan eenen aanvoerder, bevelhebber. Freyr kan dus het bevel over de troepen der Vlamingen hebben gevoerd; wellligt ook was hij een der medgezellen van Raghenar, bij wiens sneuvelen de Noren in zulk eene woede geraakten, dat zij den vijand, die tot zoo lang moedig stand hield, overwonnen en eene groote slagting aanrigtten.

vs. 6. *wonden-griffel*. wonden-stift, wonden-beitel. Het zwaard of de speer.

vs. 7 en 8. *Högnes — harnas*, eene omschrijving voor het harnas in het algemeen. Högne is een beroemd krijgsheld van vroegere tijden. Zie aant. op strophe IV. 2.

XI. vs. 3. *Einefers schaatsen*. Einefer was een beroemd zeekoning. Zijne schaatsen heeten hier de schepen. Door schaatsen bedoelt men hier eene soort van lange houten sneeuw-schoenen, waarmede zij, die zich hierin geoefend hebben, zeer snel over de sneeuw loopen of glijden. Dergelijke schoenen, bij de Laplanders in gebruik, vindt men beschreven in het boek, getiteld: de Walvischvangst. Amst. bij Conradi, 1784. 4°. Deel III. p. 21.

vs. 4. *Englanes*. Volgens Suhm een voorgebergte in Kent. übers. Gräter I. 2. 341.

vs. 5 en 6. d. i. volgens Rafn: wij leverden zes dagen slag.

vs. 7. *de mis der lansen*. Zoo noemden de Noren den strijd, denkelijk ter bespotting van de godsdienst der Christenen. Verg. Thierry, Conq. de l'Angl. I. 105.

XII. vs. 2. *Daauw*. d. i. bloed.

vs. 3. *Barda's golf*. Bardafjord in Halland. Suhm, übers. Gräter I. 2. 341.

vs. 7 *Der schede-vlammen.* der schitterende zwaarden.

vs. 8. *Svelners.* In het Lexic. Myth. p. 637 seqq. worden ongeveer zeshonderd bijnamen opgegeven, waarmede Othin bij de Skandinaviers voorkomt. Onder deze is ook Svolnir, Svölnir, Svelner, hetwelk men gist dat hetzelfde is als Svolgnir, d. i. de verslindende. Doch daar Othin elders nimmer met eenen hamer voorkomt, houden anderen Svelner voor den naam van eenen der toovenaars, die de wapenen smeedden en door tooverkunsten ondoordringbaar maakten.

vs. 9 en 10. *De draak.* de speer of werpspies. *Giftig* is hier niet *met gift bestreken*, maar *doodelijk*.

XIII. vs. 2. *Hlakka's tenten.* de schilden. Zie het Lex. Myth., waar het woord ook vertaald wordt door *zeil van Hlakka*. De reden van deze benaming is mij duister. Hlakka was eene der Valkijriën.

v. 3. *Hilda's spel.* den strijd. Zie aant. op strophe IV. vs. 2.

vs. 4. *Hedninga's baai.* Eenigen zoeken deze in Engeland, anderen in Schotland, nog anderen op de Hebriden. Suhm übers. Gräter I. 2. 341.

vs. 7. *lijk-haringen* of *aas-haringen*, d. i. dood-aanbrengende haringen, eene omschrijving voor lansen of zwaarden.

XIV. vs. 2. *Harde storm*, d. i. storm of hagel van pijlen.

vs. 7. *scherpe stralen.* blinkende zwaarden.

vs. 8. *Der helmen steunsel.* het hoofd of den hals.

vs. 9. *Strijdmasen.* schilden. Verg. aant. op strophe VI. vs. 7.

XV. vs 3. *Op de Zuider-eilanden* of Hebriden zelve. De strijd viel niet voor op zee, in de nabijheid dier eilanden, maar nadat Raghenars mannen reeds aan land waren gegaan.

vs. 5. *schilden-regen.* menigte van pijlen, die de schilden treffen.

vs. 6. *Ragnwald.* Raghenars zoon. Zie boven Bijlage

II. p. 3. 4. Volgens de Lodbrogs Saga C. 6 en 7 was Raghenar niet bij de onderneming tegenwoordig. Roerend zijn deze weinige woorden, waarmede de vader de nagedachtenis zijns zoons vereert. Zij leeren ons dat Othins leer niet altijd in staat was het natuurlijke gevoel te onderdrukken.

vs. 9 en 10. *De helmenschudder.* de krijgsman. *harde palen,* werpspietsen. De zin is: de krijgslieden, den dood van Rognwald willende wreken, streden met vernieuwde woede.

XVI. vs. 2. De lijken der gesneuvelden lagen op elkander gehoopt.

vs. 3. *Den broeder des giers.* den wolf.

vs. 9. *golf van Vedra.* Welligt Waterford in Ierland. Suhm, übers. Gräter I. 2. 353.

XVII. vs. 5. *Mijn' zoon.* Agnar. Zie de aanteek. bij strophe VII. vs. 4, en de Lodbrogs Saga C. 8 en 9, volgens welke Raghenar bij dezen strijd niet tegenwoordig was.

vs. 6. De doorn der scheede, het zwaard.

vs. 7. *Egil.* Waarschijnlijk een van Eysteian's krijgslieden.

vs. 8. Ook in deze korte herinnering aan Agnars vroegtijdigen dood spreekt een diep gevoel, welks eenvoudige maar treffende uitdrukking zoo vele kunstig schoone verzen verre achter zich laat.

vs. 10. *Hamder.* Een oud beroemd koning, wiens kleederen ondoordringbaar waren. Zij worden daarom bij de dichters voor krijgsrok of pantser gebezigd. *'t Vaandel blonk.* De banieren schitterden, door de zon beschenen. Deze uitdrukking beteekent, even als strophe III. vs. 2. en strophe XIII. vs. 2 en 3, dat er heftig werd gestreden. De smart over Agnar's dood scherpte de woede des gevechts.

XVIII. vs. 2. Endil was een beroemd zeekoning. Zijne zonen heeten bij de dichters de zeehelden. Hier zijn het Raghenars krijgslieden, *trousse,* eigenl. woord, houdende, daar zij hunne beloften vervulden, door groote krijgsdaden te bedrijven.

vs. 5. *Skaede.* Denkelijk Skaia, Scay, Scy, een der Hebridische eilanden.

vs. 8. *ezels van Aegir.* Schepen, even als Hefler's paarden, strophe V. Aegir was een zeegod. De Noren schijnen met den ezel geen onedel begrip te hebben verbonden.

vs. 9. *De mantel van Skögula.* d. i. het harnas. Skögula was eene Valkijrië.

vs. 10. *der Skioldungen strijd.* d. i. den strijd der koningen. Skioldungen is een eertitel voor Skiolds nakomelingen op den Deenschen troon, en in het algemeen voor koningen.

XIX. vs. 3. *Het spel.* namelijk der zwaarden, den krijg. *Lindesoere* houdt men of voor het eiland Lindisfarne, op de kust van Northumberland, of voor Leinster. Suhm, übers. Gräter 1. 2. 352, 354.

vs. 10. *de blanke golven-vlakte.* de helder blaauwe zee.

XX. vs. 8. *Alasund.* Nu Aalborgsund. Volg. Suhm, übers. Gräter I. 2. 341. is het Ilasund, op Ila, een der Hebriden.

XXI. vs. 2. *Hooge.* d. i. hoog gezwaaide, hoog opgehevene zwaarden.

vs. 3. *goud-roode.* Volgens Rafn: vergulde. Zoo ik mijn gevoelen hier tegen over dorst stellen, zoude ik meenen, dat er gedoeld wordt op de glinsterende punt van de speer, welke met bloed werd geverwd.

vs. 4. *Hilda's schors.* » Hier bij overdragt het harnas; want gelijk de bast om de boomen, alzo is 't harnas om 't lijf van den krijgsman." Ten Kate. » De binnenste schors werd gebruikt tot kleederen, welligt ook tot pantsers." Rafn. Hilda's schors is dus Hilda's kleeding, d. i. het harnas.

vs. 10. *De vleugel-draak der wonden.* De gevleugelde, wonden-aanbrengende draak, de werpspies.

XXII. vs. 5. Hij betreurt het verlies van zijn leven, d. i. hij verliest het.

vs. 9 en 10. d. i. hij behaalt nimmer door zijnen moed de overwinning.

XXIII. vs. 6. *inborst*. IJsl. *athal*, waarin men ligtelijk ons *adel*, maar in eene vroegere beteekenis, herkent.

vs. 7 en 8. Het verdient opmerking, dat deze regels, waarin de liefde der vrouw als de hoogste belooning der dapperheid wordt bezongen, met bijzonderen nadruk herhaald worden. Vergel. mijne verh. p. 290. 291. Deze herhaling vindt men in dit gansche lied alleen hier en in de laatste strophe, waar zij zeer gepast wordt gebruikt, om de stoute gedachte, waarmede het geheel wordt besloten, te sterker te doen werken.

XXIV. vs. 4. *de Nornen*. De Schikgodinnen van het Noorden; drie Godinnen van minderen rang, Urd, het Verledene, Varande, het Tegenwoordige, en Skuld, het Toekomstige. Vergel. mijne verh. p. 14.

vs. 7 en 8. *bloed-valken*, raven of arenden. De zin schijnt te zijn: toen ik mijne schepen in zee bragt, om de roofvogelen te mesten.

XXV. vs. 3. *Balders Vader*. Othin. Zie de aant. bij de IVde Bijlage, vs. 12.

vs. 5. *bier*. » IJsl. *bjór*, angelsaks. *beer*, cimbrisch *beoir*, engelsch *beer*, fransch *biere*, italiaansch *birra*." Rafn. Vergel. mijne verh. p. 275.

vs. 6. *kromme takken der koppen*. d. i. hoornen, drinkhoornen.

vs. 8 en 10. *Fiölner* en *Vidrer* zijn bijnamen van Othin. Fiölnir, Fiavlnir, veelvormig, veel voortbrengende. Vidrir, heer der stormen. Othin komt in de noordsche Mythologie doorgaans zoo verschrikkelijk voor, dat het onbevreesd tot hem naderen wel voor een teeken van vasten moed mogt worden gehouden.

XXVI. vs. 10. Aslauge was uit dappere voorouderen gesproten. Zie boven Bijlage II. p. 2. In de Lodbrogs Saga C. 16 leest men, dat Raghenar, van alle

kanten door de slangen aangevallen, dit lied zong;
>   Een-en-vijftig slagen
>   Heb ik roemvol gestreden,
>   Vele dapp're mannen
>   In den kamp gedood;
>   'k Waande niet, dat slangen
>   Mij verscheuren zouden,
>   Dikwijls treft ons wat wij
>   't Minst hadden gewacht.

>   Knorren zouden de biggen,
>   Wisten zij 's evers pijn.
>   De slangen omringen mij dood'lijk,
>   Graven zich in met den angel,
>   Hangen zich digt aan het hart,
>   Hebben mijn bloed gezogen,
>   Nu nadert mijn einde,
>   Onder adderen sterf ik.

Men ziet dat deze trekken gedeeltelijk zijn overgenomen in de 28ste en 26ste strophen van Krakamal.

XXVII. vs. 2. *het erflot.* Het algemeene erflot der menschen, de dood.

vs. 4. *de zaal van het hart.* de borst.

vs. 5. *Vidrers reede.* de speer of het zwaard. Verg. de aant. op strophe XXV. vs. 10.

vs. 7 en 8. Deze beide regels worden, ik weet niet op welken grond, geheel anders vertaald bij Münter, l. l. S. 176, 177. De vertaling, die aldaar van de drie laatste strophen voorkomt, schijnt mij toe niet woordelijk te zijn.

vs. 9 en 10. De zin is: hunne degens zullen niet werkeloos in de schede blijven.

XXVIII. vs. 3. *Volks-gevechten.* groote, beslissende gevechten.

vs. 4. Het rondzenden van eenen pijl als bode des krijgs (herör), was bij de Noren algemeen in gebruik. Zie Heimskringla I. 149, 233. II. 139. V. 128, 212.

Ook tot het bijeenroepen des volks om te dingen droeg men eenen pijl als ding-bode (thing-bodit) om. Heims-kr. II. 228, 236, 248. V. 39. Op sommige plaatsen in Friesland, vooral in Drenthe, was even zoo een zeker zwaard bestemd om de gemeente op te roepen. Dit heet-te: *mitten sweerde roepen; laden met enen swerde.* (*a*) Er zijn nog plaatsen in Duitschland, waar men hiertoe eenen staf gebruikt. (*b*)

vs. 8. Woordelijk: reeds jong nam ik het zwaard, om het rood te maken, d. i. met bloed te verwen.

vs. 9. De Asen schiepen aarde en hemel, bepaalden den loop van zon en maan, en regelden de afwisseling van dag en nacht. Zij schiepen ook de eerste menschen Ask en Embla. Zij zijn van Othins geslacht, twaalf in getal, en hun komt goddelijke eer toe.

XXIX. vs. 1. d. i. Ik verlang naar het einde mijns levens.

vs. 2. *Dise* heette elke Noordsche Godin; doch vooral verstond men er zulke Godinnen en Geesten door, die menschen onder hare bijzondere bescherming hadden. Somtijds komen zij voor als Nornen of Schikgodinnen. Sommigen denken hier aan Valkijriën of Strijdgodinnen, anderen aan bodinnen van Othin.

vs. 3. *Herjan*, een naam van Othin, die vertaald wordt door Heirvoerder, of Vernieler, Verdelger.

vs. 7 en 8. Over de herhaling dezer beide regels, welke door alle uitgevers te regt hoogelijk zijn bewon-derd, zie de aant. op strophe XXIII. vs. 7 en 8. (*c*)

(*a*) Zie van Halsema, in de verh. van 't Gron. Genootsch. pro excol. jure patrio H. p. 123, 124. en van Wicht, Ostfr. Landr. S. 829-832, waar men ook leest over het branden van pektonnen en het oprigten der vaan in Friesland, de noodvuren of Angaris in Zwe-den, enz.

(*b*) Zie van der Hagen, Nord. Heldenrom. V. 44. 45.

(*c*) Vreemd is de opvatting van Göttling: «die Knappen hörten den alten Dänenkönig dieses Lied im Kelker singen, während er sich immer und immer die Schlangen vom Leibe riss. Der viele Leichen-

Ten slotte volge hier de beloofde plaats van ten Kate p. 108. « De vreemde Uitdrukkingen in 't Vertalen van dit Gedicht zullen menig Lezer, ter oorzake van de Ongewoonheid, mooglijk meer gehindert, dan wel de Schilder-spelingen en Grootmoedigheid vermaekt hebben, of anderen, die op dit laetste meest haren aendacht lieten gaen, zullen misschien egter den Dichter als al te vreemd, stout, en buitensporig in de Zins-Overdragten verdenken; maer dezen dienen zig te erinneren, dat elke Tael, als ze woordelijk vertaelt zou worden, wel Overdragten zal vertoonen, die vreemd en wonderlijk voor Vreemden zullen schijnen, en die nogtans elk in hare eigene Tael, om hare gewoonheid aldaer, niet in 't minste vreemd nog buitensporig klinken: en dus zullen mooglijk en niet onwaerschijnlijk die Overdragten, welke ons in dit Gedicht het allerstoutste toeschijnen, ten tijde van dezen Noordschen Dichter in zijne Tael wel al oud, en zeer gemeenzaem, en derhalven al te gewettigt geweest zijn, om die te verwerpen of daer van af te wijken. Ten minste dunkt mij, dat ik dezen Oud-Noordschen Dichter te kort zou doen, zo ik verzwege, dat ik tot nog toe op verre na niet onder eenig overblijfsel van Oud-Duitsche Dicht of Rijm zo veel blijk van Poëzij of Schilder-Geest gevonden heb."

Men vergelijke hiermede v. Herder, Ueber Ossian und die Lieder alter Völker, in: Stimmen der Völker in Liedern, waar veel voortreffelijks wordt gezegd, zoo over het verlies, dat deze gedichten, wier wezen gezang en niet schildering is, ook bij de beste vertaling moeten lijden, als over het regte licht, waarin wij deze zangen der oude volkeren moeten beschouwen. Onder anderen S. 11. « Waarlijk, men vindt in de gedichten der Skandina-

---

frasz, den er den wilden Thieren mit dem Schwerdt geschlachtet, und der Schlangenbisz der Speere, ist hier ein ewig wiederkehrender Gedanke, weil er selbst einen ähnlichen nahen Tod vor Augen hat. Zuletzt hörten ihn die Knappen lachend sterben."

viert eenen Rhythmus, zoo kunstig, zoo snel, zoo naauw-keurig, dat het ons boek-geleerden moeijelijk wordt, dien met de oogen alleen op te sporen. Maar denk niet dat hij voor die levendige volkeren, die dezelve hoorden en niet lazen, van der jeugd af hoorden en medezongen, en hun gansche gehoor daarnaar gevormd hadden, moeijelijk is geweest." S. 12. » Neem de proef er van, en bestudeer het doodlied van Lodbrog, en lees dan de fijne, sierlijke overzetting, die wij daarvan in het Duitsch hebben, in gansch anderen toon en maat. Het is eene volkomen mislukte gravure van een schoon schilderij." S. 22. » Wil ik dan de Skaldenzangen in alles als voorbeeld voor nieuwe gedichten uitgeven? Niets minder! Zij mogen vrij zoo eentoonig, zoo droog zijn; andere natiën mogen hen zoo zeer overtreffen. De geest, die hen vervult, de ruwe, eenvoudige, maar groote, tooverachtige, plegtige toon, de diepe indruk, welken elk zoo sterk gezegd woord maakt, en de vrije worp waarmede de indruk gemaakt wordt, — slechts dit wil ik bij de oude volkeren, niet als zeldzaamheid, als voorbeeld, maar als natuur bijbrengen." S. 90. » Het staat ieder vrij, zoo als hij wil over te zetten, te verfraaijen, te vijlen, te schikken, te idealizeren, dat niemand meer het oorspronkelijke erkent. Het is zijne, en niet mijne wijze, en den lezer staat het vrij te kiezen."

IV.

Erik Blodöxe.

Het loflied, hetwelk de koningin Gunhilde op Erik Blodöxe (a) liet dichten, nadat hij in 946

(a) *Blodöxe* beteekent *bloed-bijl*, welken naam hem de Noorwegers gegeven hebben, wegens zijne hardheid, wreedheid en wraakzucht. Zie Münter, Einf. des Christenth. in Dänem. und Norw. S. 436 en volgg. Vergel. mijne verh. p. 177.

met vijf verbondene zeekoningen in Engeland was
gesneuveld, was tot nog toe slechts uit de door
mij (a) gebruikte overzetting van Torfaeus bekend.
C. Lange, Untersuchungen über die Geschichte und
das Verhältnisz der nordischen und deutschen Heldensage, Frankf. a. M. 1832. S. 366-369, geeft
eene nieuwe duitsche vertaling naar de Deensche
van Prof. Finn Magnussen, volgens welke ik deze
schoone proef van Noordsche poëzij, een der laatste
overblijfselen der heidensche Skaldenkunst, hier in
onze taal mededeele.
Wat zijn dit toch voor droomen? sprak Othin,
Mij dacht, ik stond op, eer nog de morgen graauwde,
Om voor de helden, in den strijd gevallen,
Valhalla op te ruimen. De Einheriers wekte ik;
'k Beval de dienaars op te staan, de banken
Te bestrooijen, de bekers te reinigen, en de Valkijriën
Wijn aan te brengen, als of een koning kwam.
Zoo verheugt zich mijn hart,
Als ik van daar zulke edele helden wacht.
        Brage zong:
Welk een gedruisch, als naderde een heir
Van duizenden? de wanden dezer hallen
Weergalmen luid, als keerde Balder
Terug tot Othins zaal!
Nu, zeide Othin, spreekt gij, Brage,
Slechts onverstand, hoezeer gij veel ook weet
Van vele dingen. Het gedruisch daar is
Voor koning Erik, spoedig zal hij
Hier Othins zaal bezoeken!
Gij, Sigmund en Sinfiötle, staat gij op,

(a) Zie mijne verh. p. 16.

En gaat met haast den komenden ontmoeten;
Is Erik daar, zoo als de hoop mij zegt, (mund,
Zoo voert hem binnen. — Waarom toch, vroeg Sig-
Wordt Erik meer dan alle koningen verlangd
In deze hal? Wijl vele landen,
Sprak Othin, door hem zijn verwoest,
En overal het zwaard door hem is rondgedragen,
Met bloed geverwd. — Maar zeg, waarom
Ontnaamt gij hem de zege, hem die kloek
In uwe oogen was en dapper?
Omdat, sprak Othin, 't lot des strijds
Nooit zeker is. De wolf des krijgs, hoe woedend ook,
Voert toch den held tot het verblijf der Goden. —
Heil u, o Erik, zong nu Sigmund,
Wees welkom hier, treed spoedig binnen,
In onze hal! Doch 'k moet u vragen,
Of meerdere vorsten u volgen,
Van uit het krijgsgedruisch?
    Erik sprak:
Vijf koningen zijn hier, en aller namen
Verhaal ik u, — de zesde ben ik zelf.

Aanteekeningen.

vs. 4. De Einheriers zijn de gesneuvelde helden, met welke Othin zich in Valhalla omgeeft, en hen aan den feestdisch onthaalt, op hoop dat zij in Ragnarockur voor hem zullen strijden.

vs. 10. Brage, een der Asen, beroemd wegens zijne wijsheid; hij komt voor als de God der dichtkunde en der welsprekendheid. Vergel. mijne verh. p. 268.

vs. 12. Balder, de zoon van Othin en Frigge. Hij was even schoon als beminnelijk, en muntte boven al de Asen uit door zachtheid, wijsheid en welbespraaktheid. Zijn ongelukkige dood wordt beschouwd als het grootste onheil, dat Goden of menschen immer overkwam. De Asen deden vergeefsche pogingen, om Hela door een losgeld te bewegen, dat zij Balder naar Asgaard (de woonplaats der Asen) liet terugkeeren. Hij blijft dus in de woning van Hela, tot hij eindelijk, na Ragnarockur, wanneer de gansche natuur wordt herboren, zal ontkomen, en zich bij de weinige, dan nog overgeblevene Asen voegen.

vs. 19. *Sigmund en Sinfiötle*. Twee der beroemdste helden uit de Volsunga-Saga C. 11-13. Sigmund is de zoon van Volsung; Sinfiötle is Sigmunds zoon, dien hij bij zijne zuster Signe, zonder haar te kennen, verwekte.

vs. 30-32. Othin geeft hier twee redenen tot antwoord. 1°. Omdat het lot des strijds onzeker is. 2°. Omdat de dood voor helden geen onheil is, maar hen overvoert naar Valhalla.

V.

Lied van Einar Skálaglam.

De uitgevers van Gunnlaug (a) hebben dit dus vertaald en opgehelderd: « Het was niet gemakkelijk hunne (1) slagorde te doorboren, hoezeer de God van den woeligen kamp (2) eenen heftigen aanval deed. De berijder der zeepaarden (3) verlangde naar den strijd, toen de krijgsman uit het Zuiden (4) optrok met de troepen der Friesen, der Franken en der Wenden."

Aanteekeningen.

(1) Der Noorwegers, die, aangevoerd door Hako, Harald te hulp waren gekomen. (2) Keizer Otto. (3) Der schepen. Hako wordt bedoeld. (4) Otto.

(a) Scripta historica Islandorum. Hafniae 1828, 1829. 8°. Vol. I. p. 145. Zie over dit lied mijne verh. p. 188.

In het zesde deel der Heimskringla (a) vindt men deze vertaling: « Het was niet zonder gevaar hun leger tegen te trekken, hoezeer de wekker van het krijgsgedruisch (d. i. de krijgsman) eenen heftigen aanval deed. Toen de krijgsman de troepen der Friesen en Wenden aanvoerde, riep de berijder van het zeepaard (d. i. de Vorst) de Franken ten strijde."

De Skaldenzangen, die ik in mijne verhandeling heb bijgebragt, zijn vertaald volgens de uitgevers der Heimskringla. Doch daar deze in het 6de deel, hetwelk mij toen nog niet ter hand was gekomen, naauwkeurigere, door Olafsen en Magnussen vervaardigde, vertalingen hebben uitgegeven, deel ik dezelve hier mede. Men kan er uit zien, hoe duister dikwijls de zin dier oude liederen is, zelfs voor hen, die opzettelijk van derzelver uitlegging hun werk maken. (b)

VI.

Lied van Hallfredr. (c)

« Ten laatste heeft de Vorst, de zoon van Tryggva, met vele slagen de lijken der Saksen ten prooi gegeven aan het wilde paard der Nacht-reuzin. (1) De in vrienden rijke koning gaf overal aan de zwarte paarden der Reuzinnen het bloed van

---

(a) p. 17.
(b) Vergel. C. Lange, Untersuchungen, S. XX. XXI. Note 1. Münster, Einf. des Christenthums in D. und N. S. 452. « Zelfs Magnussen geeft meermalen twee verschillende overzettingen."
(c) Zie mijne verh. p. 189. Deze vertaling is volgens de uitgevers van Gunnlaug, l. l. p. 157, 158.

vele Friesen te drinken. De magtige onderdrukker zijner lasteraars (2) trok het zwaard uit de scheede; de aanvoerder van het leger deelde het vleesch der Vlamingen aan de raven toe."

Aanteekeningen.

(1) Aan den wolf. Vergel. bij Krakumal strophe VIII vs. 5.

(2) d. i. vijanden.

Volgens de Heimskringla (*a*) is de vertaling dezelfde, behalve in de voorlaatste zinsnede. « Hij, die den haat der menschen bedwingt, had de gedaante van den Bestuurder der slagting." d. i. hij zag er even verschrikkelijk uit als Othin, door wien zij worden uitgekozen, die in den strijd moeten sneuvelen.

VII.

Lied van Sigvatr. (*b*)

Het laatste gedeelte van dit lied wordt in de Heimskringla (*c*) aldus vertaald: « Toen het leger op de schepen des konings toereed, zijn 's vorsten troepen met grooten moed de krijgslieden tegengetrokken ten strijde." In het eerste gedeelte staat niet: « gij hebt overwonnen in den vijfden strijd;" maar: « gij hebt den vijfden slag geleverd." Vergel. Saga Olafs Konúngs hins helga C. 27. p. 45. in het IVde deel der Fornmanna Sögur, Kaupmannahofn. 1825. 8°.

(*a*) T. VI. p. 49.
(*b*) Zie mijne verh. p. 192.
(*c*) T. VI. p. 66.

VIII.

*Zegelied op de overwinning
bij Saucourt.* (a)

Dit oude gedenkstuk komt mij belangrijk genoeg voor, om het hier in het oorspronkelijke, met bijgevoegde vertaling, mede te deelen. Letterkundige narigten omtrent hetzelve vindt men bij E. J. Koch, Compend. der Deutsche Literatur-Gesch. Berlin 1795. 8º. S. 30. en van der Hagen und Büsching, Literar. Grundrisz zur Geschichte der Deutschen Poesie. Berlin 1812. S. XXX. XXXI. J. G. von Herder heeft in zijne: Stimmen der Völker in Liedern (b) eene dichterlijke vernieuwing er van gegeven, welke ik op sommige plaatsen niet zonder nut heb geraadpleegd. Herder gaf het, zoo veel mogelijk, in de kortheid en snelheid van deszelfs woorden, iets waartoe onze taal zich minder schijnt te schikken dan de hoogduitsche. Zoo veel ik kon, heb ik echter zijn voorbeeld gevolgd. Hij oordeelt, (c) dat dit gedicht, reeds merkwaardig als een lied van het jaar 882 (d), zulks niet minder is door deszelfs innerlijken aard, en dat men, wegens de taal en de voortreffelijke plaatsen, de zwakkere door de vingeren moet zien. « Zij zijn

---

(a) Zie mijne verh. p. 277.
(b) l. l. S. 457 en volgg.
(c) l. l. S. 76 en 462.
(d) Mabillon, Annales Bened. T. III. p. 213, brengt deze overwinning ook tot het jaar 881, en stelt de opvolging der gebeurtenissen even zoo voor, als dit in mijne verhandeling gedaan is. Doch in de Appendix p. 636-637 geeft hij het zegelied met de vertaling van Schilter, en volgt in het opschrift de tijdsbepaling van dezen, 883.

het ons thans, nadat zoo vele gedichten van die soort verschenen zijn, doch waren het toen ter tijde minder." Volgens Bouterweck (a) verschijnt de duitsche poëzij hier voor het eerst onafhankelijk van kerkelijke bedoelingen en met eenige zelfstandigheid. « Dichterlijke geest kan men er niet aan ontzeggen; doch hij kampt met eene weinig gevormde taal, en met al de ruwheid dier eeuw."

Den tekst heb ik volgens Schilter laten afdrukken, alleen de kennelijke drukfouten verbeterende, (b) daar ik niet weet of het gebrek aan eenparigheid in de spelling is toeteschrijven aan den drukker, dan wel aan het HS. zelf; het laatste komt mij het waarschijnlijkste voor, wanneer ik bedenk, hoe weinig de landtaal in dien tijd volgens vaste regels werd geschreven. Schilter dacht, dat in het door hem gebruikte afschrift fouten waren ingeslopen, en verzocht daarom Mabillon, het naauwkeurig met het oorspronkelijke in het klooster van S. Amand te doen vergelijken. Doch de boekbewaarder zeide dit niet te kunnen vinden, wijl de bibliotheek onlangs door eene aardbeving was beschadigd, en de boeken grootelijks in de war waren geraakt. De verdere pogingen van Mabillon, om het HS. weder te vinden, schijnen zonder gevolg te zijn gebleven.

Schilter twijfelde eenigzins aan de echtheid der eerste strophe, wijl de woorden nieuwer schijnen dan in de volgende, en Ludwig zonder H. wordt

---

(a) Gesch. der Poesie und Beredsamkeit. IX. 78.
(b) In de zoo even aangehaalde Appendix bij Mabillon heb ik geene andere varianten gevonden, dan die mij voorkwamen drukfouten te zijn.

geschreven. Hij giste, dat welligt het begin van het lied weggeraakt, en daarvoor door eene latere hand deze strophe bijgemaakt was. Evenwel dringt hij niet sterk op zijn vermoeden aan, vooral wijl ook in andere schriften van denzelfden tijd die naam zonder H voorkomt. Volgens Ypey (a) is dit lied « niet alleen op menigvuldige plaatsen verminkt, maar zijn er zelfs hier en daar door eene vreemde hand van veel later tijd geheele regels ingelascht, 't welk voor den kenner duidelijk genoeg te onderscheiden is." Daar deze regels niet worden opgegeven, weet ik niet of deze strophe welligt bedoeld is. Mijns inziens is de aanhef van het lied zoo geheel en al met het overige in overeenstemming, dat ik aan de echtheid er van niet twijfel.

Bij de uitlegging van min bekende woorden heb ik mij bij het noodige bepaald, vooral bij dat gene, wat tot de vergelijking van onze taal met die van dit oude gedenkstuk dienen kon. Het meeste is ontleend uit Schilter en ook uit Ypey, bij welke men het hier gestelde uitvoerig gestaafd kan vinden.

I.
Einen Kuning weiz ich,
Heisset Herr Ludwig,
Der gerne Gott dienet,
Weil er ihms lohnet.

II.
Kind warth er vaterlos,
Dess warth ihme sehr bos.

(a) Gesch. der Nederl. tale, p. 267.

Holoda 'nan Truhtin,
Magaczogo warth her sin.
III.
Gab her ihme Dugidi,
Fronisc githigini;
Stuel hier in Vrankon;
So bruche her es lango.
IV.
Das gedeild er thanne
Sar mit Karlomanne
Bruder sinemo,
Thia czala wanni ano.
V.
O das warth al geëndist,
Koron wolda sin God iz,
Ob her arbeidi
So lang tholon mahti.
VI.
Liess der heidine mann
Obar sie lidan,
Thiot Vrancono
Mannon sin diono.
VII.
Sume sar verlorane,
Wurdun sum erkorane.
Haranscara tholota
Ther er misselebeta.
VIII.
Ther ther thanne thiob was,
Ind er thanana ginas,
Nam sine vaston;
Sidd warth her guotman.

IX.
Sum was luginari,
Sum was skachari,
Sum falloses,
Ind er giburtha sih thes.
X.
Kuning was ehrvirrit,
Das richi al girrit.
Was ehrbolgan Krist,
Leid her thes ingaldiz.
XI.
Thoh erbarmed es God,
Wiss er alla thia nod,
Hiess Herr Hludwigan
Tharot sar ritan.
XII.
« Hludwig, Kuning min,
Hilph minan liutin,
Heigun sa Nordman
Harto bidwungan. »
XIII.
Thanne sprach Hludwig:
« Herro, so duon ih;
Dot ni rette mir iz,
Al thas thu gibiudist. »
XIV.
Tho nam her Godes urlub,
Huob her gundfanon uf,
Reit her thara in Vrankon,
Ingagan Nortmannon.
XV.
Gode thancodun,
Thesin beidodun.

Quad: « hin Alfromin,
So lango beiden wir thia."
XVI.
Thanno sprach luto
Hludwig der guoto:
« Trostet hiu, gesellion,
Mine notstallon.
XVII.
Hera santa mih God,
Doh mir selbo genod,
Ob hiu rat thuti
Thaz ih hier gefurti.
XVIII.
Mih selbon ni sparoti,
Unz ih hiu ginerrti.
Nu wil ih thas mir volgon
Alle Godes holdon.
XIX.
Giskerit ist thiu hierwist
So lango so wil Krist;
Wil her unsa hina warth,
Thero habet giwaht.
XX.
So wer so hier in ellian
Giduat Godes willian,
Quimit hi gisund us,
Ih gilonon imos.
Bilibit her thorinne,
Sinemo kunnie."
XXI.
Tho nam her skild indi sper,
Ellianlicho reit her.

Wold her warer rahchon
Sina widarsahchon.
XXII.
Tho ni was iz buro lango,
Fand her thia Northmannon.
« Gode lob," sageta,
Her siht thes her gereda.
XXIII.
Ther Kuning reit kuono,
Sang lioth frano;
Joh alle saman sungun:
« Kyrieleison."
XXIV.
Sang was gesungen,
Wig was bigunnen.
Bluot skein in wangon
Spilodunder Vrankon.
XXV.
Thar raht thegeno gelih,
Nichein so so Hludwig.
Snel indi kuoni;
Thas was imo gekunni.
XXVI.
Suman thuruch sluog her,
Suman thuruch stach her.
Her skancta cehanton
Sinan fianton
Bitteres lides.
So wehin hio thes libes.
XXVII.
Gilobet si thiu Godes kraft;
Hludwig warth sighaft.

Sag allin Heiligon thanc,
Sin warth ther sigikamf.
XXVIII.
Odar abur Hludwig
Kuning war salig.
Garo, so ser hio was,
Swar, so ses turft was.
Gihalde inan, Truhtin,
Bi sinan eregrehtin.

I.
Eenen Koning weet ik,
Hij heet Heer Lodewijk,
Die gaarne God dient,
Wijl deze 't hem loont.
II.
Jong werd hij vaderloos,
Dies werd het hem zeer boos.
Hem verzorgde de Getrouwe,
Deze werd zijn opvoeder.
III.
Deze gaf hem Helden,
Edele dienaren;
Een' stoel hier in Frankrijk;
Zoo gebruike hij 't lang.
IV.
Dit deelde hij dan
Terstond met Karloman
Zijnen broeder,
De deelen zonder list.
V.
Toen dit al was geëindigd,
Wilde zijn God dit beproeven,

Of hij bezwaren
Zoo lang dulden konde.
VI.
Hij liet der heidenen mannen
Over hen komen,
Het volk der Franken
Hunnen mannen dienen.
VII.
Sommigen vielen terstond af,
Anderen werden verzocht.
Smaad moest dulden
Wie niet met hen deed.
VIII.
Hij die toen een dief was,
En die daardoor magtig werd,
Nam zijne vesten;
Sedert werd hij gegoed.
IX.
Deze was een leugenaar,
Gene een roover,
Een ander een valschaard,
En hij verhief er zich op.
X.
De koning was verward,
Het rijk geheel verslagen.
Verbolgen was Christus,
Hij bragt dit onheil hier.
XI.
Doch 't erbarmde God,
Hij wist al dien nood,
Beval Heer Lodewijk
Derwaarts terstond te rijden.

XII.
« Lodewijk, mijn Koning,
Help mijne lieden,
Noormannen hebben hen
Hard bedwongen."
XIII.
Toen sprak Lodewijk:
« Heer, zoo doe ik;
Geen dood belette mij,
Al wat gij gebiedt."
XIV.
Toen nam hij Gods verlof,
Hij hief de krijgsvaan op,
Hij reed naar Frankrijk,
Tegen de Noormannen.
XV.
God dankende,
Hem verbeidende.
Hij sprak: « welaan, Algoede,
Zoo lang verbeiden w' U."
XVI.
Toen sprak luide
Lodewijk de edele:
« Troostet U, gezellen,
Die in nood mij bijstaat.
XVII.
Herwaarts zond mij God,
Zijne genade gedije mij,
Of gij mij radet
Dat ik 't heir voere.
XVIII.
Mij zelven spaar ik niet,
Tot ik U bevrijd heb.

Nu wil ik dat mij volgen
Alle Gods getrouwen.
XIX.
Beschoren is ons 't hierzijn
Zoo lang het Christus wil;
Wijl hij voor ons gebeente zorgt,
't Welk hij heeft bewaakt.
XX.
Alwie hier in ijle
Gedaan heeft Godes wil,
Komt hij gezond er uit,
Ik zal 't hem loonen.
Blijft hij er in,
Aan zijn gezin."
XXI.
Toen nam hij schild en speer,
IJlings reed hij (voort).
Hij wilde waarlijk straffen
Zijne tegenstanders.
XXII.
Toen 't nog niet lang was geleden,
Vond hij de Noormannen.
« God lof," zegt hij,
Hij ziet wat hij begeerde.
XXIII.
De Koning reed koen,
Hij zong het heil'ge lied;
Ja allen zamen zongen:
Kyrie eleïsen.
XXIV.
De zang was gezongen,
De strijd was begonnen.

Bloed besproeide de wangen
Der spelende Franken.
XXV.
Daar wreekt zich ieder,
Niet één zoo als Lodewijk.
Snel en koen;
Dat was hem aangeboren.
XXVI.
Sommigen doorsloeg hij,
Sommigen doorstak hij.
Hij schonk in handen
Zijnen vijanden
Bitteren drank.
Zoo weken zij hier uit het leven.
XXVII.
Geloofd zij Godes kracht,
Lodewijk werd zeeghaftig.
Zeg allen Heiligen dank,
Zijn werd de zegekamp.
XXVIII.
Doch Lodewijk
De Koning was veilig.
Vaardig, zoo als hij hier was,
Streng, zoo dit noodig was.
Bewaar hem, Getrouwe,
Bij zijne majesteit.

Aanteekeningen.

II. vs. 2. d. i. Het werd hem zeer bang; hard viel hem de strijd tegen oproerige leenmannen, vooral tegen Boso, die zich tot koning van Bourgondië had laten kronen. Vergel. mijne verh. p. 137.

vs. 3. *Holoda* van *holon*, halen, tot zich nemen, in bescherming nemen. 'nan voor inan, thans bij dé Duitschers *ihn*, hem. « *Truhtin* of *Druhtin*," zegt Schilter, « beteekent bij de Celten en de van hen afkomstige Franken, Alemannen en Belgen: *Heer God*." Ik gis dat het woord verwant is met het duitsche *Trutz*, in de spreekwijs: *zu Schutz und Trutz*, en dat dus de kracht van hetzelve best wordt uitgedrukt door: getrouwe beschermer.

vs. 4. *Magaczogo*. *Mag*, een kind, waarvan *magad*, meisje, maagd; *ziehen* (*gezogen*) trekken, kweeken, opvoeden. Van daar *Zögling*, kweekeling. Men vindt nog in de oude taal *maertogher* voor *opvoeder*. Westendorp, Jaarboek van en voor de provincie Groningen. I. 164.

III. vs. 1. *Dugidi*: deugdzamen, d. i. dapperen.

vs. 2. d. i. leenmannen, die hem getrouw waren. *Fron*, *vron*, openbaar, openlijk, heilig. Van daar *fronisc*, aanzienlijk, edel. *Githigini* beteekent het gevolg des konings, van *thigen* (tijgen?) ambire, inservire, clientem agere.

vs. 3. *Stuel*. Stoel, d. i. Zetel, regering.

IV. vs. 2. *Sur*. De beteekenis van dit woord is door mij ontleend uit Schilters vertaling van strophe VII. vs. 1. en XI. vs. 4. Hier heeft hij het niet vertaald.

vs. 4. *czala* of *zala*. getal, deel; *wanni*, waan, bedrog, list; *ano*, het duitsche *ohne*, zonder.

V. vs. 1. *O* voor *als* komt aan Schilter verdacht voor.

vs. 2. *Koron*. Van hier hebben wij nog *keuren*, *bekoren*. Vergel. VII. 2.

vs. 3. *arbeidi*. arbeid, d. i. gevaren, moeiten, kwellingen.

vs. 4. *mahti*. mogte, d. i. konde.

VI. vs. 1. *mann*. krijgslieden.

vs. 2. *lidan*. leiden, voeren.

vs. 3. *Thiot* of *diet*. het volk. Zie Buchel. ad Bekam p. 7.

VII. vs. 1 en 2. Dit ziet op die inboorlingen, welke zich met de Noormannen vereenigden, en anderen hiertoe ook zochten over te halen. Zie mijne verh. p. 210,

211. Zij die voor hunne aanzoeken doof waren, hadden allerlei smaad te lijden, volgens vs. 3 en 4. *Verlórane.* van daar ons *verliezen*, *verloren*.

vs. 3. *Haranscara.* van *har* en *skerin*, woordelijk *haarsekering*, een teeken van onteering in die dagen. Van daar wordt het gebruikt voor allerlei hoon en kwelling. Ook de Friesen hielden het afsnijden van het haar voor eene grove beleediging, waarvoor in hunne wetten boete bepaald wordt. Zie von Wicht, Ostfr. Landr. S. 737.

vs. 4. *misselebeta.* d. i. afgezonderd van hen leefde, zich niet door hen liet verleiden. Het schijnt zamengesteld uit *misses* en *leben.*

VIII. vs. 1. *thiob.* dief, werd toen vooral in den zin van roover gebruikt.

vs. 2. *ginas.* sterk werd, kracht kreeg; van daar ons *genezen. thanana.* daarvan, daardoor, d. i. door den treurigen toestand des rijks.

vs. 3 en 4. Hij bemagtigde zijne, d. i. des konings, vesten, sterkten en sloten, en werd dus een goed man; d. i. hij behield de geroofde goederen, als waren zij zijn wettig eigendom, en werd alzoo voor een' Edelman gerekend.

IX. vs. 2. *skachari.* van hier nog *schaken* in den zin van *rooven.* Schilter brengt bij str. VII. vs. 1: eene plaats bij uit eenen brief van Lupus, Abt van Ferrieres, welke ik, ter uitbreiding van datgene, wat in mijne verhandeling p. 210 voorkomt, hier wil vertalen. « Bij de verwarringen, die in het rijk van onzen koning Karel" (den Kalen) « ontstaan zijn, worden er straffeloos roovertjen begaan, en niets wordt veiliger en aanhoudender bedreven, dan het geweld der plunderingen. Men moet dus, op reis gaande, zulk gezelschap zoeken, dat door deszelfs aantal en dapperheid het rot der boozen worde ontweken, of, zoo het noodig is, afgeslagen." Epist. 104, ap. Duchesne, Hist. Franc. SS. II. pag. 779.

vs. 3. *falloses.* schijnt zamengesteld uit *valsch* en *loos*, d. i. listig.

vs. 4. *giburtha. büren*, opheffen, waarvan ons *beuren*.

X. vs. 2. *girrit.* d. i. *geirrit*, verdwaald, verwaand. *irre seyn* wordt bij de duitschers nog gebruikt voor: kranksinnig zijn.

vs. 4. *ingaldiz.* Schilter noemt dit woord zeer duister en grootelijks verdacht. Von Herder vertaalt het, mijns inziens, te regt, door *Entgeltnisz*, van *entgelten*, ontgelden, straf boeten. *Ingaldiz* is dus de straf, welke Christus over het volk bragt. Vergel. mijne verh. p. 209.

XI. vs. 3. *hiess. heeten* voor bevelen is bij ons nog in gebruik.

vs. 4. *tharot.* Schilter gist *therort*, naar dat oord, namelijk waar de Noormannen zich ophielden. *ritan. rijden*, wordt dikwijls gebruikt van het ondernemen van eenen krijgstogt. Vergel. mijne verh. p. 173. (*a*)

XII. vs. 2. *minas liutin.* mijn volk, het door mij beminde volk der Franschen. Vergel. Thierrij, lettres sur l'hist. de France, p. 49. « Gens Francorum inclyta, amotore Deo condita." Dieu protège la France!

vs. 3. *Heigun. heigen*, *eigen*, hebben. *bidwungan*, onderdrukt.

XIII. vs. 2. *so duon ih.* d. i. ik zal dit terstond doen. In dezen zin wordt de tegenwoordige tijd nog menigmaal voor den toekomenden gebruikt.

vs. 3. *rette. redden* beteekende oudtijds niet alleen verdedigen, helpen, aan het gevaar ontrukken, maar ook verbieden, beletten, even als het fransche *défendre*.

XIV. vs. 1. Waarschijnlijk beteekent dit, dat Lodewijk de roeping Gods aannam, en ten gevolge daarvan de zijnen ten strijde riep.

vs. 2. *gundfanon.* door het opheffen of uitsteken van deze vaan werd de krijg *verkondigd*, of, zoo als men oudtijds hier sprak, *kond gedaan*. Het was het teeken voor de vasallen om zich toe te rusten en op te komen.

vs. 3. Lodewijk was toen bezig met het beoorlogen van Boso, koning van Bourgondië. Hij begaf zich van daar naar zijn eigen rijk, hetwelk door de stroopers gedurende zijne afwezendheid werd geteisterd. Zie mijne verh. p. 137.

XV. vs. 3. *Quad*. In het engelsch vindt men nog *quoth*, hij zeide. *hin*. ons *heen* of *henen*, in *gaat henen*, *treed heen*. *Alfromin*. *from*, vroom, goed.

vs. 4. *So lango*. de zin is: « reeds lang wachten wij op U."

XVI. vs. 2. *der guoto*. de goede. Dit woord beteekende in dien tijd *edel*, *magtig*, *aanzienlijk*. Vergel. strophe VIII. vs. 4.

vs. 3. *Trostet hiu*. d. i. schept moed, weest goeds moeds.

vs. 4. *notstallon*. von *not* en *stal*. ruiters, d. i. hier vasallen, die hunnen leenheer in nood ter hulpe snellen.

XVII. vs. 2. *Doh*. van *dihen*, gedijën, voordeelig zijn, helpen.

vs. 3 en 4. Indien in deze regels de tekst niet bedorven en de vertaling naauwkeurig is, zal *ob* hier *indien* beteekenen. De zin is dan: zoo ik, op ulieder raad, het heir tegen den vijand aanvoere, dan zij Gods genade mij nabij." *rat thuti*. raad doen, raden.

XVIII. vs. 2. *ginerrti*. Schilter leidt dit af van het oude *nerien*, bevrijden.

XIX. vs. 1. *Giskerit*. van het oude *skeren*, waarvan nog *bescheren*, verl. dw. *beschoren*, schenken, beschikken. *thiu hierwist*. het hier-wezen, ons bestaan hier op aarde.

vs. 3. *warth*. het duitsche *warten*, verzorgen.

vs. 4. De zin is: hij waakt ook nu voor ons gebeente, zoo als hij tot hiertoe heeft gedaan.

XX. vs. 3. *us*. uit den strijd.

vs. 4. *imos*. voor *imo es*.

vs. 5. *Blijft hij* (d. i. sneuvelt hij) in den strijd, dan zal ik de zijnen beloonen. *kunnie*. het gezin, geslacht, vrouw, kinderen en bloedverwanten. Wij hebben nog het woord *kunne* voor: geslacht, sekse.

XXI vs. 3. *rahchon*. Bij de duitschers *rachen*, bij ons: wreken, wraken.

vs. 4. *widarsakchon*. woordelijk *wederzakers*, 't welk tegenwoordig even min als *wederzaken* in gebruik is. Doch men vindt nog iets dergelijks in *verzaken*, *verzakers*.

XXII. vs. 1. *ôsro*. gebeurd, van *bären*, voorvallen, gebeuren, in sommige streken van ons land nog *beuren*.

XXIII: vs. 2. *frano*. hetzelfde als *frono*, *fraeno*, openlijk, heilig. Zie strophe III. vs. 2. Hij zong dus een heilig lied, eene bij de mis gebruikelijke bede, die aan allen bekend was. Meerdere voorbeelden van deze gewoonte, niet alleen bij de Franschen en Germanen, maar ook bij de Deenen, vindt men bij Schilter o. d. p. Verg. Du Cange, Gloss. med. et inf. Graecit. I. 772. Latinit. II. 2. 208 - 210.

XXIV. vs. 1 en 2. d. i. naauwelijks was het lied gezongen, of de strijd had reeds een begin genomen. *Wig*. gevecht, strijd.

vs. 3. Woordelijk: blóed scheen (d. i. was zigtbaar, vertoonde zich) op de wangen.

vs. 4. *spelen*. wordt hier gebruikt voor moedig en vrolijk strijden, met drift op den vijand indringen. De noordsche dichters noemden den krijg gewoonlijk het spel. Zie boven Raghen. Lodbr. strophe XIX. p. 14.

XXV. vs. 1. De vertaling der woorden *thegeno gelik* is volgens v. Herder. Bouterweck, l. l. vertaalt: « Daar wreekt zich, als een degen, (d. i. als een held) niemand zoo als Lodewijk." Ypey, l. l. (volgens Schilter: hic vindictam sumsit miles pariter,) « Daar nam de soldaat te gelijkerhand wraak, maar als Lodewijk niet één." en voegt er bij: « *Thegen* is hier een dapper man, held, soldaat." Deze komen dus overeen in de opvatting van het woord *thegeno*, welke mij ook zeer waarschijnlijk voorkomt. Jammer is het, dat v. Herder voor zijne overzetting geene gronden heeft bijgebragt. Over *raht* van *rahchon*, zie boven XXI, 3.

vs. 4. *gekunni*. zie boven XX. 6.

XXVI. vs. 3. *cehanton*. Schilter vertaalt dit door *subinde*. v. Herder door *zu Handen*, waarvoor de klank van het woord, hetwelk waarschijnlijk uit twee andere verkeerdelijk is zamengesmolten, schijnt te pleiten. Ypey, « *Ce hanton* is letterlijk *te hands*, of *ter hand*, ad manus. Ons *thans* is er van herkomstig.".

vs. 5. *lides*. wordt bij de ouden gebruikt voor bier, appel- of perendrank, en in het algemeen voor alle door kunst bereide dranken.

vs. 6. *lib*, *liba*. leven. Zie Schilter o. d. p.

XXVIII. vs. 1 en 2. De zin dezer regels schijnt te zijn, dat Lodewijk, niettegenstaande hij zoo dapper had gestreden, echter behouden uit den strijd is gekomen. De beide volgende behelzen eene herinnering aan twee zijner hoofddeugden, waarvan de eerste tegen de vijanden, de andere tegen oproerige leenmannen te pas kwam. Op de bewaring van zijn gezag tegen deze ziet de bede tot God, waarmede het lied sluit.

Ypey zegt: » wat *Odar* hier zij, weet ik niet: misschien is het eene bedorvene lezing. Omdat er *abur* volgt, heb ik het overgezet *nu dan*." Schilter vertaalt *odar abur* door: *at vero*. v. Herder: *O hoe*.

vs. 2. *salig*. is volgens Schilter *salisch*, d. i. gelukkig, vrij, veilig. Hij brengt ook uit eene verordening van 1431 bij: *sicher und selig*, zeker en veilig.

vs. 3. *Garo*, *garu*. gereed. Men vindt ook *karata*, hij maakte gereed; misschien is het woord verwant met het engelsche *care*, zorgen, zorg dragen.

vs. 4. *Swar*. de beteekenis, waarin *zwaar* hier voorkomt, heeft het bij ons thans verloren, schoon het tegenovergestelde *ligt*, *ligtzinnig* nog in gebruik is. Even zoo gebruikten de Romeinen hun *gravis*. *turft*. De duitschers hebben nog *dürftig*, behoeftig. Wij *nooddruft*.

vs. 6. *eregrektin*. Volgens Schilter zamengesteld uit *Ere*, eer, en *gerekti* of *kerekti*, wraak, toerekening. Er wordt dus gedoeld op de bescherming en handhaving van het koninklijke regt en gezag.

BIJVOEGSELS.

« Vele gebeurtenissen raken den menschen uit het geheugen, eenige worden anders verhaald dan zij zijn voorgevallen; en daarom gelooven vele datgene, wat gelogen is, en twijfelen aan dat, wat waar is. Maar de leugen moet wijken, wanneer zij der waarheid ontmoet."

Rafn Sveanbiörn's Saga. (a)

Bl. 7. De verwarring werd nog grooter door de fouten, die men dikwijls maakte in de Romeinsche wijze van rekenen met Calendae, Nonae en Idus, welke toen nog algemeen in gebruik was. (b)

Bl. 10. Volgens v. d. Hagen (c) eindigt de mythische tijd in het Noorden eigenlijk eerst met Harald den Schoonharigen, die, in 853 geboren, in 939 (and. 936) stierf. P. E. Müller (d) stemt hiermede overeen: « Wij vinden in de geschiedenis van Hako, Adalsteins kweekeling, (den zoon van Harald d. S.) de eerste zekere blijken van uitvoerigere berigten, die, zonder geslachtrekeningen en gedichten, door de overlevering getrouw zijn

---

(a) Uit het begin der 13de eeuw. P. E. Müller, Sagaenbibliothek, übers. von K. Lachmann. Berlin. 1816. S. 175.
(b) Bredow, Karl der Grosse. Altona. 1814. S. 195. 196.
(c) Nordische Heldenromane, B. IV. S. XVIII.
(d) Disquis. de Snorronis fontibus et auctoritate, in Heimskr. T. VI. p. 274.

bewaard." Doch men zoude hieruit ten onregte opmaken, dat op vroegere Noordsche berigten in het geheel geen staat is te maken. Integendeel stelt dezelfde Müller, (a) dat het leven van Halfdan den Zwarten (den vader van Harald den Schoonharigen, geboren 823,) in de Noorweegsche Jaarboeken den overgang maakt van den duisteren tot den historischen tijd, daar de verhalen aangaande dezen koning alle inwendige kenmerken van waarschijnlijkheid dragen, en Snorro, bij het beschrijven van zijn leven, oudere Saga's gebruikte. « En aangaande de voornaamste bedrijven van Harald d. S. kan geen twijfel meer overig zijn." Intusschen vraagt men welligt, hoe men dan aan de Noordsche geschiedenis reeds op het einde der achtste eeuw eene volkomene zekerheid kan toekennen? Ik antwoord, dat wij de zekerheid, welke hier bedoeld wordt, niet te danken hebben aan Noordsche geschiedschrijvers, omtrent welke het oordeel van v. d. Hagen en Müller zoo even vermeld is, maar aan de Jaarboeken der Franken, die onder Karel den Grooten met de Noren, vooral met de Deenen, in meerdere aanraking kwamen. (b)

Bl. 10. Ongeveer — bouwde. P. E. Müller (c) houdt het, « na een naauwkeurig onderzoek, voor bewezen, dat de Asen geen historische personen zijn geweest, maar verpersoonlijkte natuurgodheden of natuurkrachten (numina), welker daden meestal eene symbolische beteekenis hebben. Snorro

---
(a) l. l. p. 252.
(b) Vergelijk Bollandus en Henschenius in de Acta SS. Februarii, T. I. p. 598. 599.
(c) l. l. p. 248-252.

heeft dikwijls de mythen historisch uitgelegd, zoodat datgene, wat hij aangaande de oudste Noordsche koningen verhaalt, niets anders is dan weinig waarschijnlijke gissingen over de mythen der Edda. Ook aan zijne berigten over het land waaruit, en den tijd waarop Othin met zijne makkers naar het noorden is verhuisd, kan men geen historisch gewigt toekennen." De Noordsche Geschiedkundigen zijn het, omtrent de vroegere koningen en hunne bedrijven, die in de overleveringen verhaald worden, nog steeds oneens. (*a*) Het kwam mij onnoodig voor, in eene verhandeling, waar dit punt slechts een ondergeschikt belang heeft, hierover een bijzonder onderzoek te plaatsen. Wat ik tot verstand van onze geschiedenis onmisbaar achtte is en hier, en in het vervolg, kortelijk bijgebragt.

Bl. 15 (*b*). Het is vreemd, dat onder alle Raghenars wapenfeiten, die in Krakumal worden bezongen, met geen enkel woord van zijne togten naar Friesland melding wordt gemaakt, schoon het aangrenzende Vlaanderen genoemd wordt. (*b*) Zou men hieruit, en uit het stilzwijgen der Frankische schrijvers, mogen besluiten, dat Raghenar niet in Friesland is gevallen? Ik kan niet nagaan, waar het berigt van Thierrij op steunt.

Bl. 17. Volgens de berekening van Schöning vindt men reeds omstreeks 200 N. C. noordsche

---

(*a*) Verg. Münter, Einf. des Christenth. in D. u. N. S. XIII. 4. 68. en 108. « In dieser Darstellung der nordischen Götterlehre haben wir versucht, so weit es möglich war, das Historische aus dem Mythischen heraus zu heben."

(*b*) Strophe X. boven p. 11.

Zeekoningen, die de kusten van Valland (d. i. van Gallië, België en Saksen) plunderen. (*a*) Doch de onzekerheid der tijdsbepalingen maakte het verkieslijker, hier eenige voorbeelden bij te brengen, die later gesteld worden, wijl zij voor mijn oogmerk voldoende waren. De onzekerheid der oude noordsche Chronologie (*b*) is zelfs door hen niet ontveinsd, die zich tot derzelver vaststelling de meeste moeite hebben gegeven. Latere onderzoekers zijn nog verder gegaan. P. E. Müller's onderzoek over het IJslandsche geschrift *Fundin Noreg* (het gevondene Noorwegen) waarop Torfaeus, Schöning en Suhm hun gansche chronologische stelsel voor de Noorweegsche geschiedenis voor Harald d. S. hebben gebouwd, komt hierop neder, dat beide deelen van dit geschrift in dit opzigt even weinig te vertrouwen zijn. (*c*)

Bl. 17 (*d*). Vredius (*d*) leert, dat men door de Attuariers hier de bewoners van het tegenwoordige Holland of Zeeland verstaan moet, omdat Theoderiks rijk slechts daar aan den Oceaan raakte. Hij brengt dezen inval tot het jaar 515.

Bl. 19. Men vindt ook sporen van dit verhaal bij de broeders Grimm, deutsche Sagen. Berlin 1816-1818. II. B. S. 117. Overgenomen uit Wierdsma, Altfriesengesetz I. 103-108.

(*a*) Zie Paulus Vidalinus, de linguae Septentrionalis appellatione Dönsk Tonga, p. 225, in Gunnlaugi Vermilinguis et Rafnis poetae vita. Hafniae 1775. 4°.
(*b*) Verg. mijne verh. p. 195.
(*c*) G. Lange, Untersuchungen über die Geschichte und das Verhältniss der nordischen und deutschen Heldensage, aus P. E. Müllers Sagabibl. übers. und bearb. Frankf. a. M. 1832. S. XXIV. XXV.
(*d*) Oliv. Vredius, Hist. Com. Flandr. p. II. p. 19.

Bl. 19 (*d*). De gevoelens over de westelijke grens van Friesland waren vroeger zeer verdeeld. Het komt er op aan, wat men te verstaan hebbe door de Sincfala, die in de Friesche wetten als grensrivier voorkomt. Volgens v. d. Spiegel (*a*) dachten Dousa en Siccama aan het val van Urk tusschen Kampen en Enkhuisen. Hij zelf daarentegen giste, dat het eene rivier was geweest in het tegenwoordige Noordholland, later van naam veranderd, of door een grooter meer ingezwolgen, misschien wel de Chinelosora of Chinhem, (*b*) bij welke grensscheiding de Frankische en Duitsche vorsten hunne giften aan de Hollandsche Graven bepaalden. Hij geeft dit evenwel niet als eene bewezene zaak. « Het is ook niet te vergen in die duistere oudheid de onderscheidene stroomen en plaatsen aan te wijzen van een land, 't welk zoo vele veranderingen door de inbraken van de zee geleden heeft." (*c*) Alting (*d*) verklaart het voor de Schelde, die door het Zwin bij Sluis in zee viel. Deze meening wordt bevestigd in een charter van 1241, verleend door Thomas, Graaf van Vlaanderen en Henegouwen, en zijne gemalin Johanna, voor het eerst uitgegeven door den grooten onder-

---

(*a*) Oorspr. der Vaderl. rechten. Goes 1769. p. 68. V. d. Spiegel vergist zich hier in de meening van Siccama, die de plaats, waar de Maas in zee valt, voor Sincfala of, zoo als hij wil schrijven, Sindval houdt. Zie Lex Frisionum illustr. a. S. Siccama. Franekerae 1617. 4°. p. 141. V. Wicht, Ostfr. Landr. S. 101. stemt het gevoelen van Siccama bij.

(*b*) V. Halsema meende Sincfala te vinden in « de rivier de Sene of Kinnen in Westfriesland." Gron. genootsch. pro excol. jure patrio, II. 168.

(*c*) Ibid. p. 67.

(*d*) Not. Germ. inf. II. 62 en 161.

zoeker onzer geschiedenis, A. Klnit, (*a*) waardoor, om 's mans eigene uitdrukking te gebruiken, de ligging van Sincfala voor het vervolg buiten allen twijfel wordt gesteld. Nadere bewijzen zijn ten overvloede bijgebragt door van Wijn, (*b*) waarbij nog de volgende plaats uit eenen noordschen schrijver kan gevoegd worden. (*c*) « Naast Valland" (d. i. hier Frankrijk) « is Vlamingenland, en daar naast Friesland." De gevoelens blijven evenwel verdeeld. E. Th. Gaupp (*d*) meent, door Sincfala de Waal te moeten verstaan, Westendorp (*e*) den versten mond der Maas, en Pr. L. G. Visscher (*f*) noemt de stelling, dat Friesland zich tot aan de Schelde heeft uitgestrekt, « zoo overdreven als belagchelijk, en waarvan de ongegrondheid reeds voor lang is bewezen geworden." Dezelfde schrijver belooft eerlang in een opzettelijk vertoog dit onderwerp te zullen behandelen. Het hier bijgebragte diene dus alleen ten betooge, dat ik bij het schrijven mijner verhandeling het belagchelijke van het door mij aangenomene gevoelen nog niet konde inzien.

Bl. 20 (*e*). *Etkeldom and fria halsa* wordt door

(*a*) Hist. Crit. Holl. et Zeel. T. I. p. 2. p. 168. 169. en T. II. p. 2. p. 1031.

(*b*) Bijvoegsels op Wagenaar I. 83-90. Wiarda spreekt er van als van eene uitgemaakte zaak. Gesch. des alten Friesischen Gesetzes, in het tweede deel der Gedenkschriften van de 3de kl. van het Kon. Ned. Instituut p. 12.

(*c*) Fornmanna Sögur. Kaupmannahofn. 1825. 8°. Vol. XI. p. 416.

(*d*) Lex Frision. in usum Schol. Qratial. 1832. 8°. S. XVI.

(*e*) Jaarboek van en voor de provincie Groningen. I. p. 100. Op p. 133 spreekt dezelfde schrijver van den Sincfal bij Ostende.

(*f*) Handl. tot de alg. Gesch. der Nederl. 1854. p. 195. 197. 198.

v. Halsema (*a*) opgevat van den vrijen persoonlijken staat der Friesen, en het daaraan verknochte vrije bezit of bestier hunner goederen, in tegenoverstelling der lijfeigenschap. V. Wicht (*b*) verstaat door *fria halsa* de vrijheid, en door *etheldom* het regt op de vaderlijke erfenis, 't welk Karel de Groote aan de Saksen en Friesen ontnam, en Lodewijk de Vrome hun teruggaf.

Bl. 21. 22. Wanneer ik aan de oudste Friesche schrijvers niet alle geschiedkundige waarde ontzeg, wil ik daardoor geenszins geacht worden zulke geschriften te bedoelen, welke blijkbaar niet op overleveringen steunen, maar de overlevering misbruikt hebben om hunne landgenooten te bedriegen, en aan hunne ongerijmde verzinselen den schijn der waarheid te geven. Te regt verklaarde reeds Ubbo Emmius aan dit slag van lieden eenen onverzoenlijken oorlog, en, zoo hij al hier of daar wat uit hunne schriften overnam, het was alleen omdat hij dus zijne tijdgenooten, wier verbeelding door de bedoelde fabelverhalen ontsteld, en wier gemoed met vooroordeelen vervuld was, door de tegenstelling tusschen deze berigten en de uit goede bronnen geputte geschiedenis, zachtelijk zocht te genezen. Nimmer ontleent hij iets uit deze « zekere gedenkschriften der Friesche geschiedenis," zonder op de eene of andere wijze zijnen twijfel aan te duiden; nimmer keert hij tot de geloofwaardige, echte bronnen terug, zonder zijn genoegen hierover te kennen te geven. Dikwijls zelfs komt hij er openlijk

---

(*a*) Groo. Gen. l. l. p. 44. 45.
(*b*) Ostfr. Landr. S. 85.

voor uit, hoe ongunstig hij over deze « Friesche
schrijvers" dacht. « Die de vroegere geschiedenis
der Germanen hooger zoeken op te halen," zoo
heet het onder anderen reeds in de voorrede, « dan
de oude geloofwaardige schriften der Grieken en
Romeinen medebrengen, komen mij voor of on-
zinnig te zijn, of hen, welker roem zij aldus zeggen te willen vermeerderen, te bespotten, en hunne faam opzettelijk te benadeelen." (a) « Waarom zou ik dien voortreffelijken schrijver" (hij
spreekt hier van Tacitus) « niet willen hooren?
waarom zou ik liever andere lieden volgen, die
onbekend en ongerijmd zijn, blijkbare najagers en
beminnaars van fabelen?" (b) Intusschen werd dit
door velen zeer euvel opgenomen. « Ik heb mij,"
dus schrijft hij hieromtrent, « met den grootsten
ijver toegelegd op waarheid, welke de ziel is der
geschiedenis. Waar deze ontbreekt, is het geen
geschiedenis, wat onder dien naam aan de menschen wordt opgedrongen, maar fabel...... Eenmaal deze loopbaan ingetreden, ben ik met vasten
moed voortgegaan, en heb gemeend het begonnene
werk niet te moeten staken, voor ik den eindpaal
had bereikt; niettegenstaande de zich meer en meer
openbarende moeijelijkheid mij afschrikte, en eenige kwalijkgezinde (c) lieden, die zeer ontevreden waren, dat hunne fabelen werden gelaakt en

---

(a) Rer. Fris. praef. p. 1.
(b) Ibid. p. 5. Even ongunstig oordeelen over hem C. Schotanus
en Foeke Sjoerds. De laatste zegt van hen met verontwaardiging:
(Beschr. van Friesland I. p. 19)
 « Zij vinden nog, hoe zot hun schriften mogen wezen,
 Een boekworm die ze drukt, en gekken die ze lezen."
(c) « Sinistri ac male feriati."

veracht, met groot geschreeuw en geweld op mij aanvielen." (a) Hij bleef dan ook niet in gebreke, deze zijne tegenstanders, naar de gewoonte dier tijden, onbewimpeld te beantwoorden. «Mijne meening is altijd geweest, dat zij, die de geschiedenis van eenig volk hooger ophalen, dan oude en geloofwaardige geschriften dulden, indien zij niet uit scherts zoo handelen, bedriegers zijn, en dat zij, die hun toejuichen of gelooven, en in zulke verzinselen vermaak scheppen, waanzinnig zijn, en met der daad toonen, meer op te hebben met beuzelingen dan met ernstige zaken. De geschiedenis van ons volk tot het jaar 690, waarin Willebrord met zijne gezellen om het Euangelie te prediken uit Engeland in Friesland kwam, kan nergens anders uit worden gekend dan uit de schriften der Romeinen, Franken en Anglen, of van hen, die uit Engeland herwaarts zijn overgekomen. Ook acht ik het buiten kijf, dat wij de geschiedenis van eenige eeuwen daarna, met weinige uitzonderingen, aan buitenlandsche, niet aan inlandsche schrijvers te danken hebben. Want onze voorouders hebben eerst laat begonnen het voorgevallene ten nutte der nakomelingschap op te teekenen." (b)

(a) Ibid. p. 10. 11. Vergel. L. IV. p. 55. Ook: de Frisia et Frisiorum republ. Lugd. Bat. 1616. fol. p. 8. 15. 16. 18. en de geheele voorrede: de origine atque antiquitatibus Frisiorum.

(b) De Frisia et Frisiorum republ. Lugd. Bat. 1616. fol. p. 6. 7. Vergel. H. de Groot, oudtheit der Batavische Republijke, Hoofdstuk I. op het einde, en Hoofdstuk IV. het begin; en Johan v. d. Does, van Boxhorn, en Matthaeus, aangehaald bij Pars, Index Batav. p. 5 en 4. v. Halsema, in verh. van het Gron. Gen. II. 7. v. Wicht, Vorb. zu dem Ostfr. Landr. S. 5. 6. J. A. Sireso, in het 19de stuk der verh. van Teylers tweede Genootschap, p. 5 (**).

Bij dit gebrek aan inlandsche schrijvers maakte hij dus een gepast gebruik van die schriften, die hem alleen geloofwaardig voorkwamen. Zoo begreep hij b. v., dat datgene, wat Tacitus van de Germanen in het algemeen had gezegd, zonder twijfel ook op de Friesen was toe te passen. (*a*) Hij was derhalve geheel warsch van de kleingeestigheid, waarmede sommigen, omdat wij thans eenen afzonderlijken staat uitmaken, schijnen te meenen, dat de geschiedenis van die landstreek, welke nu het Koningrijk der Nederlanden heet, toen ook een op zich zelf staand geheel vormde, zonder te bedenken, dat zij naauw verbonden, ja dikwijls ineengesmolten is met die der uitgestrekte landen of rijken, waartoe deze gewesten behoorden. Van daar dat hij, bij het verhaal van de invallen der Noormannen, (*b*) zich niet strikt tot de grenzen van Friesland bepaalt, maar ook hunne bedrijven in Gallië, „ niettegenstaande zijne voorgenomene beknoptheid, wat uitvoeriger" mededeelt, „ omdat hij meende, dat zulks tot begrip van de geschiedenis der Friesen in die tijden niet ondienstig was." (*c*) Van daar dat hij in het breede handelt over de verbreiding des Christendoms in Deenemarken en den invloed van Henrik den Vogelaar en Otto op de Deensche zaken, schoon dit laatste punt voor de geschiedenis dezer landen van minder belang is dan de pogingen van Karel den Grooten, Lodewijk den Vromen en andere Karolingische vorsten, om de christelijke godsdienst in het

---

(*a*) Rer. Fris. historia p. 4.
(*b*) Rer. Fris. L. V. seqq.
(*c*) L. V. p. 83.

Noorden te doen aannemen. Want de gevolgen hiervan hadden eenen meer regtstreekschen invloed op het lot onzer voorouderen, welke uit de geschiedenis blijkt, en dus niet alleen bij gissing behoeft te worden opgemaakt.

Schoon ik dus, zoo zeer als iemand, de verdiensten van onzen beroemden landgenoot op hoogen prijs stel, heb ik echter voor mijne verhandeling alles, wat in zijn werk voorkomt, geenszins als volkomen geloofwaardig kunnen beschouwen. Hij zelf vermeldt, in zijne opdragt aan Enno, Graaf van Oostfriesland, (a) dat hij, geene gedrukte bronnen voor de Friesche geschiedenis vindende, zich bediend had van geschrevene stukken, door liefhebbers der Friesche zaken weleer bijeengebragt, welke ruw en tot nog toe door weinigen gezien, doch door hem met groote moeite opgespoord waren. Deze had hij in orde en overeenstemming gebragt, en zorgvuldig van al het fabelachtige gezuiverd. Ook had hij, door den tijd, meerdere, hem dienstige HSS. bekomen, daar hij, ter verbetering van zijn werk, zich ijverig bezig hield met het verzamelen van oude oorkonden aangaande overeenkomsten, verbonden enz., als onwraakbare getuigen der gebeurde zaken. Hoe nu Emmius in het gebruiken dezer onderscheidene bronnen te werk ging, acht ik niet ongepast hier door een, ter zake dienend, voorbeeld op te helderen. In het derde boek (b) maakt hij melding van eenen verdichten inval der Noormannen in Friesland in de eerste eeuw na Christus, toen

---

(a) p. 3.   (b) p. 46-49.

Tabbo, naar het heet, over de Friesen regeerde. Ook spreekt hij van eene overwinning, in 398 door Richold Offo op de Noormannen behaald; van een tienjarig verbond tusschen Friesen en Noren in 410, enz., al hetwelk « vermaakshalve schijnt verzonnen te zijn." (a) Na nog meer dergelijke zaken verhaald te hebben, laat hij er op volgen: « Die dit wil gelooven, moet noodzakelijk tevens zoo vele uitmuntende en wel ter naam staande schrijvers, die hiervan geheel en al verschillen, geloof ontzeggen. Derhalve deze zoo ijdele beuzelarijen met haren beschermheer" (Suffridus Petri) « ter zijde gesteld, of liever uit de geschiedenis verbannen hebbende, willen wij nagaan, wat door betere soort van schrijvers, die de waarheid hebben willen zeggen, is aangeteekend, of, waar wij van duidelijke gedenkstukken zijn verstoken, wat met de waarheid meer overeenstemt." Hierop geeft hij het verhaal van « zekere Annalen, door eenen aanzienlijken, doch niet geleerden man uit oude bescheiden ter goeder trouw bijeengezocht," hetwelk hem voorkwam waarschijnlijker te zijn. Doch ook dit wilde de eerlijke Emmius zijnen lezeren niet voor ontwijfelbare waarheid opdringen; integendeel, na hieruit eenige gissingen te hebben opgemaakt, keert hij tot de berigten van den geloofwaardigen Beda terug, met de, hier ter plaatse beduidingsvolle, woorden: « opdat eindelijk mijn verhaal derwaarts terugkeere, van waar het was afgedwaald." (b)

(a) « Conficto ad delectationem argumento similia."
(b) Hieruit blijkt, dat v. Wicht te streng over hem oordeelde, toen hij schreef: « Eben dieser Emmius, dieser geschichtkundige

Emmius had dus, voor mijn onderwerp, geene bronnen, die sedert zijn verdwenen; integendeel zijn na hem vele belangrijke en echte geschiedverhalen of ontdekt, of met oordeelkundige naauwkeurigheid van eene menigte fouten gezuiverd. Van daar dat wij, bij het gebruik dier schrijvers, zoo als wij ze thans kunnen lezen, in het werk van Emmius eene gedurige verwarring van de onderscheidene invallen der Skandinaviers in deze landen ontdekken. Verre zij het van ons dit aan eenige onoplettendheid toe te schrijven; bewonderen wij veeleer den scherpzinnigen man, die, daar hem in zijnen leeftijd nog zoo weinig was voorgewerkt, met geringe en onvolkomene hulpmiddelen zoo veel heeft gedaan. Doch ik meen echter mij, onder deze omstandigheden, niet op hem als op eenen geloofwaardigen getuige te kunnen beroepen omtrent zaken, die acht tot zes eeuwen voor hem zijn gebeurd; vooral daar hij zijn verhaal dikwijls, naar de wijze der latijnsche geschiedschrijvers, heeft uitgebreid en opgesierd.

Ziedaar den gang mijner onderzoekingen omtrent het gebruik, dat ik maken mogt van de geschriften van Ubbo Emmius: men kan er uit zien, dat ik hieromtrent niet ligtvaardig ben te werk gegaan. Had ik even uitvoerig rekenschap willen geven, waarom ik dezen schrijver al, genen niet heb gebruikt, waarom ik van onderscheidene gevoelens

---

Mann, het sich von dem Strom der alten Sage mit wegreissen lassen." Vorber. au dem Ostfr. Landrechte S. 53. Emmius liet zich niet medeslepen, en zocht ook zijne lezers hiertegen te bewaren. Daarenboven verwart v. Wicht hier « die alte Sage" met opzettelijk gesmede leugen-verhalen.

het eene verwierp, het andere aannam, vooral waarom ik aan eene menigte verzinselen eene plaats in mijn geschiedverhaal ontzeide, ik zoude van den tijd des lezers misbruik hebben gemaakt. Intusschen zijn de aanhalingen zoo ingerigt, dat ieder, des verkiezende, den gang van het werk uit dezelve genoegzaam kan opmaken, en door het naslaan der schrijvers zelf de gegrondheid van het gestelde onderzoeken. Dezen regel heb ik altijd in het oog gehouden: wanneer gelijktijdige schrijvers daar stilzwijgen, waar, zoo er iets te zeggen was, het had moeten gezegd worden, dan spreekt dit stilzwijgen sterker en getuigt krachtiger, dan de fraaiste verhalen van lateren. « Man widerlege mich denn," zeide Luther, « aus ächter alter Schrift; wie ich sage, also stehet geschrieben; ich kann nicht anders!" (*a*)

Ik heb het noodig geacht op dit punt een weinig uitgebreider te zijn, wijl men tegenwoordig hier en daar schijnt over te hellen, om te veel vertrouwen aan de « Friesche jaarboeken" te schen-

---

(*a*) Vergel. Bredow, Karl der Grosse S. 154. 165. P. E. Müller, Ursprung und Verfall der Isl. Historiographie, S. XIII. « Die eigentliche Geschichte will mit einem freyen, auf die Denkmähler der Vorwelt unablässig hingerichteten Auge, ohne polemische Seitenblicke, geschrieben seyn." Bonamy, in de Mem. de l'Acad. des Inscript. XX. p. 109. « Le nombre et la réputation des auteurs modernes qui ont embrassé un sentiment, ne suffisent pas pour nous déterminer à l'adopter. La critique ne se contente pas du nom seul des auteurs modernes qui parlent des choses qu'ils n'ont pû savoir non plus que nous, que sur le rapport des autres; elle demande des passages formels d'auteurs contemporains, ou presque contemporains, qui soient par eux-mêmes témoins des faits, qui sont l'objet de nos recherches." Wie zou gelooven dat deze zoo eenvoudige regel zoo dikwijls wordt vergeten?

ken. Wanneer een Westendorp de kritiek van Emmius *twijfelzucht* noemt, (*a*) wanneer een Bilderdijk zonder genoegzame bepaling beweert, dat de verhalen dezer jaarboeken vooronderlijke overlevering bevatten, en men dus dezelve niet kan verwerpen, zonder een geheel volk tegen te spreken, (*b*) dan is het allezins te vreezen, dat hun gezag velen tot een blind navolgen zal brengen. Men leze de Inleiding van de Wind, voor zijne bibliotheek der Nederlandsche geschiedschrijvers, (*c*) men leze vooral die " Friesche schrijvers" zelve, en oordeele, of men hen voor geloofwaardig mag houden. En wat de overlevering betreft, mijn gevoelen is geenszins, dat men haar, zoo zij met regt dien naam draagt, gezag moet ontzeggen; doch men moet haar gebruiken als overlevering, niet als historische waarheid, en er dus niet meer uit willen afleiden, dan er werkelijk in bevat is.

Wanneer men de geschiedenis van eenig tijdvak uit de bronnen heeft nagespoord, en vervolgens de latere bewerkingen nagaat, dan ziet men al

---

(*a*) Jaarboek van en voor Groningen I. 21. Dezelfde geachte schrijver erkent veel strengere regelen der historische kritiek in zijne verhand. over de Hunebedden, in het Iste deel der letter- en oudheidkundige verh. v. d. Holl. Maatsch. der Wetensch. te Haarlem. p. 297. " Alle getuigen, welke men inroept, om te bewijzen, dat de Hunnen vroegtijdig in Zweden, Denemarken en Duitschland doorgedrongen zijn, vallen weg, als men ze afhoort. De hoop bewijzen bestaat uit niets dan overleveringen, romans, afleidingen, gelijkluidende namen en dergelijke *Schrieckiana*." (Over de buitensporige zucht voor woordafleidingen, waardoor Adriaen van Scrieck zich berucht heeft gemaakt, zie Ebert, Bibl. Lex. II. S. 744. en de Wind, Bibl. I. 5. p. 821.)

(*b*) Gesch. des Vaderl. I. p. 89 en volg.

(*c*) Vergel. hetzelfde werk p. 228. 229.

spoedig, hoe vele schrijvers dikwijls niets anders
gedaan hebben, dan hunne voorgangeren, somtijds
onnaauwkeurig en met overhaasting, naschrijven,
terwijl zij tevreden waren wanneer zij over dit na-
geschrevene eenige gissingen geopperd of het uit
eenig nieuw oogpunt hadden voorgesteld. (*a*) Somtijds zijn ook de aanhalingen der bronnen nageschreven, opdat men schijnen zou dezelve gelezen en gebruikt te hebben; doch hij, die deze
werkelijk beoefend heeft, ziet ligtelijk, dat het
slechts geleende vederen zijn. Van hier hebben sommige geschiedkundigen in Duitschland alle latere
bewerkingen ter zijde gesteld en hunne geschiedverhalen alleen uit de bronnen ontleend. Het is
er verre van af dat ik deze handelwijze zoude goed-
keuren. Zij onderstelt, geheel ten onregte, dat
alle schrijvers met dezelfde gebreken behebt zijn,
en berooft ons van de gelegenheid, om met de
vorderingen en inzigten van anderen ons voordeel
te doen. Maar aan den anderen kant acht ik het
onnoodig, wanneer men een volledig gebruik heeft
gemaakt van de echte bronnen, en de beste bewerkingen van lateren daarbij heeft geraadpleegd, allen, die ooit iets over ons onderwerp geschreven
hebben, bij te brengen. (*b*) Allen moesten immers uit dezelfde bronnen putten, en wie kan den
lezer van een geschiedverhaal, ja zelfs van een

(*a*) Verg. Thierrij, Lettres sur l'hist. de France, onder anderen Lettre VI.

(*b*) Het komt mij veel beter voor, nimmer eene plaats aan te halen, die men niet *zelf heeft gelezen*, dan met titels te pralen, die
men zoo ligt kan overschrijven, of uit boeken-lexica, repertoria,
manuels du libraire enz. ontleenen.

geschiedkundig onderzoek lastig vallen met het vermelden en wederleggen van zoo vele ongegronde en niet doordachte stellingen, als men in vele schriften, vooral over de geschiedenis der middeleeuwen, geboekt vindt? Schoon hieromtrent in mijne verhandeling eer te veel dan te weinig gedaan is, heb ik mij evenwel doorgaans bepaald bij zulke dwalingen of onnaauwkeurigheden, die ik bij schrijvers van naam had opgemerkt, omdat er voor deze het meeste gevaar bestaat, dat zij voortdurend in de geschiedenis worden opgenomen. Niemand zal dit, naar ik vertrouw, kunnen wraken. « Het onderzoek der waarheid, welke het voorwerp moet zijn onzer studiën, kan ons somtijds toestaan eene gepaste vrijheid in het uitdrukken van onze gevoelens te gebruiken." (a)

Het zij mij vergund, met nog een paar voorbeelden mijne meening op te helderen en te staven. Wanneer Suhm (b) verhaalt, dat in 779 de Noormannen in Friesland vielen, dat Jan Hermana te Westerbierum sneuvelde, dat Korewert en Hindelopen verbrand werden, doch dat de inwoners van Stavoren den vijand eindelijk verdreven, dan is immers het noemen van plaatsen, die toen nog lang niet bestonden, genoegzaam, om het gansche verhaal den bodem in te slaan? Hierbij komt nog het stilzwijgen der gelijktijdige schrijvers, die anders de invallen, waaraan men onder Karel den Grooten nog niet gewoon was, zoo naauwkeurig opgeven. Wie zou dergelijke verhalen telkens willen overnemen en wederleggen?

(a) Bonamy, in de Mem. de l'Acad. des Inscr. XX. 126. 127.
(b) Usbers. Gräter I. 2. S. 355.

Even zoo is het gelegen met de verzekering van Jan Reygersberch, (*a*) dat de edele stam van Borsselen reeds in de helft der negende eeuw « in Zeelandt die moghenste ende edelste gheweest is, die hier voormaels die Denen ende ongheloovige Gotthen uyt Zeelandt verdreven hebben." Hoe kon de edele stam van Borsselen zoo lang voor de kruistogten bekend zijn, daar voor dezelve geene geslachtsnamen of wapenen in gebruik waren? (*b*) En van waar had Reygersberch deze belangrijke berigten ontleend? Hij beroept zich wel op eenige vroegere schrijvers, die hij bij het zamenstellen van zijn werk had gebruikt; (*c*) doch kort daarop merkt hij aan: (*d*) « datter van Zeelandt hier voortydts luttel gheschreven heeft gheweest; ende oock 'tghene datter ghescreven was, al meest bij brande, ende inundatien, ofte ander ongheluck, vergaen is, alsoo dat wij hebben moeten deursoecken die schriften van oude geloovelijcke mannen, die wij eensdeels mondelinghe ghesproecken hebben, wat sij in Zeelandt bij haren leven, van ouders tot ouders, van de gelegentheyt ende oorsprongen van 't Landt van Zeelandt gehoort, ende eensdeels mede beleeft hebben." Het behoeft geen betoog, dat men op zulke losse gronden niets als historische waarheid kan aannemen, ten zij het, of door de berigten van gelijktijdige of bijna gelijktijdige schrijvers wordt gestaafd, of om eenige andere re-

---

(*a*) Chronijck van Zeelandt, in de Opdragt aan Maximiliaen van Bourgoingnen, p. 6. 9.
(*b*) Heeren, Folgen der Kreuzzüge, in : hist. Werke. II. S. 185.
(*c*) Eerste voorredes p. 8.
(*d*) P. 17.

den voor zeer waarschijnlijk mag worden gehouden (*a*).

Bl 22 (*a*). Bij de hier opgegevene sporen van vroegere invallen en nederzettingen der Skandinaviers in deze landen, kan welligt nog in aanmerking komen het door Thorkelin uitgegevene gedicht: de Danorum rebus gestis seculo III et IV. Hauniae 1815. 4°. Doch van vrij wat meer belang is de stelling van v. Halsema: (*b*) « Zeer gepast kan men, tot de nasporing der vroegere en latere regten dezer landen nog voegen de aloude wetten der Angliers en Weriners, mitsgaders die der verder opwaarts gelegene volken, de Denen, Zweeden, Jutten. De eerste inwoneren dezer gewesten zijn uit dien noordschen hoek oorspronkelijk; 't is over zulks, dat er vele gelijkheid tusschen de onze en die wetten gevonden wordt, en dat eene menigte van onze gebruiken uit die genoemde regten kan worden nagegaan." Elders leest men: « Het gaat vast, dat der Friesen voorouderen, den Noormannen, 't dijkwerk zij bekend geweest. Want in hunne taal beteekent *dyses* een aardheuvel, en *disian* eenen dooden

---

(*a*) Volgens Reygersberch II. 5. heeft Karel de Groote « maakt alle deze Nederlanden van de servituyt der Deenen ende Gotten verlost, in 't jaer van 838 nae der geboorte Christi." Intusschen was Karel de Groote reeds in 814 gestorven; en op p. 8. verhaalt dezelfde schrijver, dat « Keyser Ludovicus" in 838 Zeeland van de Deenen en Noormannen heeft bevrijd. Op p. 12. heet het: « Dirick, die tweede Graeve van Zeelandt, verdreef in sijnen tijden met die Heeren van Borsselen noch sommige Deenen ende Noormans, die noch in Zeelant gebleven waren, sodat die ander verjaecht waren." R. schijnt dus niet geweten te hebben, dat de Noormannen telkens werden verjaagd en telkens weder terugkeerden.

(*b*) Staet en regeringsvorm der Ommelanden, in de verh. van het Groninger Genootschap pro exegi. jure patriae II. 143.

begraven. Wat is dit *dyese* anders dan *dijk?*" (*a*) Het oordeelkundige onderzoek naar vroegere vestigingen van Skandinaviers in onze gewesten is aan groote moeijelijkheden onderworpen; een gelukkige uitslag van hetzelve zou een aanmerkelijk licht over onze oudste geschiedenis verspreiden. Doch het zij genoeg dit hier te hebben aangewezen; de grenzen mijner verhandeling strekken zich niet zoo ver uit. Tot nog toe komt het mij voor, dat de overeenkomst tusschen de wetten en gebruiken in het noorden en in deze landen het natuurlijkste kan worden verklaard uit den gemeenschappelijken Germaanschen oorsprong der bewoners, of uit vroegere nederzettingen van Skandinaviers hier te lande, zoo men deze als historisch zeker durft aannemen, waarvoor buiten twijfel veel bijgebragt kan worden. Doch aan de invallen gedurende de negende, tiende en elfde eeuwen zou ik hieromtrent niet veel invloed durven toekennen. De Noormannen waren te gehaat, de hun geboden tegenstand was te aanhoudend en te hardnekkig, hunne overheersching duurde te kort, en het getal dergenen, die zich onder de landzaten vermengden en hier gezeten bleven, was betrekkelijk veel te klein, dan dat hunne gebruiken en wetten hierdoor in deze landen konden worden overgeplant. (*b*)

Bl. 23 (*a*). *Mijns inziens — zamen te stellen.* Met welk een ongelukkig gevolg dit door Suhm in

---

(*a*) v. Halsema, Ibid. p. 498. uit v. Wicht, Ostfr. Landrecht, Vorbericht S. 69-71. en Ostfries. Deich- und Syhl-Recht S. 871. 872. Vergel. Cornelius Rottas, aangehaald door Reygersberch, Chronijck van Zeelandt. p. 28.

(*b*) Vergel. v. d. Spiegel, Oorspr. der Vaderl. rechten. p. 69-71.

zijne Crit. Hist. af Danm. is beproefd, kan men overtuigend zien in de door mij bl. 11 (a). vermelde Forschungen van Dahlmann, die ten duidelijkste toonen, dat dit werk als geschiedenis geen genoegzaam vertrouwen verdient. Het was dus niet noodig hetzelve voor mijne verhandeling te gebruiken, al begon ook het in de vraag aangewezene tijdvak niet eerst met de negende eeuw. « Müllers Sagabibliothek," zoo zegt naar waarheid een bevoegd beöordeelaar, (a) « en Dahlmann's Forschungen hebben een einde gemaakt aan het dikwijls planlooze en onoordeelkundige gebruik der, slechts voor een klein gedeelte oude en echte, narigten over den voortijd des Noordens, zoodat van nu voortaan niet ligt meer een stelselmatig Mytho-historicus, zoo als Torfäus, Schöning, Suhm enz., zelfs met het geringste vooruitzigt op algemeenen bijval, zal optreden." (b)

Bl. 24. (b). Volgens Münter, Einf. d. C. in D. u. N. heeft Karel Liudgers verzoek geweigerd, omdat de Saksen hem geleerd hadden, hoe verkeerd het was, het Christendom met het zwaard

---

(a) G. Lange, in de meerm. aangeh. Untersuchungen, S. IV.

(b) Vergel. R. Nyerup, Leben und Schriften von P. F. v. Suhm. Kopenh. 1799. S. 52. en Depping, expéd. des Normands. I. XXXV. XXXVI. « Suhm pousse si loin le respect pour les témoignages anciens, qu'au lieu de combattre leurs contradictions, il cherche toujours à les concilier, et qu'il admet plutôt deux personnages du même nom, que de rejeter les faits incroyables attribués à un seul. Il soumet tout, jusqu'aux fables, à une discussion souvent fort inutile." Hoe de waarheidlievende onderzoeker der geschiedenis ook de historische Volks-Sagen kan en moet gebruiken, is voortreffelijk aangetoond door, den bij Lange aangehaalden, Manso, Gesch. des OstGothischen Reichs in Italien. Breslau 1824. S. 172. Vergel. de voorrede voor T. II. der Edda Saemundina. Haunine 1818. p. II-IV.

voort te planten, zoodat hij, daar tevens het vuur zijner jeugd en van zijnen mannelijken leeftijd was verzwakt, de Deenen, met betrekking tot de godsdienst, met groote omzigtigheid behandelde.

Bl. 26 (*a*). De aangehaalde plaats uit het leven van Angilbert levert een treffend bewijs op, hoe de berigten der lateren dikwijls onmatig zijn vergroot. Deze schrijver, die in het begin der 12de eeuw leefde, verhaalt, dat *eene menigte Deenen* door de monden van de Somme en Seine *en alle naburige havens* in Frankrijk vielen, doch dat zij verjaagd zijn door eenen hevigen storm, met donder en hagel, die op het gebed van Angilbert tot S. Richarius tegen hen woedde. Wie erkent hier niet eene vergrooting en opsiering, ontleend uit hetgeen later of werkelijk is gebeurd of algemeen is geloofd? De tijdgenooten van Karel den Grooten weten van dit alles niets, en men kan dus uit dit gansche verhaal niets meer opmaken, dan door Hegewisch t. a. p. is gedaan.

Bl. 29. 39. Vergel. over den Poeta Saxo A. von Feuerbach, kleine Schriften. Nürnberg 1833. 8°. S. 410 en 414. Schoon hij Einhards Prosa in slechte versen, flaauw en wijdloopig, en daarenboven dikwijls onnaauwkeurig, heeft overgebragt, schijnt hij er toch hier en daar, als ooggetuige, eenige niet onbelangrijke trekken te hebben bijgevoegd.

Bl. 33. In een voortreffelijk werkje van Leopold von Ledebur, (*a*) worden de onderscheidene gevoelens over dit Hochbuchi nagegaan en wederlegd.

(*a*) Kritische Beleuchtung einiger Punkte in den Feldzügen Karls d. Gr. gegen die Sachsen und Slaven. Berlin 1829. S. 126 en volgg.

De schrijver toont S. 181, dat de Altenburg bij Buchberg, thans Ollenberg en Boberg geheeten, voor Hochbuchi moet worden gehouden. « De nabijheid der vesting bij Hamburg, welks bloei zoowel als de uitbreiding van Saksenland over de Saksische Mark, waarschijnlijk oorzaak geweest is van het spoedige zinken en verdwijnen van het oude Hochbuchi, maakt het verklaarbaar, hoe Hamburg zelf voor Hochbuchi kon worden gehouden. Buchberg ligt wel niet aan de Elbe, maar aan de Bille; doch de eerste vereeniging van de Bille met de Elbe heeft reeds bij Bergedorf plaats gehad, en men moet de Bille bij Altenburg reeds voor eenen arm der Elbe rekenen."

Bl. 36. (*a*). De door Wiarda waarschijnlijk bedoelde plaats heb ik sedert gevonden in de Saga Olafs Trÿggvasonar, in de meermalen aangehaalde Fornmanna Sögur. Vol. I. p. 106. C. 60. en in de Scripta historica Islandorum. Hafniae 1828. Vol. I. p. 128. C. 60. Men vindt daar een kort verhaal aangaande de zaken van het noorden, grootendeels overeenkomstig met het door mij op p. 37 en volgg. gestelde. Alleen worden er geheel andere beweegredenen opgegeven van Heriolds overgang tot het Christendom. « Hij had," zegt de schrijver, (*a*) « in een gevecht tegen Reginfrid, eenen zoon van Godfrid, eene gelofte gedaan, dat, indien hij de overwinning behaalde, hij zich en de zijnen zoude doen doopen; toen hij dus zijne vijanden had geslagen, ging hij eerlang met zijne vrouw, zijnen

---

(*a*) Gunnleug, een moenik, die tegen het einde der 12de eeuw leefde.

neef Harek, en eene groote menigte Deenen tot den Keizer. Na te Maintz gedoopt te zijn, keerde hij naar Deenemarken terug, verzeld door Ansgarius, die aldaar vele menschen tot het Christendom heeft gebragt. Heriold is aan eene ziekte gestorven." Deze laatste woorden zijn merkwaardig, en doen ons gissen, dat Heriold, die zich in 826 te Maintz liet doopen, een ander is dan die, welke voor 850 werd omgebragt, (zie mijne verh. p. 100) vooral daar elders melding wordt gevonden van eenen Heriold den jongeren, (zie de verh. p. 102) en Gunnlaug er terstond op laat volgen: « Harek, zijn bloedverwant, heeft daarop over Jutland geheerscht, tot dat hij in den strijd tegen zijns broeders zoon Guthorm is gesneuveld." Want men herkent in dezen Harek en Guthorm ligtelijk Horik den ouden en Godurm, die bij mij op p. 105 voorkomen. De zaak wordt nog ingewikkelder door hetgeen men leest bij Münter, l. l. S. 278: « De dood van Heriold" (of Harald Klak, zie mijne verh. p. 25. (b)) « wordt gewoonlijk op het jaar 846 gesteld; hij bragt zijne laatste jaren in zijn leen door." en S. 314. « Een ander deensch vorst Heriold, waarschijnlijk een kleinzoon, of neef, van Harald Klak, en dezelfde, die, toen de kleinzonen, of neven, van Erik I. in 850 omgekomen waren, zich een deel van hun land toeëigende, en daarom door Koning Erik verdreven werd, zou in 852 bij Koning Lodewijk hulp gezocht, en den doop aangenomen hebben. Hij keerde echter niet naar zijn vaderland terug, maar bleef bij de Franken; doch hij raakte naderhand bij hen verdacht, en werd door de beambten aan de deensche grenzen omgebragt. (a) De IJslanders noemden hem Klak Harald, en hij was de vader der beroemde Koningin Thijre Danebod." Geheel onverklaarbaar is mij, hetgeen dezelfde schrijver zegt op p. 347. « Thijra Danebod was eene dochter van den reeds boven vermelden Vorst of Jarl Harald, die onder Lodewijk den Vromen" (die in 840 stierf) « het Christendom aannam. Hij trok in 916" (dus 76 jaren na den dood van Lodewijk den Vromen) « naar Frankrijk, waarschijnlijk naar Normandije, nam daar openlijk het christendom aan, en stierf aldaar. Zie Suhm, Hist. af D. II. 509." De naam Heriold of Harald was in het noorden zeer algemeen, waardoor soortgelijke verwarringen ligtelijk konden ontstaan. Eindelijk verhaalt Gunnlaug, dat Heriold te Heidabaer of Hadebij, later Sleeswijk, waar hij eenen tijd lang zijn hof hield, (b) eene kerk had laten bouwen. Schoon wij nu zulke bijzonderheden, welke elders geheel niet voorkomen, gaarne in hare waarde laten, mogen wij echter Gunnlaug niet gelooven, wanneer hij in wederspraak is met oudere schrijvers. Zijn plan was, de geschiedenis van Koning Olaf te beschrijven, hetwelk hij met vlijt en naauwgezetheid heeft volvoerd. Doch in het voorafgaande korte verhaal

---

(a) Is dit welligt eene verkeerde opvatting der door mij aangehaalde Annal. Fuld.? Men leest aldaar: « A°. 852. Herioldus Nordmannus, qui *superioribus annis* iram domini sui Horuc Danorum regis fugiens, ad regem Hludowicum se contulit, ab eo benigne susceptus, baptizatus ac fidei sacramentis imbutus est; cum per plures annos honorifice inter Francos haberetur, tandem principibus Borealium partium et custodibus Danici limitis, quasi lubricae fidei et molimine proditionis coepit esse suspectus; unde et ab iis occisus est."

(b) Münter, l. l. S. 250.

aangaande de vroegere koningen van Noorwegen ontdekt men bij hem verscheidene onnaauwkeurigheden. In het berigt aangaande Heriolds gelofte en overwinning herkent men duidelijk een monniken-verdichtsel.

Bl. 38 (*a*). Misschien berust het verhaal van van Kampen op eene plaats van den monnik van St. Gallen: (*a*) « Godefridus Rex Nordmannorum Caroli absentia animatus fines regni Francorum invasit, Mosellanumque pagum in sedem sibi *praeëlegit*." Doch dit beteekent niets anders, dan dat hij *vooraf reeds* plan had gemaakt aan of bij de Moezel zijnen zetel te vestigen, zoo als ook de gelijktijdige schrijvers melden, dat hij pochte eerlang Aken te zullen bemagtigen. Overigens weet ik niet op welken grond L. Offerhaus (*b*) de woorden: « Mosellanus pagus" vertaalt door « de streek langs de Maas, die wij Maasland noemen."

Bl. 40. Een later — verzocht heeft. Gunnlaug, t. a. p. schrijft integendeel, dat Hemming, die hier in sommige HSS. niet de broeders zoon, maar de broeder van Godfrid heet, met zijn leger tegen Karel tot aan de Eyder is opgetrokken, doch dat men daar vrede heeft gemaakt.

Bl. 57 (*a*). « Wie es doch so schwer wird, auf das zu verzichten, was der Heimath eine historische Merkwürdigkeit zu erwerben scheint!" v. Ledebur, Krit. Beleucht. S. 31.

Bl. 74 (*b*). Van Wijn, in de verh. v. h. Zeeuwsch

(*a*) Cap. 21.
(*b*) Schets van de volken, die weleer Nederland bevolkt en bewoond hebben, in de verh. v. d. Holl. Maatsch. der Wetensch. te Haarlem, 6de D. 1ste St. p. 227.

Gen. te Vlissingen, D. III. p. 228. 229. beweert, dat Utrecht toen reeds aan beide zijden van den Rhijn lag, zich voornamelijk beroepende op de Annales Bertiniani, volgens welke de Deensche vloot *per vetus Trajectum* naar Duurstede voer. Ik twijfel of men uit de beteekenis van het woord *per* bij de schrijvers dier dagen dit met genoegzame zekerheid kan opmaken, vooral daar het bij mij in den tekst p. 74 en 75 aangevoerde tegen deze opvatting strijdt, en blijf dus bij mijne vertaling: *langs Utrecht*. Dat aan de overzijde der rivier welligt ook eenige huizen gestaan hebben, wil ik niet tegenspreken; maar het is hoogst onwaarschijnlijk dat die tot de stad, d. i. tot dat gedeelte, 't welk met muren en poorten was beveiligd, behoord hebben.

Bl. 75 (*a*). Nabij Assen in Drenthe zijn voor eenige jaren zilveren penningen van den aanvang der 9de eeuw opgegraven, waaronder twee, onder Lotharius te Dorestatus geslagen. (*a*) De t. a. p. onder N°. 3. afgebeelde heeft aan de eene zijde een kruis, met het omschrift HLVDOVVICVS IMP., aan de andere eene kerk, met het omschrift XPISTIANA RELIGIO, en komt volkomen overeen met die, welke bij Münter, l. l. op den titel afgebeeld is. Deze schrijver verhaalt, dat men dergelijke munten niet zelden in Deenemarken, zelfs eens in eenen grafheuvel, gevonden heeft. Hij gist daarom, dat Lodewijk dezelve liet slaan naar aanleiding van Heriolds doop, en in het al-

---

(*a*) Zie verh. der 2de kl. van het Koninklijk Nederlandsche Instituut, D. I. p. 108. (plaat 2. N°. 7 en 8)

gemeen van zijne pogingen om het Christendom in
het Noorden in te voeren, en dat zij als dooppenningen aan de doopelingen werden geschonken. (*a*)

Bl. 76. « Niets is in oude en nieuwe krijgsgeschiedenissen gewoonlijker, dan dat eene stad gezegd wordt geheel vernield te zijn geworden, al was dit slechts voor een gedeelte het geval." (*b*)

Bl. 77. Over Witlam vergelijke men v. Wijn, Mem. de l'Acad. de Brux. III. p. x. en Bijv. op Wagenaar II. 21. 22.

Bl. 79. Volgens Boxhorn (*c*) is het goede, den ingezetenen van Zeeland door Bisschop Frederik ingeplant, (*d*) door dezen inval der roekelooze Deenen uitgeroeid, « blijvende niet te min noch overigh eenighe spruytselen van het aengevangen gheloove." Soortgelijke gissingen, hoewel zeer waarschijnlijk, echter niet op eenige uitdrukkelijke getuigenis van oude schrijvers berustende, heb ik slechts spaarzaam overgenomen, daar men er zoo weinig verder mede komt. Deze zij hier vermeld ten blijke, hoe weinig nut men uit onze latere schrijvers voor die oude tijden kan trekken. Dezelfde Boxhorn (*e*) gist, dat Middelburg gesticht is, of omtrent 836 tegen de Noormannen, of ten minste omtrent het jaar 1000 tegen de Vlamingen! Verg. mijne verh. p. 79. (*b*)

Bl. 87. De Noren noemden het rijk der Karolingische vorsten met eene niet onaardige woord-

---

(*a*) S. 264.
(*b*) Lange, Untersuchungen S. 81.
(*c*) Op Reygersb. l. l. I. p. 29.
(*d*) de Beka, p. 26. 24.
(*e*) l. l. p. 129.

speling *Kerlingaland*, 't welk ook beteekent: het land der oude wijven. *Kérla* IJslandsch = anus, anicula. (a) Merkwaardig is de voorspelling van eenen tijdgenoot van Lodewijk den Vromen, ons bewaard onder de brieven van Einhard. « De tweespalt der koningen doet mij grootelijks vreezen; en, ik zeg het met smarte, terwijl zij, naar kinderachtige raadgevingen hoorende, onderling tweedragtig zijn, zullen zij welligt spoedig, 't welk God verhoede, door de dapperheid van buitenlandsche, looze en magtige vijanden, die ons van alle zijden omringen, te laat tot eendragt worden teruggeroepen." (b)

Bl. 89. Stellinga - Saksen. v. Wicht zoekt te bewijzen, dat het aangehaalde berigt van Nithard hoofdzakelijk van de Friesen moet worden verstaan. (c)

Bl. 90. v. Wijn (d) tracht aan te toonen, dat het gezag van Lodewijk den Duitscher reeds sedert de verdeeling van 843 in het Utrechtsche moest erkend worden, en dat in de deeling van 870 (e).

(a) Zie Fornmanna Sögur l. l. en Scripta hist. Isl. l. l. p. 129. 130.

(b) Duchesne, H. Fr. SS. p. 711. Bredow, Karl d. Gr. S. 170 schrijft dezen brief aan Einhard toe, mijns inziens zonder voldoenden grond. Want in den bundel van 's mans brieven vindt men ook eenige van anderen afkomstig, b. v. de 19de, 20ste, 21ste, 59ste, en aan het hoofd van dezen brief wordt Einhard niet als schrijver genoemd. Verder brengt Bredow dezen brief tot na 840, schoon hij gerigt is aan de Keizerin Hermengard, die reeds in 818 stierf. Zie Hegewisch, Gesch. d. Karol. Monarchie S. 19.

(c) Vorber. zu dem Ostfr. Landrechte S. 78 (a). Vergel. van Halsema, verh. v. h. Gron. Gen. pro exc. jure patrio. II. p. 200.

(d) In de verh. v. h. Zeeuwsch Gen. te Vlissingen. D. III. p. 225 en volgg.

(e) Bij mij p. 119.

door *Utrech* niet ons Utrecht, maar Maastricht wordt bedoeld; of dat, zoo al het onze gemeend is, zulks alleen kan zien op het *westelijke* gedeelte dier stad, alzoo Lodewijk het *oostelijke* reeds sedert 843 had bezeten. Het zij genoeg hier dit gevoelen van dien kundigen man te hebben vermeld, daar ik hoop op hetzelve met der tijd nader terug te komen, wanneer er tevens gelegenheid zijn zal ter meer uitvoerige behandeling van het verschil tusschen de kerken van Utrecht en Keulen, dat in mijne verhandeling (a) alleen uit de Beka en Heda is aangeroerd, daar het onderzoek omtrent hetzelve, met betrekking tot de Noormannen, niet dan tot eene ontkennende uitkomst leidde.

Bl. 102. De hier vermelde rangschikking van Wagenaar wordt bevestigd door den gelijktijdigen schrijver van het Chron. Fontanell. (b) « In 850 landde eene vloot der Deenen in het rijk van Lotharius, onder aanvoering van Roruk en Godfrid. Spoedig de Waal verlatende zonder te plunderen," (ten gevolge van het verdrag met Lotharius, bij mij p. 101.) « vallen zij in Vlaanderen, waar zij allerlei verwoesting aanrigten."

Bl. 104 (b). Münter zegt t. a. p., dat Karel de Kale Neustrie aan Godfrid heeft afgestaan, hetzelfde land, dat in 912 aan Rollo werd gegeven. Het komt mij onwaarschijnlijk voor, 1º. dat de geschiedschrijvers van eene zoo belangrijke schenking niet uitdrukkelijk zouden gesproken hebben; 2º. dat Godfrid, met een zoo aanmerkelijk grondgebied

---
(a) p. 218-221.
(b) Bij Bouquet, Rer. Gall. et Franc. SS. VII. p. 42. Pertz heb ik thans niet bij de hand.

beschonken, naar Deenemarken zou teruggekeerd zijn, om van daar in het reeds zoo menigmaal geplunderde Friesland te vallen.

Bl. 107. (a). Hoe onheilspellend het Noorden bij de oude Friesen gerekend werd, blijkt ook hieruit, dat de galg en het rad, waarvan zij zich tot straf van sommige misdadigers bedienden, in hunne wetten *de noordsche boom* heeten. (a) Ik twijfel niet, of men moet dezen afschuw van het Noorden aan het leed toeschrijven, dat Friesland van de Noormannen moest verduren.

Bl. 116. Het schandelijke verdrag — vergoelijken. In eenen brief aan den Paus beroemt Lotharius zich op de moeite die hij nam om zijn land te beschermen. « Wij bevinden ons bijna op de uiterste grenzen van ons rijk, moeitevolle wacht houdende tegen den overlast der heidenen." Labbei Concil. VIII. 499.

Bl. 127. Bij het hier gestelde over den droom van Rollo vergelijke men P. E. Müller, de Snorronis fontibus et auctoritate, p. 12. ook afgedrukt in het 6de deel der Heimskringla.

Bl. 130. Evenmin kan ik — van Rollo is verwoest. Bij nader overleg gis ik, dat Wagenaar het daaruit heeft opgemaakt, wijl bij Joannes a Leydis de aanvoerder Roland heet, (b) en Rollo elders bij denzelfden schrijver Rollandus wordt genoemd. (c)

Bl. 131. « Na Rollo's vertrek," zegt Ubbo Em-

(a) Zie v. Wicht, Ostfr. Landr. S. 799-803.
(b) Zie mijne verh. p. 112.
(c) Zie mijne verh. p. 130 (c).

mius, (a) " leefden de Friesen in vrijheid, onder de oppermagt des Keizers, en onder Potestaten, die uit hun midden werden gekozen. Doch op de geschiedenis der Friesen in deze tijden rust doorgaans eene dikke duisternis." Het laatste is volkomen waar; het eerste is hier alleen door mij aangehaald, om er bij te voegen, dat het door geen gelijktijdig of geloofwaardig schrijver wordt vermeld, en daarom verdient met stilzwijgen te worden voorbijgegaan.

Bl. 133. Van de invordering der opbrengsten, ter afkooping der Noormannen, vindt men onder anderen een uitvoerig voorbeeld in de Capitul. Reg. Franc. ed. Baluzio. Ed. nova II. p. 257. 258.

Bl. 134. Tinnon. Mabillon verstaat hierdoor Thin-le-Moutier, un lieu du pays Retélois; doch hij wordt voldoende wederlegd door Lebeuf, Mem. de l'Acad. des Inscr. XXIV. p. 694. 695., die of aan Thuin aan de Sambre denkt, of aan Thun aan de Schelde, bij Cambrai.

Bl. 136. Menso Alting (b) gist, dat Sluis in Vlaanderen vroeger Biorzuna heeft geheten. Om de reden, bij mij in den tekst vermeld, kan ik mij ook met dit gevoelen niet vereenigen.

Bl. 138. Dat de slag bij Saucourt in Vimeu, niet bij Saucourt in de dioecese van Noyon, in 881, niet in 882 voorviel, bewijst Lebeuf, l. l. p. 698-701. Het berigt van Hariulfus aangaande de oorzaak van Lodewijks dood, hetwelk ik met de woorden: *naar men wil*, heb aangehaald, wordt door Le-

---

(a) Rer. Fris. L. VI. p. 84.
(b) Notit. Germ. Infer. II. p. 17 et 161.

beuf voor ongeloofwaardig verklaard, omdat een schrijver van de twaalfde eeuw geen geloof verdient tegen de gelijktijdige Annales Vedastini, volgens welke hij zich doodelijk had gewond bij het onbedachtzaam najagen van de dochter van zekeren Germond. Echter verdient het gerucht, hetwelk in de 12de eeuw hieromtrent in omloop was en door Hariulfus is opgeteekend, onze opmerking, als een sprekend bewijs van den roem, dien Lodewijk zich door deze overwinning ook bij de nakomelingen had verworven. Overigens verhaalt Gunnlaug, (a) dat de Noren bij deze nederlaag 14000 (and. lezen 13000, and. 4000) man hebben verloren.

Bl. 139. Godfrid, Sigifrid. Gunnlaug t. a. p. schrijft, dat daarenboven de zonen van Raghenar Lodbrog aanvoerders waren in het leger der Deenen. Zoo klonk de roem van dezen gevreesden naam van de mythische tijden af nog lange door de geschiedenis heen! Vergel. boven p. 8. en bijv. op p. 168. (a)

Bl. 139. Haslao. v. d. Spiegel, Oorsprong der Vad. rechten p. 34 en 35, houdt dit niet voor Elsloo, zoo als Wagenaar en van Loon, noch, zoo als Eindius, voor Bommenede in het eiland van Schouwen, maar voor Withla of Withloha, (bij mij p. 77 onder den naam van Witlam of Wittham vermeld) waarschijnlijk niet verre van het tegenwoordige Goeree. De gronden, die hij voor dit gevoelen uit den naamsoorsprong van Ascloha en Withloha afleidt, zijn zoo zwak, dat zij wel niemand zullen

---

(a) l. l. p. 130.

overtuigen. Dat « de Noormannen in dezen togt van Gend af langs de Schelde in de Maas zijn gekomen, en in het voorbijtrekken de Menapiers en Sueven hebben uitgeplunderd, waaruit duidelijk blijkt, dat zij langs de Westerschelde door de Zeeuwsche eilanden zijn getrokken," bewijst nog niet dat zij de Maas niet verder dan tot Witlam zijn opgevaren. Eindelijk houdt v. d. S. het voor onwaarschijnlijk, dat de Noormannen eene plaats tot hun verblijf gekozen hebben, die zoo ver van de zee lag als Elsloo. Doch behalve dat men vele voorbeelden vindt, dat zij hunne wapenplaatsen ver van de zee vestigden, mits zij slechts aan bevaarbare rivieren gelegen waren, blijkt het genoegzaam uit de door mij p. 140 opgenoemde steden en kloosters, die zij uit Haslao veroverden, dat deze hunne vesting diep landwaarts in moet gezocht worden.

Bl. 143. (a). Somtijds was het opsteken van een schild als banier, of het vasthechten van hetzelve aan den scheepsmast, ook een teeken van oorlog. (a).

Bl. 167. (a) De uit Duchesne aangehaalde plaats staat op p. 497, 498. « Anno 886 ..... exercitus Paganorum .... Parisiam civitatem adiit;.... illa civitas in medio fluminis sita est, in insula parva." Bonamy, Mem. de l'Acad. des inscriptions et belles lettres. T. XV. p. 656 seqq. toont aan, dat de beide oevers der rivier, reeds voor 886, met vele gebouwen bezet waren. De door mij gebruikte schrijver, zoo hij anders naauwkeurig is onder-

---

(a) v. d. Hagen, Nord. Heldenrom. V. B. S. 44, Nota.

rigt geweest, verstaat dus door *civitas* waarschijnlijk het versterkte gedeelte, *munitio*, hetwelk de Noren niet konden innemen, en later bij uitsluiting *la Cité* heette. Bonamij, in dezelfde Mem. T. XVII. p. 291, wil aan de vestingwerken om Parijs eene nog grootere uitgestrektheid geven.

Bl. 168. (*a*). Onder de zonen van Raghenar Lodbrog bij Aslauge wordt in de Lodbrogs-Saga (*a*) ook Björn Jarnsida (d. i. met de ijzeren rib, of liever, met de ijzeren zijde) genoemd. Volgens de onderzoekingen van P. E. Müller stroopten Raghenars zonen in de achtste eeuw; hij houdt dus den door mij vermelden Bioern met de ijzeren zijde voor Lodbrogs kleinzoon. (*b*) Overigens waren magische indompelingen, om het ligchaam onkwetsbaar te maken, in het Noorden zeer gebruikelijk. (*c*).

Bl. 173. (*b*). De raaf was de vogel van Othin, en kwam daarom dikwijls voor in de banieren der Noren. Beroemd was de *Reafna* of Ravenvaan van Raghenar, welke, naar het verhaal zegt, door zijne dochters in één middaguur was vervaardigd; als zij in den slag werd gedragen, vertoonde zich in het midden eene vliegende raaf als levende, en voorspelde de overwinning; doch als de vaan onbewegelijk nederhing, was zulks een slecht voorteeken. (*d*) De Noren schreven aan hunne veld-

---

(*a*) v. d. Hagen, Nord. Heldenrom. T. V. S. 84.

(*b*) C. Lange, Untersuchungen S. 78. Vergelijk ook bijvoegsel op p. 139.

(*c*) Zie Münter, Einf. d. Chr. in D. u. N. S. 154.

(*d*) v. d. Hagen, Nord. Heldenromane. V. B. S. 108. Thorkelin, ad poema de Danorum rebus gestis seculo 3 et 4. p. 243. Cf. ib. p. 194.

teekenem dikwijls wonderbare krachten toe. Zoo leest men van het vaandel van Harald den Strengen, *Landeyda*, d. i. Landverwoester geheeten, hetwelk aan hem, voor wien het werd uitgedragen, altijd de overwinning verschafte. (*a*)

Bl. 174. Volgens Gunnlaug, t. a. p. sneuvelden er 900 Noren. In het 5de Cap. van: Thattr af Ragnars Sonum, (*b*) wordt het getal der gevallene Deenen en Noormannen op 100,000 begroot.

Bl. 178. In 934 — afschriften. De berigten hierover loopen uiteen. (*c*)

Bl. 179. Dat het sterfjaar van Hungerus op 866 moet gesteld worden, is door van Wijn bewezen. (*d*)

Bl. 180. Mabillon (*e*) meent, uit het leven van Radboud, door eenen tijdgenoot van Balderik beschreven, te kunnen opmaken, dat Utrecht niet, zoo als velen willen, onder Egilbold, maar onder Radboud door de Noormannen is verwoest. Hij oordeelt, dat de door mij p. 181. (*a*). uit Adam Brem. aangehaalde plaats dit bevestigt. Doch de woorden: « Tunc Frisia depopulata est; Trajectum civitas excisa," hoewel zij onmiddelijk gevolgd worden door: « Radbodus .... ultus est," moeten niet zoo worden opgevat, als of zij van hetzelfde tijdpunt handelden. Want het gansche ver-

---

(*a*) Heimskringla III. 76. 155.
(*b*) In: Fornaldar Sögur Nordlanda, utgefnar af C. C. Rafn, Køpenh. 1829. 1830. Vol. I, p. 567.
(*c*) Müuter, l. l. S. 349, 350.
(*d*) Over een Charter van Lodewijk, K. v. Germanie, aan Hungerus, Verh. v. h. Zeeuwsch Gen. te Vlissingen III. 197 en volgg.
(*e*) Acta SS. ord. S. Ben. T. VII. in eene aanm. op het leven van den Utrechtschen bisschop Radboud, p. 29. (*e*)

haal is slechts hoofdzakelijk, zonder naauwkeurige inachtneming der tijd-orde, en wordt geplaatst achter het berigt aangaande het sneuvelen van Brun in 880, (bij mij p. 135), en voor de vermelding der plundertogten in 881 en 882 (bij mij op p. 140 én volg.). Evenmin kan men uit het leven van Radboud opmaken, dat Utrecht tijdens zijn bestuur is verwoest; integendeel wijst hetzelve duidelijk op een vroeger tijdpunt, sedert hetwelk de stad in de magt der barbaren was gebleven, d. i. op de verovering ten tijde van Hungerus (bij mij p. 108-111. 179.). De berigten van dezen schrijver, die hij van Radbouds tijdgenooten had vernomen, strekken uitnemend ter opheldering van datgene, wat ik op p. 180 en 181 uit de Beka en Heda heb medegedeeld, en verdienen dus hier eene plaats. « Daar de Deenen (a) de Utrechtsche kerk *verwoest hadden*, hield Radboud zich doorgaans te Deventer op, in den geest evenwel altijd te Utrecht wonende; en hoezeer hij, nadat de vrede hem terug was gegeven, (b) zich dikwijls derwaarts begaf, smartte het hem echter voor zich en voor anderen niet weinig, dat de tijdsomstandigheden (c) hem niet toelieten daar blijvend zijnen zetel te vestigen. — Eens de hem toebetrouwde kudde bezoekende, is hij naar Friesland vertrokken, om, zoo daar eenige loten der oude dwaling mogten ontspruiten, dezelve uit te roeijen, en de gemoederen der geloovigen door de leere des geloofs

---

(a) l. l. p. 29. 30.
(b) « reddita pace." Er schijnt dus voor korteren of langeren tijd een wapenstilstand of ander verdrag met de Noormannen te zijn gesloten.
(c) « res et tempus."

te verkwikken. De Deenen trekken hem tegen, en beletten zijne pogingen. Hij echter, geenszins door de vreeze des doods afgeschrikt, spreekt hun heilzame vermaningen toe, opdat zij, hunne dwalingen verlatende, den weg der waarheid zouden volgen. Doch daar zij hardnekkig in hunne boosheid volhardden, heeft hij het vonnis der vervloeking tegen hen uitgesproken. Terstond vervolgde hen de Goddelijke wraak. Want door eene verschrikkelijke pest, *als door eenen bliksemstraal* getroffen, (a) zijn zij bijna allen omgekomen; en nooit bleef het ongestraft, zoo dikwijls zij hem te Utrecht lastig vielen. Want terstond werden zij door Gods oordeel geslagen, zoo als die weinigen uit hen, die zich verheugden behouden te zijn ontkomen, zeer dikwijls hebben getuigd." Er wordt dus hier niet gesproken van vuur, dat van den hemel daalde, maar van besmettelijke ziekten, welke de Noormannen, door hunne onmatigheid in de veroverde landen, zich zeer dikwijls op den hals haalden; men schreef dezelve doorgaans toe aan den toorn der Heiligen, wegens het vernielen of schenden der gewijde kerken en kloosters. Hier zocht men de oorzaak in de beleediging van Radboud, en door latere schrijvers werd hun spoedig omkomen niet met de snelheid des bliksems vergeleken, maar aan het hemelsche vuur zelf toegeschreven.

Volgens denzelfden schrijver heeft Radboud meermalen voorspeld, dat Balderik hem zoude opvolgen, met Gods hulp het verwoeste en vervallene

---

(a) « peste horrenda, tanquam fulminis ictu percussi."

opbouwen, en het bisschoppelijke verblijf te U-
trecht, dat reeds *vele jaren* door het geweld der
Deenen vernield was, in vorigen luister herstellen.
Zoo men op dit berigt aan kan, dan blijkt hieruit, dat Radboud Balderik voor zeer geschikt hield
om na hem dit groote werk te volvoeren, en dat
de magt der Deenen alhier, in zijne laatste jaren,
merkelijk begon te verzwakken, zoodat hij aan
hunne spoedige verdrijving niet twijfelde. In allen
geval leeren wij hier, dat Utrecht reeds sedert
vele jaren woest lag.

Radbouds lijk werd van Ootmarsum, waar hij
stierf, (a) naar Deventer vervoerd en aldaar begraven.

Bl. 182. Jammer is het, dat in de levensbeschrijving van Bruno door Ruotger, (b) die niet alleen
ten zijnen tijde geleefd, maar ook sommige bijzonderheden van hem zelven had vernomen, zoo
oppervlakkig gesproken wordt over de verdrijving
der Noormannen uit Utrecht. « Bruno," zegt hij,
« is geboren, toen zijn vader Henrik, na de woede
der barbaren geheel getemd, en het gevaar voor
inlandschen krijg afgewend te hebben, het verwoeste met grooten ijver herbouwde, en het ge-
willige volk met den toom der regtvaardigheid in
veiligen en aangenamen vrede bestierde..... Ongeveer vier jaren oud, is hij naar Utrecht gezonden, om door Bisschop Balderik in de fraaije letteren (liberalia litterarum studia) te worden onderwezen. Terwijl hij daar in goede tucht (want bij

---

(a) Het jaar is niet zeker. Mabillon l. l. houdt 918 voor het
waarschijnlijkste.
(b) In Leibnitii SS. rer. Brunsv. I. 273.

was een kind van voortreffelijken aard) met schrander verstand gewenschte vorderingen maakte, is de gehate overheersching der Noormannen, als door eenen zoodanigen gijzelaar, vrij wat afgekoeld, en bij deze gelegenheid zijn de kerken en andere gebouwen, waarvan naauwelijks de bouwvallen meer bestonden, eindelijk hersteld. Dus is toen reeds het christenvolk door zijn toedoen (hoezeer nog buiten zijn weten) van vijanden verlost." (a) Volgens dit verhaal zou Utrecht reeds in Bruno's eerste kindsheid bevrijd en herbouwd zijn. Op zich zelf evenwel is het hoogst onwaarschijnlijk, dat Henrik zijn kind zou hebben doen opvoeden in eene stad, waar de Noormannen pas even uit waren verdreven, die genoegzaam van den grond af moest worden opgebouwd en versterkt, en dus nog geenszins voor het gevaar van eenen nieuwen overval beveiligd was. Daarenboven strijdt het evenzeer met het verhaal van de Beka, (b) die over Balderik, den hersteller van Utrecht, zekerlijk berigten had, welke ook in bijzonderheden geloof verdienden, als met dat gene, wat Ruotger zelf later (c) verhaalt: « Bruno heeft de onmenschelijkheid der Noormannen en hunne reeds lang ondragelijke woestheid verzacht. Zelfs heeft in dien tijd hun koning Harald (d) met eene groote menigte zijns volks, den hals buigende voor Christus den koning der koningen, de ijdele afgodsdienst verworpen." Deze plaats bewijst ten duidelijkste, dat Bruno een

---

(a) Pag. 274.
(b) Zie mijne verh. p. 182.
(c) Pag. 186.
(d) Zie mijne verh. p. 187.

zeer werkzaam aandeel heeft gehad in het bestrijden en verdrijven der Noormannen, 't welk nog bevestigd wordt door Sigebertus Gemblacensis, (*a*) volgens wien hij in 958 (dus zeven jaren voor zijnen dood) velen uit de Noormannen met hunne aanvoerders (principes) heeft doen doopen. Welligt was dit een gedeelte der Noren, die zich reeds lang te Utrecht hadden opgehouden, en wilden zij liever de dienst van Othin vaarwel zeggen, dan zich genoodzaakt zien hunne woningen te verlaten, welke zij zoo vele jaren hadden bezeten. Ik houde het dus voor zeer aannemelijk, dat Bruno's gewapende arm, niet zijn verblijf als kind te Utrecht, die stad heeft verlost. Hij was als kind door Balderik onderwezen: (*b*) deze had, toen Ruotger zijn leven schreef, reeds lang zijnen zetel in de herbouwde stad gevestigd, (*c*) welker bevrijding en opbouwing men aan Bruno had te danken. Dit was voor den lofredenaar eene schoone gelegenheid, om Bruno reeds in zijne eerste kindschheid als weldadig werkzaam voor te stellen, en hij maakte hiervan zonder nader onderzoek gebruik, even als vele anderen, die, om toch geene opsiering van hun verhaal te missen, een grondig onderzoek zorgvuldig ontwijken.

Bl. 187. Over de verwarde berigten van de bedrijven der Otto's tegen de Noren, zie P. E. Müller, de Snorronis fontibus et auct. Heimskr. VI.

(*a*) Bij Pistorius I. 816.
(*b*) Zie mijne verh. p. 228 (*b*).
(*c*) Ruotg. l. l. e Baldrico, venerabili Episcopo, qui *adhuc superest.*" Men herinnere zich, dat Balderik zeer oud is geworden. Zie bij mij p. 196.

278 en Münter l. l. S. 372 en 465. Anm. †. Verg. het verhaal bij Gunnlaug, l. l. p. 140-158 en 172. « In het beschrijven der daden van keizer Otto," zegt Müller, « heeft Snorro" (uit wien ik mijn verhaal p. 188 en 189 ontleend heb) « oudere schriften gevolgd. Echter heeft hij deze dwaling met vele anderen gemeen, dat hij de bedrijven van Otto I en II verwart, en, door zeker lied van Hallfredr bedrogen, Olafr Trijggvason het leger des keizers doet volgen." Asmussen heeft onlangs getracht de chronologie op te helderen. (*a*)

Bl. 188. 189. Dat ook gedurende de regering van Otto I somtijds Noordsche stroopers het waagden op de Friesche kust te landen, blijkt uit de Egils-Saga, welke levensbeschrijving, meer dan die van éénigen anderen IJslander, voor de geschiedenis van andere landen belangrijk is. (*b*) Deze Egil, die zoowel door dapperheid als door zijne Skalden-kunst (*c*) beroemd is geworden, was, om de overheersching van den Deenschen koning Harald den Schoonharigen te ontwijken, naar IJsland verhuisd. Na velerlei lotgevallen en strooptogten, ondernam hij, omtrent de helft der 10de eeuw, (*d*) weder eenen Vikingstogt, waarop zijn vriend, de Noorweger Arinbiörn, hem verzelde. (*e*)

(*a*) Zie: Michelsen en Asmussen, Archiv für Staats- und Kirchengeschichte der Herzogth. Schleswig, Holstein, u. s. w. I. Band. Altona 1833. en de Recensie in: Jahrb. für wissensch. Kritik, Berlin 1835. Januar. S. 156. 157.

(*b*) P. E. Müller, Sagaen-bibl. S. 81.

(*c*) P. E. Müller, l. l. S. 93.

(*d*) Volgens Thormodus Torfaeus en Arnas Magnaeus in het jaar 943.

(*e*) Zie voor dit gansche verhaal de Egils-Saga p. 527-535. Havniae 1809. 4°.

De laatste had drie schepen, van uitstekende grootte, elk met 100 koppen bemand; (a) op het schip, waar hij zelf op voer, had hij zijne eigene huisknechten; de overige manschap bestond meest uit zonen der landbouwers. Nadat zij gedurende den zomer in Saksenland gestroopt, en zich rijkdommen verworven hadden, (b) voeren zij bij het begin van den herfst terug. Doch vooraf bezochten zij ook Friesland, waar zij des nachts, bij stil weder, zekere rivier opvoeren. « Want er zijn daar geen goede havens, maar breede ondiepten voor de kust. Hooger op waren ruime vlakten, en niet ver van de rivier lag een bosch. Het veld was daar nat, wijl er zware regens waren gevallen." Hier landende, lieten zij een derde deel hunner manschap tot bewaking van de schepen, en trokken met de overigen voort, tusschen de rivier en het bosch. Weldra kwamen zij aan een welbewoond vlek, welks inwoners, zoodra zij merkten dat er « Víkingar" waren, haastig de vlugt namen. (c) Hen najagende, vonden zij een tweede en derde vlek; ook van daar vlood alles wat vlie-

---

(a) Dit strekt tot bevestiging van mijne meening, verh. p. 53. (e) De schepen van Ariabiörn waren uitstekend van grootte, en echter elk slechts met 100 koppen bemand. Vergel. J. P. Murray, de re navali veterum Septentrionalium, in novis Comment. Societ. Gottingensis T. IV. p. 119. seqq. der Comment. histor. et philol., vooral p. 132. Na aangetoond te hebben, dat de schepen der Noormannen gewoonlijk zeer klein waren, voegt hij er bij: « Sommige evenwel konden 50 en meer mannen voeren."

(b) Dezelfde Egil hield zich ook bezig met koophandel. Zie Müller l. l. S. 89. Vergel. mijne verh. p. 255.

(c) Deze vlugt schijnt eerder een bijeentrekken te zijn geweest naar een bepaald vereenigingspunt, welligt met oogmerk, om de roovers van hunne schepen te verwijderen en gevangen te nemen, zoo als uit het volgende kan worden opgemaakt.

den kost. " Daar strekte zich het vlakke veld in groote ruimte uit; het land was overal met grachten doorsneden, waarmede de bewoners hunne akkers en weiden hadden omgeven. (*a*) Op sommige plaatsen waren groote palen in den kant der grachten geslagen, en planken lagen, als bruggen, over het water." De ingezetenen namen de vlugt naar het bosch; doch toen de vijanden verre waren voortgetrokken, vielen zij, meer dan 300 sterk, uit hunne schuilplaats op hen aan. Na eenen scherpen strijd namen de Friesen op nieuw de vlugt, en verspreidden zich naar alle kanten, zoo dat de Noren, hen vervolgende, ook uit elkander raakten, en er van beide zijden slechts weinigen bijeenbleven. (*b*) Egil, door een klein getal der zijnen verzeld, drong heftig aan op eenen eenigzins grooteren troep vliedenden. Zij trokken achter eene gracht, en namen de plank weg. Egil sprong er terstond over; doch daar niemand zijner medgezellen zulk eenen sprong durfde wagen, bleef hij alleen, waarom de Friesen omkeerden en op hem aanvielen: hij evenwel dekte zich den rug door de gracht, en verdedigde zich zoo kloek, dat hij al zijne aanvallers, elf in getal, met den dood voor hunne vermetelheid deed boeten. Toen legde hij de brug weder over de grift, en keerde dus naar de schepen terug, werwaarts hij zag dat al

---

(*a*) Deze gesteldheid des lands had invloed op de wapenrusting der Friesen. Doorgaans waren zij voorzien van een zwaard, *sage*, en eenen springstok of pols, die met eene ijzeren pin voorzien was, zoodat hij voor eene spiets verstrekte, en tevens diende om over de slooten te springen. Men gebruikte dit wapen reeds in de vroegste tijden. Zie v. Halsema, in verh. v. h. Gron. Gen. II. 260.

(*b*) Waarschijnlijk was het juist met dit oogmerk, dat de Friesen uit elkander vloden.

de anderen zich reeds hadden begeven; hij hield zich digt bij het bosch, om, des noods, eene toevlugt te hebben. De roovers hadden eenen rijken buit gemaakt, en veel vee medegevoerd; op het strand waren sommigen bezig met slagten, anderen bragten het geroofde op de schepen, nog anderen stonden, het schild aan den arm, digt in een geschaard, op de wacht. Want de Friesen waren in groot aantal op hen afgekomen, en vielen, in geregelde slagorde, met werpspietsen op hen aan. Egil, zich dus den pas ziende afgesneden, wierp zijn schild op den rug, en stortte zich met snellen loop midden onder de vijanden, met beide handen eene zware spiets voor zich uit zwaaijende. Zoo baande hij zich eenen weg, en kwam behouden tot de zijnen, die zich verheugden als of hij uit den dood was teruggekeerd. Daarop gingen zij scheep, staken van land en zeilden naar Deenemarken.

Zoo luidt het verhaal van eenen schrijver, die, zeker niet jonger dan uit de twaalfde eeuw (a), zich boven zijne landgenooten door naauwkeurige en karakteristieke schilderingen, ook van datgene, wat in *vreemde streken* voorviel, onderscheidt. Niet ligt zal men zulke uitvoerige beschrijvingen van het vijandelijke land in andere noordsche schriften vinden; en echter is de winst, die onze geschiedenis uit zijn verhaal trekt, niet dan gering, daar de bedoelde rivier en vlekken of gehuchten niet alleen niet bij name genoemd, maar ook zoo geheel onbepaald beschreven worden, dat wij zelfs geene gissing durven wagen, of wij op dit voorval voor de geschiedenis onzes lands aanspraak mogen maken, of niet. Een sprekend blijk, hoe weinig hulp

---

(a) Müller, Sag. bibl. S. 93. 94.

men uit noordsche bronnen kan ontvangen; voor eene chronologisch en geographisch naauwkeurige beschrijving van de invallen der Noren in andere landen, en in ons land in het bijzonder, 't welk hunne aandacht niet zoo sterk noch zoo lang heeft getrokken als de overige kusten van Duitschland en vooral van Frankrijk. Onze eigene, d. i. de echte en geloofwaardige Frankische, Fransche en Germaansche schrijvers, zijn de rijkste bronnen, die ons hiervoor overig zijn gebleven, zoo als de noordsche geleerden zelve dit volmondig bekennen. « Wanneer eene Saga gebeurtenissen verhaalt, die op IJsland zelf zijn voorgevallen, kan men er meer staat op maken, dan wanneer zij spreekt over dat gene, wat in Noorwegen is gebeurd; en dit is weder geloofwaardiger, dan geschiedenissen uit Gardareich en Konstantinopel." (a) « De daden van Olafr Trijggvason op de kusten der Saksen, Friesen, Vlamingen. Engelschen en Schotten waren in Noorwegen minder bekend, daar zij in vreemde landen waren bedreven. In het geheel is de kennis der IJslanders aangaande het verblijf van Olafr in Engeland zeer onvolledig." (b) « De IJslandsche Skalden zijn, bij het vermelden van de daden der Noordsche koningen, bijna nimmer gewoon geweest de landstreken te schilderen, welke door die koningen waren bezocht." (c) De geleerde IJslander Paulus Vidalinus (d) zegt ronduit, dat

---

(a) P. E. Müller, Sag. bibl. S. 16.

(b) P. E. Müller, disq. de Snorronis fontibus, in Heimskr. T. VI. p. 282. 283.

(c) P. E. Müller, Ursprung und Verfall der Isländ. Historiographie. Uebers. von Sander. Copenh. 1813. 8°. S. 55.

(d) Pag. 225 zijner verhandeling: de linguae Septentrionalis appel-

de buitenlandsche schrijvers de invallen der Noren gedurende de 9de en 10de eeuw in Gallie en Duitschland, vooral in Westphalen, Friesland, Zeeland, Vlaanderen en Braband, veel vollediger verhalen dan de noordsche. « Ik moet bekennen," zegt Suhm, (*a*) « dat onze geschiedschrijvers altijd slechts kort en duister spreken over ondernemingen naar verre landen, en dat wij genoodzaakt zijn hieromtrent ophelderingen te ontleenen bij de Fransche en Engelsche geschiedschrijvers." « Onze geschiedschrijvers Pontanus, Meursius en anderen, hebben niet genoeg de verhalen der oorspronkelijke schrijvers onderzocht." « Zonderling is het," zegt een duitsch geschiedkundige, (*b*) « dat de naam van Hasting, in de Frankische Annalen schrikkelijk beroemd, in de noordsche Saga's onbekend is. Waarschijnlijk, wijl hij met geene inlandsche voorvallen was verbonden." Somtijds hebben ook de Noordsche dichters de bedrijven hunner landslieden in vreemde gewesten vergroot. (*c*)

Bl. 192. Olafr, Haralds zoon, door zijne tijdgenooten Digrbein of de Dikke geheeten, (*d*) sneuvelde in 1033. Een jaar en vijf dagen na zijnen dood werd hij Heilig verklaard, en na eene halve eeuw had hij reeds aan hem gewijde kerken, ook in Engeland, Holland, ja zelfs in Rusland en Constantinopel. Zie Münter l. l. S. 512. 515.

latione Dönsk Tunga, welke de bestuurders van het Magnaeaansche legaat hebben doen vertalen en afdrukken in: Gunnlaugi Vermilinguis et Rafnis poëtae vita, Hafniae 1775. 4°.
(*a*) Bij Depping, exped. des Normands, II. 529. 532.
(*b*) C. Lange, Untersuchungen u. s. w. S. 79.
(*c*) Müller, de Snorronis fontibus, Heimskr. VI. p. 516.
(*d*) Heimskr. VI. 290.

Bl. 200. De inval — de laatste geweest te zijn. Dit is ook het gevoelen van Foeke Sjoerds (*a*) en v. Halsema (*b*). Het was mij niet onbekend, dat Ubbo Emmius (*c*) uit « sommige Friesche geschiedverhalen" van eenen inval in Friesland spreekt, welke de Noren in Augustus 1306 zouden hebben ondernomen, en daarbij door den Potestaat Camminga met groot verlies zijn teruggedreven. Maar ik meende in een, uit echte bronnen geput geschiedverhaal, deze en dergelijke fabelen met stilzwijgen te moeten voorbijgaan. Emmius zelf sloeg er ook geen geloof aan, zoo als eene oplettende lezing zijner schriften ons overtuigend kan leeren.

Bl. 201. (b). Men vindt de uit Duchesne aangehaalde plaats vollediger in het Chronicon Ademari, eenen schrijver uit het laatst der tiende en het begin der elfde eeuw, bij Bouquet, Rer. G. et F. SS. T. X. p. 155.

Bl. 201. Treurig en eenzelvig is buiten twijfel het verhaal dezer tallooze plundertogten en verwoestingen. Bijna altijd komt het neder op de karakteristieke schildering in de Volsunga-Saga, C. 26. De gezellen van Sigurd ontschepen in 's vijands land. « Terstond na hunne aankomst deden zij vuur en zwaard woeden, versloegen de mannen en verbrandden de gebouwen, en maakten alles, werwaarts zij togen, tot eene woestijn." De vijandelijke koning trekt hun tegen, en er

---

(*a*) Hist. Jaarb. van oud en nieuw Friesland. Leeuw. 1768. D. II. p. 171. 172.
(*b*) Staat en regeringsvorm der Ommelanden, in verh. v. h. Gron. Genootsch. II. p. 153.
(*c*) L. XIII. p. 188.

ontstaat een scherp gevecht. « Toen kon men in de lucht zien menige speer en pijl, menige strijdbijl hoog geheven, schilden splijten en harnassen scheuren, helmen doorhouwen en schedels kloven, en menigen man ter aarde storten." (a)

Bl. 202. De ruwheid — verminderd. Dit is, onder anderen, ook de meening van Estrup, Bidrag til Normand. Culturhistorie fra 10 til 13 Aarh., aangehaald door Lange, Untersuch. S. 447. « Reeds in de middeleeuwen, (zegt de schrijver der belangrijke bijdrage tot de handelgeschiedenis van Amsterdam, getiteld: Lodewijk de Geer, p. 110) schijnen op de verlichting van het Noorden de Nederlanden niet zonder invloed gebleven, en toen de eerste zaden van 't Christendom, gedurende de stormachtige tijden van der Noormannen strooptogten, van hier naar Zweden overgewaaid te zijn." Vergel. mijne verh. p. 71. 72. en elders meer.

Over het ophouden van de strooptogten der Noren mogen de volgende bijzonderheden hier nog eene plaats vinden.

De heilzame invloed van het christendom, waarop ik meermalen in mijne verh. opmerkzaam maakte, (b) blijkt ook uit de volgende plaats van Hungurvaka, (c) welk werk op het einde der 12de

---

(a) V. d. Hagen, Nord. Heldenrom. IV. B. S. 78. 79. Te regt zegt Mabillon: « Verendum est, ne, uti scribentis, sic et legentis animus Normannicis cladibus cum referendis, tum legendis obruatur. Verum quando tot clades passi sunt maiores nostri, ad eas saltem commemorandas durandum est, et quidquid in illa narratione taedii ac fastidii erit, devorandum." Annal. Ord. S. Bened. L. XXXIV. initio.

(b) Münter l. l. a. 569. schrijft het ook aan den invloed van het christendom toe, dat de zeerooverij eerlang eene eerlooze en gehate bezigheid werd.

(c) Hafniae 1778, 8°. p. 17.

eeuw is geschreven. « In 1056 begaf Bisschop Isleif zich naar IJsland, en vestigde zijnen zetel in Skalholt. Zijne ongodsdienstige en halstarrige onderhoorigen en hunne booze zeden berokkenden hem veel verdriet; onder anderen hielden sommigen zich bezig met zeerooverij, en bedreven vele andere wandaden, die, zoo zij nu gebeurden, voor ongehoord zouden doorgaan." Gissur, Bisschop van IJsland in het laatst der elfde en het begin der twaalfde eeuw, bevestigde zoo zeer den openbaren vrede, dat de oneenigheden der aanzienlijken zelden van groot belang waren, en het dragen van wapenen genoegzaam in onbruik raakte. (a) Bovengenoemde Isleif was in zijne jeugd door zijnen vader, een' der aanzienlijken van IJsland, naar Saksenland gezonden, om de school der stad Erfort te bezoeken. (b)

Het mag evenwel hier niet voorbij gezien worden, dat het staken der zeerooverij den IJslanderen mindere moeite heeft gekost, omdat dezelve op dit eiland nimmer zoo sterk was in zwang geweest. De Noren, die onder Harald Haarfager en later zich daar hadden nedergezet, volgden wel in alle andere dingen liefst hunne vroegere zeden, doch konden zelden Vikingstogten ondernemen. Hun eiland lag ver verwijderd van de kusten, waar wat te plunderen viel, het had gebrek aan het noodige hout voor den scheepsbouw, en was schaars bevolkt. Deze omstandigheden waren oorzaak, dat moedige jongelingen, die gaarne zulke togten wilden bijwonen, naar Noorwegen reisden,

---
(a) Kristnisaga, Hafniae 1775. 8°. p. 117.
(b) Kristnisaga, p. 107.

om daar bij en met magtige bloedverwanten gelegenheid tot roem en buit te zoeken. (*a*) Ook waren, ten tijde van IJslands bevolking, de strooptogten ter zee reeds gedeeltelijk in handelreizen veranderd, (*b*) en de naam van Viking, die eerst elken krijgsman, vervolgens eenen zeeroover beteekende, werd reeds in de 10de eeuw dikwijls als scheldwoord gebruikt. (*c*)

Bl. 209. Zoo vele rampen. Treffend zijn de klagten van Paschasius Radbertus, Abt van Corbie. († 865) (*d*) « Zoodanige en zoo groote burgeroorlogen, ja meer dan burgeroorlogen zien wij dagelijks tusschen broeders en bloedverwanten; zoo groot eene uitroeijing van menschen en verwoesting van steden door barbaarsche en heidensche vijanden staan wij aanhoudend door, dat wij elken dag al zuchtende niet anders dan ons einde verwachten. En echter, zoo als Gods woord zegt, nog is het einde niet. Schoon de barbaren zich tegen ons verheffen, niemand is er die hulp verleent; omdat de lagen en de slagting der burgers onder elkanderen heviger woeden, zoodat binnen en buiten niets anders dan de dood onze ooren treft. Bij dit alles komt nog hongersnood en pest, en een volslagen verderf van alles." (*e*) Hoe nadeelig de invloed was op gods-

---

(*a*) P. E. Müller, Urspr. u. Verf. d. Isl. Historiographie, S. 14. 48.
(*b*) Verg. mijne verh. p. 253 en volgg.
(*c*) Müller, Urspr. u. s. w. S. 47. 143.
(*d*) In zijne verklaring van Matth. Euang. L. XI. in: Bibl. max. vet. Patrum, Lugd. T. XIV. p. 636. b.
(*e*) « Fames ac lues et omnis pestilentia rerum." Men vergelijke de beschrijving van den inval in 859 door eenen tijdgenoot, den schrijver der Miracula S. Richarii, in Mabillon, Acta SS. O. S. Bened. T. II. p. 221.

dienst en zeden, blijkt ook uit de Acta van het Concilie van Toul, op last van Karel den Kalen en Lotharius in 860 gehouden, welke onder anderen ook door Hungerus, Bisschop van Utrecht, zijn onderteekend. « Daàr ten gevolge van onze zonden vele aan God gewijde plaatsen door trouwelooze christenen en ook door het wreede volk der Noormannen zijn verbrand en vernield, hebben bij deze gelegenheid vele dartele geestelijken en monniken hun gewaad afgelegd en zijn teruggegaan, zoodat zij zonder eenige schaamte of kanonieke toestemming rondzwerven, van den stal van Gods kudde afdwalende." (a) Koning Arnulf deed gedurende het eerste jaar zijner regering, in 888, te Maintz een Concilie bijeenroepen, « om de kerkelijke tucht, wegens de invallen der Noormannen, te hervormen." De hier vergaderde geestelijken, de Aartsbisschoppen van Maintz, Keulen en Trier met hunne onderhoorige Bisschoppen, benevens zeer vele Abten en andere Priesters drukken zich aldus uit: « Wie zou met drooge oogen de rampen van ons volk en der Heiligen kunnen optellen? Ziet en bedenkt, hoe voortreffelijke en heerlijke woningen van Gods dienaren zijn vernield, in brand gestoken en geheel tot niet gebragt, de altaren in puin begraven en gansch vertrapt, de kostbare en bewonderingwaardige versierselen van Gods kerken geroofd en met vuur verbrand; Bisschoppen, Priesters en andere kerkelijken met het zwaard gemoord en met verschillende soorten van pijnigingen ter dood gebragt; menschen zonder onderscheid

---

(a) Zie Labbei Concilia T. VIII. p. 704. e.

van geslacht of leeftijd door vuur, door staal, op
onderscheidene wijzen omgekomen. De kloosterbewoners, zoo monniken als nonnen, het gevaar dezer verwoesting vreezende, dwalen angstig herwaarts
en derwaarts rond, en, van allen troost verstoken,
weten zij niet wat te doen, of waarheen de toevlugt
te nemen, daar zij omzwerven zonder herder, en
gevaar loopen hunne beloften te breken. Maar nog
een ander kwaad benaauwt en drukt ons van nabij. Want ziet, aan onze zijde (e latere) woedt
een troep roovers en scheurmakers, die de armen
en nederigen van Christus onderdrukken en ombrengen, geene vreeze Gods hebbende, noch eenig mensch ontziende. Door deze toch, al waren
wij bevrijd van de woede der heidenen, zou het
land tot eene woestijn worden gemaakt; daar zij
noch geslacht, noch leeftijd, noch armoede weten
te sparen, maar allen, zooveel zij maar kunnen,
zonder ontzag voor God en zonder medelijden berooven, en wreedelijk, zich zelve vergetende, met
vuur, met zwaard, of op welke wijze ook, ombrengen, en dit voor eene kleinigheid, ja voor
niets rekenen." (*a*) Op hetzelfde Concilie werd
ook toegestaan, om, waar de kerken verbrand
waren, (« 't welk, daar onze verkeerdheden dit noodig maakten, op zeer vele plaatsen door de Noormannen of ook wel op andere wijzen geschied is,")
de mis in kapellen te vieren, tot dat de kerken
konden hersteld worden. Doch niet alleen de
geestelijken klaagden luide over den treurigen
toestand des volks. Karel de Kale erkent zelf

(*a*) Labbei Concilia, T. IX. p. 401.

(861) de armoede zijner onderdanen, « omdat het in deze tijden noodig gewéest is schatting van hen in te vorderen, zoo wel om schepen te bouwen" (tegen de zeeroovers) « als voor de Noormannen" (om hen af te koopen) « ten einde het rijk in deze omstandigheden te behouden." (*a*) Het volgende jaar klaagt hij, dat hij gepoogd had zich tegen hen te verdedigen, maar niet naar behooren was bijgestaan. (*b*) Kort daarop (864), dat vele inwoners der door de Noormannen verwoeste streken, daar zij hunne slaven en huizen verloren hadden, onbeschroomd kwaad deden, wijl zij niets meer te verliezen hadden; (*c*) dat men krijgsrokken, wapenen en paarden, en dat wel voor geringen prijs, aan deze zoo schadelijke vijanden verkocht, het zij om zich uit de gevangenschap te bevrijden, het zij uit schandelijke zucht naar gewin. Die zich hieraan in het vervolg, op welke wijze dan ook, schuldig maakten, zouden als verraders des vaderlands, die het Christendom aan de heidenen ter verderving bloot stelden, aan het leven worden gestraft. (*d*)

Bl. 214. De ruwheid dier tijden, en de daardoor, vooral ook door de invallen der Noormannen veroorzaakte schaarschheid van oude gedenkstukken, maken het geschiedverhaal dikwijls schraal of onvolledig, daar er geene mogelijkheid bestaat om de gapingen van verscheidene jaren,

---

(*a*) Baluzii, Capit. R. Fr. Ed. nova T. II. p. 66, 67. 69. 151. 189.
(*b*) Ib. p. 154.
(*c*) Ib. p. 176.
(*d*) Ib. p. 184.

die meer dan eens voorkomen, aan te vullen. (*a*) Dit gebrek is uit den aard der zaak aan de vroegste geschiedenis der volkeren eigen, zoodat de meeste lezers zich het liefst met latere tijdvakken bezig houden. (*b*) Doch voor den onderzoeker der Geschiedenis maakt juist de duisternis, die nog op vele dier vroegere tijdvakken rust, de ontdekking van elken lichtstraal dubbel verrassend en aangenaam. En, is eenmaal door de vereenigde pogingen van hen, die hiertoe geduld en gelegenheid hebben, onze middeleeuwsche geschiedenis genoegzaam opgehelderd om door eenen « Geschiedschrijver" te worden geboekt, dan zal zij gewis de belangstelling van allen, voor welke het woord « Vaderland" geen ijdele klank is, in hooge mate boeijen.

Bl. 216. De gedoopte Noormannen keerden dikwijls even spoedig tot het heidendom terug, als zij hetzelve verlieten, en de wanorden, waaraan zij zich na hunne bekeering schuldig maakten, waren niet veel minder dan de verwoestingen, die zij voor dien tijd hadden aangerigt. Heriveus, Aartsbisschop van Reims, schreef aan Paus Joannes IX: (901-905) « Zij zijn gedoopt en herdoopt, en hebben na den doop als heidenen geleefd, christenen gedood, priesters vermoord, aan de beelden geofferd en afgoden offer gegeten. « Voorwaar," antwoordde hem de Paus, « zoo zij geen nieuwelingen waren in het geloof, zij zouden de kracht der kanonieke vonnissen ondervinden!" (*c*)

(*a*) Ubbo Emmius, Rer. Fris. L. III. p. 38. L. IV. p. 56.
(*b*) « Legentium plerisque haud dubito quin primae origines proximaque originibus minus praebitura voluptatis sint, festinantibus ad haec nova." Livius in Proef.
(*c*) Labbel Concilia, T. IX. p. 485.

Bl. 217. (c) P. E. Müller, (*a*) zoekt de beschuldiging van de wreedheid der oude Skandinaviers te ontzenuwen, en beweert, dat de voorbeelden van zulke gruwzame strafoefeningen uit een vroeger tijdvak afkomstig zijn, en slechts in eenige mythische Saga's voorkomen. Ook zegt hij, dat slechts sommigen zich dus op vijanden hebben gewroken, die op eene afschuwelijke wijze hunne onders of kinderen omgebragt, of groote grueldaden begaan hadden. Het zij mij vergund te twijfelen, of de kundige man hier niet wat al te gunstig over hen heeft geoordeeld, terwijl ik mij beroep op de bewijzen van het tegendeel, die gedurig in mijne verh. voorkomen, waarbij men nog voege Heimskringla I. 108, 280 en 284. Men leest daár hoe koning Olafr, (de Heilige) toen hij den gevangenen Eyvindr te vergeefs had zoeken over te halen om christen te worden, hem ter dood deed martelen, door een bekken met gloeijende kolen op zijne maag te plaatsen. Eenen anderen gevangenen, Raudr, die ook weigerde het christendom aan te nemen, deed hij binden, achterover werpen, en den mond openbreken; daarop stak men eene slang in zijnen mond, en dwong met een gloeijend ijzer het dier om in zijne keel te kruipen; van daar knaagde het zich eenen doorgang, en kroop uit de zijde weder uit, zoodat Raudr onder onlijdelijke smarten den geest gaf. (*b*)

(*a*) Ursprung, u. s. w. S. 146. 147.
(*b*) Over de in het Noorden gebruikelijke menschenoffers, zie F. Münter, l. l. S. 155-144. Verg. mijne verh. p 5o3. Dezelfde Münter heeft de zeden der Skandinaviers zeer naar waarheid geschilderd, S. 167. en volgg.

« Een Zweedsch schrijver" zegt v. d. Spiegel, (*a*) « in diss. de justitia et jure Sueonum p. 167. verdedigt zijne landgenooten, met te zeggen, dat zij, volgens het gebruik van dien tijd, de zee wel schuimden, maar alleen tot bescherming van kooplieden en onderdrukte menschen; op die wijze zouden zij niet ongelijk geweest zijn aan de dolende ridderschap, de beschermers der verdrukte onnoozelheid; maar onze gedenkschriften leveren ons te veel verhalen uit van de woestheid dier stroopende natiën, dan dat wij die verschooning voor gangbare munt zouden aannemen."

Bl. 235. Karel de Kale getuigt (864), goede vrucht te hebben gezien van deze versterkingen, en moedigt de zijnen aan om met dit nuttige werk, zonder ophouden of vermoeijenis, manmoedig voort te gaan. (*b*)

Bl. 251. Utrecht was reeds voor 1184 eene vrije of gevrijde stad, eene poorte; want in een charter, door Frederik Barbarossa in dit jaar gegeven, komen reeds de *cives Trajectenses* voor. Zie hetzelve bij van Mieris, (*c*) en vergelijk J. D. Meijers Bedenkingen over poorterijen. (*d*) Dit charter staat evenwel niet bij van Mieris op de door Meijer (*e*) aangehaalde 170ste bladzijde, en is ook niet van 1217, zoo als bij Meijer, p. 159, zekerlijk door eene vergissing, wordt gelezen. Frede-

---

(*a*) Oorsprong der vad. rechten, p. 52.
(*b*) Baluz. Capit. II. 173.
(*c*) Charterboek, I. 126.
(*d*) Verh. der 2de kl. v. h. koninkl. nederl. Instituut, p. 145, 150 en 159.
(*e*) l. l. p. 150.

rik Barbarossa is in 1190 omgekomen. Meijer maakt het verder zeer waarschijnlijk, dat Amsterdam tusschen den aanvang van Julij 1296 en de maand Mei 1300 tot eene poort is verheven. (*a*)

Bl. 255. Vikia of Vigen wordt door Münter (*b*) beschreven als het zuidelijkste gedeelte van Noorwegen, in hetwelk naderhand Christiania is gebouwd. Wiigen = zeeboezem.

Bl. 256. Bij de opgegevene voorbeelden voege men nog deze plaats uit P. E. Müller. (*c*) « Reeds tegen den tijd der invoering van het christendom waren de togten der noordsche zeeroovers gedeeltelijk handelreizen geworden. Op vele plaatsen aan de kust werden, verscheidene dagen achter een, jaarmarkten gehouden, werwaarts aan allen de toegang openstond. Doch na verloop dezer dagen moesten de vreemdelingen terstond wegzeilen, indien zij niet wilden aangevallen worden. De wapenstilstand bestond niet meer, en men meende weder regt te hebben om te plunderen. Evenwel waren er verscheidene aanvoerders, die er eene eer in stelden, geene andere dan eigenlijke Vikingers aan te grijpen, en dus eene soort van varende Ridders werden, onder welker bescherming handel kon worden gedreven."

Bl. 257. Eene plaats uit Matthaeus, (*d*) die ik hier had willen gebruiken, is mij toevallig ontgaan, en naderhand teruggevonden. « Schoon

---

(*a*) l. l. p. 163. 164.
(*b*) l. l. S. 440.
(*c*) Ursprung der Isl. Historiogr. S. 145.
(*d*) Matthaei Anal. T. III. p. 40. (1) Ed. 2dae.

Duurstede door de Deenen en Noormannen meermalen is verwoest, was echter daar, zoowel als te Utrecht, met hen een levendige handel." Onder anderen beroept hij zich op een onuitgegeven diploma, door Henrik V in 1122 aan die van Utrecht gegeven: « Wanneer Deenen om koophandel te drijven in de stad zullen komen, dan moeten de zoogenoemde *magistri navium* elk vier denariën hoofdgeld betalen; doch Noormannen" (d. i. Noorwegers) « willen wij dat van allen tol vrij zijn."

Bl. 260. (*b*). De hoofdpunten dezer verhandeling van Heeren worden, doch zonder hem te noemen, opgegeven in; the Edinburgh Review, November 1825. p. 110.

Bl. 265. (*a*). Vergelijk ook C. Lange, Untersuchungen u. s. w. S. 378. 379.

Bl. 274. 275. Ik kan mij het genoegen niet ontzeggen hier eene plaats mede te deelen uit Paulus Vidalinus. (*a*) « De Noordsche zeeroovers, die zich eenigen tijd in de Frankische landen vestigden, hebben buiten twijfel hunne noordsche taal, zoo lang zij leefden, behouden. Doch daar zij zich meestal op plunderen en rooven toelegden, hebben zij slechts een zeer klein gedeelte dier streken, welke zij overstroomd hadden, voor zich behouden. En zoo zij al eenige derzelve volkomen hebben bemagtigd en eenen tijd lang bewoond of bezeten, was hun verblijf en hunne heerschappij niet langdurig noch uitgebreid genoeg, om de noordsche taal daar ooit volkomen te vestigen, laat staan te bewaren. Daar het even-

---
(*a*) De ling. Sept. appell. l. l. p. 225. 226.

wel zeker is, dat eene vrij groote menigte Noren in de voornoemde streken van Gallie, Belgie, Friesland en Saksen zich tamelijk lang heeft opgehouden, en velen hunner daar zijn gebleven, is het natuurlijk, dat bij deze gelegenheid veel uit de Noordsche taal in de Saksische, en vooral Friesche, Belgische en Franco-gallische is overgegaan. Welke vermenging en ineensmelting van verschillende volkeren en talen, in die gewesten, oorzaak is, dat men naauwelijks genoeg kan onderkennen, welke woorden en spreekwijzen aan de talen der Friesen, der Belgen en der Gallische provincien, die aan Belgie grenzen, oorspronkelijk eigen zijn, en welke zij van elders, vooral uit ons Noorden, en ook van de Germanen hebben ontleend." (a). Uit de Gunlaug-Ormstunga-Saga, in P. E. Müller's Sagaenbibl. S. 47. blijkt, dat in het begin der 11de eeuw de taal in Engeland dezelfde was als in Noorwegen en Deenemarken. Ook van Cruisselbergen (b) meent, dat, hoewel de Deenen ten grootsten deele verdreven werden, men echter niet twijfelen kan of vele van hunne nakomelingen zullen in Zeeland gebleven zijn, waar men nog in zijnen tijd de overblijfselen van hunne taal en eigennamen aantrof. Hij beroept zich hierbij op Boxhorn, (c) die den naam van ons Zeeland van het Deensche Seeland wil af-

---

(a) Vergel. Ubbo Emmius, Rer. Fris. Lib. II. p. 55 en Lib. III. p. 44. en Thorkelin, in de voorrede voor 't Poema de Danorum rebus gestis sec. 3 et 4. p. X.

(b) Over de bewoners van Zeeland tot aan de 16de eeuw, in de verh. v. h. Zeeuwsch Gen. te Vlissingen, p. 22. 25.

(c) Op Reygersb. Chron. v. Zeel. L p. 6a-66.

leiden, en zegt, dat de kronijkschrijvers van Holland en Zeeland ten onregte verhalen, dat ten tijde van den eersten Graaf Dirk de Deenen weder geheel uit deze landen verdreven zijn geworden. (*a*) Tevens staaft hij zijn gevoelen door het bijbrengen van een aantal woorden, als « een klein staaltje" der vele overblijfselen van de oude Deenen, die in de taal der Zeelanders voorhanden, en in de naburige landen ongehoord waren. (*b*) Het zij mij vergund hieromtrent de volgende aanmerkingen in het midden te brengen.

1°. De naam van Zeeland kan zeer wel uit onze eigene taal worden verklaard, zonder tot de Deenen de toevlugt te nemen. (*c*)

2°. De verdrijving der Deenen onder de Graven beteekent niets anders, dan dat hunne overheersching is gefnuikt, zonder dat men daarom zou willen ontkennen, dat vele Noormannen in ons land zijn achtergebleven. Maar zij bleven nu als vreedzame inwoners, en vermengden zich weldra met de inboorlingen, waaronder zij door hun, betrekkelijk klein getal, spoedig verdwenen.

3°. Onder de door Boxhorn aangevoerde woorden zijn er, die ook elders in ons land gebruikt worden; en de verwantschap, die er tusschen de Noordsche taal en de onze bestaat, maakt het ten minste even waarschijnlijk, dat de genoemde woorden en vele andere uit een vroeger tijdperk afkomstig zijn, toen

---

(*a*) Vergel. mijne verh. p. 287. 288.

(*b*) Zie ook I. p. 180 en 385, waar hij den naamsoorsprong van Vlissingen en Goes uit het oude Deensch verklaart.

(*c*) Vergel. v. d. Spiegel, Oorspr. der vaderl. rechten p. 16, en mijne verh. p. 279. (*b*)

het verschil tusschen beide talen nog zeer gering was.

Eindelijk maakt Boxhorn melding van vele, door menschen handen gemaakte hoogten, in Zeeland ten zijnen tijde, even als in geheel Deenemarken, voorhanden, welke of tot toevlugt-plaatsen bij hooge vloeden, of als zege- en graf-teekenen hadden gediend; als ook van de gewoonte, om de geschillen door kamp te beslissen, eertijds bij de Zeeuwen even als bij de Deenen in gebruik. Ik voor mij zie geene reden, waarom men deze gebruiken liever van de Deenen dan van de Germanen, of van de natuurlijke gesteldheid des lands zoude afleiden.

Bl. 275. (*a*). Bij de aangehaalde voorbeelden voege men nog, uit Krakumal strophe XVIII. vs. 4, *bröndum*, *braundum*, italiaansch *brando*, een zwaard. (*a*)

Bl. 278. Ter bevestiging en opheldering van het hier gestelde diene de volgende plaats uit de voorrede voor de: Deutsche Sagen, herausgeg. von den Brüdern Grimm: (*b*) « Stamoverleveringen der volkeren, die het Noorden van Duitschland bewonen, namelijk der Saksen, Westphalen en Friesen, zijn bijna geheel verloren; de Angelsaksen hebben iets behouden. Deze vernietiging zou naauwelijks te begrijpen zijn, indien zij niet te verklaren was uit de gruwzame bedwinging dezer volkeren onder Karel den Grooten. Het christendom werd onder hen, met vernieling van al het oude uit vroegeren tijd, ingevoerd, en het verachten van

---

(*a*) Zie v. d. Hagen, Nord. Heldenrom. V. B. S. 109.
(*b*) Berlin, 1816. 1818. B. II. S. VII. VIII.

heidensche zeden en overleveringen ingescherpt."
Zie ook aldaar S. XII. over Bernlef, omtrent
wien ik vergeten heb optemerken, dat hij, volgens
de onder (c) aangehaalde plaats, aldus zong
naar de gewoonte zijns volks. « Blinden, tot andere
bezigheden onbekwaam, schijnen, even als
bij vele andere volkeren, dikwijls het bedrijf van
zanger te hebben aangegrepen. De blinde Fries
Bernlef zong epische liederen." (a)

Het verband noopt mij, om hier nog melding te
maken van een zeer ond overblijfsel der Nederduitsche
taal, namelijk een tot het Heldenboek behoorend fragment
« van Hildubrand en Hadubrand," in nederduitsche
verzen uit de 8ste of 9de eeuw, gedrukt
bij Eccard, Franc. Orient. I. 868-902, met overzetting
en opheldingen. Over de latere afdrukken
en bearbeidingen zie men: v. d. Hagen en Büsching,
Literar. Grundrisz zur Geschichte der Deutschen
Poësie, Berlin 1812. S. XXI. XXII.; ook
de: Altdeutsche Wälder, durch die Brüder Grimm,
I. 324; en II. 97. waar het stuk, met eene nieuwe
schikking der regels, is afgedrukt, en W.
Grimm, die Deutsche Heldensage S. 26-28.

Bl. 279. De uitgang *lo* beteekent eene hoogte,
volgens Alting, notit. Germ. inf. II. 11. 77.

Bl. 280. Eene oude overlevering maakt de Hunnebedden
tot altaren, waarop de heidenen gewoon
waren menschen-offers te slagten. Door « heidenen"
worden in de gelijktijdige schriften dikwijls
de Noormannen verstaan; zie b. v. Bijlagen N°.
VIII. strophe VI. Maar daar de overlevering te-

(a) W. Grimm, die Deutsche Heldensage, Gött. 1829. S. 577.

vens zegt, dat dit gebruik tot aan den tijd van Bisschop Bonifacius heeft voortgeduurd, (a) zoude ik liever aan vroegere bewoners dier landstreken denken. Westendorp meent, dat de « Hunebedden" afkomstig zijn van de Kimbren, de vroegste bewoners onzer kusten; (b) en deze meening is in 's mans fraaije verhandeling over de Hunebedden zoo nadrukkelijk gestaafd, dat ik het thans met hem voor onmogelijk houde, deze grafteekenen van eenen anderen, dan Keltischen stam af te leiden. Westendorp's gevoelen, dat Kelten en Kimbren één volk zijn, wordt treffend opgehelderd en bevestigd door het uitmuntende werk van Amédée Thierrij (broeder van den meermalen aangehaalden Augustin Thierrij), Histoire des Gaulois, Paris 1828. 3 Voll. 8°.

Westendorp zegt, (c) dat onze kronijkschrijvers in hunne onwetendheid de Noormannen met den naam van Hunnen hebben aangeduid. Dit geeft mij aanleiding om te vragen, of men de zoogenaamde Huynenschans aan den Rhijn beneden Arnhem ook voor eene verschansing van noordsche stroopers zou kunnen houden? (d)

Bl. 282. Het branden van vuren ter bekendmaking van eenen vijandelijken inval was ook bij de Noren in gebruik. Zie Heimskringla I. 147. IV. 50. 135. Vergel. boven, bl. 28. (a)

Bl. 283. Intusschen maakte — bij het volk. Verg. v. Halsema, Gron. Gen. II. 174. 175. 180.

(a) Ubbo Emmius, Rer. Fris. p. al.
(b) Jaarboek van de provincie Groningen, I. p. 1. 2.
(c) l. l. p. 299.
(d) Zie Halma, Tooneel der vereen. Nederl. in voce.

Bl. 286. De zucht voor vrijheid — ingedrukt. Men kan deze stelling bevestigd vinden door de meening van Ubbo Emmius, Rer. Fris. p. 7.

Bl. 287. (b) De *Strandfriesen* waren onderdanen van Harald, Friesche volkplanters aan de Elbe en de Weser. (*a*) Op deze, of op de noordelijke Friesen aan de kusten van Sleeswijk meen ik toe te moeten passen wat men leest in de Heimskringla V. 305. « Abel, de koning der Deenen, had oneenigheden met de Friesen, omdat hij hun meer schatting wilde opleggen, dan de gewoonte medebragt. De Friesen, door hunne bosschen gedekt, vereenigden hunne troepen; toen Abel hen vervolgde, is hij door eenen pijl doodelijk getroffen." (A°. 1252.) Andere meeningen over de bedoelde plaats van Adamus Bremensis kan men vinden bij v. Wicht, Vorber. z. d. Ostfr. Landrecht, S. 62. (b).

Bl. 291. Over den toestand der vrouwen in Skandinavie, zie F. Münter, l. l. S. 184 en volgg. « De geest van ridderlijke galanterie," zegt hij onder anderen S. 185, « die in de middeleeuwen geheel Europa vervulde, en zoo veel tot verzachting der zeden bijdroeg, ontkiemde het allereerst in het Noorden en verspreidde zich uit de wouden van Skandinavie." Ik begrijp niet, hoe dit overeen te brengen is met datgene, wat hij zegt S. 184. « De noordsche vrouwen werden, *even zeer als de germaansche*, door de mannen geëerd."

Bl. 291 - 293. Vergelijk de verhandelingen van

(*a*) Wiarda l. l. S. 50. (2), welke aanhaalt: Dreijer, vermischte Schriften, III. 1538.

J. A. Streso en J. van Manen Az., over de levenswijze en de gewoonten onzer voorvaderen tot aan het einde der 16de eeuw, in het 19de stuk der verh. uitgeg. door Teyler's tweede Genootschap, p. 22, 37, 130, en 143-165, waar eenige der door mij behandelde punten zijn aangeroerd, en vooral de toenemende magt van Graven en Bisschoppen geschetst wordt.

Bl. 303. 304. Münter l. l. zegt van Rollo: « De roover, die nu Hertog van Normandije was geworden, werd een wijs wetgever en vader zijns volks, 't welk hij, hoezeer het uit verschillende natiën, Noormannen en Franschen, bestond, evenwel tot één geheel wist te vereenigen en nog bijna twintig jaren in rust en vrede beheerschte. Zijn zoon Willem, die hem in 931 in de regering opvolgde, was een kleinzoon van Karel den Eenvoudigen." Uit de door mij aangehaalde schrijvers blijkt, dat Rollo bij de dochter van Karel den Eenvoudigen in het geheel geene kinderen heeft verwekt. En wat zijn sterfjaar betreft, in de kronijken, die van zijnen dood spreken, vindt men of het jaar niet genoemd, of 917 opgegeven. Zie onder anderen Order. Vital. bij Duchesne H. N. S. p. 459. Doch volgens Frodoardus, eenen tijdgenoot, leefde hij nog in 928, en men neemt gewoonlijk aan dat hij in 931 is gestorven. Zie Bouquet, Rer. Gall. et Franc. SS. T. VIII. in Indice Chronol. p. CXX, en p. 235, 259, 302, 316, 319. T. IX. p. 51, 65 en 88. Ik begrijp niet, hoe de uiteenloopende berigten van al deze schrijvers kunnen overeen worden gebragt. Het blijkt dus, dat Depping hier reden voor zijne stelling gehad heeft, hoezeer het door hem op p. 147. (2) aangehaalde Chronic. Turonense niet voor de eerste helft der 13de eeuw geschreven is, en bij Bouquet IX. 51. als onnaauwkeurig verbeterd wordt.

Bl. 307. Over de Faëroe-eilanden zie: Faereijinga Saga, herausgeg. von C. C. Rafn und C. C. F. Mohnike. Kopenh. 1833. 8°. Over de vestiging der Noren op IJsland vergelijke men: E. C. Werlauff, Arius Multiscius, primus Islandorum historicus. Hafniae 1808. 8°. in prooemio.

VERBETERINGEN.

schede lees *scheede* p. 12. r. 14. v. o. p. 14. r. 6. p. 25. r. 1. p. 27 r. 6. v. o.

een schoon lees *eene schoone* p. 50. r. 11.

P. 8. achter aanm. (*b*) voege men: Over Lodbrog's leeftijd vergelijke men: Aschbach, in: Heidelb. Jahrb. der Literatur, März, 1835. S. 261.

P. 75. achter aanm. (*b*) Over het misbruik van latere berigten en dichterlijke overleveringen, 't welk de strengere historische kritiek niet kan toelaten, hoezeer de meeste lezers er zich niet aan stooten, zie Aschbach, Heid. Jahrb. März, 1835, S. 258.

P. 96. r. 11. Over de togten van Otto I. naar Denemarken verg. Wedekind, Noten zu einigen Geschichtschreibern des deutschen Mittelalters, 7 Heft, Note 54, met de recensie van Aschbach in de Heidelb. Jahrb. April 1835. S. 555. 536.

CPSIA information can be obtained at www.ICGtesting.com
Printed in the USA
LVOW111143201112

308028LV00038B/5/P